KB262118

韓・日言語文化研究所 叢書 2

韓・日 言語文化 對照研究

韓・日 言語文化 對照研究

韓・日言語文化研究所 叢書 2

韓・日 言語文化 對照研究

全在昊・洪思滿 共著

도서출판 역락

서　문

　　본 저서는 저자들이 이미 발표한 개별 논문을 모아 편찬한 단행본이다.
따라서, 책의 체재를 처음부터 기획하여 집필한 이론서가 아니다. 그러
나 한·일 언어를 대조 분석한다는 연구 초점은 각 장의 개별 논문마다
철저히 맞춰져 있다. 그러므로 書名을 『韓·日 言語文化 對照硏究』라 부
르게 된 것이다.

　　간혹 시사 에세이로서의 대조 논문과 서책들이 시중에 나와 있고, 전
통 문법적 대조언어학 및 그 부분적 연구 등의 出刊 역시 성과가 없지
않다. 그런데 본서 '대조 연구'는 종합적이고 포괄적, 응용적인 言語 對照
를 탐구한 것이니, 이 점을 견지하는 데로부터는 벗어나지 않으려 했다.
두 언어 간의 음운, 문법, 형태, 의미, 어휘 등의 차이점과 유사점을 현지
자료 수집과 분석에서 고증하여 각 언어 사실을 실증적으로 밝히고, 두
언어의 대비를 통하여 생활 실제와 그 쓰임에서 차이성과 유사성을 논하
며, 문화 내부의 思考와 정신의 차이점과 유사성을 窺察하려는 의도가 내
재되어 있다.

　　전편을 3편으로 나누었는데, 제1편과 제2편은 전재호가, 제3편은 홍사
만이 집필했다. 제1편에서는 양 언어 음운의 대조를 다루었다. 음운 구조
의 각 單位를 분석하는 데에 그치지 않고, 구조 설정을 확립하고 음운의
구조적 체계가 어떻게 유사하고 다른가를 밝혔다. 음운론적, 음성 실험학
적 과정을 거쳐 양 언어가 왜 이렇게 다른가의 그 원인까지를 문화 면에
서 찾아내려고 애썼다. 또한 음운 교육에 있어서도 그 수립된 체계의 차
이를 명확히 인식 체득하여 활용하는 데까지 이른다면 유용한 연구와 방
법이 되리라고 생각한 것이다.

제2편의 언어문화 편에 있어서는 문화 유형에 따라, 양 언어가 의미하는 바와 사고와 정신 작용의 '다름'과 '유사함'이 구별됨을 확인하려 했고, 이 언어 사회의 유형 비교로써 문화의 '유사'와 '상위'를 窺察하려고 했다. 표면적인 현상 차이가 아닌 내부적 정신 차이를 볼 수 있으니, 이것이 내면적으로 문화와 융합되어 있으므로 '언어문화'의 성격이라고 할 수 있을 것이다.

제3편의 연구사 편술은 지금까지 일본에서 이루어지고 있는 한국어 연구의 역사를 포괄적으로 밝혀 그 효과와 기여가 어떠하였는가를 史的으로 기술한 것이다. 특히 양 언어의 대조언어학적 연구가 오늘에 이르기까지 어떻게 이어져 왔으며, 향후 두 언어 간의 언어학적 제휴가 어떻게 이뤄져야 하는지를 궁극적인 지향점으로 했다.

이를 통하여 본서가 목표하는 대조 연구의 전망과 과제를 모색 제시하려 했다. 한편, 우리 민법의 많은 조문에서 어색한 일본어식 표현을 답습하고 있는, 낡은 언어 용법을 새 한국 언어문화에 적합하도록 다듬을 것을 제안했다. 法으로서의 선명도를 높이고, 조문과 판결과 그 수용에도 용이하도록 하는 것이 오늘날 사회 문화의 요청이니, 이 방면에서 응용언어학적 접근을 보이려고 함이다.

그러나 이와 같은 졸저의 접근은 막상 시작하는 가설을 제시하는 데에 불과한 듯하여 두려운 감이 없지 않음을 스스로 고백하는 바이며, 독자의 질정을 바란다.

乙酉 孟夏 2005년 5월 5일

사색과 묵상의, 韓·日言語文化硏究所
그 안석(案席)에서 著者 謹記

목 차

일러두기

독자의 이해를 돕기 위하여 본 저술의 편집에서 독자적인 방법을 취한 점에 대하여 몇 가지 일러두고자 한다.

1) 본서는 저자가 오랫동안 써 온 개별 논문을 모아서 편술하였다. '일본의 논문집'이나 '한·일 언어문화 연구지'에 실린 논문들이다.

2) 국내의 언어학자 및 관심 있는 언어문화인 등이 대상 독자이지만, 그 내용이 '韓·日語 對照硏究'라 일본의 언어학자와 일본 재류 동포 학자, 일본인 한국어 학자에게도 읽히기를 바라는 저서이므로, 이런 분들의 편의를 제공하는 뜻에서 일본어 문장도 실려 있고, 한글과 한자를 혼용한 문장도 필요로 하였다. 이것은 본 연구소의 집필 원칙이기도 하다.

3) 본서의 개별 논문의 끝에 붙인 참고 문헌은 저서의 체재 상으로는 서툰 점이 있을 것이나, 이 논문의 이해를 돕기 위해서는 가까이에 붙여 직접 보는 것이 편할 것이므로 각 논문 끝에 그대로 붙여 둔다.

4) 번역 논문인 언어문화 편의 제1장 논문은 일본인이 쉬 접근하도록 번역한 글도 함께 제공하였는데, 일본학자뿐 아니라 국내 일반 시민들까지도 구독한다면 이해의 폭이 넓어지리라 생각하고 붙여 놓았음에 양해를 구한다.

5) 언어문화편의 제5장 '지게꾼'은 원저 'チゲックン'을 번역한 것으로 서울 대한기독교 서회에서 간행한 역서이며, 대구 일신서점(T. 053-257-2315)과 보문서점 (T. 053-257-5409) 등 서점에서 구입할 수 있다. 원저는 일본으로부터 주문할 수도 있다.

제1편 음운편

제1장 ▌ 韓·日語 파열·파찰음 體系의 比較

韓·日語는 같은 語族에 속한다. 그러나 여기서 그것을 증명하는 것이 목적은 아니다. 서로 유사한 점이 매우 많으므로 대조 분석하고 그 효용을 곁들이고자 한다. 여태까지 비교 언어학적 연구를 해 왔고 어휘, 어원, 음운의 역사적 연구가 많았다. 현대어 문법도 연구되고 있다. 그러나 현대어의 음운·음성의 비교 연구 및 그 체계를 비교 연구한 것은 별로 보지 못 한다.

여기서는 그 중에서 음성·음운을 대조 연구하고 실험 음성학적으로 兩音聲의 特質을 고찰하여 상호 체계를 밝히고 이것을 활용하여 양국어 교육에 효용을 거두며 綴字法에도 적용해야 함을 주장하고자 한다.

1. 韓·日語 파열·파찰음의 비교

먼저, 파열·파찰 음소 체계를 대조 분석해 보겠다.

한국어(K로 표시)	일본어(J로 표시)
p(바) p^h(파) ʔp(빠)	p(パ)　　b(バ)
t(다) t^h(타) ʔt(따)	t(タ)　　d(ダ)
k(가) k^h(카) ʔk(까)	k(カ)　　g(ガ)
c(자) c^h(차) ʔc(짜)	tʃ(チャ)　j(ジャ)

한국 파열·파찰 음소는 무기·무긴장음, 유기음, 성문 긴장음의 3중 체계를 갖추고 있고 일본 파열·파찰 음소는 유성·무성으로 2중 체계를 이루고 있다. 이 점에 있어 외견상 크게 다르고 그 발음도 크게 다르다고 생각하고 있다. 음운체계가 K는 세계 언어에서 그리 없는 3중 체계이고 J는 서구 여러 언어와 같이 유·무성음으로 대립되어 있기 때문이다.

2. 서구어 음소와의 비교

그러나 J체계에서 실제 발음을 관찰해 보고 실험적 고찰을 해 보면 서구의 영어, 독어, 불어, 노어 등과는 다르다.

2.1. 영어 음소

어두	어중	어말
/k/	cooking[kʰukʰing]	look[lukʰ]
/t/	total[tʰoutʰl]	sit[sitʰ]
/p/	paper[pʰeipʰə]	top[tapʰ]
/tʃ/	church[tʃhətʃh]	much[mʌtʃh]
	* purchase[pʰətʃheis]	

2.2. 독어 음소

/k/	kind[kʰintʰ] 子, 兒童	danken[daŋkʰen] 고맙다
/t/	tochtern[tʰochtʰə] 딸	mutter[mutʰə] 母
/p/	pomp[pʰompʰ]	
/ts/	katz[kʰatzə]	

2.3. 불어 음소

/k/　carrefeur/karfu : r/ → 〔ʔkarˊfu : r〕 十字路
　　　calcul/kalkyl/ → 〔ʔkalˊkyl〕 계산
/t/　tabl/tabl/ → 〔ʔtabl〕 식탁 tante〔ʔtãʔt〕 伯, 叔母
/p/　paris/pari/ → 〔ʔpari〕 佛首都名
　　　papier/papje/ → 〔ʔpaˊʔpie〕 紙

2.4. 소련어 음소

/k/　колно /koleno/ → 〔ʔkaleˊno〕 (o → 〔a〕는 악센트 없는 연음화) 무릎
　　　kakaˊo/kakaˊo/ → 〔ʔkaˊʔkaˊo〕코코아
/t/　тепло〔ʔjeʔplo〕 (te → tje로 연음화) 따뜻함, 溫氣, 熱
　　　aˊtom〔ˊaʔtom〕 원자
/p/　патрон〔ʔpaʔtroˊn〕 후원보조자
　　　папенька〔ʔpaˊʔpenka〕 (→ nj는 연음화) 아버지의 대칭 papa 父
/tʃ/　Ченпион〔ʔtʃenʔpion〕 선수
　　　очерк〔oˊʔtʃerʔk〕 외형, 윤곽

　위의 2.1. 음소 /k/, /t/, /p/, /tʃ/는 음성적으로 〔kʰ〕, 〔tʰ〕, 〔pʰ〕, 〔tʃʰ〕
와 같은 유기음으로 발음되고 또 이들은 어두에서나 어중에서나 어말에서
共히 유기음으로 실현된다. 독어의 파열음도 이 점에서 영어와 같다. 그러
나 불어, 러시아어는 이와 다르다. 불어음은 2.3과 같이 음소 /k/, /t/,
/p/, /tʃ/는 음성적으로 〔ʔk〕, 〔ʔt〕, 〔ʔp〕, 〔ʔtʃ〕와 같이 후두 긴장음(경음)
으로 실현되고 어두에서나 어중에서나 어말에서 공히 긴장음으로 실현된
다. 결과적으로 말하면 유기음의 언어군과 긴장음의 언어군은 각각 유성
음과 무성음으로 대립되는 2중 체계를 이루고 있다. 그런데, 그들 무성음
은 유기음으로 실현되는 언어군과 후두긴장음으로 실현되는 언어군으로
나뉜다. 이런 점에서 음소는 동일하되 실현 음성은 차이가 있다.
　구어의 소통은 실현되는 음성으로 인하여 대화가 원만히 성립되므로 이
런 음성적 차이를 입과 귀에 정확히 익혀야 한다.

3. 일본어 파열·파찰음

위에 영어군과 불어군의 파열·파찰음을 고려하였는데, 이들과는 아주 다른 일어 파열·파찰음의 특징을 밝히겠다. 이것이 증거가 되어 서구 2 중체계와의 비교로 뚜렷한 차이를 인식하기 위해서이다. 아래에 파열·파찰음을 분석해 보겠다.

3.1. 日本語 어두·어중음 비교표

음소	어두 음성 표기(어례)	어중 음성 표기(어례)
/k/	k^hagi(かぎ : 열쇠)	a?kai(あかい : 붉다)
/t/	t^hani(たに : 계곡)	i?tai(いたい : 아프다)
/p/	p^hirito(ぴりっと : 전기 작용의 느낌)	ri?pa(りっぱ : 훌륭함)
/tʃ/	tʃhiri(ちり : 먼지)	ma?tʃi(まち : 거리)

일어를 상술처럼 영어군 및 불어군과 비교해 볼 때, 일어 파열찰 음소 /k/(か), /t/(た), /p/(ぺ), /tʃ/(ちゃ) 등은 영어, 불어군 파열·파찰음과 함께 무성음소이고, /g/(が), /d/(だ), /b/(ば), /ʤ/(じゃ)는 영어, 불어와 같은 유성음소이다. 즉, 무성, 유성소의 2중 구조는 영어, 불어와 동일하다. 그러나 일어 어례와 같은 무성음소의 실현은 영어, 불어군과는 전혀 다르다.

영어군 파열·파찰 음소는 환경에 관계없이 항상 유기음 한 방법으로 실현되고, 불어군 파열찰 음소는 환경에 관계없이 항상 후두 긴장음 한 방법으로 실현되는데 비하여 일어의 무성 파열 음소는 환경에 따라 두 가지 방법으로 음성 실현이 된다. 이것이 영어, 불어군과 다르다. 즉 일어는 3.1과 같이 어두에서는 유기 음성, 어중에서는 후두 긴장음성으로 실현된다. 독특한 현상이다. 이 점은 후술할 한국어 파열·파찰 음소 体系와 동일한 일어의 음성적 현상임을 보이는 것이다.

이와 같이 일어의 음성 실현을 청각 판단으로 인정할 수 있지만 스펙트

로그래프(spectrograph)에 의한 기계 실험으로 더 확실한 점을 증명하고자
한다.

3.2. 실험도표

가. 韓國語 음소 ㅌ, ㄸ, ㄷ 간의 특징

〈표 Jeon〉

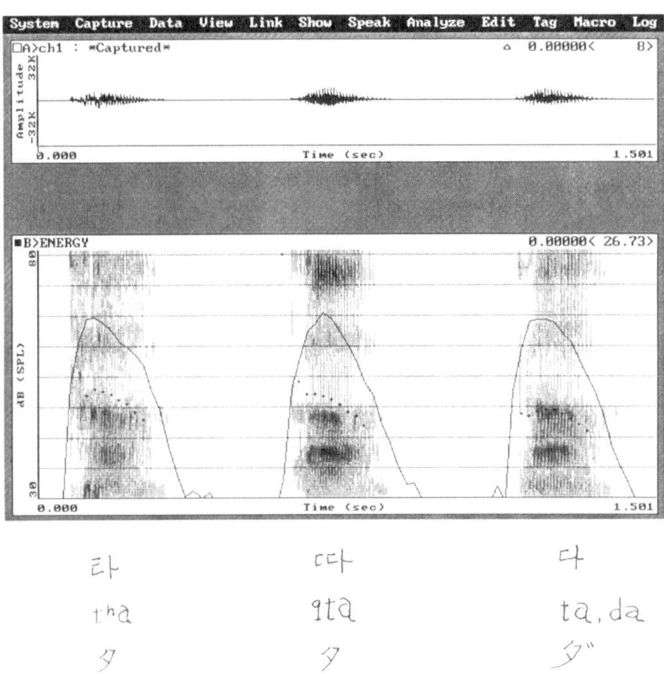

　　표 Jeon의 윗부분은 스펙트로그램에 잡힌 음의 진폭과 길이의 표시이
고, 하부의 연속 곡선은 에너지의 음파이고, 점선은 피치(pitch)이다. 상부
는 참고로 하고, 하부의 피치를 주로 관찰한다. 그 표시의 경향은 유기음
소, 후두긴장음소, 비유기-비긴장음소를 구별하는 특징이 된다.

즉, 음파로 표시되는 호기의 세기인 에너지는 가급적 같은 힘을 주었으므로 표시 현상과 같다. 그러나 진동의 빈도수인 피치는 차이를 나타낸다. 측정 해당 자음에 후속하는 모음의 피치 표시의 점선 모양이 3자음을 구별하는 특징이다.

유기음 "타"는 점선이 약상승하다가 완만히 하강한다. 이 밖의 표를 보면, 수평 또는 완만 하강의 표시를 간혹 나타낸다. 그리고 비유기-비후두 긴장 음소 "다"도 유기음소 "타"에 비하여 위치가 좀 아래 위치에 나타났다. 그러나 후두 긴장음소 "따"는 높은 위치이고 시작부터 반드시 하강하고 점선이 하강하는 특성이 있다.

3.3. 日本語의 [tʰ], [ʔt] 간의 특징

⟨ume 1⟩

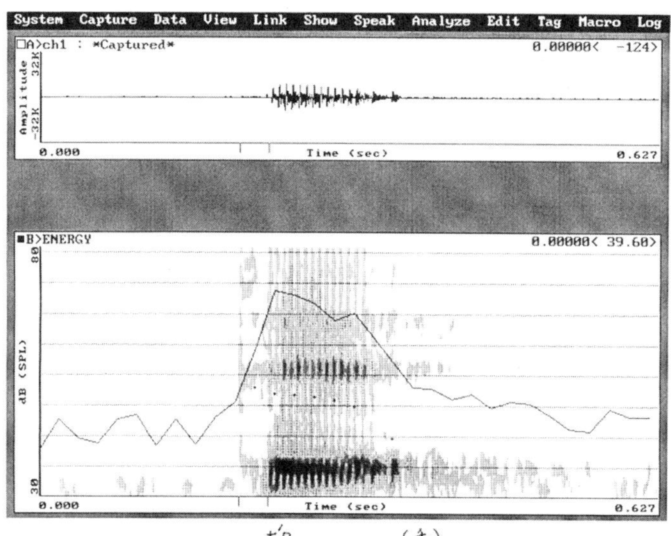

〈ume 2〉

System Capture Data View Link Show Speak Analyze Edit Tag Macro Log
A>ch1 : *Captured*
Amplitude
32K
-32K
0.00000<   40>
0.000   Time (sec)   0.909
B>ENERGY
80
dB (SPL)
30
0.00000< 43.69>
0.000   Time (sec)   0.909
ki i   t'e   (切手)

〈ume 6〉

System Capture Data View Link Show Speak Analyze Edit Tag Macro Log
A>ch1 : *Captured*
Amplitude
32K
-32K
0.00000<   -49>
0.000   Time (sec)   2.350
B>ENERGY
80
dB (SPL)
30
0.00000< 51.72>
0.000   Time (sec)   2.350
jh'a n?to   (規則正)

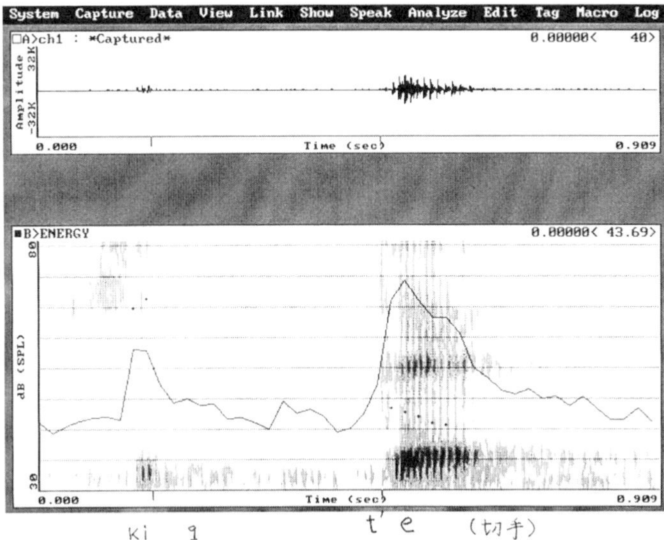

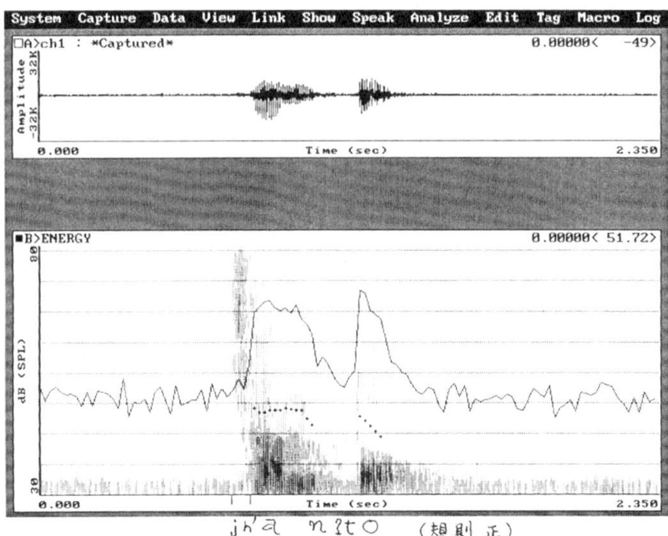

위의 표 ume 1은 어두 て(手)의 발화이고 ume 2 'きって'(切手)의 "て"는
어중의 "て"이고, ume 6 'はうと'도 어중의 "と"이다. 동일한 t 음소인데, 1
어두에서는 유기음으로 발화되어 [tʰ]로 들리며 표 jeon과 같이 피치의 점
선이 상승 또는 평행에 가깝고 길다. ume 2, 3은 어중에서 [ʔt]로 들리며
피치는 하강점선이고 짧다. 동일한 일어 음소 た, て, と의 /t/는 어두에
서 [tʰ], 어중에서 [ʔt]음성으로 발화(utterance)되어 변이음을 발생한다.
이 일어 변이음 [tʰ], [ʔt]는 한국 음소 ㅌ, ㄸ와 구조상으로 같다.

3.4. 日本語의 [ph], [ʔp] 간의 특징

〈ume 3〉

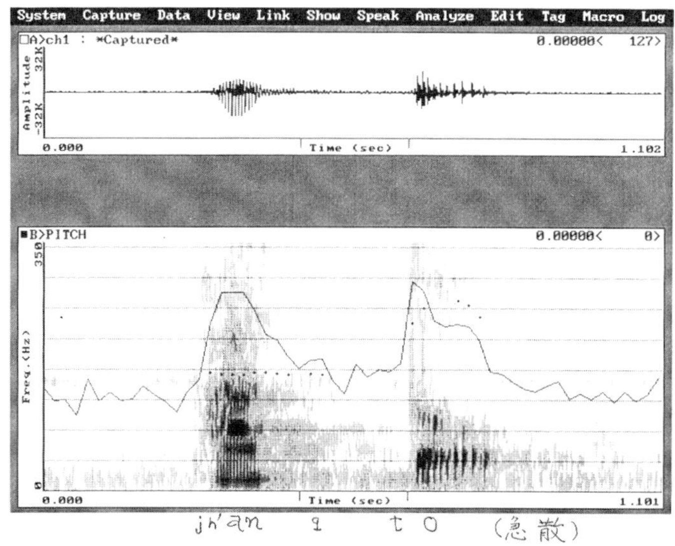

〈itoo 9〉

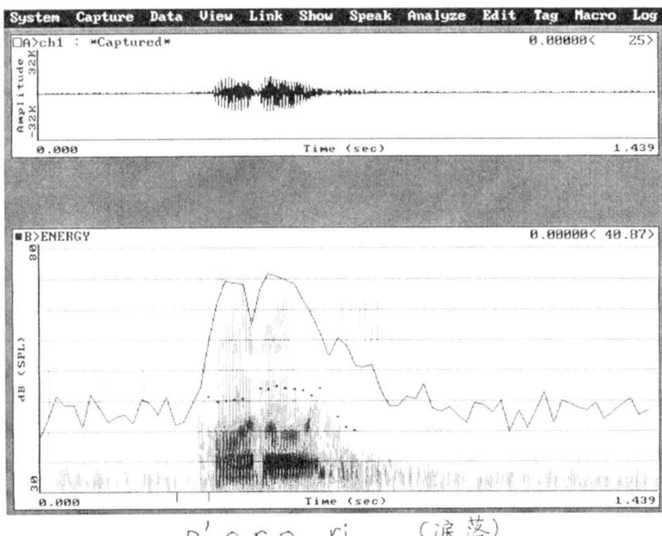

p' o ro ri　　（涙落）

〈ume 4〉

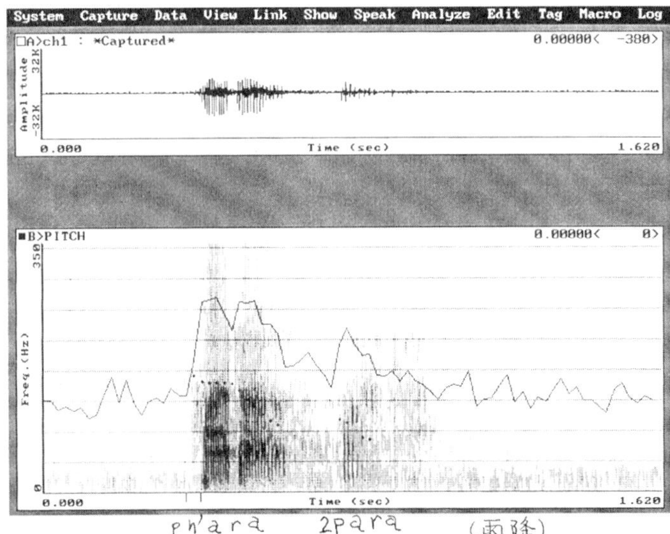

ph'ara 2para　（雨降）

〈ume 5〉

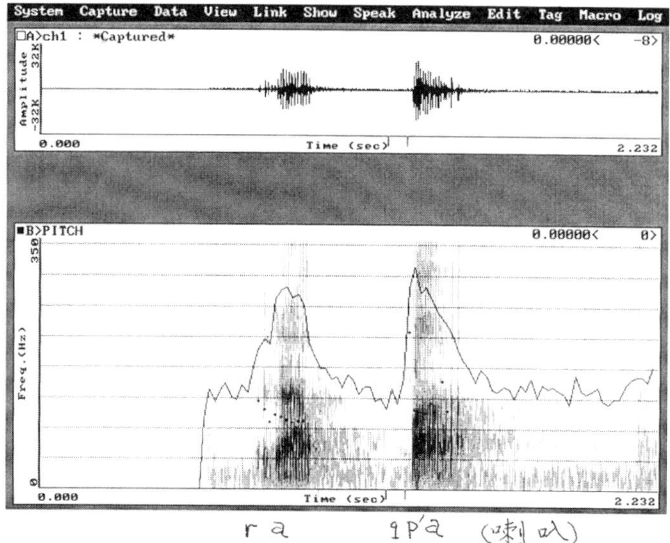

위의 표에 따라 일어 파열음소 /p/ "ば"의 고찰을 한다. 상기 /t/ "た"와 같은 이론으로써 양순음의 경우를 본다.

표 ume 3 'paʔto'(ぱっと)의 음소 /p/와 itoo 9 'p'orori'(ぽろり)의 음소 /p/는 어두에서 발화됐고 음소 /p/(ぽ)와 함께 유기음성 [ph]으로 발화되었으니 유기음으로 확인된다. 이 표에서도 점선이 평행선으로 나타나 보인다. ume 4는 어두와 어중에 배치된 2개의 /p/ 음소인데, 앞 것은 유기의 /p/, 뒤의 것은 성문긴장의 [ʔp] 음성으로 나타나 대조적으로 명확히 파악된다. ume 5는 'raʔpa'(らっぱ)의 음소 /p/(ぱ)가 어중이므로 성문긴장 음성 [ʔp]가 나타난 것이다. 파열음소 /p/도 음성 환경에 따라 [ph], [ʔp]가 나타나니 한국 음소 ㅍ, ㅃ의 구조가 보인다.

3.5. 日本語의 [k^h], [?k] 간의 특징

일어의 [k^h], [?k]의 음성의 특징을 파열음소 /k/(か)에서 본다.

아래의 표 itoo 1에서는 /k/음소가 어두에서와 어중에서 공히 나타났다. 어두에서는 [k^{h}a]로 어중에서는 [?ki]로 청취하고 또 이 표의 점선 피치가 이를 증명한다. 앞 것인 어두 /k/의 실현 점선은 평행이고, 뒷 /k/의 실현은 하강선이다. 앞 뒤 음성에서의 대조가 유기와 성문긴장을 더 분명하게 나타내 보인다. itoo 2에서는 어중의 /ku/가 고조 악센트인데도 불구하고 성문 긴장음성이 들리고 표의 향방도 하강선을 나타냈다. itoo 3의 /k/도 어중에서 하강선을 그린다. 그러므로 파열음소 /k/도 어중에서 하강선을 그린다. 그러므로 파열음소 /k/도 환경에 따라 음성적으로 한국어 ㅋ, ㄲ 음소 체계와 같다.

⟨itoo 1⟩

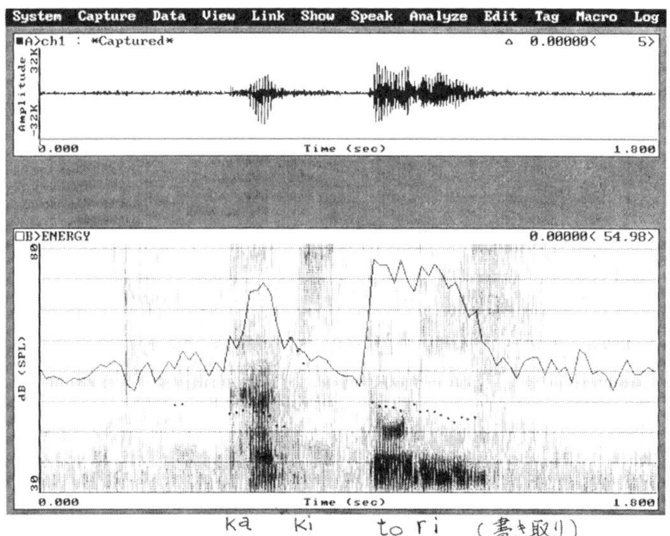

〈itoo No 2〉

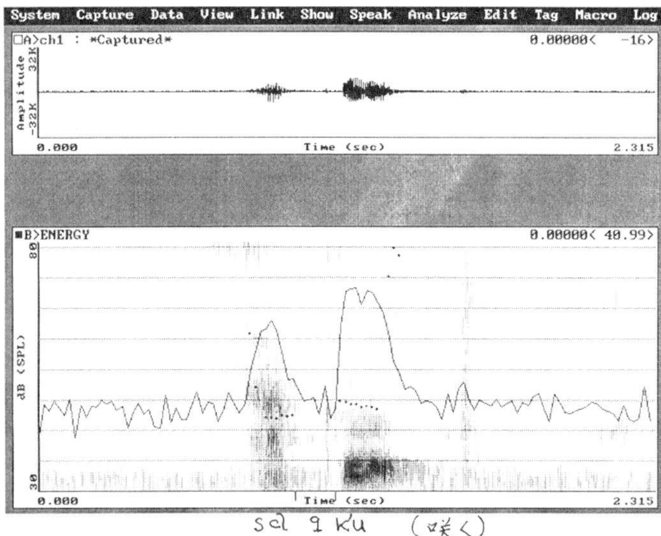

sɑ ɦ ku (咲く)

〈itoo 3〉

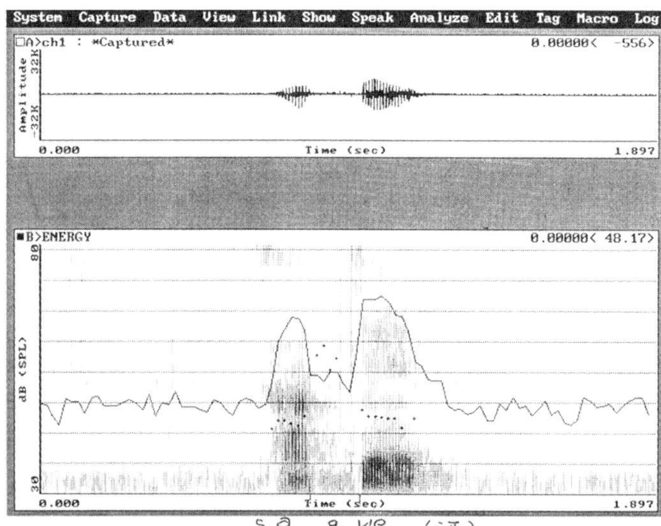

sa ɦ kʼe (酒)

3.6. 日本語의 [jʰ], [ʔj]의 특징

⟨ume 6⟩

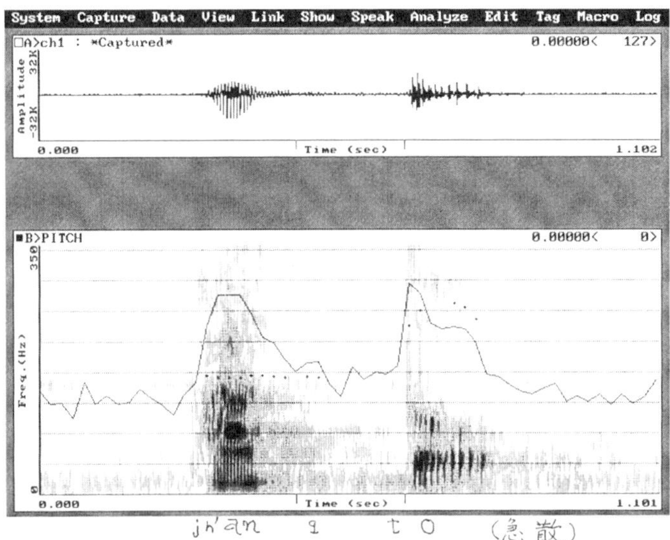

⟨ume 7⟩

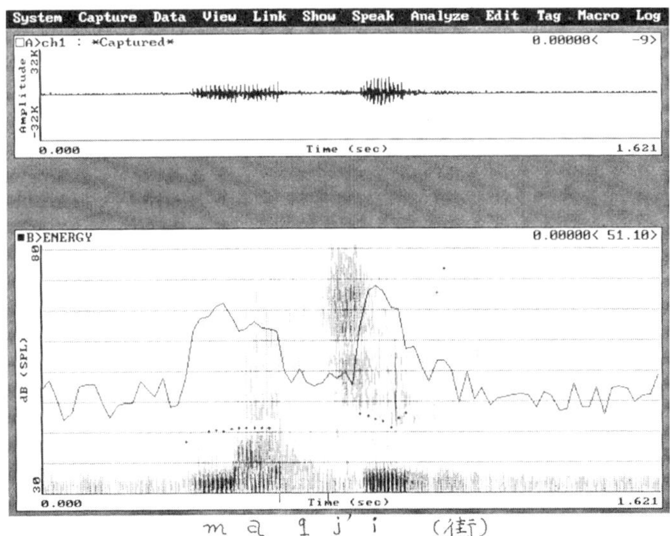

〈ume 8〉

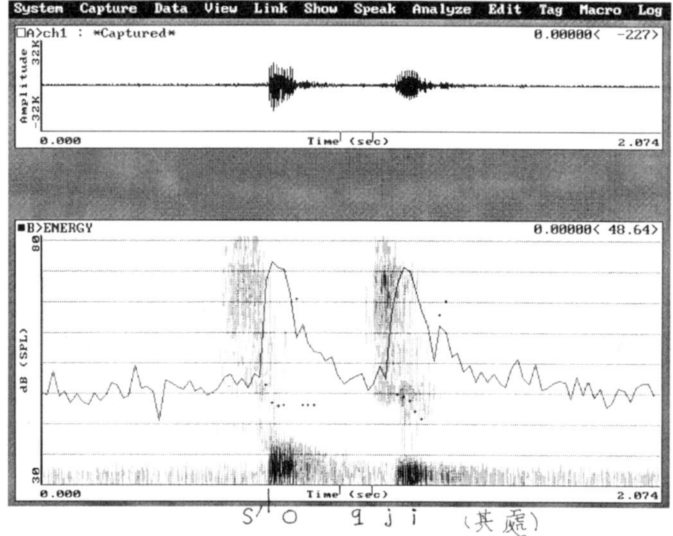

위 표에서 ume 6은 어두의 /tʃ/(ちゃ),1) ume 7, 8은 어중의 /tʃ/
(ちゃ)이다. 어두 발화는 유기음성 [jʰ]으로 확인되고 표의 점선도 평행선
으로 그를 증명한다. 그러나 7, 8의 어중 발화는 후두 긴장음성 [ʔj]으로
청취되고 표의 점선의 하강도 이를 증명한다.

3.7. 정리

이상의 실험을 정리해 보면, 일어 파열찰음소 /k/, /t/, /p/, /tʃ/는 어
두에서는 [tʰ], [pʰ], [kʰ], [cʰ], [jʰ]로 발화되나 어중에서는 [ʔt], [ʔp],
[ʔk], [ʔj]로 발화되어 한국 파열음소 ㄸ, ㅃ, ㄲ, ㅉ과 유사하다.

이와 같이 일어 자음의 발화 음성체계가 한어 음소 체계와 같다. 남은
자음 간 대조 문제 중의 하나는 일어 탁음과 한어 평음간의 대조인데, 일
어 탁음은 음성적으로 유기음도 후두 긴장도 아닌 유기성과 긴장성이 없

---

1) 음성기호로 표시한 他處 및 위 표에는 [jh]로 즉 편리한 轉寫体로 표시한다.

는 매우 약한 음으로 발화되므로 독특하다. 위의 2가지 음성과는 可聽에 있어 구분된다. 음성적으로 3중 체계이다. 다만 한국어와 같은 음소 또는 음소를 나타내는 부호(문자)를 만들어 내지 않았다는 것뿐이다.

이에 걸맞게 한국어 非有氣-非聲門緊張音素(平音)는 음소적으로 유기성도 성문긴장성도 없이 이 양자와 각각 대립되는 음소이므로 유기성과 성문긴장성이 가장 약하다. 그런 점에서 일어 탁음 음성의 연약성과 동일하다. 유성 무성에 초점을 둘 문제가 아니라고 한다면 그러하다.

결론에 있어 일어는 '음성적으로' 유기성-성문긴장성-비유기 비성문긴장성 체계이고 한어는 '음소적'으로 유기성-성문긴장성-비유기 비성문긴장성이다. 3중 체계의 발화는 공히 존재한다는 것이 유사하다. 이런 3중 체계는 상술한 서구 음성과의 비교에서 본 것과 같이 어느 언어의 파열음에서도 없었다. 이것이 객관적으로 한일어의 자음체계의 유사성을 더욱 명시해 준다고 할 것이다.

4. 日本語音의 한국어음화(Koreanization)

4.1. 한·일 파열음 체계의 전통

일어의 파열자음이 음성적으로 한어의 음운체계와 유사함을 증명하였는데 그렇다면 일본어에서 그 3중 음성체계는 언제부터 있어왔는가? 왜 그에 해당하는 음소는 만들어지지 않았는가가 흥미로운 의문이다. 문자 발생은 일본이 먼저이고, '假名'이었다. 한국 문자는 '한글'인데, 당시는 '訓民正音'이었다. 万葉假名과 倂用하였다.[2] 平'假名'의 사용은 8세기 초로 추정되는 平安시대였다. 다음에 그 平假名와 片假名를 제시한다.

---

2) 山口明穗 : 日本の言語文化 Ⅱ 假名の發明

片仮名〈九世紀〉(「成実論」・築島裕)「平安時代訓點本論考 ヲコト點圖假名字體表」汲古書院より轉載

符疊	白	ワ	ラ	ヤ	マ	ハ	ナ	タ	サ	カ	ア
太ヒ	白	禾	一 ラ う*	セセ	万 ご*	ハ ハ	小 小	大	た	カ 丁	ア 尸*
云	井	リ		ミ	ヒ	ニ	チ	シ	キ	イ	
云	お*	リ		レ	ヒ ヒ	午	ち ち*	し し	と ヒ*	尹 尹*	
時	者		ル	ユ	ム	フ	ヌ	ツ	ス	ク	ウ
十	ち		いいOロ	由	ム	フ	ぬ 奴	ツ ツ ツ*	又	クク グ*	于 于*
有	念	エ	レ	江	メ	ヘ	ネ	テ	セ	ケ	衣
リ	会	ゑ ゑ	ろ ヨ ヨ*	江	目 メ*	ヘ	ネ	呈 天 王	七	二	ラ
可	也	ヲ	ロ	ヨ	モ	ホ	ノ	ト	ソ	コ	オ
丁	ハ	ぷ		ヨ フ	ム	呆 係*	乃 ノ	止 止* カ*	ソ	コ こ	ろ?* オ

平仮名〈万葉仮名と併用〉(「沙門勝道歴山瑩玄珠碑」・築島裕「平安時代訓點本論考 ヲコト點圖假名字體表」汲古書院 より轉載

符疊	ン	ワ	ラ	ヤ	マ	ハ	ナ	タ	サ	カ	ア
かこ		和	良良	八		は	奈	多多太?	左	かう	安
		ヰ	リ		ミ	ヒ	ニ	チ	シ	キ	イ
			リ		尺乙	北比	尓小		え	女木?	い
			ル	ユ	ム	フ	ヌ	ツ	ス	ク	ウ
			る	曲曲	え?	ふフ	ぬ	巛	ス	久	テ?
		エ	レ	江	メ	ヘ	ネ	テ	セ	ケ	衣
			礼		女			てて		介	
		ヲ	ロ	ヨ	モ	ホ	ノ	ト	ソ	コ	オ
		乎		与よ		日	乃	止		己(乙)	ち

平仮名〈万葉仮名と併用〉(「沙門勝道歴山瑩玄珠碑」・築島裕「平安時代訓點本論考 ヲコト點圖假名字體表」汲古書院 より轉載

  현존하는 '五十音圖'라는 것은 江戶時代 中葉부터 쓰인 用語인데, 현존 最古의 것은 醍醐寺의 '孔雀経音義' 말미에 있는 것이며 10세기 말에 기록된 것이다.

  이들은 現行 五十音과는 다르니

  1) 'キコカケク'와 같이 현행과는 모음이 逆順으로 되어 있다.

  2) 行의 순서가 상이하다.

  3) ア行과 같이 ナ行을 缺如하고 있다 등과 같다.[3]

  이와 같이 万葉假名 竝用것과 9세기 片假名와 10세기 五十音圖는 한글 창제 이전의 것이므로 한글 음성과 비교하기는 불가하다. 당시 假名은 현재의 것과는 음성 표시에 缺如된 것이 여러 가지 있다.

  1443년 한글 창제 이후의 한일 언어학습서를 비교하면 쌍방의 문자 음성의 대조가 된다.

4.2. 捷解新語에서의 파열음 表記

  1618년경에 나온 捷解新語를 통해 보겠다. 이것은 朝鮮의 日本語 教科書인데, 科試用으로도 꽤 쓰였다. 第一과에서 第十과까지 있다. 일본어를 平假名으로 文, 節을 적고 그 右편에 한글로 일본음을 표시하여 읽도록 했다. 한 개 문, 절이 끝나면 한글 번역을 배치하였다. 일본어음에 한글 어음을 달아 놓았으므로 일본어음 체계와 한국어음 체계를 대조적으로 파악하기에 알맞다. 捷解新語에서 이러한 語音 예를 제시한다.

  1) か
  いよいよそのふんてこさろか(이요이요소노분뎨고ᄼ루까)
                일정 그러ᄒ온가 〈第六11〉
  ことを そうめされるか(고도오소우메사루까)
                일을 그리ᄒᄂ가 〈第 15〉
  をろかに(오로까니) 얼현이 마ᄅ시고 〈第一14〉

---

3) 神代文字 cf. 日本の言語文化 Ⅱ p.51

こそんしのことく (고손싀노고도ᅑ) 아옵시드시 〈제삼6〉

2) た

つしまをたたしらるやうにともしたことちゃほんに
(주시마오다다시라루요우니또모우시따고돈쟈혼도니)
對馬島를 떠나실 양으로 닐러시니 〈第六12〉
そさかたえつれてこさて (소상가다예주례떼고싀떼) 送使의 도려가셔 〈第一5〉
こねんろなおつかいで (고녕고로나오주가이뎨) 〈第一5〉

3) ぽ

けうわかんぽくについて (교우와감뽀구니주이뎨) 〈第四1〉
いまわしゃうにさしぴきなりまるせんことて
(이마와싀유우니사시픠기나리마루션고돈데)
이제는 자유히 ᄆᆞ음아디 못ᄒᆞ옳거시니 〈第六12〉
そのぴわ (소노픠아) 그날은
このさきわぱんしかこころやすこさろう
(고노사기와빤싱가고고로야수고싀로우)
이 얇은 萬事ㅡ ᄆᆞ음편할까 〈第六14〉

4) ちゃ

なにかこちこい (나니가시고찌고이) 아무가히 이리오라 〈第一1〉
あちから (아찌까라) 뎌러로 〈第八8〉
そちもこちも (소찌모고찌모) 계나예나 〈第四29〉
しち (싀-치)

위의 예 1)~4)는 音素 /k/, /t/, /p/, /tʃ/가 있었음을 보인다. 이 파열
음소가 기음 kʰ, tʰ, pʰ, tʃʰ로 쓰였고 때로는 ʔk, ʔt, ʔp, ʔj로도 기록되어
있다.

위의 예 1)에서는 こさろか를 고싀루까로, 특히 ʔka로 기록하였고, さ
れるか 즉 메사루까로, をろかに를 오로까니, ことく를 고도ᅑ로 적은 것
을 볼 수 있는데, 이것은 전술한 것처럼 語中에서 k는 ʔk로 발화하는 오늘
의 현상과 동일함을 상징하는 것이다. 〔t〕, 〔p〕, 〔tʃ〕 중
2) た를 보면, しらるやうにと 시로요우니또, もした 모우시따, つれて
こさて 주례떼고싀떼, おつかいで 오주가이뎨와 같이 と, た, て를 어두의

발음 [토, 타, 테]와 구별하여 썼고, 'で'는 [데]로 표기되어 있으니, 현존
음성적 3중 체계의 방증을 보이는 것이다.

　3) ぽ[p]에서 ぽ(뽀), ぴき(피기), ぴ(피), ばんしか(빤싱가)와 같이 ʔp,
pʰ, b를 구별하였으니 단순한 유성 무성의 2중 체계는 아니다.

　4) ちゃ는 こち(고찌), そち(소찌)의 성문 파찰음 ʔj로 표기했으니, jʰ 치
(ち)와 구별하였음을 제시하는 것이다.

　이런 자료를 볼 때, 17세기 초의 捷新에서는 일어 ぱ, た, か, ちゃ는
[kʰ], [tʰ], [pʰ], [jʰ]와 [ʔk], [ʔt], [ʔp], [ʔj]를 구별하는 음성 인식이 있
었음을 보이는 것이라 하겠다.

4.3. 倭語類解에서의 表記

倭語類解(1636 이후)에서 이런 捷新과 같은 대조표기를 볼 수 있고, 주
목할 만하다. 이것은 조선인에 의한 日本語 辭書인데 여러 가지 시사를
준다.

성문 폐쇄음은 일어음의 한국어음화 표기에 썼다.

- [ʔk]의 표기 : ① 確實 다시까니〈p.47〉 ② 愚 오로까〈p.47〉 ③ 愎 단끼나
  〈p.48〉 ④ 空言 소라고도〈p.50〉 ⑤ 動 우꼬꾸〈p.57〉 ⑥ 來 기다루〈p.57〉
- [ʔt]의 표기 : 乙 기노또, 丁 히노또, 己 즈지노또, 辛 가노또, 曾 가즈떼
  〈54〉 歸 모또루, 留 톤도마루〈58〉
- [ʔp]의 표기 : 都 스볘데, 伸 노볘〈58〉, 妄發 뙤우하, 宗廟 조소우뙤우
  〈66〉, 浮함 셰쯔예쯔〈80〉, 乙玄 유미즈루〈80〉, 角指 유비쯔노〈81〉, 漱 구
  지스스구, 蜜 미쯔, 一 히도쯔, 質 시찌, 培 즈지고우, 黃票 가찌구리

17세기 초반의 자료 倭語에도 捷新과 같이 유기음과 성문긴장음이 쓰였
음을 보인다. 성문긴장음 [ʔk]는 ① 타시까(たしか : 確實), ② 오로까(おろ
か : 愚), ③ 탄끼나(たんきな : 愎), ④ 소라고도(そらごと : 空言), ⑤ 우고꾸
(うごく : 動), ⑥ 키따루(きたる : 來)가 증명한다. ①까, ②까, ③꾸와 같이
語中에 성문긴장음 [ʔk]를 썼고, ④고, ⑤고는 비유기 비성문긴장 [g]음

이 표시되었으며, 이외의 k음은 유기음일 것으로 추정된다. 그러므로 倭語類解의 표기에서 일어 파열·파찰음이 유기와 성문긴장과 비유기-비성문긴장음을 구분하여 발화하였던 방증이 성립된다.

[ʔk], [ʔt], [ʔp], [ʔj]의 표기 어례도 같은 방법으로 증명된다. 다만 [ʔp]와 [ʔj]는 ほ의 ぽ, ぼ의 분화가 늦었고, ちゃ의 파찰화도 늦었으므로 好例가 적다. 그러나 현존과 동일한 음성으로 변천해 가고 있음을 보여주는 것은 틀림없는 사실이다.

4.4. 全一道人 연구에서의 朝鮮語表記諺文假名 대조표

다음 표에서 조선어음을 일본음으로 어떻게 대조해 놓았는가 볼 수 있으며, 여러 가지 힌트를 준다. 조선어음을 언문, 일어음을 가명이라고 했다. 가로의 첫째 줄의 자음에서 조선음 p, t, k 에 일본음 パ, タ, カ을 해당시켰고, 조선음 p′, t′, k′에도 일어음 パ, タ, カ를 해당시켰다. 이것은 곧 음소 パ, タ, カ를 각각 두 가지 음성으로 発話한다는 의미를 나타내고, 유기음으로도 성문긴장음으로도 쓰였다는 논리이다. 한국 음소 체계에서는 존재하지 않은 유성-비기음-비긴장음인 パ, タ, カ음들이 또 생겨났기 때문에 유성 아닌 파열성이 두 가지로 발화하였다면 그렇게 된다.

이 음들은 비록 유성이긴 하지만 유기음의 氣性도 없고 성문긴장의 張力도 없으므로 이런 특징이 조선음 비유기-비성문긴장음인 ㅂ, ㄷ, ㄱ와 유사하기 때문에 서로 일치가 될 수 있다. 이런 관점에서 볼 때 이 연구에서 諺文과 假名의 대조에서도 역시 결과적으로 일어 음성이 한국과 유사한 3중 체계를 음성적으로 방증하는 것이라 본다.

이와 같이 일어음을 역사적으로 보아왔으나 현행 파열·파찰음의 음성적 현상이 한국어음의 음소 현상과 같으며 그것은 한글 창제 당시부터 이런 동질 경향이 있어왔다는 것을 입증한 것이다.

朝鮮語表記諺文仮名対照表

sp	p	m	r	st	pt	t	n	sk	k	cv
スハ*	バ	マ	ラ・ロ	スタ・タ		タ	ナ		カ	a
スハ* ハ*	バボ	モ	ル・ロ	スタ・タ		タ・ト	ヌ・ノ		カ・コ	ɐ
	バイ	マイ	ラ・ライ	スタイ		タ・タイ	ナイ	スカイ	カ・カイ	ai
スハ*	バ・バイ	マ・マイ メ・モイ	ロイ			タイ・テ テイ・トイ	ナイ	スカイ	カイ	ɐi
										ya
ホ*	バ・ブ ボ	マ・モ	ラ・ロ	スト・ト		タ・ト			コ・コウ	ə
スヒ*ヨ		モ	ロイ			ト			カイ・コイ	əi
	ベ	メ	リヤ・リヨ レ			テ*・チヤ	ニヨ ネ	キヨ	キヤ・キヨ ケ・ケイ	yə
ホ*		メ	レイ						ケ・ケイ	yəi
	ボ	ム・モ	ル・ロ	スト・ト		ト	ノ	コ	カ・ク・コ	o
									クワ	oa
										oai
										oə
		ムイ・モ モイ	ライ			テイ・ト トイ・トヱ			クイ・コイ	oi
		ミヨ	リヨ			チヨ	ニヤ		キヨ	yo
										yoi
フ*	ブ・ブウ	ム	ル			ト・トウ トヲ	ヌ	スク・ク	ク	u
									コ	uə.
	ブイ				ト				コイ・コウ	ui
			リユ			チユ			キユ	yu
										yui
	ブ	ム・モ	ロ	ト	ブト ト	テ・ト トイ	ヌ	スク・ク	ク	ɯ
	ブト	ム		テ		テイ			カイ・クイ	ɯi
	ビ	ミ・メ	リ・レ			テ	ナ・ニ	キ	キ	i

h	p'	t'	k'	c'	c	'	ss	ps	s
ハ	ハ*	タ	カ	サ*・ソ*	ザ*・ザ	ア・ヤ・ ワ			サ
ハ・ホ	ハ*	タ・ト		サ*・ソ* ソ・ツ	ザ・ソ* ゾ・ツ・ヅ	ヤ・ヲ		フ* ソ	サ・ス・ ソ
ハイ		タイ		サ*・サイ*					サイ
ハ・ハイ フイ・ヘイ ホ・ホイ	フ*イ			サ*・サ*イ	ゾイ	ウイ			サ・スイ ソ・ソイ
ヒヤ					チヤ	ヤ			シヤ
ハ・ホ	ハ*・ハ ホ*	タ・ト	コ	サ*	サ*・ソ*	ア・ヨ・ エ・ヲ	スソ・ ソ ブソ		ソ
フイ				サ*イ	サ*イソ*イ	ウイ			ソイ
ヒヤ・ヘ	ヒ*ヤ	テ*	キヤ	チヤ・チヨ テ*	ゼ・チヤ チヨ・テ*	エ・ヤ・ワ エ・ヨ・ヲ			シヤ・セ セイ
	ヘ*・ヘ*イ			テ*	ゼイ・テ* テ*イ・チヨ	ヨ・エ・ ヲイ			セ・セイ
ホ		ト	コ・ゴ	ソ*・ツ	ソ*・ゾ	ホ・ヤ ヨ・ヲ			ソ
ハ・フハ					サ*	ワ			
ハイ			クワイ						
ホ									
				ソ*イ	ソ*イ	ウイ・ヲ ヲイ			
	ヒ*ヨ				チヨ	ユ・ヨ			シヨ セ
ヒヨイ									シヨイ
フ		ト			ツ	ウ・ヨ			ス・スウ
						ヨ・ワ・ヲ	ス		
フイ						ウ・ウイ			スイ
ヒユ					チユ	ユ			シユ
				チユイ	チユイ	ユイ			シユイ
フ・ホ	フ*	ト	ク	ツ	ツ・ヅ	ウ	ス・ブス	ブス	ス・ヅ
フイ	フ*イ					ウイ・ヲイ			ス
ヒ・ヒイ	ヒ*	チ		チ	シイチ・ヂ	イ			シ・セ

5. 結 論

1. 한·일어 破裂·擦音素의 체계를 대조 연구해 보면 한국어는 3중 체계이고 일어는 2중 체계이다.

2. 일어와 서구어(영어, 독어, 불어, 노어 등) 음소와의 비교에 있어 일어와 서구어가 공히 유성·무성의 2중 체계를 이루고 있으나, 음성 실현의 차이는 있다. 즉 서구어의 무성음은 환경 여하를 불문하고 유기음으로만 실현되는 언어(영어, 독어)와 성문 긴장음으로만 실현되는 언어(불어, 노어)가 있으나 일어는 이들 아무 側에도 들지 않는다. 일어는 무성음이 두 가지 방법으로 실현되는데 어두에서는 유기음, 어중에서는 성문 긴장음으로 실현된다.

① 日語音 k(か의 子音), t(た의 子音), p(パ의 子音), ch(ち의 子音)의 分光寫眞 實驗으로도 위 사실이 証明됐다.

② 日語音의 한국어음화(Koreanization)의 伝統 表記도 이를 証明한다. 즉 捷解新語, 倭語類解, 全一道人의 조선어표기인 諺文 등의 假名用法으로도 傍証이 되었다.

3. 그러므로 日語 子音素 體系는 2중 體系이다. 日語變異音聲 체계는 한국 음소 체계와 같이 3중 체계이다. 서구어에는 변이음성의 3중 체계가 없다. 그러므로 파열음 음성 체계가 한국어 발음에 가장 가까운 것이 일본어이다.

▌參考文獻

城田俊(1993), 日本語の音-音聲學と音韻論-, ひつじ書房
杉藤美代子(1994), 講座日本語と日本語教授2, 日本語音聲·音韻(上), 明治書院
全在昊(1995), 日本島根縣立國際短期大學紀要2号, '日本에서의 韓國語 敎育'-音
            聲·音韻 中心
_____(1996), 日本人に對する韓國語教育 NIBADA 第25号 西日本言語學會
_____(1996), 島根縣立國際短期大學紀要 3号 '韓國·日本語對照研究u -日語話者
            에의 韓國語 敎育-'
peter ladefoged(1982), A Course in phonetics Harcourt Brace Javonovich.
            Inc.

녹음 어휘
제보자 : 梅田博之('95 52才) 東京語. 敎授
        坂平弘昭(63才) 松江8, 東京8년 거주. 현 浜田 副市長
        伊藤英人(34才) 東京生. 敎授

固有名詞の漢字
어두외 자음 : 福井フクイ   鈴木スズキ   伊藤イトウ
어두 자음 :   木村キムラ   田中タナヵ   一夫カズオ
             愛知アイチ   佐藤サトー   正子マサコ
어두 자음 :   栃木トチギ   太郎タロー   京都キョート
             香川カガワ   高知コーチ   清キヨシ

語頭〔かきくけこ〕
        かいしゃ(會社)   かえる(歸る)   かきとり(書き取り)
        きっさてん(喫茶店)   きびしい(嚴しい)   きらい(嫌い)
        くうこう(空港)   くさ(草)   ください(下さい)
        けいかん(警官)   けす(消す)   ける(蹴る)
        こうぎょう(工業)   こえ(聲)   こし(腰)

語頭いがいの〔かきくけこ〕

    しかる(叱る)　　　じかん(時間)　　　しょうかい(紹介)
    しき(式)　　　　　さきに(先に)　　　さっき(先)
    こくばん(黒板)　　　さく(咲く)　　　　すくない(少ない)
    さけ(酒)　　　　　せき(席)　　　　　せっけん(石鹼)
    こころ(心)　　　　じこ(事故)　　　　そこ(其處)

語頭の〔たてと〕

    たかい(高い)　　　たく(炊く)　　　　たけ(竹)
    て(手)　　　　　　ーても(降っても)　　てんき(天氣)
    とい(問い)　　　　とおい(遠い)　　　とうきょう(東京)

{った　って　っと}および　語頭の{た　て　と}

    まったく(全く)　　　うた(歌)　　　　　はったつ(發達)
    また(又)　　　　　ぶったおす(ぶっ倒す)　いたい(痛い)
    きって(切手)　　　すてる(棄てる)　　あさって(明後日)
    あてな(宛名)　　　おっと(夫)　　　　つとめる(勉める)
    ちょっと(一寸)　　たとえ(譬)　　　　きっと(急度)
    しごと(仕事)

語頭の〔ぱぴぷぺぽ〕

    パン(bread)　　　　　　　パーテイ(party)
    ぱらぱら(降雨の樣子)　　　ぱっちり(〜した目)
    ぱっと(〜廣まる)　　　　　ぴりっと(舌が〜する)
    ぴかっと(〜光る)　　　　　ぴくぴく(耳を〜させる, 좀굼)
    ぴしぴし(〜と仕込む)　　　ぴしゃりと(戸を〜締める)
    プラス(足す)　　　　　　　プライド(誇り)
    プリント(印刷)　　　　　　ペラペラ(〜よくしゃべる)
    ぺーじ(page)　　　　　　ペコペコ(ひもじいようす)
    ぺちゃんと(押潰されて平たくなった樣子)
    ぽつぽつ(雨粒が降り始める)
    ぽろり(涙がひとしく散り落ちる)
    ぽんくら(痴)

語頭以外の[パ ピ プ ペ ポ]｛ッパ ッピ ップ ッペ ッポ｝

りっぱ(立派)　　　ラッパ(喇叭)　　　はっぱ(葉っぱ)
いっぴき(一匹)　　さっぴき(差っ引き)　ざっぴ(雑費)
しっぴつ(執筆)
しっぷ(濕布)　　　きっぷ(切符)　　　あぷあぷ(溺れる)
しっぽ(尻尾)　　　すっぽかす(約束やぶる)いっぽ(一步)

語頭の[ち]

ちらばる(散らばる)　ちり(塵)　　　　ちょちく(貯蓄)
ちから(力)　　　　ちゃんと(きちんと)

語頭以外の[ち]

こうちょう(校長)　こちら(此方)　　　まち(町)
そっち(其方)　　　めちゃくちゃ(滅茶苦茶)

[っ]の次の[さしすせそ]

あっさり(〜とした味)　：さる(去る)
まっさき(眞っ先)　　　：さき(先)
さっさと(〜あるけ)　　：さと(里)
ざっし(雑誌)　　　　　：し(詩)
おっしゃる(言うの敬語)　：しゃれる(洒落る)
たっしゃ(達者)　　　　：しゃしん(寫眞)
ぐっすり(〜と眠る)　　：くすり(藥)
まっすぐ(眞っ直ぐ)　　：すぐ(直ぐ)
せっする(接する)　　　：する(爲る)

*音聲 實驗 補助者 慶北大學校 音聲實驗室長 白斗鉉 教授
　　　　　　　　　佛語佛文學科 李銀玲 教授
　　　　　　　　　國語國文學科 李承玹 碩士

제2장 ▌日本에서의 韓國語 教育

　單音의 발음을 日語話者에게 가르치기 위해서는 양국어의 音韻數의 차이, 일어에 없는 음운 등에 관하여 정확히 이해하고 발음할 수 있어야 하는데, 이 점이 선결 문제이다. 자국어에 없는 음운의 발음, 있어도 발음이 조금 다른 음운들에 대해 발음하고 청취하기란 매우 어렵다. 이에 대한 이해가 불충분하면, 會話學習 전체가 어려워진다. 음운에 대하여 이 어려운 점을 먼저 논구하는 것은 발음의 기초를 닦는 것이고 회화에서 익힐 중요한 요소이다. 이를 위하여 먼저 한국어 19 자음에 體系를 對比 분석해 본다.

1. 單音 體系의 對比

1.1. 閉鎖音 발음의 對比[1]

〈표 1〉

韓語音	對比發音	日語音
ㄱ	〔g〕	が
ㅋ	〔kh〕	か

---

1) 高島淑郎 : 書いて覺える 初級朝鮮語 p.22 濃音について

ㄲ	[kk]	っか
ㄷ	[d]	だ
ㅌ	[th]	た
ㄸ	[tt]	った
ㅂ	[b]	ば
ㅍ	[ph]	ぱ
ㅃ	[pp]	っぱ
ㅈ	[j]	じゃ
ㅊ	[ch]	ちゃ
ㅉ	[jj]	っち
ㅆ	[ss]	っさ

1.2. 韓國語 閉鎖音의 體系[2]

〈표 2〉 無氣 : 有氣 : 喉頭緊張

ㄱ : ㅋ : ㄲ

ㄷ : ㅌ : ㄸ

ㅂ : ㅍ : ㅃ

ㅈ : ㅊ : ㅉ

1.3. 日本語 閉鎖音의 體系[3]

〈표 3〉 有聲　：　無聲

が[g] : か[k]

だ[d] : た[t]

ば[b] : ぱ[p]

じゃ[j] : ちゃ[ch]

---

2) 全在昊(공)：新國語學槪論 '형설출판사' 88 pp.127-129 자음의 분류

3) 文化廳 國立國語研究所：日本語と日本語敎育-發音/表現編 pp.41-43G 調音法, 調音点

〈표 1〉과 같이 無氣無聲音〔ㄱ ㄷ ㅂ ㅈ〕에 有聲無氣音 'が〔g〕だ〔d〕ば〔b〕
じゃ〔j〕' 등등을 해당시키어, 청각 상 서로 '가장 가까운 음'으로 간주하느
냐 아니면, 무성 무기음 か、た… 등을 거기에 해당시키느냐에 대하여는,
전자에 이설이 많으니, 곧 후자를 택하여 〔ㄱㄷ〕의 발음에〔かた〕의 발음
을 一致시키는 경향이 있다.

예를 들어 이런 경향을 보이면 다음과 같다.

〈표 4〉 가구(家具)　　부부(夫婦)4)
　　　　〔kagu〕　　　〔pubu〕
　　　　かぐ　　　　ぷぶ

　　　　닭을(にわとり)　전화(電話)
　　　　talgu′l　　　cho′nhwa　　　* u′는 '으'、 o′는 '어'를 표시함.
　　　　たるぐる　　ちょんふぁ

〈표 5〉 그렇잖아요(そうじゃない)5)
　　　　くろちゃなよ　　　　　　　* ハングル 初步同 p.75

　　　　두 말 없어요(文句なしです)
　　　　とうまる おぶそよ

　　　　배가 아파요(腹が痛い)
　　　　べが あっぱ

　　　　잘 먹겠습니다(いただきます)
　　　　ちゃる もっけっすむにだ

〔ㄱ, ㄷ〕의 발음을 か、た〔k,t〕로 적었다. 後者를 택한 발음법이었다.
이 假名 表記대로 발음하면, 〈표 4〉의 발음은 다음과 같이 된다.

〈표 6〉 가구는 〔khagu〕, 부부는 〔phubu〕6)

---

4) 塚本勳(共)：新しい朝鮮語 '百帝社' 92 p.13 연습문제 p.31
5) 中村完：ハングル初步の初步 '大修館書店'93, p.74, 單文による言い方 p.75, p.78

닭을은 〔tharuguru〕, 전화는 〔chyonhwa〕와 같이 되고, 〈표 5〉의
발음은 다음과 같이 된다.

〈표 7〉 〔khurochanayo〕, 〔thumaru ophuso-yo〕[7]
　　　　〔phega apha〕, 〔charu mokkesumnitha〕와 같이 된다.

한국어 화자는 이런 音으로 발음하지도 않으며, 일어 화자에게 이 같이
들리지도 않는다. 그러므로 이렇게 발음하도록 기록하여 발음 지도를 해서
는 안 된다. 언어 학도가 아닌 일반 한국인은 오히려 gagu, bubu, dalgu′l,
즉, jo′nhwa와 같이 발음하고, 또 그같이 청취한다. 이론은 후술하겠지만
아무튼 한국 평음은 有·無聲 체계에 있어 有聲無氣音에 가깝도록 약하게
발음됨을 인식케 하고, 그렇게 발음할 수 있도록 해야 할 것이다.

〈표 2〉의 한국어 폐쇄음은 無氣音, 有氣音, 喉頭緊張音의 3系列과, 兩
脣, 齒槽, 硬口蓋의 4序列로 된 다양한 조직을 가진다. 이들 상호의 대립
에 있어서는 '무기'가 '유기'에도 '후두긴장'에도 공히 대립하니, 多面對立이
된다.

〈표 3〉의 日本語 폐쇄음은 '有聲' '無聲'의 2系列과 4서열로 된 비교적 단
순한 조직이다. 이것에는 '有聲' '無聲'밖에는 대립이 성립되지 않으므로 兩
立對立이 된다. 이러한 성격의 대조를 기초로 하여, 폐쇄음을 究明함으로
써 適用해야 한다.

이제 한국어 3계열의 음소를 그와는 다른 音素에 어떻게 맞추어, 발음
지도를 하여 왔는가를 예로써 고증하겠다.

3계열을 모두 無聲 無氣音으로써 처리했다.[8]

〈표 8〉 감기(豊)邪　칼(刀)　　껍질(皮)
　　　　かむぎ　　　かる　　　こぶちる
　　　　〔kamgi〕　　〔kal〕　　〔kkopjil〕
　　　　* かむぎ(はじめ ハングル p.80)

---

6) 註 (4)の發音例
7) 註 (5)の發音例
8) 外國語普及會編著 : 韓國語四週間 p.80, 90, 95

<table>
<tr><td>당신(貴方)</td><td>틀림(間違)</td><td>떡(餠)</td><td>호텔(ほてる)</td></tr>
<tr><td>だんぐしん</td><td>ちるりむ</td><td>とく</td><td>ほてる</td></tr>
<tr><td>〔dangsin〕</td><td>〔tullim〕</td><td>〔ttok〕</td><td>〔hoteru〕</td></tr>
</table>

■3계열 음의 읽기 例9)

〈표 9〉

고속버스(高速バス)	코(鼻)	드릴까요(差し上げましょうか)
こそくばす	こ	どりるかよ

다음(次)	태풍(颱風)	떠납니까(離れますか)
たうむ	てっぷん	となむにか

전화(電化)	춥군요(寒いですね)	내일쯤(明日頃)
ちょーな	ちゅぶくんよ	ねいるちゅむ

　* ちょんふあ(韓 四週 p.202)

例外	주세요(下さい)
	じゅせよ

　이상의 예는 한국의 무성무기음 〔ㄱ〕과 유기음과 후두긴장음을 구별 발음을 하지 않았다.

　〔ㄱ, ㅋ, ㄲ〕가 모두 〔か〕로써, 〔ㄷ, ㅌ, ㄸ〕는 〔た〕로써, 〔ㅈ, ㅊ, ㅉ,〕는 〔ち〕로써 나타내었다. 이 3계열은 뜻을 구별하는 음소인데, 이같이 區別 발음을 않았으니, 이 표기대로의 발음으로서는 말이 통하지 않는다. 그러므로 日語話者를 교육하기 위해, 구별 연습을 해야 혼동을 막을 수 있다.

1.4. 3系列 區別의 實際

　한국어 폐쇄음 체계의 映像을 언어 중추에 형성시키는 연습을 통하여 그 음소를 두뇌 속에 만들고서, 그것을 청취할 수 있고, 구별하여 발성할 수 있도록 해야 한다.

---

9) 洪淑子 : 韓國語會話 p.110, 119

이 같은 계열을 정확하게 청취, 발성하는 데에는 다음과 같이 最小對立語(minimal pair)의 연습을 필요로 한다.

■ 最小對立語10)

ㄱ : ㅋ : ㄲ	개다(疊) :	캐다(堀) :	깨다(壞)
ㄱ : ㅋ	개다 :	캐다	
ㄱ : ㄲ	개다 :	깨다	

ㄷ : ㅌ : ㄸ	달(月) :	탈(假面) :	딸(娘)
ㄷ :	달 :	탈	
ㄷ :	달 :	딸	

ㅂ : ㅍ : ㅃ	비다(祈) :	피다(開花) :	삐다(挫)
ㅂ : ㅍ	비다 :	피다	
ㅂ : ㅃ	비다 :	삐다	

ㅈ : ㅊ : ㅉ	자다(寢) :	차다(蹴) :	짜다(織)
ㅈ : ㅊ	자다 :	차다	
ㅈ : ㅉ	자다 :	짜다	

또 3계열의 음소 발음의 연습을 아래와 같이 하며, 여러 가지로 그 방법을 모색해야 할 것이다.

〈표 11〉 弱音, 喉頭緊張音, 氣音의 발음11)

ㄱ : 가가	기기	구구	그그	거거	·	개다(疊)
ㄲ : 까까	끼끼	꾸꾸	끄끄	꺼꺼	·	깨다(起)
ㅋ : 카카	키키	쿠쿠	크크	커커	·	캐다(堀)

ㄷ : 다다	디디	두두	드드	더더	·	달(月)
ㄸ : 따따	띠띠	뚜뚜	뜨뜨	떠떠	·	딸(女)
ㅌ : 타타	티티	투투	트트	터터	·	탈(假面

---

10) 最小對立語의 演習, 語例
11) 자음 3계열의 발음과 청취

ㅂ : 바바　비비　부부　브브　버버　　·　불(火)
ㅃ : 빠빠　삐삐　뿌뿌　쁘쁘　뻐뻐　　·　뿔(角)
ㅍ : 파파　피피　푸푸　프프　퍼퍼　　·　풀(草)

ㅈ : 자자　지지　주주　즈즈　저저　　·　자다(寢)
ㅉ : 짜짜　찌찌　쭈쭈　쯔쯔　쩌쩌　　·　짜다(職)
ㅊ : 차차　치치　추추　츠츠　처처　　·　차다(蹴)

ㅅ : 사사　시시　수수　스스　서서　　·　살(肉)
ㅆ : 싸싸　씨씨　쑤쑤　쓰쓰　써써　　·　쌀(米)

2. 破裂 强度에서 본 〔ㄱ〕과 が〔g〕

　〈표 1〉의 論及에서 旣述했지만, 한국어 무성 무기음〔ㄱ, ㄷ, ㅂ, ㅈ〕의 발음이 日語의 〔か, た, ぱ, ちゃ〕와 유사한 것이 아니고, 음성적으로 〔が, だ, ば, じゃ〕와 유사한 것이며, 따라서 교육에 있어서는 이렇게 인식시키고, 발음시키고, 청취시키는 것이 3계열의 한국 어음을 이해하는 데에 빠른 방법이 된다.

　그러면 왜 이러한가? 한국음 〔ㄱ, ㄷ…〕 등은 무성음인데, 유성음인 〔がだ…〕를 해당시키는 것은 맞지 않다고 주장하는 사람이 많았다. '聲'의 유무로써 이론을 편다면 그러하다. 그러나 日本語音의 실제를 음성적으로 경험하고, 이 차이를 관찰했을 때, '聲'보다 破裂의 强弱이 화자들에게 더 작용하고 있다고 보인다.

　후술과 같이 日語의 폐쇄음이 파열될 때, 파열 强度를 주목해야 하는데, 〔かた…〕가 매우 강하다. 때로는 한국어의 '후두긴장음'을, 때로는 '유기음'을 내는 점에 착안하여야 한다. 이에 반하여 〔がだ〕는 파열 강도가 매우 약하다.

　이런 점에서 日語話者는 유성·무성이란 '聲'의 유무 대립에 관한 인식

보다 발음상의 근육의 弛緩과 緊張의 차이 인식이 더 강하다. 〔だが〕는 파열 강도가 약하므로 발음을 위한 근육이 이완되고, 〔かた〕는 파열 강도가 강하므로 그것이 긴장된다. 이렇게 볼 때 日語 が〔g〕·だ〔d〕의 발성 파열 강도가 약하다. 韓國語흡의 〔ㄱ, ㄷ〕의 발성도 그 파열 강도가 강한 〔ㅋ, ㅌ〕에 비하여 매우 약하다.

그러므로 日語흡의 약한 계열 〔がだ〕는 한국어음의 약한 계열 〔ㄱ, ㄷ〕와 발음상 유사하게 되는 것이다. 日語話者들이 '聲'에 별 관심이 없고, 비교에 있어 日語話者들의 경우, 발성 강약에 주목하고 있음을 관찰할 필요가 있다.

3. 變異音으로서의 有氣音과 喉頭緊張音

日語 폐쇄음에 있어서 그 특성을 고찰해야 한다. 그 특성 중에 한국어와 같이 3계열이 있는가? 어떤 연결음에서 나는가를 살펴서 그 음성 환경에서 변이음을 찾아내어야 한다.

日語음에 있어서 무성무기음 カ/k/, タ/t/, パ/p/, チャ/ch/는 그 변이음(allophone)으로서 〔kh〕, 〔kk〕; 〔th〕, 〔tt〕; 〔ph〕, 〔pp〕; 〔ch〕, 〔jj〕를 가진다고 할 수 있다. 그를 위하여 다음 규칙을 세울 수 있다.

〈표 12〉 규칙 1[12)

$$\begin{bmatrix} /k/ & > & [kh] \\ /k/ & > & [th] \\ /p/ & > & [ph] \\ /t\int/ & > & [ch] \end{bmatrix} / -V$$

* /k/, /t/, /p/, /tʃ/는 語頭에서 〔kh〕, 〔th〕, 〔ph〕, 〔ch〕가 된다

---

12) 日語 無聲無氣흡의 변이음 규칙

〈표 13〉 규칙 2[13)]

$$\left.\begin{array}{l} /k/ \;>\; [kk] \\ /t/ \;>\; [tt] \\ /p/ \;>\; [pp] \\ /t\!\int/ \;>\; [jj] \end{array}\right\} \Big/ \left\{\begin{array}{l} V \\ ts \\ N \end{array}\right\} -$$

* /k/, /t/, /p/, /t∫/는 母音, 促
音, 撥音 뒤에서 [kk], [tt],
[pp], [jj]가 된다

어례를 다음에 보인다.

1) かく(書く)는 kaku 음소로서, [khakku, 카꾸]로 발음되고
   かぎ(鍵)는 kagi 음소로서, [khagi, 카기]로 발음되고
   たおれる(倒れる)는 음소 표시 taoreru로서, [thaoreru, 타오레루]로 음
   성 실현이 된다.

2) かき(柿)는 음소 kaki로서 [khakki, 카끼]로 되고
   ガキ(餓鬼)는 음소 표시 gaki로서, [gakki, 가끼]로 되고
   いたい(痛い)는 음소 표시 itai로서, [ittai, 이따이]로 되고
   やかん(藥缶)는 음소 표시 yakang로서, [yakkang, 야깡]로 된다.

(日朝 辭典)

3) サッパリ　　① sappari
　　　　　　　② satpari
　　　　　　　③ sakpari
　　　　　　　④ saʔpari
　　　　　　　⑤ sapari

　3)의 5가지 중, ③-⑤는 외국 학생의 발음이라 했으니, 자음 連續인 ①,
②는 일어에 존재하며, 喉頭緊張音이다.〈日本語と日本語敎育 p.40, 2モーラ
子音〉
　이 밖에 〈표 12〉 규칙 2를 증명하는 語例가 많은데, 아래에 몇 가지 보
이겠다.

---

13) 變異音의 檢證. 일한사전 참조

〈표 14〉14)

あたま(頭) atama		[attama, 아따마]
キット〔急度, 꼭〕		[kitto, 킫또]
マッチャ〔抹茶〕 matcha		[majja, 맏짜]
はんたい〔反對〕 hantai		[hanttai, 한따이]

上述과 같이 日語音에서는 變異音으로서 유기음과 후두긴장음이 있음을 지적하였다. 음소로서는 없지만, 해당하는 변이음(allophone)으로서는 있다고 하겠다. 이것으로써 한국어음 체계를 이해시키고, 발음 연습을 시킬 방법이 있는 것이다. 會話指導란 발음 지도가 큰 몫을 차지하며 회화 교육을 위하여 이 變異音을 이용할 수 있다. 語頭의 有氣音은 영어 閉鎖音과의 유사성을 대비시켜 연습할 수 있다.

여태까지의 논술을 일괄하면, 한국 'ㄱ, ㄷ, ㅂ, ㅈ'는 日語 ガ[g], ダ[d], バ[b], ジャ[j]와 유사한 발음이며, 'ㅋ, ㅌ, ㅍ, ㅊ'는 日語音 ヵ[k], タ[t], パ[p], チャ[ch]의 語頭變異音인 [kh], [th], [ph], [ch]와 유사하며, 'ㄲ, ㄸ, ㅃ, ㅉ'는 日語音의 ヵ/k/, タ/t/, パ/p/, チャ/ch/의 母音, 促音, 撥音 뒤에서 나는 변이음과 유사한 발음으로 인정하고 지도할 것이다.

4. 日本語 한글화 표기에서의 無聲音

한국에서 제정한 日語의 한글화 표기법(Korianization)을 따라 표기한 책이 여러 가지 있으나 그 중 '시마네를 알자'라는 책을 보면, 무성무기음의 표기는 필자의 견해와 동일하며 상술에 言及되었다. 그런데 有氣音(激音)과 후두긴장음(濃音)의 표기는 다르다. 즉 日語 무성무기음을 모두 한글 유기음으로 표기하였다. 즉 ヵ/k/, タ/t/, パ/p/, チャ/ch/를 'ㅋ, ㅌ, ㅍ, ㅊ'로 적었다. 그래서 경음으로 표시된 日어휘는 있을 수 없게 되었다. 상

---

14) 安田吉実, 孫洛範 : 日韓事典

술한 日語 폐쇄음소의 變異音에 해당하는 유기음과 후두긴장음을 인정하
지 못하였다.

　상기 책자의 표기를 例示하면 다음과 같다.

〈표 15〉15)

　　1) 와리고(破子, warigo = 도시락의 종류) 유성무기음의 표기
　　　에도(江戶, edo = 에도시대)
　　2) ① 이토자쿠라(糸櫻, itozakura = 수양벗나무)…무성무기음의 표기
　　　② 히카와쵸(斐川町, hikawa cho = 지방자치단체의 이름, 즉 읍에 해당)
　　　③ 다타미(疊、tatami = 속에 짚을 넣은 돗자리)
　　　④ 맛차(抹茶、matcha = まっちゃ, 차 이름)

　이 정도의 例로서도 이 문제의 관찰이 가능하다.

　　1)은 위에 주장한 필자의 의견과 동일하니, 예만 들어 놓는다.
　　2)에 있어서는 일본어 화자의 발음과 꼭 같이 표기하였다고 한다면, 당치도
않는 발음이라고 하겠다.
　　上述 이론에 따라 일본 화자의 발음답게 한글화한다면 아래와 같이 된다.
　　① 이또자꾸라
　　② 히까와
　　③ 타따미
　　④ 맏짜와 같이 된다.

　1)은 日語音이 有聲音 'ゴ, ド'이므로 平音 '고,도'로 적어 합당하고 2)의
①, ②, ④는 語頭가 아닌 위치의 無聲音 'ト, ク, カ, チョ, チャ'를 경음
으로 적지 않고, 격음으로 적어 '토, 쿠, 카, 쵸, 차'로 나타내었고 2)의 ③
은 '타따미'로 적을 것을 逆으로, 음리에도, 발음에도 맞지 않는 표기를 하
였다. 〈표 15〉에서 일본어 무성무기음을 一律로 유기음으로 적었는데, 이
것은 일어의 특색인, 뚜렷한 그 變異音을 무시한 표기이며, 일어음에 맞지
않는 한글 표기화(Korianization)의 결과이다.

---

15) 시네마현 상공기획과 관광 진흥실 : 시네마를 알자

5. 鼻音 終聲(final nasals)

한국어의 모든 子音은 종성으로 사용된다. 그 종성을 가진 音節은 閉音節이 된다. 日語는 撥音 /ん/ 外의 모든 음절이 모음으로 끝나므로 開音節밖에 없다. 종성이 없는 언어라고 할 수 있다. 종성이 없는 언어생활이 습관화되어, 言語 中樞에 그러한 발음의 映像이 이뤄져 있기 때문에 그러한 발음 映像과는 다른, 閉音節 映像에 따라 이것을 발음하기란 매우 어려운 것이다.

한국어 홑종성에는 다음과 같은 것이 있다.

〈표 16〉16)

　　　〔k〕 ㅡㄱ ㅡㅋ
　　　〔t〕 ㅡㄷ ㅡㅅ ㅡㅈ ㅡㅊ ㅡㅌ ㅡㅎ
　　　〔l〕 ㅡㄹ
　　　〔p〕 ㅡㅂ ㅡㅍ
　　　〔m〕 ㅡㅁ
　　　〔n〕 ㅡㄴ
　　　〔ng〕 ㅡㅇ

이 밖에 겹종성도 있고 종성에 의한 연음 현상도 있으나, 논술 순서상 다음 기회로 미룬다. 上例 〈표 16〉 홑종성도 箇箇의 성격과 발음 방법의 究明이 필요하나, 여기서는 日語에 없는 종성을 뒤로 미룬다. 일어에도 있고 발음의 문제점으로 비교되는 鼻子音만 論及한다.

---

16) 高島淑郎 : 書いて覺える初級朝鮮語 p.30 '終聲について'
　　韓國語文化硏究편 : 한국어1 고려대學교 민족문화 연구소 p.11 '받침'

〈표 17〉17)

$$\begin{bmatrix} -\square\ /m/ \\ -\llcorner\ /-n/ \\ -\circ\ /ng/ \end{bmatrix} /-V\ -h/-N/ \rightarrow \begin{Bmatrix} [m] \\ [n] \\ [ng] \end{Bmatrix} /-V$$

〈표 17〉과 같이 한국어에는 鼻音素가 3개 음이 있는데 비하여, 일어에는 1개 음밖에 없다. 없는 음의 발음 현상은 이해하지 못하며, 발음하기 어렵다. 그래서

① 종성을 開音으로 발음하여, '-m, -n, -ng'를 '-mu, -nu, -ngu'로 발음하기 일쑤이다.

② 日語 비음소는 한국어의 3개 음소와는 다르고, [m], [n], [ng]의 3 音聲을 包含한 鼻音素 /N/을 가지고 있다. 이같이 양국어의 비음소가 다르므로 한국음 /-m/, /-n/, /-ng/ 음소의 구별과 이해를 하지 못하니, 일어 화자에게는 발음도 어렵다.

③ 日語에서 [m], [n], [ng] 음성은 一定한 音聲環境(sound environment)에서만 실현되므로 다른 환경에서의 /m/, /n/, /ng/는 정확한 발음을 할 줄 모르거나, 一定環境에서의 日語 발음과 같이 하여 한국어 발음이 안 된다.

6. 鼻音 終聲과 日本語의 撥音 /ん/

양국 비음의 대조 분석 과정을 생략하고 일어 비음의 變異音 규칙을 다음과 같이 세워 본다.

---

17) 日語 鼻子音 음소와 변이음

〈표 18〉18)

$$/N/ \rightarrow [n] / - \begin{cases} -s \\ -z \\ -t \\ -d \\ -n \\ -l \\ -j \\ -ch \end{cases}$$ *음소 /ん/은 's, z, t, d, n, l, j, ch' 등 음 앞에서 [n]의 變異音을 얻는다.

$$/N/ \rightarrow [m] / - \begin{cases} -m \\ -p \\ -b \end{cases}$$ *音素 /ん/은 'm, p, b' 앞에서 [m]의 變異 音을 얻는다.

$$/N/ \rightarrow [ng] / - \begin{cases} -k \\ -g \\ -h \\ v- \end{cases}$$ *音素 /ん/은 'k, g, h' 앞에서와 어말에서 [ng]의 變異音을 얻는다.

〈표 18〉과 같은 규칙이 성립되는가를 더욱 연구 규명하고, 나아가서 이 것을 적용하여 지도함이 기초로서 필요하다. 이를 예증하기 위하여 例語 로서 다음 〈표 19〉를 제시한다. 철저한 연습을 위하여 이 현상을 이용할 것이니, 그렇지 않으면 이해에 큰 몫을 잃게 될 것이다.

〈표 19〉19)

〈연습〉	〈발음〉	一定環境의 語例	ん의 用例	意味	他環境의 오차
관광	-ㄴ[n]	간쇼우	かんしょう	干涉간섭	감사하다→ 간사
간간		센세이	せんせい	先生선생	하다
선전		군따이	ぐんたい	軍隊군대	봉투→ 본투
단단		멘도우	めんどう	面倒귀찮음	동네→ 돈네
선선		멘도리	めんどり	雌鳥암닭	당장→ 단장
산산		센누끼	せんぬき	栓拔마개뽑이	

---

18) 日語撥音의 變異音
19) 變異音의 演習

감감	-ㅁ[m]	삼마이	さんまい	三枚삼매	농부 → 놈부
담담		심마에	しんまえ	新前풋내기	동무 → 돔무
삼삼		심뿌우	しんぷう	新風신풍	공부 → 곰부
광광	-ㅇ[ng]	카멩	かめん	假面가면	
강강		코몽	こもん	顧問고문	김가 → 깅가

* 어중의 ng을 주목

당당		멩까이	めんかい	面會면회	곤하다 → 공하다
상상		상가이	さんがい	三層삼층	손수건 → 손수겅
망망		캉가에	かんがえ	考え생각	

* 어중의 ng을 주목

7. 結 言

　여태까지 한·일 양어를 음운론적으로 對比 연구하고 교육에의 적용에 대하여 논술하였다. 아래에 이들을 요약하여 결론으로 하겠다.

　1) 日語音의 무성무기음 カ/k/, タ/t/, パ/P/, チャ/ch/들은 그 變異音으로서 [kh], [kk], [th], [tt], [ph], [pp], [ch], [jj]를 가진다.

　2) 日語 변이음 [kh], [th], [ph], [ch]는 어두에서 실행되며, 이들은 발음상 한국어 음소 /ㅋ/, /ㅌ/, /ㅍ/, /ㅊ/에 대응한다.

　3) 日語 變異音 [kk], [tt], [pp], [jj]는 모음 및 促音과 撥音 뒤에서 나며, 이들은 발음상 한국음소 /ㄲ/, /ㄸ/, /ㅃ/, /ㅉ/에 대응한다.

　4) 日語 弛緩音 ガ[g], ダ[d], バ[b], ジャ[j]는 발음상, 한국어 이완음소 /ㄱ/, /ㄷ/, /ㅂ/, /ㅈ/에 대응한다.

　5) 일어음 한글화 표기에 있어, 일어음소 カ/k/, タ/t/, パ/p/, チャ/ch/를 一律로 'ㅋ, ㅌ, ㅍ, ㅊ'로써 표기하고 있는데, 이것은 유기계열의 변이음으로써 후두긴장음까지 표기한 것으로, 발음차이가 크다.

6) 일어 비음에는 撥音 /ん/ 外의 종성(final)이 없다. 그래서 한국어음의 종성의 발음법과 그 이론을 알아야 한다. 그 중, 다음의 비음 종성을 보겠다. 일어 비음 종성은 撥音 ん/N/ 하나뿐이다. 그 변이음으로서는 〔n〕, 〔m〕, 〔ng〕이 있다.

日音素 /ん/의 변이음 〔-n〕은 's, z, t, d, n, l, j, ch' 앞에서 나고, 일어음소 /ん/의 변이음 〔-m〕은 '-m, -p, -b' 앞에서 나고, 일어음소 /ん/의 변이음 〔-ng〕은 '-k, -g, -h' 앞에서와 語末에서 난다.

학생들은 이 한국 비음을 청취해 낼 수 있고 발음할 수 있도록 일어 변이음 〔-n〕, 〔-m〕, 〔-ng〕의 발음을 훈련함을 요한다.

▎參考文獻

* 본 논문의 제목에 맞추어 外國人(일본 위주)을 위한 韓國語 敎材를 널리 수집하여 여기에 所載
  한다. 적당한 교재가 부족한 이때이므로 본 논문 작성에 참고한 문헌 외의 것도 제시하여 연구
  의 자료가 되게 하고자 한다.

外國人을 위한 **韓國語 敎材**.
 1) 한국어 회화 1, 2 : 고려대학 민족 문화 연구소
 2) 한국어 1, 2 : 고려대학 민족문화 연구소
 3) 한국어 1, 2, 3 서울 대학교 어학연구소
 4) 한국어회화(기초편 日語圈) : 서울대 제외국민교육원
 5) 한국어회화 (1) : 서울대 재외국민교육원
 6) 한국어 1, 2 (재외국민 日語圈) : 서울대 재외국민교육원
 7) 일본대역 한국어 下 : 서울대학교 語學研究所 明志社
 8) 한국어 1, 2, 3 : 연세대 한국어 학당
 9) 한국어 독본 1, 2급(초급)
10) ＿＿＿＿＿＿ 3, 4급(중급)
11) ＿＿＿＿＿＿ 5, 6급(고급)
12) 韓國語四週間(基礎—會話) 外國語學普及會篇
13) やさしい韓國語 朴熙泰カセット : 韓國 外國語 會話社
14) 外國人のための韓國語文法 任瑚彬,洪景杓,張淑仁 共著
15) やさしい韓國語(旅行同伴者)(株)時事英語社
16) 韓國語が日本語で喋られる 堀田功 光文社
17) 韓國語會話(樂しみながらおぼえる)洪淑子 日本書院
18) やさしい韓國語 講座 李応壽 ツデイブクス株式會社
19) NHKテレビ 안녕하십니까 ハングル講座 月刊 4月号
20) ハングル能力檢定試驗問題と解答 1, 2, 3集
21) ＿＿＿＿＿＿＿＿＿＿＿＿＿ 1, 2, 3, 4級
22) ＿＿＿＿＿＿＿＿＿＿＿＿＿＿ 模擬問題集 1, 2, 3集
23) ハングル演習問題 石井愼二 編集人 : GICC出版局
24) 韓國語會話110番(日常生活編)早川嘉春, 丁元泰 : 旺文社

25) 初級朝鮮語(書いて覺える)高島淑郎：白水社
26) NEW韓國語(基礎-會話) 李南敎：角川書店
27) 新しい朝鮮語 塚本勳 奧田一廣 共著
28) 朝鮮語讀本 催寬益：東京彩流社
29) 日本語と韓國語の敬語：森下喜一 池景來著
30) 한국어 韓國語(入門編) 林富烈：島根韓國學院
31) すぐに役立つはじめてのハングル早川嘉春 日本放送出版協會
32) ハングル初級の初級 中村完：大修館書店
33) 十日間ハングル講座 石井愼二編輯：jicc(ジック)出版局
34) スタンドハングル講座1(入門會話)梅田博之：大修館書店
35) ＿＿＿＿＿＿＿＿＿＿＿2(文法語彙)梅田博之：大修館書店
36) ＿＿＿＿＿＿＿＿＿＿＿3(解釋) 强忍善 金東俊
37) ＿＿＿＿＿＿＿＿＿＿＿4 (作文) 金東俊, 梅田博之：大修館書店
38) ＿＿＿＿＿＿＿＿＿＿＿5 (ハングル讀本)
39) 生活韓國語(カセット付)管野裕臣：白水社
40) 韓國語の入門(カセットテープ付)管野裕臣：白水社
41) さしい韓國語の作文 金忠植：東京大學書林
42) エクスプレス朝鮮語 早川嘉春著：白水社 図書館書國際短大)
43) ハングル第一步(基礎文法、單語から對話の實際まで)：韓龍茂 白帝社
44) ハングル基礎會話(旅行ショッピングに)韓龍茂：白帝社
45) 韓國語がおもしろいほど身につく本 韓誠：中経出版
46) ハングル決り文句 選集：韓龍茂：南雲堂
47) ハングルのやさしい決り文句 金龍權：南雲堂
48) ハングルの初步の初步 金龍權：南雲堂
49) 漢字活用初級ハングル 姜求榮：南雲堂
50) 韓國語學習の完成(基礎-応用)金貞淑 李聖雨 編著：筑波大學 外國人敎師
51) カタカナ韓國語會話入門(振り仮名つきで直ぐ使える)：金園社
52) ポケット韓國語會話 許泰 編著：金園社
53) 韓國語入門 金貞淑：東京都、高麗書林
54) やさしい韓旅行會話 金龍權著：白水社 *カタカナ發音表記
55) 韓國語スピーチ集(役に立つ)金忠植 編著：大學書林 (生活類別로 글을 모아 日譯을 붙이었음)
56) ハングルで手紙を(書き方と基礎知識) 姜求榮著

57) 韓國語分類單語集　金忠植編　大學書林(* 單語를 分類로 모아 각 單語에 日譯을 붙이었음)

58) ハングル語入門　金昌根　クライド・ジョンズ：泰流社

　　* カタカナ발음을 붙였고, 英譯・日譯(설명이 붙었음)

59) しゃべり炊くなるハングル會話の本　金容權譯　潮出版社

60) 入門ハングル(基本動詞活用　表現辭典)：南雲堂(* 日語・韓國語・カタカナ順으로 나열)

61) トラベル韓國語會話(振り仮名付)金　東明, 杉山徹：鷹書房

62) 寫眞で入門やさしいハングル　吳俊東　田代龍一著：南雲堂

　　* 寫眞・日文章・한글 문장(カタカナ발음)

63) 韓國語教本　田村紀之：高麗書林

　　(문법유별로 나누어. 설명례 한국어. 日譯)

64) 朝鮮語を學ぼう　管野裕臣　監修　朝鮮語學研究會　編著

　　(한국어,國際音聲記號,カタカナ上下순으로, 단어에 日譯)

65) 朝鮮語基本單語　2000NHK국제국　張銀英　別賣

　　(* 한국어, カタカナ로 발음, 日譯)

66) ハングルひとくち會話辭典　金容權　監修

　　二宮豊著(* 日本語、한글문장, 下にカタカナで 발음)

67) 韓國語旅行會話(これで通じるはじめての)　原谷治美：ナツメ社

　　(* 日文、한글 文下에 カタカナ로 발음 표시)

68) 韓國語會話(日・英對照)　花本金吾/F.J.Edamatsu　(日文. 英文. 한국문 下에 カタカナ발음 표시)

69) 韓國語(スラングの世界)朴承薰：東方書店　(한국 외설, 俗說을 日譯)

70) 韓國語入門　水谷嘉之：詳伝社　(漢字でわかる、日本語の知識で7割までは、直ぐ 征服)

71) 朝鮮語會話(旅行者のため)塚本勳/金靜子著(* 日文, 한글문 下에 カタカナ 발음)

72) ハングルの基礎　油谷幸利：大修館書店

73) 韓國語講座(初級用)河野六郎監修　梁昊淵編著

74) ＿＿＿＿＿＿(中級用)＿＿＿＿＿＿　＿＿＿＿＿＿

75)(やさしく話す)韓國語(ひちくち旅行會話)柳尙熙：第三書房

76) 直ぐに役立つ韓國語會話　李応善：成美堂出版

　　(* 日語, カナ발음, 下로에 한글문장)

77) 實用韓國會話(一人歩きができる)柳尙熙：海南書房

78) 〈これでOK〉實用韓國語決り文句　柳尙熙：上智大　韓國語教授

79) 朝鮮語文章表現辭典(動詞、形容詞の活用表付)　李仁洙：白帝社

80) 基礎朝鮮語 靑山秀夫 : 大學書林
81) 朝鮮語學習 石原六三 靑山秀夫 : 養德社
82) 朝鮮會話の友 石原六三 安田吉實 : 養德社
83) 〈直ぐ使える〉韓國語會話 尹宣熙 : 雲南堂
84) 直ぐわかるハングル文法 尹宣熙 : 南雲堂85) ハングルレッスン(はじめての) 渡辺吉鎔
86) 基礎ハングル讀本('讀む'から'話す'へ) 渡辺吉鎔
87) 使いこなすハングルレッスン 渡辺吉鎔(女)

제3장　日本語 話者에의 韓國語 敎育

1. 子音의 對照

　제1장에서는 파열음, 특히 그 체계를 비교하고 교육에의 응용에 대하여 논하였다. 이 장에서는 파열자음 이외의 자음을 분석하고 일어와 대조 고찰하여 교육에 응용하는 데에 제공하고자 한다.

　파열음 이외의 자음을 유별로 대비해 보이면 다음과 같다.

〈표 1〉 유음, 마찰음, 비음의 대조

兩脣		齒槽		齒槽-軟口蓋		硬口蓋		聲門	
韓	日	韓	日	韓	日	韓	日	韓	日
ㅁ	マ[m]	ㄴ	ナ[n]	ㅅ	サ[s]	ㅇ	ン[ŋ]	ㅎ	ハ[h]
			ツ[ts]		ザ[z]				
		ㄹ	ラ[r]						
		(ㄹㄹ)		ㅆ					

　〈표 1〉은 파열, 파찰음을 제외한 제 자음들이다. 이들은 발음 방법에 의하여 계열을 이루지 않으므로 각 개체음을 비교 연구하기로 한다. 그리고 한국음을 먼저 이해하고 이를 토대로 하여 일어음과 대조 분석한다.

　양언어간에 상이한 점은

① 치조-유음 ㄹ, ㄹㄹ와 마찰의 ザ[z], 파찰의 ツ[ts] 音

② 경구개-마찰음 ㅆ

③ 연구개-비음 ㅇ 등에서 차이가 나타난다.

1.1. 齒槽 流音

가. 한국음 ㄹ과 일어음 ㅋ〔ɾ〕

치조음 중에서 한어 ㄴ와 일어 ナ〔n〕는 유사한 음이다. ㄹ는 ㅋ〔ɾ〕와 발음위치가 같으나 발음 방법이 좀 달라 혼동한다. 모음간의 ㄹㄹ음과 어말의 -ㄹ음은 〔l〕 발음으로서 일어에는 이 발음이 없어 새로 익히기 힘들다. 아래에 실제 발음형을 들어 증명하겠다.

한어 ㄹ는 그 위치가 〔r〕, 〔ɾ〕의 자유변이음으로서 존재한다. ㄹ을 설전음으로 보는 자와 설탄(舌彈)음으로 보는 자가 있어 양 갈래의 주장이 있기는 하나, 설전적 〔r〕과 〔ɾ〕는 같은 환경에서 나므로, 자유변이음으로 본다.

〈표 2〉 한국어 「ㄹ」

나라(國)	nara(ナラ),	바로(直)	baro(バロ)
거리(街)	gəri(グォリ),	세례(洗禮)	serye(セリエ)

* ㅂ, ㄱ는 무성음이지만 「논문 Ⅰ」에서와 같이 일어 화자에게 교육함에 있어서는 b, g로 表示함이 可하다고 본다.

일어 ㅋ(はじき音)는 〔ɾ〕 또는 방언에서 〔l〕(側音)으로 보고 있다.

〈표 3〉 はじき音 ラ

〔joɾw〕　《夜》

〔mwɾo〕　《室》

〔ɾ'yokan〕　《旅館》

語中でラ行音節が用いられるとその頭において, 通常, はじき音〔ɾ ɾ'〕が發音される. "〔ɾ〕は〔a w e o〕の前にあり, 合して音節ラルレロを構成する. 調音点は〔w〕の前が最も前, 次に〔e〕〔a〕〔o〕の順で〔o〕の前が最も

奧となゐ. 存在位置は普通, 語中である"로 되어 있다.

〈표 4〉 はじき音

ará (あら)　　áru(ある)
aɾe(あれ)　　s'iro(城)

이 밖에 漢字語 由來의 單語(SJ)에서는 語頭에서도 〔ɾ〕을 가진다.

　　　　　　　　　　　　　* SJ는 Sino-Japanese

側音

〔l〕は主に〔a e o〕の前に存在する. 〔w〕の前にもある
〔lak'k'yo〕(らっきょう)　　　　〔lek'isi〕(歷史)
〔lo〕(炉)　　　　　　　　　　〔lwsw〕(留守)

ふるえ音

東京東部方言"べラメ一調"のラ行子音は日本語で「巻き舌」といわれるふるえ的調
音で發音される. その子音は〔rr'〕で表記される.
rak'k'oy : (らっきょう)　　　　ara(あら)
rúsw(留守)　　　　　　　　　ro(炉)
si'ro(城)

위의 引用과 筆者의 관찰로 보아 일어 ラ〔L〕는 아래와 같이 규정된다.

日語音 ラ〔L〕의 규정

ラ〔L〕→l/-v　　語頭에서 〔l〕로 발음한다.
ラ〔L〕→ɾ/v-v　　語中에서 〔ɾ〕로 발음한다.
ラ〔L〕→ɾ/-v　　漢字語 由來의 語頭에서 〔ɾ〕로 발음한다.

위의 〔l〕, 〔ɾ〕음이 환경에 따라 나타나므로 변이음이다. 그리고 舌顫音
〔r〕도 東京東部 方言에서 나타나기는 하나, 東京西部 方言을 標準語로 삼
고 있으니 〔r〕에 대해서는 本論에서 言及을 피하겠다.

　韓語 : 한국어음 ㄹ는 이와 다르다.

　① 어중에서 〔r〕 혹은 〔ɾ〕로 발음된다. 일어음의 경우와는 달리 동일 환
경에서 고정적 조건 없이 양자가 자유로 소리나므로 자유변이음이다. 일

어음처럼 방언적 차이는 아니다.

② 고유어의 어두에서는 나타나지 않는다. 다만 한자어에서 나타나나 어두에서는 ㄴ〔n〕로 변한다.

③ 어말·음절말에서는 정지음 〔l〕로 소리 난다.

④ 어중 雙生 ㄹㄹ는 〔l〕로 발음된다.

한국어음 ㄹ의 발음 현상을 간단화하면 아래와 같이 된다.

〈표 5〉 ㄹ 발음의 간단화

$$
ㄹ \rightarrow \begin{Bmatrix} r(ɾ)/V\underline{\quad}V \\ n \ / \underline{\quad}V \\ l \ /V\underline{\quad} \end{Bmatrix}
$$
ㄹ은 어중에서 〔r〕〔ɾ〕발음이 수적으로 나고, SK 어두에서 역사적으로 〔n〕이 나고, 어말에서 〔l〕이 난다.

$$
ㄹㄹ \rightarrow l \ /V\underline{\quad}V
$$
ㄹㄹ는 語中에서 〔l〕이 된다.

위의 ㄹ, ラ〔r〕 발음의 현상을 아래의 한·일음 비교표로서 쉬 알 수 있다.

〈표 6〉 ㄹ, ラ〔r〕의 한·일 비교표

	音	語　頭	語　中	語·音節末
韓	ㄹ	齒槽 流音	顫音(彈音)	側音
	ㄹㄹ		側音	
日	ラ〔r〕	彈音(SJ), 側音(條件的)	彈音〈條件的〉, 顫音〈방언〉	

한·일어 간에 차이가 자못 크다. 양어음이 6종 방법의 발음으로 분석되었는데, 어중 위치에서 彈音으로 발음되는 것 하나밖에는 같은 발음이 없고, 이 또한 유사하기는 하나 발음상 완전 동일한 것이 아니다. 한음은 顫音과 彈音이 隨意的인데 비하여, 일음은 공통어의 음소로서 탄음이다. 그리고 ㄹ음과 ラ〔L〕 간에 있어, ㄹ의 탄음은 탄음인지 전음인지 상호 교체하는 경향이 있는데, 탄음으로서의 특성이 약하다.

영어의 어중 〔t〕〔d〕는 〔bettɑ → bedə → berə〕처럼 완전 탄음으로 발음

되지만, 일어의 그것은 측음이 섞인 탄음이다. 일어 감탄사 アラ! ダカラ 등의 발음은 〔alra〕, 〔dakalra〕와 같이 발음하는 자가 많다(方言的). 한국어 화자에게는 이러한 탄음이 생소하니 발음하기 어렵다. 이와 관련되는 것은 旣述과 같이 어두의 ラ〔L〕는 조건적으로 측음으로 변한다는 것이다. 이런 면에서 일본음 ラ〔L〕는 측음적 탄음으로서 독특한 点이 있다.

한국 외래어에서의 「르」두음은 탄음이므로 고유 한국어의 어중 「르」 의 수의적 탄음과 동일하고 어말 -르와 쌍생의 르르는 영어음 〔l〕의 경우 와 동일한 측음이다. 일어 어두의 측음과는 음성적으로 다르다. 이와 같 이 한국어 르〈표 6〉에서의 가벼운 탄음과 어중 쌍생 르르과 어말의 측음 은 일어음에 없으므로 이 발음과 청취에 특별한 지도 방법을 도입하여야 한다. 일어 화자의 발음의 난점을 어례를 통하여 비교·지적하면 다음과 같다.

〈표 7〉 語中 르과 ラ〔ɾ〕의 발음 비교
　　나라〔nara〕(國)　　　바로〔baro〕(直)
　　あら〔aɾa〕(感嘆)　　　しろ〔sʼiɾo〕

한국어 語中의 르, 「나라」는 r〔ɾ〕로 實現되는데 隨意的인 〔ɾ〕는 舌彈性 이 弱하고 〔r〕 발음도 약하여 舌의 顫動이 겨우 두세 번 정도 생긴다. 그 런데, 日語 「あら」의 〔ɾ〕는 측음 〔l〕를 同伴하는, 舌彈音이 된다. 한국의 르과는 差異가 있다. 그러므로 일어 화자가 「나라」를 발음하면 익숙해 있 는 自己類로 〔nalra〕가 된다. 對照로 관찰하기 위하여 한·일·미 語의 各 彈音을 비교해 보면 아래와 같다.

〈표 8〉 한·일·미 語에서의 彈音(flap)
　　한 : 르 → 〔ɾ〕/V-V　　語中에서 〔ɾ〕(ɾ)音으로 발음된다.
　　일 : ラ(ɾ) → 〔ɾ〕/V-V　語中에서 〔ɾ〕(ɾ)音으로 발음된다.
　　미 : t(d) → 〔ɾ〕/V-V　語中에서 〔ɾ〕音으로 발음된다.
　　어례, 바람〔baram〕(風)
　　あばら〔abaɾa〕(肋) 또는 〔abalra〕
　　bottom〔batəm〕(底) → 〔barəm〕으로 발음한다.

일어 화자는 한국어 「바람」의 발음이 어렵다. 〔balɾam〕으로 발음한다. 日語픔 ラ〔L〕行 中에도 「リ」음절 같은 狹母픔 앞에서나, りゃ〔ɾja〕 등 拗 픔 앞에서는 〔ɾ〕이며, 어두에서 또한 〔ɾ〕로 난다. 한국어 〔ɾ〕와 일어 〔lr〕을 구별하기 위하여 「ㄹ」픔에 대해 발성, 청취를 연습해야 한다.

〈표 9〉 拗音 앞의 ラ〔ɾ〕音

まり(鞠)	かり(雁)	しり(尾)	とり(鳥)
りゃくしき(略式)	りゅう(龍)	りょうがえ(兩替)	
마리(匹)	가리다(遮)	시리다(冷)	도리(道理)
らく(樂)	ろば(驢馬)	るす(留守)	
도라(回)	바로(直)	가루(粉)	

위의 ㄹ와 ラ〔ɾ〕는 같은 발음이다. 환경에 따라 이런 발음이 나타났다. 이러한 픔을 익혀 한국어 「ㄹ」을 이해해야 할 것이다.

나. 語末의 「ㄹ」과 語中 「ㄹㄹ」의 발음

語末의 「-ㄹ」와 어중의 -ㄹㄹ-는 그 발음에 있어 공히 〔l〕음으로서 동일한 측음이다. 語末 「-ㄹ」는 後述의 末픔項에서 日語와 비교하여 論하므로 여기서는 語中의 -ㄹㄹ-에만 언급하겠다.

〈표 10〉 語中의 -ㄹㄹ-의 발음

달라〔dalla〕(米貨)	길러〔gillə〕(汲んで)
dollar〔dalər〕(ドル)	killer〔kilər〕(殺人者)
빨래〔ppallɛ〕(洗たく)	
ballet〔bæley〕(バレー)	

위의 例와 같이 고등학생 이상에 대하여는 영어 〔l〕 발음과 같음을 인식시킬 수 있고 兩者를 비교할 수 있다. 이 픔에 대하여는 픔 生産과 청취가 학습자에게 가능하니, 이미 익숙해진 발음을 이용하여 韓픔을 연습하면 효과적이다.

alike〔əlaik〕얼라이크   slide〔slaid〕슬라이드
salary〔sæləriy〕샐러리   along〔əloŋ〕얼롱

이 밖에도 많은 例語가 있다. 이 폽의 발성과 청취에 弱点을 안고 있는 日語話者에게 多樣한 例로써 습득시키면 한국어뿐만 아니라 언어의 발음 영역이 넓어질 것이다.

「ㄹ리」폽에도 문제가 있으나 다음 폽韻變化 條에서 言及하겠다.

1.2. 齒槽-硬口蓋 摩擦音 ㅆ, ㅅ

ㅅ는 발음 위치가 치조와 경구개 사이에 있으므로 치조-경구개음이라 할 수 있는 음이다. 단순 치조음(치경음)인 일본어의 サ〔s〕와는 위치적 차이가 있다. 그러나 음소 위치가 접근돼 있으므로 거의 같은 것이라 보고 지도해도 무방하니, 쉽게 발음할 것이다.

ㅆ음소는 일어에 없어 언어음 중에서도 독특하다. 명확한 발음이 어렵다. 자국인으로서도 지역에 따라 방언적 차이가 크다. ㅆ음은 치조-경구개음으로서는 ㅅ와 동일 위치에서 발음되나, 치조-경구와 설단면과의 협착도는 ㅅ보다 밀접하다.

중국어 zai(再)의 z음에, 독어 zen(10)의 z음에 가깝다. 일어 표기법으로는 〔qs〕가 된다.

〈표 11〉 ㅆ의 발음
쌀〔qsal〕(米)   싸움〔qsaum〕(戰爭)
씨〔qsi〕(種)   쓰다〔qsɨda〕(書)
쏘다〔qsoda〕(射)

促音 「ツ」의 표기를 〔qs〕로써 한다. 「ツ」음이 「ㅆ」와 가깝기는 하되 동일하지는 않다. 일본어에서는 이 발음이 어음에 사용되나, 독립 음운으로서 모든 환경에 나타나지는 않으므로 특히 연습으로 익혀야 된다.

〈표 12〉 ㅆ의 발음연습과 음 확인

アッサリ(鮮明히)	앗사리〔aqsari〕
ギッシリ(가득히)	깃시리〔giqsiri〕
マッヌグ(直)	맛수구〔maqsugu〕
ケッシテ(결코)	켓시떼〔keqsite〕
イッソク(一足)	잇소꾸〔iqsokku〕

일어는 이같이 어중에서 촉음과 s음이 결합할 때만 ㅆ에 가까운 음을 낼 수 있다. 이 같은 발음 현상을 파악하고, ㅆ음의 영상을 머리에 형성케 하면, 어두에서도 〈표 11〉과 같이 발음할 줄 알게 될 것이다.

이 경구개음 조에서 일어 ザ〔z〕가 한국어음에 없음을 기록해 놓고자 한다. 여러 언어에 존재하는 이 음소가 없어 필요를 못 느낀다. 15세기 訓民正音 創製 當時에 △ 로서 존재했고 歷代로 한·일어 대조표기에 쓰여 왔으니, 「ございます」:「고ᅀᅡ이마수」와 같다. 없어진 것은 유감이며 되살리면 語音의 발음 확대에 기여될 것이다. 여기 「한국어 교육 Ⅱ」에서는 한국어음 記述을 중심으로 하고, 이에 대한 日音을 대조하므로 細論은 삼간다.

軟口蓋音과 聲門音을 언급할 차례이다. 연구개 破裂音에 대해서는 「日本語에서의 한국어 교육 Ⅰ」에서 論及하였고 終聲 ㅇ〔ng〕는 後述할 것이다. 聲門音 ㅎ는 ハ〔h〕에 대응되는 것으로 발음 청취에 문제가 없다. 그 音韻變化는 해당 조에서 論及한다.

2. 音節의 觀察과 그 發音

먼저 음절의 구조를 한·일어 대조로 보이면 아래와 같다.

〈표 13〉 한·일어 음절 구조

日語 a) V〈母〉

    b) CV〈子＋母〉
    c) CVC〈子＋母＋子〉
韓語 a) V〈母〉
    b) CV〈子＋母〉
    c) CVC(C)〈子＋母＋子(子)〉

    음절을 논할 때, 일어의 c)를 認定하느냐의 與否, 그 副音 T・N・R・J 의 分類 등에 대해 論及된 학설이 있으나 音節의 빈도에 있어 a), b)가 多 數이고 日語 c)는 副音이 後接한데 不過하고 音節 꼭대기가 불분명하므로 韓語 c)와는 다르다. 그렇다면, 日語 音節構造는 a), b)의 2種이고, 韓語 는 a), b), c)의 3種이 된다.

    音節・成分을 풀이하면 더 분명해진다.

    韓語 : a′) 中聲(medial)   o(五)
         b′) 初聲(initial)   go(高)
         c′) 初聲＋中聲＋終聲(final)   gom(熊)
    日語 : a′) V   o(尾)
            CV   to(戶)
            CVC   toqsing(突進)
                               maqsugu(眞っ直ぐ)

    위의 語例에서 a′, b′의 構造는 韓語와 같고 c′의 q는 독립된 음절구성 요소가 아니다. 하나는 漢音이고, 다른 하나는 揷入音이니 제한되어 존 재한다. 한국어의 c′와 같은 구조는 없다. 결국 모든 음절은 종성이 없 는 開音節로 끝난다. 英語의 경우도 한국어와 같이 말음(final)이 있다. 다만 파열음은 폐쇄되기도 개방되기도 하는 자유 변이음의 성격을 가 진다.

〈표 14〉 영어의 종성
    a′) a 〔ə〕(定冠詞)
    b′) pea〔pi：〕(太)
    c′) cab〔kæb〕(택시)   good〔gud〕(良)

big〔biǵ〕(大)　　　　pack〔pæǩ〕(꾸러미)

will〔wil〕(意志)　　　team〔ti：m〕(組)

pen〔pen〕(펜)　　　　ship〔ʃiṕ〕(배)

a′는 中聲으로, b′는 初聲＋中聲으로 구성되어 있는 音節이나 c′는 初聲＋中聲＋終聲으로 구성돼 있으니 英語는 終聲을 가지는 폐음절 언어이다. 이 점 韓國語와 같다. 다만 종성이 개방(release)될 수도 있다.

일본어는 음절말자음인 종성이 없는 구조를 가진다. 모든 음절의 끝이 열려 있는 발성으로 고정돼 있고, 발성 기관의 기능이 그렇게 화석화되어 있다. 일어 화자에게는 종성의 발음이 미지의 음을 창조하는 것처럼 힘들다. 그리고 더욱 많은 외래어 표기와 독법이 종성이 없는 개음절 발성법으로 다양하게 바뀌어 그런 발음이 당연한 것으로 생각하고 있다. 이런 습관을 완전히 깨뜨리는 작업이 이뤄져야 하고, 종성에 관한 새로운 발음법을 훈련해야 한다. 그 종성 발음을 낼 줄도 알고 듣고 알아 낼 수도 있어야 한다.

3. 終聲의 機能과 發音 指導

종성 문제의 실제를 들어 비교해 보겠다.

① 모든 초성자음은 종성으로 쓰임이 원칙이다.

② 경음인 ㄲ, ㄸ, ㅃ, ㅆ, ㅉ 중 ㅆ 외에는 종성으로 쓰이지 않는다.

③ 2 개의 자음이 종성으로 쓰이는 類도 있다.

일본어에는 ①도 ③도 없으므로 일어 화자에게 그 발음 방법과 원인을 설명해야 하고 거듭 연습을 시켜야 한다.

①에 대하여 중점적으로 언급해야 할 단계이다. 전 자음 14개를 발음 위치 별로 묶어 논하겠다.

〈표 15〉終聲의 類別

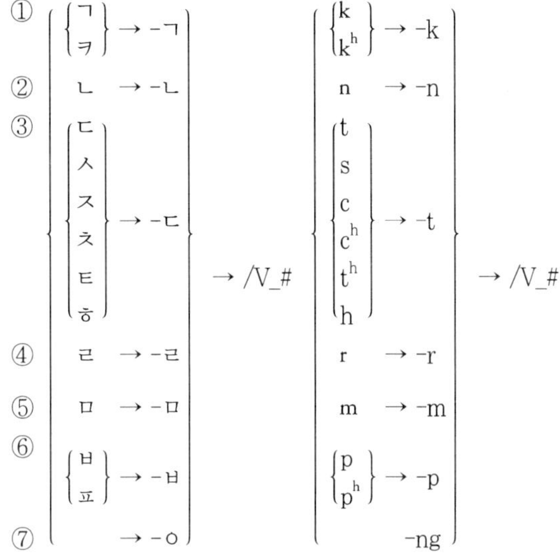

가. 종성의 閉鎖性

초성은 14음이지만 종성으로 쓰일 때는 7음으로 중화된다. 이 7종성 중, 파열음은 음절 말에서 완전 폐쇄됨으로써 정지되므로 내파만 실현된다. 이러한 완전 폐쇄는 다른 언어에서 잘 볼 수 없는 독특한 발음이다. 마찰음「ㅅ, ㅆ, ㅎ」과 파찰음「ㅈ, ㅊ」도 上〈표 15〉와 같이 완전폐쇄가 실현된다. 유음「ㄹ」과 비음「ㄴ, ㅁ, ㅇ」도 영어의 말음에서의 경우와 같이 혀, 입술을 상악(上顎)의 해당 부위에 부착시켜 정지된 상태에서 발음된다.

일어음절에는 종성이 없으니, 일반 화자에게는 말음의 일반적 발음도 이해하기 힘든다. 완전 폐쇄의 특성과 발음법은 더욱 이해하기 어려우므로 지도법을 연구해야 한다. 일어 화자의 종성 발음 경향을 〈표 15〉에 따라 살펴보면 아래와 같다.

〈표 16〉 終聲 發音의 實際

末音	日式末音	韓式末音
① 악(惡)	aʔ(akᵘ)	ak̚
부엌(廚) 부억	puəʔ(puəkᵘ)	puək̚
② 눈(眼)	nung(nun)(num)	nun
③ 맏(昆)	maʔ(matᵒ)	mat̚
옷(服) 옫	oʔ(otᵒ)	ot̚
낮(晝) 낟	naʔ(natᵒ)	nat̚
빛(光) 빋	piʔ(pitᵒ)	pit̚
밑(底) 믿	miʔ(mitᵒ)	mit̚
히읗(ㅎ의 이름) 히읃	hiiʔ(hiitᵒ)	hiit̚
④ 달(月)	taru	tal
⑤ 김(金)	kimᵘ(kin)(king)	kim
⑥ 입(口)	ibᵘ(ip)	ip̚
앞(前)	apᵘ(ap)	ap̚
⑦ 군(君)	kung(kun)(kum)	kun

이상으로 일어 화자가 말음을 발음하는 경향을 관찰하였다. 일어식 음절발음의 관습이 머리 속에 고정돼 있으므로 한국어 종성 발음과는 매우 다른 발음을 한다. 위와 같은 일식 발음을 한식 발음으로 바꿔야 하는데, 그것은 새 음을 생산해 내고 청취해 내는 것보다 더 힘들지도 모른다. 그 지도 방법을 연구해야 한다.

①′ 「악」의 말음 -ㄱ은 -k의 내파음(implosive) -k̚를 내야 하는데, 일어에는 이런 발음이 없으니, 무슨 음인지 가늠하지 못한다. 영어의 말음과 같다. 〔buk〕의 -k와 같다고 발음시켜도 -ku와 같이 발음한다. 실은 영어의 말음 -k는 k̚와 그 외파음 k̚의 2가지 자유변이음을 가진다. 영어말음의 내파음과 같이 발음하라고 하면 도리어 -ʔ, 즉 buʔ라고 발음한다.

정확한 이 말음의 발음을 인식시키기 위한 발음 예가 일어에 없는 것이 아니다.

　　akkou〔aqkou〕(アッコウ：惡口)
　　dakko〔daqko〕(抱っこ：포옹)
　　makka〔maqka〕(眞っ赤：새빨강)
　　sakki〔saqki〕(先：아까)

등에서 -k̂k̂-음을 정확하게 발음하게 하면 선행음 -k를 인식하게 될 것이다. 동시에 영어에서의 동일 말음과 비교하며 이 놀라운 발음 창조를 완성시켜야 한다.

　②'의 말음 -ㄴ는 영어의 경우와 동일하다. 눈은 noon의 n과 같다고 하면 쉬울 것 같으나, 일어 화자에게는 불가능하다. nung, nun, num 등으로 발음하여 3 방법을 구별하지 못한다. 이 -ng, -n, -m의 구별을 위하여 상당 시간이 필요하다. 여기서는 혀의 위치(-n 발음)와 입술 모양(-m 발음)을 보이며 실감시키고 어례 연습은 아래와 같은 단어를 통하여 하면, 알고 있는 음이므로 무리 없을 것이다.

　かんこう〔kang kou〕(觀光), かんせい〔gansei〕(完成), さんぽ〔sampo〕(散步) 등에서 〔ng〕, 〔n〕, 〔m〕의 발음을 확인시키고, 이런 여러 어례로 3종 비음을 구별하여 듣기, 발음하기를 할 줄 알도록 해야 한다. 또 이미 알고 있는 영어음도 이용하면, 훈련 효과가 가속화할 것이다.

　king(王), skin(皮膚), some(幾) 등의 -ŋ, -n, -m과 같은 음임을 깨닫게 하고 연습시킬 필요가 있다.

　③'의 말음 -ㄷ는 성문폐쇄음 〔-ʔ〕으로 誤發한다. 또 일본식 발음형인 개음절에 따라 〔-to〕라고 발음함을 〈표 16〉에서 보였다. 한국식 발음 t̚는 내지 못한다. 이 발음을 두뇌에 형성시키고 구별하여 발음하고 듣기를 하는 것도 일본어 화자에게는 놀라운 창조 작업인 듯이 보인다.

　먼저 일본어 발음 예를 들어 〔-t̚〕을 인식시켜야 한다.

　　まったく〔mattaku → maqtaku〕(全)
　　きって〔kitte → kiqte〕(郵票)
　　きっと〔kitto → kiqto〕(期必)

등은 -ťť-을 가지고 있다. 치조파열음이 말음으로 돼 있는「맏」의 -ㄷ는 일어에 나타나는 -ťť-의 선행음 -ť와 같음을 인식시킬 것이다. 또 -ʔ와는 다르다는 것을 혀의 발음 위치를 보이면서 지도하면 곧 효과를 거둘 수 있다. 이미 알고 있는 영어 어례와 정확한 발음으로써 証明시키면 도움이 된다.

> sit down〔siť ďaun〕(坐)
> shut down〔ʃoʼť ďaun〕(閉)
> good time〔guť ťaim〕(喜時)

위의 예에서 가지는 -ťď-의 선행음을 연습하여 깨닫게 하고 한국어 말음 -ㄷ를 익히게 해야 할 것이다.

〈표 16〉의 ④′는 말음 -ㄹ의 발음에 관해서이다. 영어의 -l과 유사하므로 이 발음에 익숙하게 하고 그 음의 성격을 아는 자에게는 -ㄹ 발음을 쉬 이해시킬 수 있다. 그러나 일어에 이런 말음이 없고 일본 외래어에서 이 음을 -ル로 표기하고 그렇게 배우고 익혀져 있기 때문에 이를 탈피하기란 역시 힘이 든다.

> ボール(ball〔bɔl〕)
> テーブル(table〔teibl〕)
> カップル(couple〔kʌpl〕)

이러한 예에서와 같이 영어 말음 -l이「-ル」발음으로 고정돼 있기 때문에 이와 동일 발음인 -ㄹ도「-ル」로 발음한다. 따라서「-ㄹ」의 확실한 발음의 생산과 청취를 이루기까지는 시간이 걸린다. 그러나 ① 영어와 관련시켜 tell, kill 등 어례의 발음을 훈련시켜 확인케 하는 방법이 있고, ② 舌의 위치를 보이거나 거울로 확인시키고, ③ 혀를 잇몸-경구개에 딱 붙여야 발성할 수 있음을 지적하면 이해가 빠를 것이다.

⑦′은 말음 -ㄴ에 대해서는 전술과 같이 -n, -ng, -m 등 비음을 구별하지 못하는 데서 발음 정착이 힘이 든다. 이미 언급하였다.

4. 音節의 連結

음절 및 단어의 연결에는 여러 가지 형태가 있다. 먼저 이를 분류하고 분석해 보기로 한다.

〈표 17〉 음절 연결의 제 형태
■音節子音の連結
　日本語
　　　1) V+V
　　　2) V+CV
　　　3) CV+V
　　　4) CV+CV
　한국어
　　　① V
　　　② CV
　　　③ CVC
　　　④ CVCC

1) V+V	a · i	(兒)
2) V+CV	ə · di	(何處)
3) V+CVC	o · rɨn	(右)
4) V+CVCC	yə · dəlb	(八)
5) CV+V	sa · i	(間)
6) CV+CV	na · mu	(木)
7) CV+CVC	ba · dag	(底)
8) CV+CVCC	su · tʰalg	(雄鷄)
9) CVC+V	jəng · o	(正午)
10) CVC+CV	am · so	(牝牛)
11) CVC+CVC	bon · sim	(本心)
12) CVC+CVCC	am · tʰalg	(雌鷄)
13) CVCC+V	dols · i	(莧+助詞)
14) CVCC+CV	balb · go	(踏+語尾)
15) CVCC+CVC	hɨlg · byəg	(土壁)
16) CVCC+CVCC	hɨlg · balb(a)	(踏地+語尾)

이와 같이 20종의 연결 방식을 분석하며 例証하였다. 여러 가지 음절 연결에서 고찰할 점이 보이나, 먼저 10), 11), 12)를 들어 상세히 고찰하는 데에 초점을 둔다. 한국어 위 段 ①~④는 4종의 음절의 구조가 있음을 상술했다. 이것을 단위로 하여 각 음절이 연결되어 합성체가 된다. 그 합성 양상을 분석하고 실례를 제시한 것이다.

4.1. 音節 連結과 先行音節 子音의 停止性

위 〈표 17〉에서 10)~12)의 3종은 어례에서 보는 바와 같이 첫음절의 말자음과 다음 음절의 頭子音의 연결이다. 일어 음절에는 종성이 없고 선행 종성과 후속자음이 연결되는 한어와 같은 자음 음소 연결이 일어에서는 볼 수 없는 현상이다. 그리고 이 연결은 가장 한국적 특색을 나타낸다고 할 수 있다.

영어에서는 이런 연결이 있고 그 연결의 발음도 유사한 점이 있다. 상이한 현상도 있으나, 영어에서의 이런 음절 말 정지음(final stop)은 음절 말인, 동일 환경에서의 폐쇄와 개방이 공히 실현된다. 이런 현상을 아래에서 예시한다.

$$
\begin{array}{l}
\text{it〔it〕의 t} \\
\text{up〔ʌp〕의 p} \\
\text{make〔meik〕의 k}
\end{array}
\left\{
\begin{array}{l}
/\text{-t}/ \rightarrow \text{-}\widehat{t}\,(\widehat{t}) \\
/\text{-p}/ \rightarrow \text{-}\widehat{p}\,(\widehat{p}) \\
/\text{-k}/ \rightarrow \text{-}\widehat{k}\,(\widehat{k})
\end{array}
\right\} /\text{V}\_\_\#
$$

그러나 한국어 -ㅂ, -ㄷ, -ㄱ는 음절 말에서 개방되지 않고 완전 폐쇄된다. 즉, 내파만 실현되는 것이다. 또 이밖에 여러 가지 말음이 다양하게 나타난다.

이와 같이 완전 폐쇄 말음이 일어에는 없으므로 이해시키는 데는 기법이 필요하다. 이제 이런 연결과 연결 발음에서 나타나는 음 변화를 조사하여 〈표 18〉과 같이 보이겠다.

4.2. 子音音節의 連結

가. 連結 方法

기본 자음 14개는 모두 말음으로 쓰이고 두음(ㅇ는 제외)에서 당연 다 쓰인다는 것은 이미 論及하였다. 그러므로 여기서는 선행 음절 말에서 이 14개 자음이 다 쓰이고 후속 음절 두음에서는 14개 자음(ㅇ는 제외)과 경음 ㅃ, ㄸ, ㅆ, ㄲ가 다 쓰이는 경우를 보인다.

총 252개의 자음연결이 생긴 것이다. 2개의 종성을 가지는 음절도 있으나, 이것은 獨自로서 과제가 되는 동시에 2개 종성중 1개 음은 默音이 되므로 「연결자음의 발음」에서 한 개 음으로 간주되어 문제가 없으므로 후술로 미룬다.

이제 총 연결 방법과 그 轉寫 표시를 보이면 다음과 같다. 좌측의 縱線은 IPA가 아니고 轉寫(phonetic transcription)인데, 본고에서 이와 같이 사용한다.

〈표 18〉 자음음절의 연결

	-b	-bh	-d	-dh	-s	-j	-ch	-h	-g	-gh	-m	-n	-ng	-l
ㅂ b-	bb 배	bhb 표ㅂ	db ㄷㅂ	dhb ㅌㅂ	sb ㅅㅂ	jb ㅈㅂ	chb ㅊㅂ	hb ㅎㅂ	gb ㄱㅂ	ghb ㅋㅂ	mb ㅁㅂ	nb ㄴㅂ	ngb ㅇㅂ	lb ㄹㅂ
ㅍ bh-	bbh ㅂㅍ	bhbh 표ㅍ	dbh ㄷㅍ	dhbh ㅌㅍ	sbh ㅅㅍ	jbh ㅈㅍ	chbh ㅊㅍ	hbh ㅎㅍ	gbh ㄱㅍ	ghbh ㅋㅍ	mbh ㅁㅍ	nbh ㄴㅍ	ngbh ㅇㅍ	lbh ㄹㅍ
ㅃ bb-	bbb ㅂㅃ	bhbb 표ㅃ	dbb ㄷㅃ	dhbb ㅌㅃ	sbb ㅅㅃ	jbb ㅈㅃ	chbb ㅊㅃ	hbb ㅎㅃ	gbb ㄱㅃ	ghbb ㅋㅃ	mbb ㅁㅃ	nbb ㄴㅃ	ngbb ㅇㅃ	lbb ㄹㅃ
ㄷ d-	bd ㅂㄷ	bhd 표ㄷ	dd ㄷㄷ	dhd ㅌㄷ	sd ㅅㄷ	jd ㅈㄷ	chd ㅊㄷ	hd ㅎㄷ	gd ㄱㄷ	ghd ㅋㄷ	md ㅁㄷ	nd ㄴㄷ	ngd ㅇㄷ	ld ㄹㄷ
ㅌ dh-	bdh ㅂㅌ	bhdh 표ㅌ	ddh ㄷㅌ	dhdh ㅌㅌ	sdh ㅅㅌ	jdh ㅈㅌ	chdh ㅊㅌ	hdh ㅎㅌ	gdh ㄱㅌ	ghdh ㅋㅌ	mdh ㅁㅌ	ndh ㄴㅌ	ngdh ㅇㅌ	ldh ㄹㅌ
ㄸ dd-	bdd ㅂㄸ	bhdd 표ㄸ	ddd ㄷㄸ	dhdd ㅌㄸ	sdd ㅅㄸ	jdd ㅈㄸ	chdd ㅊㄸ	hdd ㅎㄸ	gdd ㄱㄸ	ghdd ㅋㄸ	mdd ㅁㄸ	ndd ㄴㄸ	ngdd ㅇㄸ	ldd ㄹㄸ
ㅅ s-	bs ㅂㅅ	bhs 표ㅅ	ds ㄷㅅ	dhs ㅌㅅ	ss ㅅㅅ	js ㅈㅅ	chs ㅊㅅ	hs ㅎㅅ	gs ㄱㅅ	ghs ㅋㅅ	ms ㅁㅅ	ns ㄴㅅ	ngs ㅇㅅ	ls ㄹㅅ
ㅆ ss-	bss ㅂㅆ	bhss 표ㅆ	dss ㄷㅆ	dhss ㅌㅆ	sss ㅅㅆ	jss ㅈㅆ	chss ㅊㅆ	hss ㅎㅆ	gss ㄱㅆ	ghss ㅋㅆ	mss ㅁㅆ	nss ㄴㅆ	ngss ㅇㅆ	lss ㄹㅆ
ㅈ j-	bj ㅂㅈ	bhj 표ㅉ	dj ㄷㅈ	dhj ㅌㅈ	sj ㅅㅈ	jj ㅈㅈ	chj ㅊㅈ	hj ㅎㅈ	gj ㄱㅈ	ghj ㅋㅈ	mj ㅁㅈ	nj ㄴㅈ	ngj ㅇㅈ	lj ㄹㅈ
ㅊ ch-	bch ㅂㅊ	bhch 표ㅊ	dch ㄷㅊ	dhch ㅌㅊ	sch ㅅㅊ	jch ㅈㅊ	chch ㅊㅊ	hch ㅎㅊ	gch ㄱㅊ	ghch ㅋㅊ	mch ㅁㅊ	nch ㄴㅊ	ngch ㅇㅊ	lch ㄹㅊ
ㅉ jj-	bjj ㅂㅉ	bhjj 표ㅉ	djj ㄷㅉ	dhjj ㅌㅉ	sjj ㅅㅉ	jjj ㅈㅉ	chjj ㅊㅉ	hjj ㅎㅉ	gjj ㄱㅉ	ghjj ㅋㅉ	mjj ㅁㅉ	njj ㄴㅉ	ngjj ㅇㅉ	ljj ㄹㅉ

	ㄱ g-	ㅋ gh-	ㄲ gg-	ㅎ h-	ㅁ m-	ㄴ n-	ㄹ r-
bg (ㅂㄱ)	bgh (ㅂㅋ)	bgg (ㅂㄲ)	bh (ㅂㅎ)	bm (ㅂㅁ)	bn (ㅂㄴ)	br (ㅂㄹ)
bhg (ㅍㄱ)	bhgh (ㅍㅋ)	bhgg (ㅍㄲ)	bhh (ㅍㅎ)	bhm (ㅍㅁ)	bhn (ㅍㄴ)	bhr (ㅍㄹ)
dg (ㄷㄱ)	dgh (ㄷㅋ)	dgg (ㄷㄲ)	dh (ㄷㅎ)	dm (ㄷㅁ)	dn (ㄷㄴ)	dr (ㄷㄹ)
dhg (ㅌㄱ)	dhgh (ㅌㅋ)	dhgg (ㅌㄲ)	dhh (ㅌㅎ)	dhm (ㅌㅁ)	dhn (ㅌㄴ)	dhr (ㅌㄹ)
sg (ㅅㄱ)	sgh (ㅅㅋ)	sgg (ㅅㄲ)	sh (ㅅㅎ)	sm (ㅅㅁ)	sn (ㅅㄴ)	sr (ㅅㄹ)
jg (ㅈㄱ)	jgh (ㅈㅋ)	jgg (ㅈㄲ)	jh (ㅈㅎ)	jm (ㅈㅁ)	jn (ㅈㄴ)	jr (ㅈㄹ)
chg (ㅅㄱ)	chgh (ㅅㅋ)	chgg (ㅅㄲ)	chh (ㅅㅎ)	chm (ㅅㅁ)	chn (ㅅㄴ)	chr (ㅅㄹ)
hg (ㅎㄱ)	hgh (ㅎㅋ)	hgg (ㅎㄲ)	hh (ㅎㅎ)	hm (ㅎㅁ)	hn (ㅎㄴ)	hr (ㅎㄹ)
gg (ㄱㄱ)	ggh (ㄱㅋ)	ggg (ㄱㄲ)	gh (ㄱㅎ)	gm (ㄱㅁ)	gn (ㄱㄴ)	gr (ㄱㄹ)
ghg (ㅋㄱ)	ghgh (ㅋㅋ)	ghgg (ㅋㄲ)	ghh (ㅋㅎ)	ghm (ㅋㅁ)	ghn (ㅋㄴ)	ghr (ㅋㄹ)
mg (ㅁㄱ)	mgh (ㅁㅋ)	mgg (ㅁㄲ)	mh (ㅁㅎ)	mm (ㅁㅁ)	mn (ㅁㄴ)	mr (ㅁㄹ)
ng (ㄴㄱ)	ngh (ㄴㅋ)	ngg (ㄴㄲ)	nh (ㄴㅎ)	nm (ㄴㅁ)	nn (ㄴㄴ)	nr (ㄴㄹ)
ngg (ㅇㄱ)	nggh (ㅇㅋ)	nggg (ㅇㄲ)	ngh (ㅇㅎ)	ngm (ㅇㅁ)	ngn (ㅇㄴ)	ngr (ㅇㄹ)
lg (ㄹㄱ)	lgh (ㄹㅋ)	lgg (ㄹㄲ)	lh (ㄹㅎ)	lm (ㄹㅁ)	ln (ㄹㄴ)	lr (ㄹㄹ)

나. 連結 發音의 特色

위의 〈표 18〉은 음절 자음 연결의 가능한 것을 횡열로 연결시켜 놓았다. 총 252개의 「자음 연결」에서 위치별로 묶고 같은 부류 내의 동일 발음 현상은 제하는 선택이 필요하다. 전술한 종성 음절에서와 같이 모두 제 음가를 가지고 있지만 어떤 환경 종성 위치에서는 수개 음이 동일한 발음으로 묶이는데, 동일한 발음으로 간주한다. 유별로 묶어 수를 줄이면 다음 〈표 19〉와 같이 된다. 종성 ㅂ, ㅍ는 ㅂ로, ㄷ, ㅌ, ㅅ, ㅈ, ㅊ, ㅎ는 ㄷ로, ㄱ, ㅋ는 ㄱ로, 발음되므로 각각 중화음이 된다. 이 중화음이 후속 음절 두음과 연결될 때 다시 상호 변한다.

〈표 19〉 한·일어 화자의 자음 연결의 발음 상황

先行音 / 後行音	韓	日	韓	日	韓	日	韓	日	韓	日	韓	日	韓	日
	-b	-Q	-d	-Q	-g	-Q	-m	-N	-n	-N	-ng	-N	-l	r
ㅂ b-	bb (ㅃ)	bb	db (ㄷㅂ)	bb	gb (ㄱㅂ)	bb	mb (ㅁㅂ)	mb	nb (ㄴㅂ)	mb	ngb (ㅇㅂ)	mb	lb (ㄹㅂ)	$r^{u}b$
ㅍ bh-	bbh (ㅂㅍ)	bbh	dbh (ㄷㅍ)	bbh	gbh (ㄱㅍ)	bbh	mbh (ㅁㅍ)	mbh	nbh (ㄴㅍ)	mbh	ngbh (ㅇㅍ)	mbh	lbh (ㄹㅍ)	$r^{u}bh$
ㅃ bb-	bbb (ㅂㅃ)	bbb	dbb (ㄷㅃ)	bbb	gbb (ㄱㅃ)	bbb	mbb (ㅁㅃ)	mbb	nbb (ㄴㅃ)	mbb	ngbb (ㅇㅃ)	mbb	lbb (ㄹㅃ)	$r^{u}bb$
ㄷ d-	bd (ㅂㄷ)	dd	dd (ㄷㄷ)	dd	gd (ㄱㄷ)	dd	md (ㅁㄷ)	nd	nd (ㄴㄷ)	nd	ngd (ㅇㄷ)	nd	ld (ㄹㄷ)	$r^{u}d$
ㅌ dh-	bdh (ㅂㅌ)	ddh	ddh (ㄷㅌ)	ddh	gdh (ㄱㅌ)	ddh	mdh (ㅁㅌ)	ndh	ndh (ㄴㅌ)	ndh	ngdh (ㅇㅌ)	ndh	ldh (ㄹㅌ)	$r^{u}dh$
ㄸ dd-	bdd (ㅂㄸ)	ddd	ddd (ㄷㄸ)	ddd	gdd (ㄱㄸ)	ddd	mdd (ㅁㄸ)	ndd	ndd (ㄴㄸ)	ndd	ngdd (ㅇㄸ)	ndd	ldd (ㄹㄸ)	$r^{u}dd$
ㅅ s-	bs (ㅂㅅ)	ss	ds (ㄷㅅ)	ss	gs (ㄱㅅ)	ss	ms (ㅁㅅ)	ns	ns (ㄴㅅ)	ns	ngs (ㅇㅅ)	ns	ls (ㄹㅅ)	$r^{u}s$

	ㅂ		ㄷ		ㄱ		ㅁ		ㄴ		ㅇ		ㄹ	
ㅆ ss-	bss ㅂㅆ	sss	dss ㄷㅆ	sss	gss ㄱㅆ	sss	mss ㅁㅆ	nss	nss ㄴㅆ	nss	ngss ㅇㅆ	nss	lss ㄹㅆ	r^uss
ㅈ j-	bj ㅂㅈ	jj	di ㄷㅈ	ii	gj ㄱㅈ	jj	mj ㅁㅈ	nj	ni ㄴㅈ	ni	ngj ㅇㅈ	nj	lj ㄹㅈ	r^uj
ㅊ ch-	bch ㅂㅊ	jch	dch ㄷㅊ	ich	gch ㄱㅊ	jch	mch ㅁㅊ	nch	nch ㄴㅊ	nch	ngch ㅇㅊ	nch	lch ㄹㅊ	r^uch
ㅉ jj-	bjj ㅂㅉ	jjj	dii ㄷㅉ	iii	gjj ㄱㅉ	jjj	mjj ㅁㅉ	njj	nii ㄴㅉ	nii	ngjj ㅇㅉ	njj	ljj ㄹㅉ	r^ujj
ㄱ g-	bg ㅂㄱ	gg	dg ㄷㄱ	gg	gg ㄱㄱ	gg	mg ㅁㄱ	ngg	ng ㄴㄱ	ngg	ngg ㅇㄱ	ngg	lg ㄹㄱ	r^ug
ㅋ gh-	bgh ㅂㅋ	ggh	dgh ㄷㅋ	ggh	ggh ㄱㅋ	ggh	mgh ㅁㅋ	nggh	ngh ㄴㅋ	nggh	nggh ㅇㅋ	nggh	lgh ㄹㅋ	r^ugh
ㄲ gg-	bgg ㅂㄲ	ggg	dgg ㄷㄲ	ggg	ggg ㄱㄲ	ggg	mgg ㅁㄲ	nggg	ngg ㄴㄲ	nggg	nggg ㅇㄲ	nggg	lgg ㄹㄲ	r^ugg
ㅎ h-	bh ㅂㅎ	bh	dh ㄷㅎ	dh	gh ㄱㅎ	gh	mh ㅁㅎ	ngh	nh ㄴㅎ	ngh	ngh ㅇㅎ	ngh	lh ㄹㅎ	r^uh
ㅁ m-	bm ㅂㅁ	mm MM	dm ㄷㅁ	mm NM	gm ㄱㅁ	mm NGM	mm ㅁㅁ	mm	nm ㄴㅁ	mm	ngm ㅇㅁ	mm	lm ㄹㅁ	r^um
ㄴ n-	bn ㅂㄴ	nn MN	dn ㄷㄴ	nn NN	gn ㄱㄴ	nn NGN	mn ㅁㄴ	nn	nn ㄴㄴ	nn	ngn ㅇㄴ	nn	ln ㄹㄴ	r^un
ㄹ r-	br ㅂㄹ→	nr MN	dr ㄷㄹ→	nr NN	gr ㄱㄹ→	nr NGN	mr ㅁㄹ→	nr MN	nr ㄴㄹ→	nr LL	ngr ㅇㄹ→	nr NGN	lr ㄹㄹ	rr

다. 連結에 따른 音變化

〈표 19〉에서의 선행음절 말음은 중화음만을 가로 줄에 제시한 표이다.
7개의 선행음이 후속 음절 두음 18개와 연결한 결합니다. 126개의 자음연
결을 보인 것이다. 그 연결 발음에서 나타나는 음성적인 변화는 제외하고
음운적인 변화(bm→mm와 같은)는 표시하였다. 한국어의 「자음 연결」에
대한 일어 화자의 발음을 그 우측란에 표시하였다. 일어 화자로서 발음이
가능한 연결음에는 下線으로 표시하였다. 상이함으로서 불가능한 것은 무
표시이다. 上表에서와 같이 불가능한 것이 많다. 발음이 상이한 많은 「연
결 자음」은 일어 화자들이 청취도 발음도 맞게 하기 어렵다. 일어의 연결
자음을 「촉음 -q+후속자음 b- d- g-」와 같이 표시한다. 후속음에 따라 촉
음 -q는 여러 음으로 변한다. 이 표에서 발음 N와의 연결도 같이 표시하
나 상세한 것은 후술하겠다.

그러면 〈표 19〉에 의하여 발음의 상이한 연결자음을 분석하고 지도 방
법을 고찰해 보자.

4.3. 先行 -ㅂ과의 連結과 變化

선행 -ㅂ에 해당하는 일어음은 ツ〔ts〕인데, q으로 표시하는 폐쇄음이다. 후속음이 양순음 -ㅂ -ㅍ일 경우는 선행음 -ㅂ와 동일한 위치의 음에 속하므로 일어 화자에게도 발음이 가능하다. 일어 선행음 -q는 후속 순음에 잘 동화되기 때문이다. 그러나 후속음으로서 순음이 아닌 것이 붙어 -ㅂ·ㄷ- -ㅂ·ㅌ- -ㅂ·ㄸ- -ㅂ·ㅅ- -ㅂ·ㅆ- -ㅂ·ㅈ- -ㅂ·ㅊ- -ㅂ· ㅉ- -ㅂ·ㄱ- -ㅂ·ㅋ- -ㅂ·ㄲ- -ㅂ·ㅎ- 등의 연결이 되면, 선행 -ㅂ 을 음가대로 발음하지 못한다. 선행음이 후속음에 의하여 동화돼 버리는 일어식 발음 체계에 따라 발음한 것이다. 선행 -ㅂ와의 연결 어례로서 증명하면 다음과 같다.

〈표 20〉 -b의 同化

bab·do(食+도)는	baq·do→bad·do로,
bab·dhada(食燒)는	baq·dhada→bad·dhada로,
gab·si(價+조사)는	gaq·si→gas·si로,
gab·go(償+어미)는	gaq·go→gag·go로,
dob·ji(助+어미)는	doq·ji→do·jji로 발음한다.

두뇌에 영상화된 이런, 일어식 발음과 청취를 구조적으로 탈피시키기 위해서는 이미 학습하여 알고 있는 영어의 어례로서 연습하고 기술한 종성 발음을 활용하는 등 여러 가지 방법을 강구해야 한다.

〈표 21〉 英語 -p의 不同化

uptown〔ʌptaun〕(住宅地)	≠〔ʌttaun〕
update〔ʌpdeit〕(最新情報)	≠〔ʌddeit〕
upgrade〔ʌpgreid〕(昇格)	≠〔ʌggreid〕
stop·go〔stap-gow〕(緊縮과 擴大의 交互施行)	≠〔stog·gow〕
stopgap〔stop·gæp〕('一時的'代理人)	≠〔stog·gæp〕

위에서 선행 -p과의 연결자음을 보았는데 한국어의 경우와 같다. 이와 함께 다른 연결자음의 변화를 아래에서 관찰하려 하는데 이 발음 현상을

기준으로 하여 다음 원칙을 설정할 수 있을 것이다.

〈표 22〉 연결자음의 발음 변화
① 한어에 있어 선행자음과 동일 위치의 후속자음이 연결될 때의 발음은 일어 화자에게 있어서도 같은 발음 현상을 나타낸다.
② 한어에 있어 선행자음과 상이한 위치의 후속음과 연결될 때는 선행자음이 음가대로 발음되어 변함이 없는데 일어 화자에게 있어는 선행자음이 후속자음에 동화된 발음을 한다.
③ 한어에 있어 선행 자음과 후속 비음이 연결될 때는 선행음의 발음이 자기 서열의 비음으로 변한다. 일어 화자에게는 선행자음의 발음이 후속 비음과 동일음으로 변한다. 선행음이 완전 비음 동화가 된 것이다.
④ 한어에 있어 선행 비음과 후속 자음이 연결할 때는 선행 비음은 음운적으로 변화 없이 음가대로 발음된다. 일어 화자에게는 선행 비음이 접속자음과 동일 위치의 비음의 발음으로 변한다. 위치 비음 동화가 된 것이다.

이제 먼저 선행의 폐쇄음과 相異한 非鼻音과의 연결을 먼저 보겠다.

〈표 23〉 폐쇄음 연결발음의 한·일 比較

선행자음	후속자음	발음위치	발음현상
-ㅂ	ㅂ- ㅍ- ㅃ-	同一	後續音に同化 -ㅃ -ㅍ -ㅃ-
	ㄷ- ㅌ- ㄸ- ㅅ- ㅆ- ㅈ- ㅊ- ㅉ- ㄱ- ㅋ- ㄲ-	相異	終聲音價のとおり -ㅂㄷ- -ㅂㅌ- -ㅂㄸ- …
-ㄷ	ㄷ- ㅌ- ㄸ- ㅅ- ㅆ- ㅈ- ㅊ- ㅉ-	同一	後續音に同化 -ㄸ- -ㅌ- -ㄸ- -ㅆ- -ㅆ- -ㅉ- -ㅊ- -ㅉ-
	ㅂ- ㅍ- ㅃ-ㄱ- ㅋ- ㄲ-	相異	終聲音價のとおり-ㄷㅂ- -ㄷㅍ-…
-ㅋ	ㄱ- ㅋ- ㄲ-	同一	後續音に同化-ㄲ- -ㅋ- -ㄲ-
	ㅂ- ㅍ- ㅃ-ㄷ- ㅌ- ㄸ- ㅅ- ㅆ- ㅈ- ㅊ- ㅉ-	相異	終聲音價のとおり-ㄱㅂ- -ㄱㅍ- -ㄱㅃ-…
-Q	b-	相異	後續音に同化-bb-
	d- j- ch- s- …	同一	後續音に同化-dd- -jj- -chch- -ss-
	g-	相異	後續音に同化-gg-

4.4. 先行 -ㄷ과의 連結과 變化

선행자음 -ㄷ와의 연결 현상은 〈표 22〉의 4원칙에 들어맞는다. 연결 방법은 〈표 19〉와 같다. 폐쇄음의 연결은 〈표 23〉의 선행음 -ㄷ에 동일위치의 자음 또는 상이 위치의 자음이 후속됨으로써 이루어진다. 후속되는 동일 위치 자음이 많은데, 이를 후속음에 무리 없이 동화되므로 일어 화자에게도 그 발음이 용이하다.

어례를 들어 증명한다.

〈**표 24**〉 선행자음 -ㄷ과의 연결 발음

連　　結	韓　　發　　音	日　　發　　音
① -ㄷ・ㄷ-	닫다〔dadda〕	dad・da(開)
-ㄷ・ㅌ-	낟타래〔nadharε〕	nad・dharε(單卷)
-ㄷ・ㄸ-	맏딸〔madddal〕	mad・ddal(長女)
-ㄷ・ㅅ-	맏사돈〔madsadon〕	mas・sadon(昆查頓)
-ㄷ・ㅆ-	낟씩〔nadssig〕	nass・sig(各粒)
-ㄷ・ㅈ-	걷자〔gədja〕	gəj・ja(步+어미)
-ㄷ・ㅊ-	뻗치다〔bbədchida〕	bbəch・chida(伸張)
-ㄷ・-ㅉ	곧쫓다〔godjjodda〕	goj・jjodda(直追)
② -ㄷ・ㅂ-	돋보기〔dod・bogi〕	dob・bogi(擴大鏡)
-ㄷ・ㅍ-	낟팥〔nad・bhad〕	nab・bhad(單豆)
-ㄷ・ㅃ-	곧빨리〔god・bballi〕	gob・bballi(即速)
③ -ㄷ・ㄱ-	닫고〔dad・go〕	dag・go(閉+어미)
-ㄷ・ㅋ-	낟콩〔nad・ghong〕	nag・ghong(粒豆)
-ㄷ・ㄲ-	곧깨다〔god・ggεda〕	gog・ggεda(直起寢)

위의 어례에서 〔　〕內는 연결음의 한국발음을 표시하였고 다음 난은 일본 화자의 발음이다. 이와 같이 일어 화자들은 위의 ①의 연결 발음은 쉬 馴致한다. 선행자음 -ㄷ가 일어의 촉음 q̂(ts)와 같고, 후속음들이 다 t̂ 類音이니, 전부 동일 음이고, 일본어 자음 연결 체계 〈표 22〉, 〈표 23〉에도 맞다. 또 발음장치와 청각 영상이 이뤄져 있기 때문에 이해가 빠르다.

그러나 ②, ③은 다르다. 후속음은 ㅂ-類와 ㄱ-類이니 선행의 齒槽類

음과 동일 위치가 아니다. 선후자음의 발음 위치가 다른 것끼리의 연결이
다. 한어는 종성의 발음이 확립돼 있으나, 일어는 종성이 없고 다만 촉음
으로서 일시적인 기식 중단의 기능이 있을 뿐이므로 그 기식 중단이 후행
자음에 미치면 후행음의 위치로 이행해 버린다. 그래서 한어 종성 그대로
의 발음은 안 된다.「돋보기」의 한국 발음은 dod·bogi인데, 일어 화자는
dob·bogi로 발음하고, 한국어 화자는「닫고」를 dad·go로 하는데, 일어
화자는 dag·go로 발음한다.

　이를 한국어 연결자음의 올바른 발음 체계를 확립하게 하는 데는 요령
과 훈련이 모름지기 요청된다. 종성 발음법에 연관시켜 음성기관의 이해
와 실험적 발음법, 언어실습기의 이용과 선후 동일음끼리의 연결과 상이
음과의 연결 발음의 차이를 발성 면에서와 청취 면에서 이해시키고 연습
시켜야 한다.

4.5. 先行 -ㄱ과의 連結과 變化

　〈표 23〉에서 제시한 바와 같이 선행음 -ㄱ와 후속 자음 ㄱ-類, ㅂ-類,
ㄷ-類와의 연결에서 선·후 동일 자음류끼리 연결되느냐, 선·후 상이한
음류끼리 연결되느냐에 따라 비교에 문제가 생긴다. 일어 화자의 발음과
한어 화자의 발음법이 다르므로 그러하다. 이것은 前述 4.3, 4.4의 경우와
동일하다. 그 例를 들어 증거로 하겠다.

〈표 25〉先行音 -ㄱ와의 연결 발음 實例

①	-ㄱ·ㄱ-	막고	mag·go(食＋어미)
	-ㄱ·ㅋ-	식칼	sig·ghal(食刀)
	-ㄱ·ㄲ-	막깨다	mag·ggεda(亂破)
②	-ㄱ·ㅂ-	식비	sig·bi(食費)
	-ㄱ·ㅍ-	각파	gag·bha(各派)
	-ㄱ·ㅃ-	속뼈	sog·bbyə(內骨)
③	-ㄱ·ㄷ-	각도	gag·do(角度)
	-ㄱ·ㅌ-	박탈	bag·dhal(剝奪)

-ㄱ·ㄸ-	각띠	gag·ddi(角帶)
-ㄱ·ㅅ-	각서	gag·sə(覺書)
-ㄱ·ㅆ-	박씨	bag·ssi(朴氏)
-ㄱ·ㅈ-	걱정	gəg·jəng(不安)
-ㄱ·ㅊ-	곡창	gog·chang(穀倉)
-ㄱ·ㅉ-	짹짹	jjɛg·jjɛg(鳥鳴聲)

①은 선후 동일음 간의 연결이니, 일어 화자에게 발음이 용이하다.

②, ③은 상이한 위치음 간의 연결이니 일어 화자에게 발음이 어렵고, 이해에 시간이 걸린다.

「식비」는 「sigbi」인데 일어 화자에게는 「sib·bi」로 들리고 발음에 있어서 후속음에 동화되어 들리는 대로 발음한다.

「각도」는 gad·do로, 「박탈」은 bad·dhal로, 「각서」는 gad·sə로, 「걱정」은 gəd·jəng으로, 「곡창」은 god·chang으로, 「짹짹」은 jjɛg^{u}· jjɛg^{u}으로 발음한다. 지도에 있어서, 종성 -ㄱ과의 연결자음의 연습을 하여 종성 발음을 확고히 인식케 할 것이다.

①의 語例로써 선행음 -ㄱ의 발음을 확인케 하고, 또 일어 어례에서도 이런 연결 발음이 있고 한어의 발음 경우와 同一함을 인식시키면 안도감으로 흥미를 느낄 것이다.

〈**표 26**〉 선행 -ㄱ 및 -ㅂ, -ㄷ을 인식시키는 방법

アッコウ(惡口)	aqgou → aggou	
ガッコウ(學校)	gaqgou → gaggou	
ガッカリ(落胆模樣)	gaqgari → gaggari	
シッカリ(堅固模)	siqgari → siggari	

aggou, gaggou의 -gg-의 발음은 연습하고 음 인식을 시키면 이 선행음 -ㄱ을 낼 수 있다. -ggou에서 -ou를 제외한 호기(呼氣)의 정지 기간은 쉬 인식하는데, 이 음은 연구개에서 오래 정지되므로 -ㄱ 종성과 동일음임을 비교 인식할 수 있다. gaggari의 -gg-음은 이 같이 일어음에도 있기 때문에 발음 연습 때 상기시키면 도움이 될 것이다.

선행자음 -ㅂ과의 연결음이나 선행 -ㄷ음과의 연결음에서 동일한 방법으로 연습시키면 발음을 이해하고 그 영상을 만들고 인식하게 된다.

4.6. 鼻音 및 流音과의 連結

여태까지는 자음연결 중, 선행파열음과 후속 파열·파찰음 및 마찰음간의 연결을 고찰하였다. 여기서는 연결 발음에 있어 그와는 다른 특색을 가진 선행 비음 및 유음과 후속자음과의 연결을 분석고찰하고 일어와 대조하여 문제점과 교육 과제를 살펴보겠다. 〈표 19〉에 종합자음연결의 대조표가 있는데 이를 기준으로 삼겠다.

가. 선행 비음과의 연결

일어의 비음은 撥音 ン[n] 하나뿐이다. 선행 N은 철저히 후속자음의 발음 위치와 같은 위치의 비음이 된다.

〈표 27〉 일어에서의 선행 N과의 연결
① -n·b- → -m·b-
② -n·d- → -n·d-
③ -n·g- → -ng·g-
④ -n·h- → -ng·h-
⑤ -n·r- → -n·r-

위와 같이 선행 비음과 후속자음과의 연결은 모든 경우에 있어 선행 비음이 후속자음에 동화된다. ④는 전후음 발음 위치가 다르지만 후두와 연구개가 가깝고, 혀의 위치가 공히 설근부분이므로 위치동화가 성립된 것으로 볼 수 있다. ⑤도 通鼻와 通口의 호기 유출 방법은 다르나 혀의 발음 위치가 동일하므로 위치 동화이며, N가 r 앞에서 치조음 n로 된 것이다.

비음의 위치 동화가 한·일어간에 어떻게 다른가를 대조하고 상이한 방법에 따라 실제 어례를 어떻게 다르게 발음하고 있는가를 증명하겠다.

〈표 28〉 선행 비음과의 연결

韓 國 語		日 本 語			韓國語語例	日本語話者の 發音傾向
連 結	變 化	發音の 有無	連 結	變 化		
m・b	mb	○	N・b	mb	곰보	gombo
m・d	md	×	N・d	nd	담당	dandang
m・n	mn	×	N・n	nn	감나무	gannamu
m・s	ms	×	N・s	ns	감사	gansa
m・r	MN	×	N・r	nr	삼림(님)	sanrim
m・j	mj	×	N・j	nj	감자	ganja
m・g	mg	×	N・g	ngg	남국	nanggug
m・h	mh	×	N・h	ngg	남하	nangha
n・b	nb	×	N・b	mb	단비	dambi
n・d	nd	○	N・d	nd	간다	ganda
n・n	nn	○	N・n	nn	만나	manna
n・s	ns	○	N・s	ns	신사	sinsa
n・r	LL	×	N・r	nr	관리	gwanri
n・j	nj	○	N・j	nj	군자	gunja
n・g	ng	×	N・g	ng	한국	hanggug
n・h	nh	×	N・g	ng	신하	sangha
ng・b	ngb	×	N・b	mb	공부	gombu
ng・d	ngd	×	N・d	nd	공동	gondong
ng・n	ngn	×	N・n	nn	강남	gannam
ng・s	ngs	×	N・s	ns	동생	dongsɛng
ng・r	NGN	×	N・r	nr	종로(노)	jonro
ng・j	ngj	×	N・j	nj	당장	danjang
ng・g	ngg	○	N・g	ngg	당구	danggu
ng・h	ngh	○	N・gh	ngh	공항	gonghang

위의 〈표 28〉에서 보인 것과 같이 선행 비음과의 연결 종류, 연결 방법,
연결 발음의 변화, 한어의 실제 어례의 대조, 그 어례에 대한 撥音 N의 발
음 변화를 확인할 수 있다.

일어의 자음 연결에서는 하나의 비음N이 있고 이 N와의 연결에서 발음

이 가능한 종류가 7방법이 있다. 한어의 연결에 있어는 -ㅁ〔m〕, -ㄴ〔n〕, -ㅇ〔ng〕 3종의 비음이 있고 각각이 모든 자음과 연결되므로 28방법이 제시되었다. 일어 화자는 한국어 학습에 있어 일어 체계에 맞는 7방법과 동일한 연결의 발음은 쉬 가능하고 남은 17방법은 쉬 발음하기가 곤란하다. 〈표 28〉에 제시한 「발음유무」 난의 ○표는 양국어에 공히 있는 연결이니 그 어례는 일어 화자에게 쉬 발음되나, ×표의 횡행은 상이한 연결이므로 일어 화자에게 어렵다. 특별한 발음 연습이 요청된다. 「발음 경향」난에는 일어 화자가 발음하는 대로를 제시하였다. 이를 극복하고 한어 발음에 익숙해지기에는 노력과 지도법이 강구돼야 한다.

　지도에 있어서는, ① 이런 차이를 확인하고, ② 습관된 발음 체계를 탈피할 목표를 가져야 한다. ③ 종성지도를 재확인하고, ④ 전·후 동일 위치 자음과의 연결에서의 발음(일어 체계에 있는 어례)을 충분히 例証하고 철저히 훈련시킨다. 「동생」을 「돈생」이라고만 발음하니, 이 연결 어례로써는 「동」인지 「돈」인지를 깨닫지 못한다. 일어 체계에도 있는 발음 「동깡(鈍感)」에서 「どん : かん」을 길게 소리 내는 장음의 발음은 변할 수도 있고 확인할 수도 있으니, 이 「동깡」의 「동」을 훈련시킨 다음, dong·sɛng의 발음을 시키면 가능하다. ⑤ 영어에서도 이런 부류의 연결음이 많으니, 어례를 들어 발음을 시키면 이미 알고 있는 음이므로 연상이 되어 이해하기 쉽다.

　나. 선행 유음 -ㄹ과의 연결

　일어에 선행 -ㅣ을 가진 자음 연결은 없다. 말음에서도 연결음에서도 선행 -ㅣ 발음 체계는 없다. 어두에서는 r음이 있다. 그러나 선행 -ㄹ과의 연결을 다루어야 하니 이 r에 초점을 두지 않을 수 없다.

　위의 〈표 19〉에서 한어음의 연결과 대조해 보는 것이 좋겠다. 한어는 선행음 -ㄹ과 모든 자음과의 연결이 가능하고 그 발음도 -ㄹ에 변화가 없다. 예외로 -ㄹ·ㄴ-→-ㄹ·ㄹ-, -ㄹ·ㄹ-→-ㄹㄹ〔l〕와 같이 변한 것뿐이다. 그런데 일어에는 이런 유도 없으니, 한어의 선행음 -ㄹ를 rᵘ로 발음한다.

밟아 → baruba(踏), 달불 → daruburu(迎月祝火)와 같이 모든 연결에서나, 말음에서 모음을 첨가한다. 이해시키고 익히기 힘드는 하나이다. 그러므로 이에 대한 지도는 음성기관 설명, 실제 발음 복창, 녹음테이프의 이용, LL 실험실에서의 발음하기, 자기 발음과 지도자 발음의 듣기 등 다각도로 접근할 것이며 특히 이미 알고 있는 영어의 어례를 이용하는 것이 빠르다. 또 혀를 위 잇몸에 꽉 붙여야 함을 되풀이하면 기초 발음이 이뤄질 것이다.

5. 結 言

1. 이 논문은 일어 화자에 대한 한국어 교육을 위하여 집필한 「한국어 대조 연구 제2장」에 잇달아 그 제3장으로서 발표한다.

2. 제1장에서 파열자음과 그 체계를 발표하였으므로 본고에서는 이를 제외한 다른 자음 즉, 유음, 마찰음, 비음을 대조 연구하여 個体子音의 기술로 한다.

3. 음절에 관한 연구로서 음절의 특성과 발음, 종성의 기능과 발음, 음절의 연결 등을 대조 고찰한다. 특히 음절자음의 연결에 대한 대조 연구에 중점을 두고 있는데, 한어에 그 종류가 많고 특색이 있으며 일어의 경우와 차이가 크므로 이에 집중하여 연구한다.

4. 유음에 대해서는 한어음 ㄹ과 일어음 ㅋ[r]의 대조에 있어 음소로서는 양자가 상이하므로 일어 화자가 한어 어중 ㄹ를 발음할 때에는 별 무리가 없다. 그러나 환경에 따라 현격한 차이가 있다. 발음의 특별 연습이 필요하다.

한어음 ㄹ은 어중에서 [r(r)]의 발음이고 漢字 유래어 어두에서 역사적으로 [n] 발음으로 변하고 말음에서 [l]의 발음이다. 어중 쌍생의 ㄹㄹ는 [l]로 발음한다.

일어음 ㅋ[r]는 변이음이 있기는 하나, 결국 한어음의 어중 ㄹ 발음과 같다.

5. 마찰음에는 ㅅ, ㅆ, ㅎ가 있다. ㅎ는 ハ[h]과 거의 같다. ㅅ는 일어음 サ[s]에 該當되나, 한어음 치조와 경구개에 걸쳐 존재하는 치조-경구개음인데, 일음은 단순한 치조음인 점이 다르다. 그러나 양자가 매우 흡사하므로 한음을 발음하는 데는 큰 무리가 없다. ㅆ는 독특한 음이다. ㅅ와 같은 위치의 음이지만, ㅅ보다 혀와 치조-경구개 간의 협착이 더 밀접하다. 일음으로는 qs에 가까우나, 연습이 필요하다.

6. 음절에 있어는 한어는 맡음을 가지는데, 일어는 갖지 못하니, 큰 격차이다. 따라서 한어의 자음 음 종류가 많고, 또 자음 음절 연결이 많다. 126종의 자음 음절 연결에 대하여 일어 화자는 없는 발음을 새로 연습하여 만들어야 하는 부담을 갖는다.

일어음에는 삽입자음 「ツ」가 있다. 촉음으로서 한어의 자음 연결의 발음을 부담한다. q로 표시하는 한 가지 방법으로서 모든 자음을 나타내지 못한다.

7. 연결 자음의 발음의 변화를 보면 이러하다.

① 자음 연결에 있어 선행자음의 발음 위치와 후속음의 발음 위치가 동일할 때에는 양국어 화자는 동일 발음을 하니 문제가 없다.

② 음절자음 연결에 있어, 선행자음의 발음 위치와 후속자음의 발음 위치가 다를 때에는 한어 화자는 선행음을 음가대로 발음하는데, 일어 화자는 후속음에 동화된 발음을 한다. 그러므로 한어 화자와 같은 발음을 하는 데에는 연습을 요한다.

③ 선행 자음과 후속 비음이 연결될 때에는 선행자음의 발음이 자기 서열의 비음으로 변한다. 그러나 일어 화자에게는 선행자음의 발음이 후속 비음과 동일음으로 변하니 발음 차이가 크다.

④ 선행 비음과 후속 자음이 연결될 때에는 선행 비음은 음운적으로 변화 없이 음가대로 발음된다. 그러나 일어 화자에게는 선행 비음이 후속 자음과 동일 위치의 비음으로 변한다. 발음 차이가 크므로 발음의 근본 연습이 요청된다.

▌參考文獻

전재호(1995), 「일본에서의 한국어교육 Ⅰ」, 『島根縣立國際短期大學紀要 第2号』.

허 웅(1991), 『국어 음운학』, 샘문화사.

李 洙(1994), 『韓國語音韻論』, 仁荷大學校出版部.

任瑚彬(共)(1989), ‘外國人の爲の韓國語文法’, 延世大學出版會.

전재호(공)(1988), 新國語學槪論Ⅱ 말과 소리, 형설출판사.

________(1986), 人文科學2, 韓國語와 英語의 對照研究, 慶北大 人文科學研究所.

城田俊(1993), ‘日本語の音’, ひつじ書房.

杉原美代子, ‘日本語と日本語教育2’, 明治書院.

橋本万太郎 他(1977), ‘講座日本語5’, 岩波書店.

제4장 | 日本人に對する韓國語教育

本稿はにほんご話者に對して韓國語を教授する上で,その音聲の教授上の問題点を取り上げ考察するものである。なお、本稿は,1995年9月9日,島根縣立國際短期大學で、行われた第25回西日本言語學會研究發表會・講演會における講演原稿に加筆訂正したものである。

1. 音 節

韓國語は音節の種類が三聲からなる3種がある。日本語は二聲から構成された2種である。これをまとめると次のようになる。

```
日本語：a) V(母音)              o(尾)
        b) CV(子音＋母音)        to(戸)
        c) CVC(子音＋母音＋後行副音) maqsaki(massaki)
韓國語：a) V 中聲(medial)        o(五)
        b) CV 初聲(initial)＋中聲  go(高)
        c) CVC 初＋中＋終聲(final)  gom(熊)
```

1) 日本語音節の後行副音Qは,韓國のような特立した末音ではなく，且つその機能が違う。

　2)　日本語との差異は終聲があるかないかであり、この終聲が日本語話者に問題を引き起こしている。從って,日本語話者が、この韓國の終聲にどう對應するかも興味深い。

2. 音節末音(終聲)

　韓國語において、子音(硬音以外)はすべて終聲に使われるのが原則である。14個の子音を發音位置別に、次のようにまとめることができる。

①　$\begin{Bmatrix} ㄱ \\ ㅋ \end{Bmatrix} \rightarrow -ㄱ$　　　　　$\begin{Bmatrix} k \\ k^h \end{Bmatrix} \rightarrow -k$

②　$ㄴ \rightarrow -ㄴ$　　　　　$n \rightarrow -n$

③　$\begin{Bmatrix} ㄷ \\ ㅅ \\ ㅈ \\ ㅊ \\ ㅌ \\ ㅎ \end{Bmatrix} \rightarrow -ㄷ$　　　　　$\begin{Bmatrix} t \\ s \\ c \\ c^h \\ t^h \\ h \end{Bmatrix} \rightarrow -t$

　　　　　　　　　　$\rightarrow /V\_\#$　　　　　$\rightarrow /V\_\#$

④　$ㄹ \rightarrow -ㄹ$　　　　　$r \rightarrow -r$

⑤　$ㅁ \rightarrow -ㅁ$　　　　　$m \rightarrow -m$

⑥　$\begin{Bmatrix} ㅂ \\ ㅍ \end{Bmatrix} \rightarrow -ㅂ$　　　　　$\begin{Bmatrix} p \\ p^h \end{Bmatrix} \rightarrow -p$

⑦　$\rightarrow -ㅇ$　　　　　$-ng$

　日本語話者はこの韓國語の末音(終聲)の一般的な發音の習得が困なんであり、特にその完全閉鎖の特性と發音の習得は難しい。この指導法を是非研究すべきである。その爲,日本語話者の終聲發音の傾向がどうであるかをまず考察する必要がある。

　上の終聲の問題は、次の三点が骨子となる。

　1. 7個の音の中和する現象を理解して、中和の音を發音する。

　2. 末音の完全閉鎖(stop)の特性を究めて、閉鎖音(unrelease)の發音をはっきりさせる。

　3. 末音の發音法を研究して、その發音に慣れる。

	語例	日發音	韓發音
①	악(惡)	aʔ(aku)	〔ak̚〕
②	nun(眼)	nung(nun,num)	〔nun〕
③	옷(服)	oʔ(oto,oso)	〔ot̚〕
④	달(月)	taru	〔tal〕
	길(道)	kiru	〔kil〕
	보올(ボール)	*〔booru〕	〔bɑl〕
⑤	김(金)	kimu(kin,king)	〔kim〕
	김치(キムチ)	*kimuchi	〔kimchi〕
	답답하다	taputapu-hata	〔tap̚tap̚-hata〕
⑥	입(口)	iʔ(ibu)	〔ip̚〕
⑦	동(東)	tong(ton,tom)	〔tong〕

3. 音節子音の連結

日本語
　　1) V+V
　　2) V+CV
　　3) CV+V
　　4) CV+CV

韓國語
    ① V
    ② CV
    ③ CVC
    ④ CVCC

1) V+V	a・i	(兒)	
2) V+CV	ə・di	(何處)	
3) V+CVC	or・in	(右)	
4) V+CVCC	yə・dəlb	(八)	
5) CV+V	sa・i	(間)	
6) CV+CV	na・mu	(木)	
7) CV+CVC	ba・dag	(底)	
8) CV+CVCC	su・thalg	(雄鷄)	
9) CVC+V	jəng・o	(正午)	
10) CVC+CV	guk・su	(麵)	
11) CVC+CVC	bon・sim	(本心)	
12) CVC+CVCC	am・thalk	(雌鷄)	
13) CVCC+V	dols・i	(碁＋助詞)	
14) CVCC+CV	baɨb・go	(踏＋語尾)	
15) CVCC+CVC	hɨlg・byəg	(土壁)	
16) CVCC+CVCC	hɨlg・balba	(踏地)	

1) 音節連結が16種に分析できる。このうち,子音音節連結が兩言語の比較において,課題になる。先行音節の末子音と頭子音との連結、即ち、10)〜12) 3種の考察が必要である。

2) 先行音節子音は中和した音だけをとって、7子音にする。この7音と18個の後續子音が連結した126個の子音結合を表に表して考察する。

3) 日本語の子音連結には促音と撥音でつなぐ2種の方法があり、日本語話者は韓國語の子音連結をそれに當てはめて發音する傾向がある。

現實の日本語話者の子音連續の發音狀況をまとめると、〈表 1〉のようになる。

〈表 1〉 日本語話者の子音連結の發音狀況

後行音 ＼ 先行音	韓 -b	日 -Q	韓 -d	日 -Q	韓 -g	日 -Q	韓 -m	日 -N	韓 -n	日 -N	韓 -ng	日 -N	韓 -l	日 r
ㅂ b-	bb 배	bb	db ㄷㅂ	bb	gb ㄱㅂ	bb	mb ㅁㅂ	mb	nb ㄴㅂ	mb	ngb ㅇㅂ	mb	lb ㄹㅂ	r^ub
ㅍ bh-	bbh ㅂㅍ	bbh	dbh ㄷㅍ	bbh	gbh ㄱㅍ	bbh	mbh ㅁㅍ	mbh	nbh ㄴㅍ	mbh	ngbh ㅇㅍ	mbh	lbh ㄹㅍ	r^ubh
ㅃ bb-	bbb ㅂㅃ	bbb	dbb ㄷㅃ	bbb	gbb ㄱㅃ	bbb	mbb ㅁㅃ	mbb	nbb ㄴㅃ	mbb	ngbb ㅇㅃ	mbb	lbb ㄹㅃ	r^ubb
ㄷ d-	bd ㅂㄷ	dd	dd ㄷㄷ	dd	gd ㄱㄷ	dd	md ㅁㄷ	nd	nd ㄴㄷ	nd	ngd ㅇㄷ	nd	ld ㄹㄷ	r^ud
ㅌ dh-	bdh ㅂㅌ	ddh	ddh ㄷㅌ	ddh	gdh ㄱㅌ	ddh	mdh ㅁㅌ	ndh	ndh ㄴㅌ	ndh	ngdh ㅇㅌ	ndh	ldh ㄹㅌ	r^udh
ㄸ dd-	bdd ㅂㄸ	ddd	ddd ㄷㄸ	ddd	gdd ㄱㄸ	ddd	mdd ㅁㄸ	ndd	ndd ㄴㄸ	ndd	ngdd ㅇㄸ	ndd	ldd ㄹㄸ	r^udd
ㅅ s-	bs ㅂㅅ	ss	ds ㄷㅅ	ss	gs ㄱㅅ	ss	ms ㅁㅅ	ns	ns ㄴㅅ	ns	ngs ㅇㅅ	ns	ls ㄹㅅ	r^us
ㅆ ss-	bss ㅂㅆ	sss	dss ㄷㅆ	sss	gss ㄱㅆ	sss	mss ㅁㅆ	nss	nss ㄴㅆ	nss	ngss ㅇㅆ	nss	lss ㄹㅆ	r^uss
ㅈ j-	bj ㅂㅈ	jj	di ㄷㅈ	ii	gj ㄱㅈ	jj	mj ㅁㅈ	nj	ni ㄴㅈ	ni	ngj ㅇㅈ	nj	lj ㄹㅈ	r^uj
ㅊ ch-	bch ㅂㅊ	jch	dch ㄷㅊ	ich	gch ㄱㅊ	jch	mch ㅁㅊ	nch	nch ㄴㅊ	nch	ngch ㅇㅊ	nch	lch ㄹㅊ	r^uch
ㅉ jj-	bjj ㅂㅉ	jjj	dii ㄷㅉ	iii	gjj ㄱㅉ	jjj	mjj ㅁㅉ	njj	nii ㄴㅉ	nii	ngjj ㅇㅉ	njj	ljj ㄹㅉ	r^ujj
ㄱ g-	bg ㅂㄱ	gg	dg ㄷㄱ	gg	gg ㄱㄱ	gg	mg ㅁㄱ	ngg	ngg ㄴㄱ	ngg	ngg ㅇㄱ	ngg	lg ㄹㄱ	r^ug
ㅋ gh-	bgh ㅂㅋ	ggh	dgh ㄷㅋ	ggh	ggh ㄱㅋ	ggh	mgh ㅁㅋ	nggh	nggh ㄴㅋ	nggh	nggh ㅇㅋ	nggh	lgh ㄹㅋ	r^ugh
ㄲ gg-	bgg ㅂㄲ	ggg	dgg ㄷㄲ	ggg	ggg ㄱㄲ	ggg	mgg ㅁㄲ	nggg	ngg ㄴㄲ	nggg	nggg ㅇㄲ	nggg	lgg ㄹㄲ	r^ugg
ㅎ h-	bh ㅂㅎ	bh	dh ㄷㅎ	dh	gh ㄱㅎ	gh	mh ㅁㅎ	ngh	nh ㄴㅎ	ngh	ngh ㅇㅎ	ngh	lh ㄹㅎ	r^uh
ㅁ m-	bm ㅂㅁ	mm · MM	dm ㄷㅁ	mm · NM	gm ㄱㅁ	mm · NGM	mm ㅁㅁ	mm	nm ㄴㅁ	mm	ngm ㅇㅁ	mm	lm ㄹㅁ	r^um
ㄴ n-	bn ㅂㄴ	nn · MN	dn ㄷㄴ	nn · NN	gn ㄱㄴ	nn · NGN	mn ㅁㄴ	nn	nn ㄴㄴ	nn	ngn ㅇㄴ	nn	ln ㄹㄴ	r^un
ㄹ r-	br ㅂㄹ	nr MN	dr ㄷㄹ	nr NN	gr ㄱㄹ	nr NGN	mr ㅁㄹ	nr MN	nr ㄴㄹ	nr LL	ngr ㅇㄹ	nr NGN	lr ㄹㄹ	rr

＊ 韓・日間の　下線―は兩言語の發音が類似したもので、33種の連結である。その他の下線のない
　ものは發音の差異を示す。

가. 閉鎖音同士の連結

　閉鎖音同士である後續子音と調音の位置が相違する後續子音の發音現象をまとめると〈表 2〉のようになる。

〈表 2〉調音の位置が同一である後續子音と調音の位置が相違する後續子音

	先行子音	後續子音	發音位置	發 音 現 象
韓國語	-ㅂ	ㅂ- ㅍ- ㅃ-	同一	後續音に同化 -ㅃ- -ㅍ- -ㅃ-
		ㄷ- ㅌ- ㄸ- ㅅ- ㅆ- ㅈ- ㅊ- ㅉ- ㄱ- ㅋ- ㄲ-	相違	終聲音價の通り ㅂㄷ--ㅂㅌ- -ㅂㄸ-
	-ㄷ	ㄷ- ㅌ- ㄸ- ㅅ- ㅆ- ㅈ- ㅊ- ㅉ-	同一	後續音に同化 -ㄸ- -ㅌ- -ㄸ- -ㅆ- -ㅆ- -ㅉ- -ㅊ- -ㅉ-
		ㅂ- ㅍ- ㅃ- ㄱ- ㅋ- ㄲ-	相違	終聲音價の通り-ㄷㅂ- -ㄷㅍ-…
	-ㅋ	ㄱ- ㅋ- ㄲ-	同一	後續音に同化-ㄲ- -ㅋ- -ㄲ-
		ㅂ- ㅍ- ㅃ- ㄷ- ㅌ- ㄸ- ㅅ- ㅆ- ㅈ- ㅊ- ㅉ-	相違	終聲音價の通り-ㄱㅂ- -ㄱㅍ- -ㄱㅃ-…
日本語	-q	b-	相違	後續音に同化 -bb-
		d- j- ch- s-	同一	後續音に同化 -dd- -jj- -chch- -ss-
		g-	相違	後續音に同化 -gg-

　韓國語は、先行子音と後續子音の調音の位置が同一の音の連續において同化が起こり、相違する音の連結音においては、同化が起らず、元の音價のとうりの發音となる。

　日本語は先行する促音及び撥音と後續子音の連結において皆後續音に同化される。従って、韓國語においての、同化されない、調音の位置が相違する音の連結でも後續子音によって同化される現象をおこす。

　例：압도(壓倒)〔abdo〕不同化：abdo → addo 同化

　この現象と 機能を理解させ、これに對応する教育が要請される。

나. 先行鼻音との連結

　先行鼻音と後續子音の同化現象が兩言語間において、どう違うかを對照し、日本語話者が實際の語例をどう發音しているかを次の〈表 3〉に示す。

〈표 3〉

韓國語		日本語			韓國語語例	日本語話者
連 結	變 化	發音可否	連 結	變 化		
m・b	mb	○	N・b	mb	곰보	gombo
m・d	md	×	N・d	nd	담당	dandang
m・n	mn	×	N・n	nn	감나무	gannamu
m・s	ms	×	N・s	ns	감사	gansa
m・r	MN	×	N・r	nr	삼림(님)	sanrim
m・j	mj	×	N・j	nj	감자	ganja
m・g	mg	×	N・g	ngg	남국	ganggug
m・h	mb	×	N・h	ngh	남하	nagha
n・b	nb	×	N・b	mb	단비	dambi
n・d	nd	○	N・d	nd	간다	ganda
n・n	nn	○	N・n	nn	만나	manna
n・s	ns	○	N・s	ns	신사	sinsa
n・r	NN	×	N・r	nr	관리	gwanri
n・j	nj	○	N・j	nj	군자	gunja
n・g	ng	×	N・g	ngg	한국	hanggug
n・h	nh	×	N・h	ngh	산하	sangha
ng・b	ngb	×	N・b	mb	공부	gombu
ng・d	ngd	×	N・d	nd	공동	gondong
ng・n	ngn	×	N・n	nn	강남	gannam
ng・s	ngs	×	N・s	ns	동생	donseng
ng・r	NGN	×	N・r	nr	종로(노)	jonro
ng・j	ngj	×	N・j	nj	당장	danjang
ng.g	ngg	○	N・g	ngg	당구	danggu
ng・h	n호	○	N・h	ngh	공항	gonghang

a)　韓國語は先行鼻音と後續閉鎖音との連結において先行鼻音が音韻的に同化しない。

b）日本語は先行鼻音(撥音)と後續閉鎖音との連結において、先行鼻音が同化する。

① 唇音の前では[m]に変わる。従って、日本語話者は唇音以外の音の前で[m]を出すのが困難である。

② 歯莖音、硬口蓋音の前では〔n〕に変わる。従って、日本語話者は歯莖音、硬口蓋音以外の音の前で〔n〕を出すのが困難である。

③ 軟口蓋音、聲門音の前では[ng]に変わる。従って、日本語話者は軟口蓋音、聲門音以外の音の前で[ng]を出すのが困難である。

4. 結　び

以上の考察は次の表のようにまとめることができる。

	韓 國 語	日 本 語
1. 音節	3聲からなる 音節の種類が多い	2聲からなる 音節の種類が少ない
2. 末音	末音があって、發音は停止音 發音法が易しい(韓國話者には)	末音がなくて開音になってある 發音法が難しい(日本語話者には)
3. 連結 ・連結方法 ・發音種類 ・音変化	多様(多種) 多様 同化しない/同化する	單純(少ない) 單純 同化する

今回の考察が、日本人に對する韓國語教育に携わる教育者、研究者の、教授の爲の一助となれば幸いである。

▌參考文獻

全在昊(1995),「日本에서의 韓國語敎育1」, 島根縣立國際短期大學紀要第2号.

허　웅(1991),「국어 음운학」, 샘문화사.

李　洙(1994),「國語音韻論」, 仁荷大學校 出版部.

任琥彬(1989), 外國人のための韓國語文法, 延世大學出版會.

全在昊 外(1988),「新國語學槪論 Ⅱ 말과 소리」, 螢雪出版社.

城田俊(1993),「日本語の音」, ひつじ書房.

杉原美代子編, 日本語と日本語教育 2、音韻, 明治書院.

橋本万太郎 他(1977), 講座日本語 5、音韻, 岩波書店.

제 2 편 언어문화편

韓·日 言語文化 對照研究

제1장 ▏日本人과 韓國人의 精神의 바탕

「精神」을 「생각, 감정을 지배하는 마음의 능력」이라고 한다. 그렇다면, 日本精神은 「日本人의 생각과 감정을 지배하는 마음의 능력」일 것이고, 日本 민족정신은 그러한 사상 감정일 것이다. 日本人의 정신을 나타내는 말로 'あっさり'(앗사리)란 말이 있다. 이것이 한국 生活語에서도 많이 쓰이는데, 주로 「솔직하게」의 뜻으로 쓰이고 있다. 그러나 일어에서는 이것을 內包하여 「산뜻하게, 담박하게, 시원스럽게」〈安〉라 풀이하고 있다. 또 비슷한 말로 「さっぱり」도 나온다. 「후련한 모양」, 「산뜻한 모양」으로 번역하고 있다. 또 'いさぎよく(潔く, 깨끗하게 결백하게)'도 'あっさり'와 함께 정신의 지향을 나타내고 있다.

1. 「앗사리」의 행동

일본사회에서는 「앗사리」하는 행동에 대해 높은 평가를 하고 이 표현을 좋아하며 다투어 쓴다. 따라서 비슷한 표현인 「ずばり(주저하지 않고 決斷함. 劍으로써 날랜 기세로 斬하는 것)、さっぱり」도 잘 쓴다. 시원하게 처리한다는 思考에서 선호하는 것 같다. 우리말 신어로는 「화끈하게, 석둑석둑, 상큼하게」가 있는데 그 심리가 비슷하다. 이 「앗사리」 정신을 전 국민이 좋아

하게 되고 패턴化가 되어 이것이 日本정신의 하나가 됐다고 보인다.

■國花에 대해

日本의 國花는 사꾸라(벚꽃)이다. 한꺼번에 확 피었다가 3, 4일 안 되는 짧은 수명을 마치고 일시에 싹 지는 꽃이므로 「앗사리」한 日本정신을 나타낸다고 하여 친근미를 가진다.

■死의 행동에 대하여

「앗사리」 죽는 것을 美化하여 「죽음의 讚歌」를 작시한 것도 있지만, 이것은 죽음에도 많이 적용한다. 散華(戰死 美化), 神風(特攻隊의 명예로운 죽음), 武將, 大名(1만석 이상), 潘主(領主) 등이 승패에 지면, 부끄러움을 당하는 것보다는 「앗사리」 죽는 것이 名譽롭다고 생각한다.

■사이고 타까모리(西鄕隆盛)와 캇쓰 카이슈(勝海舟)의 행동

日本의 「앗사리」하는 代表的인 人物이 西鄕隆盛라고 손꼽는다. 그는 3백년에 가까운 歷史의 德川幕府를 끝나게 하고 明治를 연 武士의 정치인이다. 德川幕府 側의 代表인 勝海舟와 明治皇정부 側의 代表인 西鄕가 만나 단 둘의 談判만으로 政權을 交替시켰다. 勝는 「參つた」 즉 승부에 있어 「무릎을 꿇었다」하며 江戸城을 열어 넘겨주었고, 이에 응하여 西鄕은 「江戸의 일은 그대에게 맡긴다」하여 여유를 보였다. 이로써 德川시대는 끝나고 明治維新의 大業이 시작된 것이다. 이것이야말로 진짜 「앗사리」의 사나이가 아닌가 하고 국민들은 생각한다. 西鄕는 그 後 征韓論을 주장하다가 自己主張이 관철이 안 됐다고 하여 「앗사리」下野하였고 西南戰爭을 일으켜 政府에 反抗하다가 失敗하자 「앗사리」 割腹 자살했다. 日本 政府는 자기 정부에 反逆한者의 죄를 묻기는커녕 國民精神인 「앗사리」의 가치를 중시하여 도리어 그 功을 기리고 東京 가운데 公園에 銅像을 세웠다. 평생에 걸쳐 「앗사리」를 일관한 상징인물로 나타났다. 이로써 明治이후 젊은이들에게 人氣가 있었다. 中學生 學籍簿 중의 崇拜하는 人物이란 欄에는 半이상이 그의 이름을 기록하여 있다는 것이다.

■武士와 羞恥

올라가 日本 戰國時代에는 다이묘오(大名)의 싸움에서도 적(敵)에게 둘러 싸여 승산이 없으면, 割腹하였다. 天下를 가르는 大決戰인 「關ヶ原의 合戰」에서는 戰爭은 武士들끼리만 하고 農民들은 도시락 싸들고 求景만 하였다. 農民들은 武士에게 쌀만 갖다 바치는 財寶였기 대문에 농민에게 폐가 되는 전쟁은 하지 않았다. 따라서 단기간의 부期戰만이 전국시대 이래의 常識이었다. 이 關ヶ原에서 三成와 家康의 대결전도 하루에 끝났다. 秀吉는 毛利輝元와의 전쟁을 講和로 中

止하고 明智光秀가 모반하여 秀吉에 援兵가는 信長을 本能寺에서 襲擊하였다. 信長는 自害하였고 光秀는 「山崎의 戰」에서 秀吉에게 패하였다. 천하를 통일한 織田信長도 습격당했을 때 「앗사리」 할복하였다.

죽는 것은 고통스러운 일이지만 져서 사는 것이 더 羞恥스러운 일이며 수치는 죽는 것보다 더 고통스럽다고 생각한다. 그래서 앗사리 죽는다. 이 것이 영광스러운 죽음이라고까지 생각했던 것이다.

2. 한국인의 끈기, 오기(傲氣)

韓國人은 不義한 者와 敵에 대하여 끈질기게 저항하고 힘이 자라지 않 으나 지지 않으려고 견디며 이겨나가는 精神이 있다는 것이다. 이것은 승 부에서 당해 내지 못한다 싶을 때 앗사리 끝내버리는 「앗사리」정신과 對 照的인 면이 있다. 2차대전 외에 對外的으로 한 번도 패전해 보지 않았던 日本人의 경험과 大陸과 섬나라에 쌓여 外敵으로부터 수없이 侵攻을 당하 며, 극복해 나온 한국인의 경험과는 다른 기질을 가지는 것은 당연하다 할 것이다. 한국 俗談에 보면

① 하늘이 무너져도 솟아날 구멍이 있다.

② 범에 물려도 정신을 차려야 한다.

③ 팔자소관이다. 운명이다.

하는 것도 참는 마음의 표현이고 다시 방도를 찾아 극복해 내는 것이다.

■ 無窮花에 대하여

日本이 「앗사리」한 사쿠라를 나라꽃으로 하는데 比하면 한국은 여름부터 가 을까지 오랫동안 떨어지지 않고, 지고는 피고 하는 무궁화는 이름 그대로 끈질 긴 면이 있다.

또 양국의 국기(国旗)에 대한 국민들의 인상에 있어 흰 바탕에 동그라미가 그려진 日本 國旗는 단순한 데서 「앗사리」 精神에 가깝다고 하나, 한국의 太極

旗는 낮과 밤이 循行하는 무궁을 상징한 데서 끈기를 볼 수 있다.

■ 歷史 속의 오기

한국의 歷史속에서 「오기」의 例를 잇달아 볼 수 있다. 한국인은 흥망과 고난을 당할 때마다 庶民들이 그대로 주저앉지 않고 끈질긴 항거를 지속하여 왔다. 한 王朝에 있어서도 일단 그것을 건설하면 끈질긴 인내로 장구한, 긴 역사를 유지한 것도 특색의 하나일 것이다. 그 오기의 예를 아래와 같이 잇달아 볼 수 있다.

■ 新羅滅亡

新羅 멸망 시(935) 王과 고관 臣下들은 고려 왕건에게 항복하자고 하였으나 麻衣太子는 천년의 歷史를 뒤엎고 선조들에 부끄러운 짓을 하느니, 싸우자고 했으나 결국 항복하게 되자 宮을 뛰쳐나가 麻衣로 木根을 먹고 살며 항거하였으므로 오늘날까지 한국인의 감상의 대상이 돼 있다.

■ 蒙古侵入

고려조(918~1392) 몽고의 무력 侵入에 대한 抗爭 때에도 民衆들이 「오기」로 싸워 물리쳤다. 30년간 6차례나 侵入하여 잡혀간 자가 20만 명, 죽은 자가 無數하였던, 고통스러운 항쟁이었다. 농민들은 海島와 山城에서 싸웠는데, 곡식을 불태우고 보급로를 끊어 농민은 힘이 빠지고 성은 함락되는 혈전을 겪었다. 忠州城에서 고려 奴隸軍과 蒙古軍이 싸웠을 때 지휘관과 양반군은 江華島로 달아나고 지휘관 없이 노예군은 최후까지 싸워 생명을 바치는 「오기」로써 지키고 격퇴시켰다. 노예 신분에서 良民의 신분을 획득하기 위하여 항거하고 싸웠다. 사람다운 生存을 위한 끈질김을 보인 것이 아니겠는가.

■ 高麗의 衰亡

고려의 쇠망한 때에도 麗末의 臣下들과 백성들은 正統性을 중시하고 新勢力에 항거하며 인정하지 않았다. 鄭夢周와 신세력 李芳遠 間에 주고받는 時調 何如歌에서 구세력의 항거를 역력히 볼 수 있다.

> 芳遠 : '이런들 어떠하며 저런들 어떠하리
> 萬壽山 드렁 츩이 얽혀진들 어떠리
> 우리도 이같이 얽어져 백 년까지 누리리라'

하여 항거를 그쳐 주고 관심을 가져 주십사고 권고하는 마음이 절실하다. 그러나 당대 文武를 겸비한, 최고 信賴者였던 정몽주는 다음과 같이 決然

한 응수를 하였다.

　　　鄭夢周 : 이 몸이 죽고 죽어 일백 번 고쳐 죽어
　　　　　　　백골이 진토되어 넋이라도 있고 없고
　　　　　　　임 향한 일편단심이야 가실 줄이 있으랴

　이미 이뤄진 新王朝와 함께 살기를 권하는 권고에도 완강히 거부하는 이 심정은 한국인의 오기의 표본이 아니었던가.
　杜門洞 72賢 또한 志操를 「오기」로써 지켰다. 죽음을 대신하면서까지 항거하는 강한 끈기인 것이다.

■ 李朝末

　李朝末의 동학 農民革命에서 이러한 오기를 농민들에서 볼 수 있다. 농민의 아들 全奉準이 이끄는 농민 萬 여명이 모여 정부에 항거하는 끈기를 보였다. 輔國安民을 위한 궐기대회에서(1894) 양반의 가렴주구를 타파하고 외국상인의 침투를 반대하였다. 동학농민군은 三南지방을 비롯하여 함경도에까지 미쳤다. 개혁요강은 탐관오리와 불량유림과 양반징벌, 잡세 폐지, 地閥타파, 왜와의 內通금지 등 12조항에 걸친 개혁내용을 내세우고 오기를 부렸다.
　日本에도 農民의 쓰찌잇끼(土一揆), 햑쇼오잇끼(百姓一揆)같은 봉기가 있었다. 그러나 그것은 한국의 庶民의 항쟁과 달랐다. 重稅 흉작 기근 관리의 不正 등을 하소연하는 것이었다. 단체의 대표는 사형당하고 요구는 통과되는, 단순한 地頭나 領主에 대한 요구에 지나지 않았다.
　조선 멸망 시기에도 金玉均, 朴泳孝 등의 개화 운동에서 목숨을 내건 오기가 엿보인다. 그러나 閔姬일파의 부정적인 시각으로 나라를 잃게 되었다. 이같이 한국의 庶民들은 傳統的으로 오기를 성장시키고 횡적 조직으로 平等이 있었고 "오기"로써 농경을 하면서 나라를 지켜 올 수 있었다.

3. 日本人의 親切

　日本에 관광을 갔다 온 한국인이나, 옛 향수에 젖어 있는 한국인들은 異口同聲으로 「日本 사람들은 친절하다」고 하고 불친절에 대한 모범 예로서 인용하기까지 한다.

- 길을 잘 가르쳐 준다.
- 택시가 좁은 길까지 잘 대려다 준다.
- 물건을 사러 가면 애상(정남이)이 있어 좋다.
- 인사가 상냥하고 돈 계산서가 상세하고 고분고분하고, 잘못 샀을 경우 잘 바꿔준다.
- 상대에 불편을 주지 않는다.
- 기차 버스 內에서 큰 소리 안 낸다.
- 모임에서 조용하고 진지하다.
- 광고지에 낸 內容은 그대로 지킨다.
- 옆에서 새치기를 안 한다.

交通안내, 상거래, 대인관계, 공중집회, 광고약속 등 일반 생활에서 볼 때, 위의 사실은 상대적으로 긍정한다. 친절이 잘 길들여져 있고 패턴화돼 있는 행동이다. 眞, 善, 美와 親切의 행위가 습관화되고 패턴화되어 있는 것이 틀림없다.

그렇다면 이 친절은 어디에서 생겨났으며, 그 內實이 무엇일까 궁금하지 않을 수 없다.

■親切의 生成

일본 사회는 縱的인 사회구조를 가진다. 武士와 農民의 上, 下구조를 이루고 있었다. 국내 전쟁은 武士끼리의 싸움이었다. 農民은 食糧을 제공하는 재원이었으므로 폐해를 입히지 않고 服從하게만 하였다. 農民 간에는 친절하게 했다. 복종과 친절로써 秩序를 유지했다. 日本의 秩序는 日本人의 親切과 맞물려 있다는 것이다. 그러나 이러한 內容의 親切은 秩序를 지키게 하기 위한 정도의 것이었다. 적은 수의 무사는 농민을 다스리되 農民끼리의 질서를 요구했던 것이다. 싸움에는 쌍벌을 하라(げんか兩成敗).「긴 것에 감기라. 억울하거든 출세하라」란 格言 등이 있는데 庶民들 자체 사이에서 질서를 유지시키는 것만이 最上이라는 사고방식이며 그렇게 교육시켰다.

■秩序

日本人의 親切은 결코 秩序를 초월하는 것이 아님이 여러 가지로 증명된다. 日本人들이 傳統的으로 眞, 善, 美를 重視하는 데 있어도 이 秩序가 전제로 요구돼 있다. 武士와 農民의 종적 社會가 그렇게 만든 것이다.

　日本의 著名 교육학자 石川謙은 저서에서 17, 8세기의 庶民教育은 强한 者, 이기는 者에 대한 讚美 그것뿐이었다고 하였다. 秩序를 유지하기 위한 찬미란 것이다. 庶民은 强者를 찬미하고 서민 간에는 친절하게 지내게 하는 것이 秩序였다.

4. 韓國人의 「情」

　日本의 親切에 비추어 한국에는 「情」이 있다. 사전에서는 「情」은 친절하고 사랑하는 마음〈한 대사〉 사랑을 느끼는 마음(보기 : ~이 들다. ~이 없다〈申〉)이라 했다. 「인정」은 남을 도와주고 따뜻하고 갸륵한 마음〈한 대사, 申〉이라고 했으니 한국인의 「情」은 「사랑하고 도와주는」데에 뿌리를 두고 있는 것으로 보인다. 한국사회는 橫的조직의 사회이다. 건국의 主役은 신라 건국의 朴, 金, 昔 3氏에 依해 成立된 것이다. 伽倻 생성에서도 그 건국은 거의 大衆이었다. 민주적인 면이 있다. 日本의 天孫 降臨의 歷史에 비교된다. 民俗행사에 있어도 日本의 맛쓰리'祭'는 神의 은혜로 즐기는 「祭」인데 比하여 한국의 그것은 「놀이」이고 「흥」이다. 횡적으로 서로 즐기는 것이었다.

　농민들은 서로 협력하며 농경하였다. 繁農期나 出産이나 혼인이나 환갑, 死亡 등을 당하여 온 마을 사람들이 모여 서로 돕고, 자주적이고 자발적으로 살았다. 오늘날 혼인 예식이나 장사 지낼 때 다수인의 하객 조객이 모인다. 전날의 한국인의 관행이었다. 일본인의 관행에서는 볼 수 없는 일일 게다. 나라가 위태로울 때는 內的으로나 外敵에 대해서도 民衆이 합심하여 싸웠다. 지휘관이나 高官들은 달아나는 일이 있어도 오로지 그들의 삶의 근원인 토지를 지키며 싸웠다.

　이웃이 재난이나 빈곤을 겪으면 갈라 먹었다. 농산물, 음식물을 계산 없이 베풀어 갈라 먹었다. 情을 베풀어 인정이 있고, 인심이 후하였다. 그

리하여 (1) 남과 손님의 접대에는 정성으로 위한다. (2) 95년 충청도 중심
豪雨 때 災害民을 돕기 위한 온 국민의 놀라운 誠意 모금에의 참여는 한국
정신의 情이었다. (3) 전에 고국 방문으로 온 교포를 얼싸안고 고함을 치
며, 흐느껴 울기도 했고, 슬플 때는 가슴도 치고 땅을 치며 울기도 한다.
한국인의 情이 激動한 것이다. 일본인은 이것을 이해하지 못할 것이다.

▌參考文獻

會田雄次〔아이다 유우지〕(1994, 4刷), '日本人の意識 構造', 講談社 現代新書.

金容雲(1983, 1刷), '韓國人と日本人', サイマル〔사이마루〕出版社.

增原良彦〔마수하라요시히꼬〕(1984, 2刷), 'タテマエとホンネ', 講談社 現代新書.

金烈圭저, 宋寬역(1987), '韓國文化のルーツ', サイマル出版社.

전여옥(1994, 2刷), '일본은 없다', 知識工作所.

______(1995), '일본은 없다 2', 知識工作所.

서현섭(1994), '일본은 있다', (주)고려원.

김기한 발행(1988), '여기 한국의 숨결이…', (財)日海研究所.

홍일식(1996), '한국인에게 무엇이 있는가', 정신세계사.

시바료오따로오, 도날드키인저 ; 이태옥, 이영경 역(1993 초판), '일본인과 일본문
　　　　　화', 을유문화사.

도이타께오저, 이장호역(1985 초판), '日本人의 意識構造', 寶晉齊.

日本人と韓國人の精神のもと

　「精神」を「思考、感情を支配する心の能力」であるとすれば、日本精神は「日本人の思考と感情を支配する心の能力」であると言える。これは日本人の民族性と關係のある言葉である。

　日本人の民族性を表わす言葉に「あっさり」という言葉がある。これは韓國人の生活語にでもかなり使われているが、主に「率直に」の意味をとる。日本語においては昭和9年の廣辭林には「あっさり」の意味を「しっこくなきさま、てがるきさま」としてあるのでここでは韓國語での「앗사리(あっさり)」と同じ意味に取られる。

　現代語の「あっさり」の意味は

　1. 淡白である（〜な味；味があっさりする）

　2. 冴える（〜えた色、頭が〜；頭があっさりする）

　3. さわやかな(氣分が〜だ；氣分があっさりする；あっさりした性格)

　など三つの意味のうち主として3番目にあたる。

　こういう意味での「あっさり」の言葉が日本人の精神にどう作用しているか？

1.「あっさり」の行動

日本社會においては「あっさり」とする行動に對して高く評価し、この表現を生活語によく使っている。 したがってこれに似た表現もでてきた。
- ずばり(ためらうことなく決斷する；劍でいさぎよく斬る)
- さっぱり(さわやかなさま、いやみのなきさま)などがそれである

すがすがしく成す行動を好んでいるわけであろう。韓國語にある「화끈하게」「석둑석둑」「상큼하게」などの語もすがすがしい氣持において似ている。このようにすがすがしい「あっさり」行動を日本人皆が好み、これが日本人になれてパタン化したので日本精神の一要素としての位置を占めたと思う。

■國花について

　日本の國花は「さくら」である。一度にぱっとさいて4、5日の間も過ぎず一齊にさっと散ってしまう花であるので「あっさり」である。日本の精神を表わすとして親しみを持っている。

■死の行動について

　「あっさり」死ぬことを美化して「死の讃歌」という作詞もあるが、この「あっさり」は自殺にもよく適用する。戰死を美化して「散華する」とか神風特攻隊、武將、大名、藩主が戰いに負けて恥をかくよりは「あっさり」自殺するのが名譽であると思う。

　西郷隆盛と勝海舟の行動にも「あっさり」精神が現われている。彼等は日本の「あっさり」した代表的人物だと言われる。彼は300年に近い歴史を持つ德川幕府を納めて明治時代を開いた武士で政治家である。德川側の代表である勝海舟と、明治政府側の代表である西郷隆盛が對面し、ただ二人の談判だけで政權を交替した。勝は「參った」との一言で江戸城を開け渡し、これに對應して西郷は「江戸のことは貴君にまかす」と余裕を見せた。こうして德川時代が終り、明治維新の大業が始まったとのことである。國民たちはこの人たちこそ「あっさり」の男ではないかと思っていた。

　西郷はその後、征韓論を主張してから自己主張が貫徹できなかったので「あっさり」下野したし、西南戰爭を起して、政府に反抗してから失敗したとたんに「あっさり」割腹自殺した。

　日本政府は政府に反逆した者の罪を責めるところか却って國民精神である「あっ

さり」した行動の価値を高く平価し、その手柄をほめて東京のまん中の公園に銅像を建てた。一生涯にわたって「あっさり」を一貫とした象徴人物となったのである。このために明治以降若者たちに人氣があった。中學生、學籍簿の中の崇拝する人物欄には半分以上の學生が彼の名前を記入したとのことである。

■武士の恥

溯って日本戰國時代、大名の戰いに敵に取り囲まれて勝ちみがないと「あっさり」切腹した。

明智光秀が謀反を企んて織長を本能寺で破った時、信長は自害した。天下統一事業をすすめた信長も襲撃された時、〔あっさり」割腹したのである。

死ぬのはつらいことであるが、敗して生きるのがもっと恥である。恥は死ぬよりもっとつらいと考える。それで「あっさり」死ぬ。これこそ榮光たる死であると思ったのである。

2. 韓國人の끈기(ックンギ根氣)と오기(オーギ傲氣)

韓國人は不義と敵に對して根氣よく抵抗し、力が足りないけれども負けてはいけないと耐えぬく精神があるという。勝負に匹敵し得ないと思えば「あっさり」降參する「あっさり」精神とは對照的な面がある。2次大戰のほか對外的に敗戰したことのなかった日本人の経驗と大陸と島國に囲まれて外敵から數多く侵攻されながらも克服してきた韓國人の経驗との間におのおのの違う氣だてが築かれたのは当然なことと言えよう。

韓國の諺では

1. 天が崩れても突き出る穴がある。

2. 虎にかまれてもしつかリ(確)さえすればよい

3. わるい星回りの致す所だ。運命が悪い。

なども痛みを耐える表現で、さらに方法を求めて打勝っていくのである。

■無窮花について

日本は「あっさり」とした「さくら」を　國花としているが、韓國は夏から秋にかけて長い間、散り果てることなく、さいては枯れ、枯れてはさきつづける無窮花は名の通り根氣よい所がある。

　又、兩國の國旗に對する國民の感覚においても白地に日の丸が畵かれた日本國旗は單純であるので「あっさり」精神にふさわしいと思われることに比べ、太極(易學で言う　宇宙万物の生ずる根源)の図が畵かれている韓國旗は晝、夜が巡回する無窮を象徴するので根氣が示されている。

■ 歴史の內のオーギ(傲氣)

　韓國の歴史の內からオーギの例をよく見ることができる。韓國人は興亡と困難に出合うたびに庶民がそのまま挫折せず根づよい抵抗をつづけてきた。ある王朝においても一旦建設したからには根づよく耐えて長久な歴史を維持するのが特色のひとつである。傲氣のあかし(証)は次の通りにあげられる。

■ 新羅の滅亡

　新羅が滅亡した時(935)、王と位の高い臣は新勢力の王建に降服しようと言ったけれども麻衣太子は"千年の歴史を覆して先祖に對して恥だ。戰おう"と言ったが、ついに降服してしまったので彼は宮を飛び出て麻衣を着、木の根を食べて生きつつ抗拒した。今まで韓國人に太子の名殘が盡きない。

■ 蒙古の侵入

　高麗朝(918〜1392)蒙古の武力侵入の際も、民衆は傲氣で戰って撃退した。30年間の戰いに6回も侵入した。捕えられた者が20万人、死者は數えられないほど苦しい抗爭であった。農民は海島と山城で戰った。穀物を燒きとばし、補給路を絶ったので農民は力がなくなり、城は陷落するなどの血戰を経た。

　忠州城で高麗の奴隷軍と蒙古軍の戰いの際、指揮官とヤンバン(兩班.豪族.貴族)軍は江華島に逃げた。指揮官もない奴隷軍は最後まで戰った。命をなげうつオーギ(傲氣)で城を守り敵を撃退した。奴隷の身分から良民の身分を得るため抗拒して戰った。人間らしい生存を目指して、根づよい根氣を見せたのであろう。

■ 高麗の衰亡

　高麗衰亡の際も、末期の臣と百姓は正統性を重視し、新勢力に抗拒しつつ、それを認めなかった。鄭夢周と新勢力である李芳遠の間に互いの意向を試すためやりとりした時調(短い韓國定型詞)の中に旧勢力の抗拒が歷然と殘っている。

　芳遠(新勢力側)：ああでもこうでもいいではなかろうか。
　　　　　　　　　万壽山葛の蔓の入り亂れもいいではないか。
　　　　　　　　　我我もつるのように纏わって百年まで享受しようではないか。

　抗拒を止めて、關心を持ってほしいと切に願う心持ちである。それにも
かかわらず鄭夢周はこれを斷乎拒絶して、次のように決然と對応した。

　　　　鄭夢周：この身死んで死んで百度代り死んで、
　　　　　　　　白骨塵土になり、魂すらあってもなくでも
　　　　　　　　君への一片赤誠いささか変りあろうか

　すでになりたった新王朝側が一緒に生きようと勸めたにもかかわらず頑
固に拒否するこの眞情は韓國人の傲氣の標本でなかろうか。杜門洞(高麗遺
臣72名がここに立て籠って李朝に反抗した村)72賢も又オーギ(傲氣)で志操を守り
抜いた。死をもって強く抗拒するックンギ(끈기・根氣)であるのだ。

　■朝鮮末期
　　朝鮮末期の東學農民革命においてこのようなオーギが農民の中で見ることができ
る。農民の子である全奉準の率る一万人ぐらいの農民が集って政府に反抗すること
でックンギを見せている。　輔國安民のための蹶起大會(1894)でヤンバン(兩班)の
苛斂誅求を打破し、外國商人の浸透を反對した。農民軍は三南地方を始め、咸鏡道
まで及んだ。改革要綱は　貪官汚吏と不良儒林とヤンバンなどを懲罰、雜稅廢止、地
閥打破,倭との內通禁止など12項目にわたる改革內容を掲げてオーギを張った。
　　日本にも農民の土一揆、　百姓一揆のような　蜂起があった。しかしそれは韓國の
庶民の抗爭とは異なる。日本のは重稅、凶作、飢え、管理の不正をうったえること
であった。団体の代表は死刑され、農民の要求はうけいれる單純な地頭、或は、領
主に對する要求に過なかった。
　　李朝滅亡の際にも金玉均、朴永孝などの開化運動において命をかけたオーギ張り
が見える。　しかし閔氏一派の否定的な視覺のため國を失うことになった。
　　このように韓國の庶民は伝統的にオーギの成長を遂げ、横的組織として平等の社
會生活を營み、オーギをもって農耕生活をしながら國を守りつづけてきたのである。

3. 日本人の親切

日本へ觀光に行ってきた韓國人とか、戰前の生活になじんでいる韓國人

は口をそろえて「日本人は親切だ」と言いながら不親切に對する親切の標本
にもなるように引用する。

- 道をよく案内してくれる。
- タクシーは細道まで乗せて入って目標を探してくれる。
- 買い物に行けば愛想がよい。
- あいさつがさわやかで、お金の計算書が明細である。率直に從順である。買い
  違いのときよく取り替えられる。
- 相手に氣樂にする。
- 電車內で高い聲を出さない。
- 集會では靜かでまじめだ。
- ちらしに載せた約束は守る。
- 順序の横取りをしない。などなど

交通案內、商買、取引、對人關係、公衆集會、廣告約束などの一般生活
の內で見る時、上の事實は相對的に肯定する。親切がよく馴致されてパタ
ン化しているのに違いない。それではこの親切はどこから生じたのか。そ
の中身はなんであろうか。

■親切のなりたち

日本社會はたての社會構造であった。武士と農民の間に上下構造を成していた。
國內戰爭は武士同士の戰いであった。農民は食糧を提供する資源であったので彼ら
に弊害を及ぼせず武士にただ服從さえすればよかった。

農民の間では互に「親切」であるように仕向けた。たての服從と横の親切で秩序を
保った。日本の秩序は日本の親切とかみ合っているとのことだ。しかし、こうした內
容の親切はただ秩序を保つくらいのものであった。少數武士が農民を治めるため農
民同士の親切を要求されたのである。農民お互の爭いには双罰主義をとった。

「けんか兩成敗、長いものには卷かれる。くやしければえらくなれ」などの格言が
ある。ただ庶民自体で秩序を保つのが最上であると考え、そのように教育した。

■秩序

日本人の「親切」は決して秩序を超越するものではないことを色色と証明した。日
本人が伝統的に眞・善・美を重視することにおいてもこの秩序が前提となっている。武
士と農民との縦的社會もこのようになりたったのであろう。

　日本の著名な教育學者石川謙は著書で「17・8世紀の庶民教育は強い者、勝者に對する讚美それだけであった」と言った。秩序を保つための讚美だと言うことである。庶民は強い者をたたえると共に自分らの間では親切に生きるのが秩序であった。

4. 韓國人の情(정)

　日本の親切に對して韓國には정(情)がある。辭典に「情」は親切で愛する心〈昇〉、愛をかんずる心〈申〉と示している。

　　情　1. 物事に感じて起こる心の動き
　　　　2. 情け、愛情
　　　　　　文例〉：～이 있다 ＝ 人情がある。　～에 약하다 ＝ 情にもろい。

　などを見ると韓國人の「情」は「愛して救ける」ことに根をはっている。
　韓國社會は横的組織の社會である。建國の主役を見ると新羅が、朴,金,昔の3氏に依ってたてられたし、伽倻生成においてもその建國は皆大衆に依るものであった。民主的な面がある。日本の天孫降臨の歴史とは對照的である。民俗行事の間においても日本の祭は神を拝む祭りであるが韓國のそれは遊び(놀이)であり、興(キョウ：흥)に乗って横的にお互い樂しむのである。
　農民はお互に協力しながら農耕した。農繁期、或は、婚姻、還暦祝いに出合えば、村全体の人が集ってお互い自主的、自發的に助け合いながら住んだのである。今日、結婚パーティとか葬式の時、多數の賀客、弔客が參列するけれどもそれは先日の韓國のならわしの承継だと言えよう。
　日本人の慣行では見られぬことである。國が危い時は内的、或は外敵に對して民衆が力を合わせて戰った。指揮官とか高官は逃げることがあっても彼らはひたすら生の根據地である土地を保って戰った。隣人が災難、或は貧困に苦しんでいると分かち合った。農産物、食べ物を計算せず分かち食べた。情が厚く、情け深かった。

　1. 人、或はお客の接待は誠心こめて行った。

　2. 災害民を救うまめに國民全体が自發的に誠意をもって義損金を出し合うのは韓國精神の情」のはたらきである。

　3. 故國の訪問にきた僑胞を胞きしめ大聲で痛哭したり、すすり泣きをしたし、悲しさに陷っては胸をたたき、地を打って泣いたりする。韓國人の「情」の激動である他の國の人は理解し難いことではなかろうか。

　※この日本語文は依賴によって韓國語の論文を飜譯したものである。

▌參考文獻

會田雄次(1994, 4 刷), ‘日本人意識構造’, 講談社 現代新書.

金容雲(1983, 1 刷), ‘韓國人日本人’, サイマル出版社.

增原良彦(1984, 2 刷), ‘タテマエとホンネ’, 講談社 現代新書.

金烈圭 著, 宋寬 譯(1987), ‘韓國文化のルーツ’, サイマル出版社.

전여옥(1994, 2 刷), ‘일본은 없다’, 知識工作所.

______(1995. 4) ‘일본은 없다 2’, 知識工作所.

서현섭(1994), ‘일본은 있다’, (주)고려원.

김기한 발행(1988), ‘여기 한국의 숨결이’, (財)日海硏究所.

홍일식(1996), ‘한국인에게 뭣이 있는가’, 정신세계사.

시바료오타로, 도날드킨 저 : 이태옥 이영경 譯, ‘일본인과 일본문화’, 을유문화사.

도이타케오 著, 이장호 譯(1985 초판), ‘日本人意識構造’.

第2章　韓・日言語文化の理解と交流
－韓・日言語文化の類似性を通して－

　韓國と日本との人的或は物的交流が益々廣がっています。昨年金大統領と小淵首相との共同宣言で文化的人的交流を擴充することに合意し、金大統領は韓國において日本文化を開放していくとした。その際から日本の大衆文化はもっと韓國に廣がり始めた。映畵もアニメーションも、雜誌も、歌も入ってきている。日本語學習もはやっている。

　人的交流も增して日本人の觀光客が昨年前半で98萬，今年前半で100萬人を過ごした。ハワイの次に多いそうである。

　こういう外面的交流が盛んになるのもいいことであるけど、これを進めてもっと深い所まで互に理解する內面的交流が出來ればいいな。心と心の交流が卽ちハートで理解する段階に至ればいいと思う。

　會う → 話す → 理解する → 心で感動する → 心の一致に至ると言う風に成ってほしい。私の言語文化研究所はこの相互理解にも役立ちたいと思っている。

　浜田市の方では東北アジアの理解交流の促進事業を進めていると聞いている。

　私の專攻は言語學だから兩國の言語文化の類似性及び親近性に就いて話し、これを證すことによって交流を促すのに役立てばと考えている。

1. 話し言葉の音の體系

　話し言葉の音の體系において兩言語が類似している。

　音の數は韓國語40音で日本語は約12音であり、韓國語とは違って日本語には音節の語末の音がないけれども兩語の母音の構造と子音の構造自體は大變類似していることに重點を置きたい。今日は今まで學者たちの論文に觸れていないところの子音體系の類似性を證してみることにする。

　韓國語の子音構造は3重體系になっている。

```
歯裏での、軟らかい ㄷ[d]音、激しい ㅌ[t h]音、緊張の ㄸ[ʔt]音
後口蓋での、      ㄱ[g] ———— ㅋ[kʰ] ————— ㄲ[ʔk]
口唇での、        ㅂ[b] ———— ㅍ[pʰ] ————— ㅃ[ʔp]
前口蓋での、      ㅈ[j] ———— ㅊ[cʰ] ————— ㅉ[ʔj]
```

のような體系である。

　同じ位置で發生する音が三つに分析される。

　細かな音の差で詳らかな音感覺を持って意味の區別をする。多様の音を表現することができる。擧列すると、

```
달 dal- 月
탈 thal- 假面
딸 ttal- 娘
```

のようである。

　日本語の子音」にもこのような發音が存在する。下のようである。

```
か̱ぎ(鍵)の「か」は激しい[Kʰ]に發音され、
あか̱い(赤)の「か」とみる(見る)かの「か」は緊張の[qk]に發音され、
が̱まん(我慢)の「が」は軟らかで激しくも緊張もない音に發音する。
```

　この子音の發音の體系は韓國語音の體系と類似している。韓國語の軟ら

かな音ㄱに日本語のg(濁音)があり、激しい音ㅋに語頭のKh(か)があり、緊張音ㄲに語中のqK(か)があるからである。他の國の言語にはこの3種類の構造はない。ただ日本語と韓國語の子音にはこの發音がある。た行、パ行、ちゃ、ちの發音もこの體系をなしている。

どうしたわけでこうなったかはもっと研究すべきだが、大變古くからこの構造が日本にあったことも確明できる。

17C捷解新語(1618年頃出た)にもたくさんの實例を擧げられる。

　　　か行　△「をろかに」を訓民正音で「오로까」と發音し、
　　　　　　△「ことをそうめさるか」「고도오소우메사루까」
　　　た行　△「對馬をたたしらるようにと申した」「…또모우시따」

　　　倭語類解(1636)

　か行　△　日本語の「確實」をハングルで「다시까니」、「愚」を「오로까」、「動」を「우고꾸」、「愎」を「단까나」に轉寫したのは發音の通りである限り、語中の「か」行は緊張音であったことを證すものである。終始一貫している。

　た行　△「乙」を「기노또」、「辛」を「가노또」、「曾」を「가즈떼」に轉寫して發音したのは「た」行が語中で緊張音に發音した証明である。

　次は明治時代の全一道人の研究での朝鮮語表記諺文、假名の對照表がある。

　ここで下のように對照している。

　　　p'　t'　K'　C'　p　t　K　　　一韓音
　　　パ　タ　ヵ　チャ　バ　タ　ヵ　　　一日音を提示している

ここで近來もやっぱり「パ、タ、ヵ、チャ」は「파,타,카,차」の音と共に「빠,따,까,짜」の音にも發音したことを表すものであると思う。こうして今日も引き續き3重構造の發音が存在するのは偶然ではない。

　この韓・日音の類似を確實に認めるには他の言語と比較すれば良くわ

かる。

　英語、ドイツ語、フランス語、露語を觀察するがいい。下に例語を擧げる。

英語：cooking〔khukhing〕, total〔tʰoutʰəl〕, paper〔pheiphə〕, church〔tʃətʃi〕
ドイツ語：Kind〔kʰintʰ〕子, 兒童, tochter〔tʰohtʰə〕娘, pomp〔pʰompʰ〕華麗,
　　　　katze〔kʰatzə〕牡描
フランス語：　/k/　carrefeur /karfu：r/ 〔ʔkarʹfu：r〕十字路
　　　　　　　　　calcue /kalkyl/ 〔ʔkalʹʔkyl〕계산(計算)
　　　　　　/t/　tabl /tabl/ 〔ʔtabl〕식탁(食卓)　tante〔ʔtãʔt〕伯, 叔母
　　　　　　/p/　paris /pari/ 〔ʔpari〕佛首都名
　　　　　　　　　papier /papje/ 〔ʔpaʹʔpie〕紙
ロシア語：　/k/　КоЛеНО /koleno/ 〔ʔkaleʹno〕무릎(膝)
　　　　　　　　　kakaʹo /kakaʹo/ 〔ʔkaʹʔkʹaol〕코코아(ココア)
　　　　　　/t/　ТеПло〔ʔjeʔplo〕따뜻함, 溫氣, 熱　aʹtom〔ʹaʔtom〕(原子)
　　　　　　/p/　ПаТРОн〔ʔpaʔtroʹn〕後援 補助者
　　　　　　　　　ПаПеньК〔ʔpaʹʔpenjkal〕아버지의 대칭 papa 父
　　　　　　/tʃ/　Ченпион〔ʔtʃenʔpion〕選手
　　　　　　　　　ОчеРК〔oʹʔtʃerʔk〕外形, 輪廓 external form；appearence

　英語、ドイツ語は「ヵ、ク、パ、チャ」の音が激しい音に發音される。又語頭、語中、語末などの位置でも同じに激しい音に發音される。

　フランス語、ロシア語の同じ子音は緊張音に發音される。どの位置でも緊張音に發音される。だから英語群はただ激しい發音だけで、フランス語群は緊張の發音だけである。日本語の三とおりの發音のしかたとは全く違うことがわかる。日本語の發音が獨特で韓國の3重構造と類似していることをはっきりわからせている。この點はただ幾つの音の類似でなく構造の類似であるから互にやさしく親近感覺が感じられる。

　兩言語音の理解のためには他の一つの問題がある。日本語の子音の發音は3重體系であると述べたが、その表記はどうかである。韓國語は三つの音を記録する象徵卽ちその音がある。日本語には緊張の發音はあるけれどもそれを表す象徵がない。韓國語の緊張音「까, 따, 빠, 짜」の發音のしかた及

びその聽取りの練習は日本の緊張發音「っか、った、っぱ、っちゃ」の發音
と語中の「か、た、ぱ、ちゃ」の發音を練習して認識させるとよくわかる。

　韓國語の話では日本語の語中音「か、た、ぱ、ちゃ」と,つまる音の次に來
る音「っか、った、っぱ、っちゃ」は緊張音「까, 따, 빠, 짜」に表記し、發音
する練習が必要である。

　日本語の語中の緊張音とつまる音に續く緊張音を韓國語の緊張音字「까,
따, 빠, 짜」であらわせねばならない。

　日本語の島根を韓國語で案内した本「시마네를 알자!」から選んだ 語例を
提示する。

　　　신지코(宍심道湖) → 신지꾜
　　　아카기쵸(赤來町) → 아까기쬬
　　　노야키(野燒き) → 노야끼
　　　미마타(美又) → 미마따
　　　유카타(浴衣) → 유까따
　　　오타니(大谷) → 오따니
　　　하쿠쵸고(白鳥號) → 하꾸쬬고
　　　깃쵸(吉兆) → 깃쬬

　上例の語中の「-き-、-か-、-ちょ-、-き-、-た-、-かた-、-た-…」は緊
張の發音であるから右側の如き表記にすると日本語の發音らしい。

2. 語彙體系(特に代名詞、數詞)の類似性

2.1. 指示方法の體系

　韓國語の指示方法は組織的論理的であるが、日本語も全く同じ體系であ
る。對話の際、自分の近い處を指す時は「이(斯)」の語で指し、相手に近い處

は「그(其)」の語で指し、自分の相手から共に離れた處を指すときは「저(彼)」である。これとちょうど同じパタンで日本語は「こ、そ、あ」を用いる。「こ、そ、あ」はすべての事物、場所、方向、連體形、方向副詞、方法、3人稱を指示する。時にも同じパタン「こ、そ、あ」でしている。

이것(物)	여기(處)	이쪽(方向)	이-(連體形)	이리(方向修飾)
これ	ここ	こちら	この	こっちへ
それ	そこ	そちら	その	そっちへ
あれ	あそこ	あちら	あの	あっちへ

이렇게(方法)	이분(3人稱代名詞)
こう	この方
そう	その方
ああ	あの方

この「こ、そ、あ」が體系を作って多くの同じ意味と機能を現わしている。

この意味機能が韓國語と日本語において同じであり、從って考え方が同じである故、親近性を增しているのである。

この體系と違う英語と比べればもっとはっきりする。物の指示にしても「this(これ、近)」「that(それ、相手に近い)」「that(あれ、両方に遠い)」韓國語、日本語の體系ではない。三つの空間を示す3角形の體系ではなく二つの空間を示す平行線の體系である。だから體系が違うのは理解が難しく親近感がないわけである。物の指示だけでなくすべての指示がそうである。所「here/there」、方向は「this side/that side」、連體形も「this-/that-」指示の、みなが平行線上の2通りしかない。指示の考え方が英語とは違うので、なかなかぱっと來ないが、韓・日語は類似しているからやさしい。

2.2. 數の數え方の體系

韓國語に固有語の數え方「하나」「둘」があり、漢字音の數詞「일」「이」

がある。日本語にも和語の数え方「ひとつ」「ふたつ」があり、漢字音の数詞「いち」「に」がある。兩國語の互に大變なじみやすい和語、漢字語の體系になっている。それに順序數は「첫째/いちばんめ」「둘째/にばんめ」「제일(第一)/だいいち(第一)」「제이/だいに」、日の數は「하루(일일)/ついたち(いちにち)」「이틀(이일)/ふつか(ににち)」のように同じである。他言語はこんな體系ではない。又數語の語源が同じであることを學者たちが明したのである。

3. 敬語及び敬語體系

　人間は對人的であり、その言葉も對人的である。一人言葉とは生活、實態においてありえないと思う。前に相手がいるという前提があって對話が始まる。

　相手がどういう人柄であるか、どんな情況にいるか、どんな位置の人かによって話しての態度は微妙に對處しながら言葉も變る。話し相手に對する態度と言葉使いの變動はどこの國の社會でもありうる。話し相手に尊敬の態度をとり、尊敬の言葉使いを敬語を使うという。

　敬語が世界中で最も使われる語が韓國語と日本語であると思われる。これもただ韓國語と日本語との類似している所であり、特徴とも言える。もっとその使用の體系が兩言語全般に亘って似通っている。話し相手に尊敬の意を現わす時、日本語は「〜ます/〜です」、韓國語は「〜읍니다/〜입니다」である。すべての動詞に「〜ます」を付けて敬意を表わし、すべての名詞、形容詞に「〜です」を付けて敬意を表わす。韓國語はすべての動詞に「〜읍니다」を付けて敬意を表わし、同じく名詞に「〜입니다」を付けて敬意を表わす。付ける位置も、心得も、仕草も、尊敬の向き方も全く一致する。

　名詞、動詞、形容詞などほとんどの單語に敬語の要素をつけたり、單語自體が尊意を表わしたりするが他の言語にはない。

4. 意味作用の體系

「賑わい」と言えばどんな意味作用に捉えられるか。日本語では「繁盛」と大勢の人出でよい、或は行って見たい心持になる。韓國語にも「번성(繁盛), 흥청거림, 모여듦」には好奇の目を向ける。けれども英語crowdは「群衆、大勢の人、賑わい」と同じ意味に記してあるけれどもこの單語における英米人の意味作用或はニュアンスではあまりよくない。集まり賑わいより個人獨立が重要だからである。

　このような意味作用の體系に違いがある傳統とか文化によって異にする。同じ意味の語を言っても意味作用とか感じニュアンスが違い、思想が違うことになる。韓國語の意味作用は大變類似している。それは異なる語と比べてもっとはっきりする。

4.1. 內(うち)の意味作用

個人主義言語文化と集團中心の言語文化

　この體系において言語意味を通して韓國語と日本語の意味作用の類似と英語意味作用の差異を考えてみる。韓・日語は團體表現の語において單數を複數の語で表わすことを好きがっている。たが、英語は,單數はどこまでも單數で表わす。例を擧げれば次のとおりである。

　　(a)　① うち[1]はどんぶりが好きだ。
　　　　② うちのきょうだい―私の〈安田〉
　　　　③ うちの母(父)―私の〈安田〉
　　　　④ うちの者―私の妻〈廣〉
　　　　⑤ うちの人[2]―自分の夫〈廣〉

---

1) (a)うち(內)③자기, 남편, 아내, 가족〈安田〉　▲〜の人 = 우리집 양반(자기 남편)
　　　▲〜者 = (b)집사람(자기 아내)↔よそ〈安田〉
2) うち(內) = ↔そと⑥(自分の)家、團體、社會など▲〜の社員⑧(自分の)妻或は夫

　⑥ うちの大學—私の大學
　⑦ 我が國—私の國〈安田〉
　⑧ 我が家—私の家〈廣〉
　⑨ みうち(身內)—親族〈廣〉
　⑩ うちうち—內內のこと〈廣〉
　⑪ 內地(屬地又は島地に對して, 本土の稱)〈廣〉

(b)　① 우리 마누라는 키가 크다
　　② 우리 형님(내 형제)
　　③ 우리 동생(내 동생)
　　④ 우리 어머니, 아버지(내 어머니, 아버지)
　　⑤ 우리 어머니, 아버지
　　⑥ 우리집 사람-내 아내
　　⑦ 우리 마누라-내 아내
　　⑧ 우리집 양반-내 남편
　　⑨ 우리 나라-내 나라
　　⑩ 팔은 안(內)으로 굽는다.(腕は內の方へ曲る。)

(c)　our 우리들 〈汎文社〉
　　our father, God 하나님 〈汎文社〉
　　-Lady, the Virgin Mary 성모마리아 〈汎文社〉
　　-Lord, Jesus Christ 예수 그리스도 〈汎文社〉
　　my mother, our father 〈Long man〉
　　my promise
　　my child, our child 〈Obunsha's〉

(d)　우리집 - my house 〈民衆書林〉
　　우리아버지 - my father 〈民衆書林〉
　　우리집사람 - my wife 〈民衆書林〉
　　우리 - we ; our ; I ; my 〈民衆書林〉

　このように日本語と韓國語は家族、或は團體の成員である自分を指すとき單數「私」より複數の「內、われわれ」を使いたがっている。英語では逆に複數の「our」より單數の「my」を好んで使う。一つの同じ成員を韓・日語で

---

⑨われわれ(金田一)

は複數で表わし、英語では單數で表わす。英語「our(my)」と韓・日語の「우리(내)」及び「うち(私)」の意味作用或は，語のイメージが違うのである。これは他の言語に比べて韓・日語の意味作用が類似している證據である。その原因は傳統的言語文化の類似であろう。

　韓・日語は團體人の所屬感が強い。もとから個人主義の傳統を持っていなかった。言語も民族も一つから成り立っている。共に山川に豐んで川のほとりの平野で農耕を營んで生活して聚落を作ってお互いに協力する生き方をしてきた。共同體意識が發達して來た。それで仲間、友達、身內、聚落を團體內部のもの同士の結束は堅い。英語のfriend、united、unityなどの意味作用とは違う。

　こんな條件は韓・日語が互に大變似ている。韓國語の두레(共同作業する日)놉(日雇い)、農樂遊び、洞祭，굿(神を喜ばせるシャーマニズムの儀式)などが聚落或は團體結束の源であった。集落共同體所屬の感覺が強い、個人をclose upせず、團體を表に出す。個人を隱すのが價値であった。これが謙遜の表現にもつながった。制裁を加えられない拔け道でもあった。これが單數を所屬團體の複數語で表わす傳統となったであろう。[3]

4.2. '個人主義 文化での意味をどう受け入れるか?

　英米語においては個人主義を背景にするので、好んで使うこの「個人的」の意味作用も韓・日兩國は嫌う類似性がある。これが英語の話し手と比較すれば兩國の考えとは違うことがもっともはっきりする。米人はあんたは「個人主義者だね」と聽いて良いイメージを持つ。集團的(crowded)語の意味作用は彼らには良くない。韓・日とは逆になっている。寄り合うのは他人への依存と見る「自分意志の弱さ」と關係があるとして、獨立、自立(independance, selfresiance)自己依賴、自己本願が重要である。

---

3) 山岸勝榮 日英言語文化論攷

4.3. 〈日〉辨解 : 〈韓〉辨明(변명의 여지가 없다 ＝ 辯解の餘地がない)

辯解の一つもできないのは大人ではない。〈安田〉
〈英〉excuse ＝ sothing offered as justification or as grounds for being excused.〈webster's〉＝ the true or untrue reason given when asking to be forgiven for wrong behavior : Do you have any excuse for coming so late.〈long man〉

上のように辭書では〈日〉辯解 〈韓〉辯明 〈英米〉excuseを同じ意味に註釋し、例文も擧げてある。でも眞の意味作用又は意味の取り方及び考え方は違う。韓・日人の心にはまた辯解・辯明するか、辯解の餘地がないと言うとき「辯解或はexcuseする」語のイメージがよくない。口實；逃げ口上；핑게と考えさせる。だが、英米語では「合理的說明」或は「言い分」「主張」という感覺に捉えられる。

集團主義では時刻したのが集團に迷惑をかけるとの思想だが、個人主義的考えは個人の事情が重要だからその事情；'理由を主張してご覽なさい'ということであろう。とにかく韓・日の語に含まれている思想が類似している。言語の思想、意味作用が同じであるとお互いにすぐ理解し、同じ感覺になり、一緒に感動したり共感を呼ぶ。逆に意味作用が違うと理解に時間がかかり、打ち明けられず躊躇ったり誤解をまねいたりする。

4.4. 相異(違う)：　상이(相異, 다르다)：　difference

韓・日語の間にはこの語の意味作用が同じい. 意見が違う語に好感を持たない。英語では多數の中で意見が違うのは當然だ。かえって滿場一致がおかしいと考える。韓國語では1、2人の意見差異があれば得票者を喜ばし會議が圓滿であったとして飾るため意見違いの人に賴んで取消してもらう時もしばしばある。こんな集團思想も他語に比べて韓・日は類似している。こういう意味作用が案外に思われる程多い。

4.5. 〈日〉謙虛 : 〈韓〉謙虛 : 〈英〉modesty(humbleness)

謙虛の美德(the vertue of modesty)
謙虛 - 잘난체 하지 않고 제몸을 낮춤. 〈기철〉
けんきょ- へりくだってわだかまりがないようす；すなおででしゃばらない〈岩波〉
modest expressing a not too high opinionon one's merits 〈web〉
modest - expressing a lower opimion than is probably
　　　　　deserved of one's own abilities. 〈Long man〉

　上記のように「謙虛」の意味作用は韓・日共に相手に對して「へりくだる」ことであるが、英語は自分の能力がよりひくいという考えを表わす意である。しかし韓・日語は自分から卑下する、謙遜する、頭を下げる態度でこれが美德であるとも考える謙虛の人を敬うほど價値があり、よいイメージである。

　しかし英語では"Do you play the tennis?"の答が"yes, I do"であれば謙虛な答であるが、"yes, I play beautifuly"と言うと謙虛でない答になると意味定義をしてある。韓・日語は"少少ですが、"とか "あまり上手ではありませんが、"と言うのも謙虛であるが、歐米語ではかえって無氣力と思う。朱子學の四端の中「禮」は謙讓の心なりとあるとおり最高價値となっているのが韓・日語の謙虛の意味作用である。

　このように韓・日の言語文化は表面よりも裏側、即ち深い奧の方で類似していることに氣が付くのである。この奧の心の類似を悟り呼び起こすことも相互理解・交流の重要な一つではないかと思う。

5. 終りに

　結論には今まで論證して來た結果をまとめるべきである。しかし、論證は各章を見て頂くことにして、ここでは、4つの章の目標を述べることにする。

　韓・日の言語文化が互に大變類似している。どこの國の言語文化よりも似かよっている。感づきやすい表面だけでなく、奧深い深層に至るまで似ている。その類似はながい歷史のあいだに造り上げられたものである。だから、それが體系をなすようになった。そのたいけいを比較し、或いは一致しているということを主張したのである。

　(1)　話し言葉の體系においては話し言葉の基本要素が‘音’であることに注目し、‘音’においても特に代表的子音の破裂音の體系を分析して韓日兩語においての、類似している實體を證明したのである。

　(2)　語意體系に就いては、色色の面にかかる廣い範圍に擴がるので比較的まとまっていて、效果的だと見える代名詞の使用體系を比較した。全言語に亘って指示的表現がつかわれていることを喚起し、それが論理的體系を成している。そのりろんと表現が韓日間一致していることを證明した。しかし、その動機の確認程度を述べたにすぎないので、今後進めて行きたいと思う。

　(3)　敬語は世界の言語の內で、韓日語がより發達したと思われる特徵である。その全部は時間を要するので後に回して、その體系を韓日の間に比較する緒をとくと云うことにした。これも、全言語行動において尊敬を表わすのが類似していて、その表現の仕方がおなじである事實を明きらかに言及した。

　(4)　兩國の語の意味作用は多樣に類似していて、他國には較ところがない程似ている。意味作用の類似は、考え方、思考、思想だけでなく、情緒までも似ていることであって、これを確認し、その現象を究明すると云う立場であった。

　これら言語文化の深層をもっと研究、普及、理解するようになれば、單なる表面的交流に留らず、心からの交流に至るのではないかと考えられてやまない。

　＊上は去る11月、日本で講演した內容をまとめた1つである。

▌參考文獻

全在昊(1995), "日本에서의 韓國語教育", 島根縣立國際短期大學 紀要 第2号.

______(1996), "韓日語 對照研究 Ⅱ"－日語 話者에의 韓國語教育－, 島根縣立國際
　　　　短期大學 紀要 第3号.

______(1996), "日本人に對する韓國語教育"－對照言語學研究の觀點から－, 西日
　　　　本言語學會 NIDABA no 25.

捷解新語(1618年頃)

倭語類解(1636)

全一道人の研究(明治 時代) 朝鮮語 表記諺文,假名の對照表.

(주) 山下プラニングルーム 製作(1994.4) "시마네를 알자", 島根縣上空企劃課 觀光
　　　　振興室 發行.

野本菊雄(1987-1993), "敬語を使いこなす.", 講談社.

森下喜一, 池景來(1991, 2刷 發行), "日本と韓國語の敬語", 白帝社.

岡部朗一(1996第五刷 發刊), "異文化を讀む".

山岸勝榮(1995), "日英言語文化 論考".

英,獨,仏,露語의 辭典 및 入門書 등 書籍.

Merriam-Webster Inc. Webster's Ninth New Collegiate Dictionary(1991)

Dictionary of American English by Longman (1983)

제3장 │ 韓・日言語文化と北朝鮮語の理解

1. 南北語の歴史

　韓國語の南語と北語は永い間、歴史的・傳統的に同じ言語であったことは今更改ためて言及する必要はない。一つの民族、一つの言語を持つ同じ國であるからだ。

　それなのに實際北韓語ってあるのかと問われた時、はっきり答えられるであろうかも問題である。

　しかし2次戰爭後,南北が分斷されて、50年間以上も別の政權が各各對峙(たいぢ)してきた。

　東西冷戰の中で民主・共産の兩主義が爭って來た。それに悲さんな戰爭まで引き起された。北は特に閉鎖の中の生活であった。

　北の共産主義は極端な中央集權的政治をするようになった。一人の獨裁政權が 50年程の長い間、統治して來たのである。軍最高の統帥權者であり、最高人民會議のかしらであり、行政の主席であっただけでなく對外的に國家ぬしであったのである。

　こういう風土の中で、言語文化も著しく變化して、互に理解し難い別の言語文化のようになったものが少くない。

2. 南北の言語文化の差異

　ここでは南北の言語文化の差異と日本語との違いを考察して、それが相互の理解に役立てばと思う。次の部面に分けて述る。
　① 南北韓語の歴史
　②「退陣」の言葉と新聞寫眞の廢棄
　③ 北の宗教
　④ 政治的言葉
　⑤ 藝能界の言葉

2.1.「退陣」の論説と寫眞廢棄

　南北において金正一という固有名詞の語の意味をどう捉えているかその差異は大きい。

　가. ’97. 6. 24 朝鮮日報が“〔KimJongil〕は「退陣」せよ”と書いたことがある。それはTVで80％の北の人民が飢えていて、大勢が死んで行く現場をビデオに撮ってテレビに上映したし、朝鮮日報がそれを見てその責任を負って「金正一は退陣」せよと書いた。
　2日後、北の新聞は“朝鮮日報を爆發破壊する”と脅迫した。それから〔KimJongIl〕は南からの食糧支援を“帝國主義者たちの陰謀のたくらみである”と賣り渡した論文を發表して脅かした。

　나. 寫眞

　北にいる韓國人が〔KimJongil〕の寫眞を載せた新聞をごみ箱にすてたことがあった。これに對して大きなさわぎを起した。北の羅津、先峯で建設事業をしている韓國の産業戰士に對して「北から出て行け、歸れ、けしからん、ゆるせない」と言って恐怖におののかせた。南の家族達もおどろいて電話のやりとりをしながら心配した。

　金正一退陣と言う言葉の意味と新聞中の寫眞廢棄の意味が南北語の間にどう捉えられているか。どう認識しているか。どんな感覺を持っているかは南北の　間に大きな差異がある。北韓人と日本人の間でも違いは大きいと思う。

　南の民主主義語では大統領に對して「退陣」或は「退くがいい」といったり書いたりするのが可能である。日本の意味はどうだろう。しかし北の人民は北の語でいえない。なぜか。意味作用の違いはどうか。

　新聞の寫眞は言葉の通り一つの象徵である。南は文字の象徵と同じように讀んで情報を得た後は拾る。北では崇拜の擧げの句,敢えて拾ることはできない意味が作用している「金正一退陣」の南北意味作用を次に擧げる。

2.2.　意味の捉え方

南の國民の意味：
① 金正一は金日成の息子で父の大權を受け繼いた者
② 北の最高權力者で、偶像視されている者
③ 武力で南北を統一しようとする者
④ この人が公職から退却すること

北の人民の意味：
① 父なる首領[1]　金日成同志[2]のお子様である
② 最高權力者としてその父と同じい崇拜を受け、匹敵する者が無い絕對
　　的　權威をもつ御方

---

1) 首領：4. 政治界の言語④參照
2) 同志：革命戰友たちの間で呼ばれる, 名譽ある、高く貴い呼び方。
　革命戰友に對する信賴と愛の表し。尊敬と慕いの情。「동무」の敬語

③ 武力統一を成し、革命課業を遂行するお方

④ ひと方だけが權威の座に該當し、父の如く神と同じ方で、退陣って有り得無いばかりでなく、敢えてこの言葉さえも口に出せば死を免れぬという信仰をもてる方

同じ表現、象徵である「金正一退陣、寫眞廢棄」であるが南の人が捉える意味作用と北の人が捉えるのとは大變な相異がある。だから北の建設のために派遣された南の人はなにげなく拾て、かたずけた新聞であるが,北の人はそれ程彼らが傷ついたようにふんがいした。

「金正一退陣」にしても南はあたりまえの新聞での批評であるが北の人のその言葉に向ける情緒と崇拜精神ではひどいと思ったのである。

この事實に依っても互の言語文化の理解が交流に重要であることが証される言語文化の理解なしには眞の交流がなり立たないことになるのである。

たくさんの言葉にこのような大きな差がある。

2.3. 偶像視された表現

これは今年[3]の新聞にも

① '偉大なる首領[4]金日成同志の主體思想で丈夫に武裝しよう'

② '一片赤誠,金日成同志だけをしっかり信じて從う眞なる忠誠の臣になろう'〈'99. 4. 10 勞動〉

③ '偉大なる領導者、金正一同志の思想と領導を一心一志でつつしんで承って行こう'〈'99. 4. 12〉

ここで今の實例をいくつだけあげて省略するが、上例①にでる「偉大なる」の語も單なる「えらい」でなく、「神のようにおそれおおい貴い」の價値觀がこめられている。首領は次の「4.政治界の言葉」項目で説明してあるけ

---

3) '99. 4. 6. 火. Nodong.sinmun(勞動新聞)
4) 4. 政治界の言葉を參照

れども、獨裁者一人だけの稱號で、絶對的で、國家すべての權力をもつべき導きの方と崇められた語である。「同志」も「貴い」意味の語で、「友」の尊敬語である。下線の語は皆特別の意味をもつ。文全體の流れ、それから強調、抑揚など言葉遣い全體が偶像視され、神格化されている言語文化の表現と共に、使う人人の心がそのように固着習慣化されている。

3. 北の宗教關係の言葉

北の集團では宗教を認めず、彈壓(だんあつ)することは周知の通りであるが、憲法には"認める"と定められているけれども實際はそうでない。それは藝術團の訪問の際、その他の交流の際、金日成の敎示などに表われている。次の語彙の意味するところを觀察するともっとはっきりする。

3.1. 宗敎類の語彙

① 「宗敎」という語の意味
南：絶對者を認定して信じ、幸福を願う精神文化の體系
北：① 絶對者を否定して盲目的まぼろしの信賴である
　　② 人民に對する抑壓、搾り取りの道具卽、侵略の道具 〈北, 現代朝鮮語辭典〉
日：① 神・佛・靈といったような超人間的存在やその力・意志をよりどころにして、平安を得ようと求める信仰 〈講談社, 日本語大辭典〉

② 「基督敎」の意味
南：① キリストの宣敎とその生涯を通じて始められた宗敎
　　② キリストを信じる宗敎
　　③ キリストを救い主と信じ
　　④ そのあがないと信仰と愛によってみ魂の救いを得るとする宗敎
北：① キリストを信じる宗敎

② 古ぼけた社會において自分の搾取を隱して、合理化し
③ 支配階級に服從することを説教し
④ 搾取制度をすえ長く保とうとする支配層の精神的武器
日：イェスキリストを救世主と信じる宗教。イェスを開祖としユダヤ教か
　ら分かれて成立した。

③「佛教」の意味
南：① インドで起った釋迦牟尼の説教による教法と教理と法門の宗旨を總稱する。
　　② 佛中心の宗教と教法中心の宗教と成佛の宗教など3つの部面(佛法僧)で行う。
北：① インドに發生してひろまった佛を信じる宗教
　　② 佛教は
　・壓迫者の苦しみに對して、がまんして從わねばならぬという奴れい　的屈從
　　くつじゅう思想を教える
　・封建支配階級のために思想的支配の道具として利用する
　・建設意識と闘爭意識を痲痺させる
　・科學發展に害毒をおよぼす
日：釋迦牟尼を教祖とし、その人格に歸依し、その説法を所依とした一大　宗教

3.2. 宗教の職責に關する語彙

① 宣教師
南：外國に派遣する傳道師
北：宗教の假面をかぶった帝國主義者たちの侵略の手さき
日：キリスト教を布教する人〈廣辭林〉

② 牧師
南：禮拜、教會管理、信仰指導などの擔當者
北：侵略と掠奪の手さき
日：キリスト教會にて、説教・禮典をつかさどり、信者の監督指導をなす　教職

③ 長老
南：教會の聖職者の一階級
北：欺き搾り取りに服從勤務する者
日：キリスト教の聖職、卽教會の名譽職

④ 神父
南：天主教の主教の次の聖職者
北：搾り取りの階級に服從勤務する者
日：司祭 ＝ 天主教の僧侶職、敎會の儀式典禮を掌るもの

⑤ お坊さん ＝ 僧侶
南：佛陀の敎法に歸依した敎理の宣布者
北：搾り取る階級に服從勤務しながら寄生生活をするもの
日：僧徒、ぼうず(坊の主僧)〈廣〉

　上の宗敎關係の語が南、卽韓國語と日本語の意味定義はほとんど似ている。客觀的に宗敎自體の眞實を理解し、その心を持っているが、北朝鮮は心の中に宗敎は略奪搾取する道具であるとし,あへんであって、人民の心を痲痺するとして宗敎を敵對し、呪うのである。そういう意味と情緒と考えが心に固着してそれが習慣化し、人格化しているからこのような意味の表現をした。

　その根本的ほんねは獨裁者一人にたいする偶像化、神格化の目的[5)]にある首領思想がそれである.首領は絶對的で神であると說いてあるので,すべてこの考えに影響され、それが腦裏に固着してしまった。首領という唯一の神がある以上他の神、他の宗敎を持つことを許すわけにはないのである。

4. 政治界の言葉

　前述の政治最高權力者に對する偶像視によって言葉の意味の變化と意味操作をもたらしたのであるが、實例を擧げて話して見ると次の言葉によく現われている。その用語と意味作用を較べて見る。

---

5) 黃長燁のT.V. 應答演說

國 語	南	日	北
① 國家	一定の領土に住居する手段に構成された政治組織或は團體、領土、國民主權がその3要素である （韓國語大辭典）	一定の領土とそこに住む人人からなり、その治めるための政治權力と組織をもつ政治社會 〈日大辭典,講談〉	・國家は獨裁機能を遂行する權力機關 〈金日成著作選集4卷〉 ・搾取かいきゅうの國家は勤勞大衆に對する抑壓と搾取　を實行して特權階級の利益　を保護する權力機關 〈北,現代朝鮮語辭典〉
② 人民	〔inmim〕 民主國家の構成員國民、市民、百姓	じんみん＝社會を構成する人人、國民、民衆、庶民 〈同上〉	勞動者、農民を始め社會發展と革命鬪爭に理解關係をもつすべての階級を總稱する．人民記者、人民科學者（首領さまの配慮によって定められる）、人民俳優など多數用いる
③ 友	〔dongmu〕いつも親しく一緒にふれ合って遊ぶ人 friend	とも〔友,朋〕 ① 親しくしている人友達、friend ② 親しむもの、companion	〔dongmu〕勞動階級の革命偉業を成しとげるための革命隊伍で一緒に戰う人
④ 首領	〔syurio'ng〕一つの党派(とうは)或は群衆のかしら	しゅりょう一團の仲間の長. かしら、leader	〔syurio'ng〕勞動階級の党と 人民大衆の最高領導者であり プロレタリア獨裁體制の總體 を領導する最高腦髓であり、全党と全體人民の統一團結をなす唯一の中心であり、革命と建設を勝利にみちびく唯一の方。党と人民全體から無限尊敬と崇拝を受けているもっとも偉大なる領導者外43行を 省く
⑤ 同志	〔dongji〕 相互志が同じ目的や志が同じい人	同じ理想・主義・主張又目的をもつ人 comrade	同じ思想を持って同じ目的のために鬪爭する人を指して同志とよぶ。〈金日成著作集6卷〉勞動階級の首領の革命思想をもって武裝して、勞動階級の革命偉業を遂行する一つの目的を持って、革命隊伍の中で一緒に鬪爭する革命家同志という言葉は革命戰友の間でよばれる光榮ある貴い稱號であり、革命戰友に對する信賴と愛の表わしである

⑥ 主體性	〔jucheso'ng〕 主體が正しくたっている性質或いは特性。客觀に對する主觀としての自我、例　外來思想或いは物をむやみに受け入れる時、主體性を持てと言う	しゅたい性 ① 行動の中心になるものがもつ自發的な能動性、 ② 考え、感じ、體驗し，行動する自由をもっている、人間の自主的、能動的な 性質、態度 independence	〔juche-sasang〕 ① 革命學說の一つ、人人のために服務させる ② 革命と建設の主人は人民大衆であり、革命と建設を推動する力も人民大衆にある 〈金日成 記者の問いに對する答〉 主體思想は革命の要求である。 革命と建設のもっとも正しい指導思想である主體思想は勞動人民大衆を革命と建設において主人公の態度を持つように要求している、など外37行を省く
⑦ 平和統一（南）	〈意味〉 不可侵條約侵略しない → 軍縮する → 往來交流 → 平和統一 → 平和	戰爭が無く平安なこと、さま。人間の安全や權利をおびやかす暴力や不安がない狀態、peace平和條約・國家間の戰爭狀態を正式に終わらせるために結ばれる條約	〈意味〉 平和協定 → 美國撤退 → 武力統一 → 平和

　上に7つの語を意味と共に例として擧げた。

　普通の語が政治的言語に變化した例もあり、政治的用語の例もある。この他たくさんの例語があるけれども略す。これだけで變化の深刻さが分る。同一の語形がこれ程多く違っていると一般市民には分らない。誤解をまねく。

　又韓・日語はその語の意味を客觀的に述べていて、その傾向と意味內容が同じであるが、北朝鮮は韓・日語の意味よりはるかに變っている。それも標準現代辭典の意味がそうである。急にそれほど變ったのは政治目的によるものが多いと見える。國家は獨裁或いは集團獨裁主義政權でなければならないと主張したあげく、みずから偶像になり、絕對的首領論と主體思想を作って神のようになった。革命と建設が人間の生きる最高價値であると説くのでこれを人民の思想にならしめている獨裁者の急速な思想作りの方法であったようだ。こうして上の7つの意味作用になった。あらゆる語に變化をもたらしたわけである。

しかし北の市民はその通り覺え使い、信じて行動をするのである。

5. 藝能界の言葉

藝能は藝術であるから自然の情緒が現われている表現であってほしいと期行する。しかしこれも獨裁による一方的政治目的に絡んでいる。革命建設の遂行のための藝能表現であって用語の意味内容がそうである。

次に實例ををげて証す。

	南	日	北
歌劇〔gagu'g〕	歌と管絃樂を主題とする劇. オペラ	劇の形式で上演される音樂作品. 管絃樂の伴奏により聲樂、器樂のあらゆる編成　表現で表われる 總合舞臺劇. オペラ	歌詞音樂を中心とする總合的舞臺藝術であって、偉大なる首領の金日成同志と光榮なる党中央の賢明な領導の下で抗日革命闘爭の時期に作りあげた文藝傳統を受け繼いて、≪phi-bada≫のような革命歌劇がかがやく發展を齎した
俳優〔baiwu〕	演劇や映畫などで專門的に、ある人物にわけて、臺詞や動作、表情などで、その内容を實演する人 an actor	はいゆう映畫、演劇で役を演じる人. 役者, actor, play	人民俳優主體思想で丈夫に武裝し党と革命に對する無限の忠誠を深くもち、思想藝術性に富んだ作品を創作する面でひいでたてがらをたて、首領さまの配慮によって中央人民委員會政令にもとずいて授與する榮譽ある稱號

　上の「歌劇の意味は韓・日の定義はほぼ同じで國際的に通じる客觀的述べ方であるが北朝鮮のは「偉大なる首領金日成同志の賢明なる領導の下に傳統が受け繼いて革命歌劇が成り立ったとある。

　代表的歌劇として'pibada''kkod.panu'n cho'nyo''がある。

　共産主義的音樂　①革命傳統　②人民軍の勇ましさと戰闘意識の鼓吹　③勞動の苦しみを樂しみに描寫　④戰爭準備の必要性及び正當性　⑤党の業績のたたえなどの表現語と曲になっている[6]。

6. 終りに

　今まで述べた韓・日言語と北朝鮮語の差異が大きいことを証した．　宗教言語は宗教を呪う意味がみなぎっている政治界語、獨裁者の權威を表わす語、藝術界の語は獨裁者と主體思想と革命業績をたたえる表現である．韓・日より北朝鮮の語が變質したのである。

　このほか、文學の言葉、教育、文化、軍事、産業の言葉に至るまで獨裁者の偶像視のための精神がこめられている表現と意味作用が働いているこの絶對唯一神にしたって基本的に革命建設を強調、鼓吹する語であり文でありその思想を持っている。

　それではこのような大きな異なった語の意味思想をどう一般化するか。これはなかなかで急ぐべきでもない。でも必らず一般化にもとさねばならぬ問題である。研究し、交流し、理解するように繼けるべきである。韓國で北韓語と文化の研究が進んでいる。宗教も共同祈りを繼ける。北に行ってdureの村、とうもろこしの開發などしている、遊覽船往來、産業の協力もしているので、こういうしごとをもっと進めた時、異なった意味作用が一般化に戻る日が到來すると信じる。

6）北韓用語大百科，崔光石監修　p.815 文化，藝術

▌參考文獻

朝鮮勞動新聞('99. 4월호).

천리마('98. 12월호).

조선어문('98. 4월호), 과학백과사전 종합출판사.

조선문학('98. 12월호), 문학예술종합출판사.

북한 현실과 남북한 전망('99. 6. 4), 경북대 평화문제연구소.

전재호(1998), '한국 북한 간의 종교 언어', 서정수교수 정년기념 논문집 햇빛처럼

＿＿＿(1989), 북한의 종교언어와 우상화의 표현, 경북대 평화문제 연구소 평화
　　　　연구 제 14집.

＿＿＿(1990), 韓國語學論考, 형설출판사.

사회과학원 언어학연구소(1998), 현대조선말사전, 도서출판 백의 상·하권.

崔光石監修(1978), 北韓用語大百科, 國民防諜硏究所.

제4장 │ 韓·日 間에서의 倫理道德의 基盤

　근래 도덕 수준의 기반을 표시하는 단어로써 「신인도」, 「국제투명성기구(TI)」, 「부패지수」라는 말들이 자주 인용되어 우리의 귀를 자극하고 있다. 우리 나라가 이 점에 허약하기 때문에 더 그러할 것이다. 국제투명성기구(TI. 6.28)에서 국가별 공직자 부패지수를 조사하고 점수를 밝히고 등위도 밝혔다. 세계 91개국 중에 한국은 42위가 됐다고 기록했다. 한국은 외국인이 기업을 하기 어려운 나라라고 낙인을 찍었다. 人間의 가치인 道德이 타락했다는 것이다. 횡행하는 사기, 공직자의 뇌물, 탈세와 세무비리, 병역비리, 원조교제, 유부녀 유부남의 성비리 등등 사회 전반에 걸쳐 만연되어 있다. 드디어는 「부패와의 전쟁」을 공포하기까지 하고 있는 상태이다.

　한국에 이러한 윤리 가치가 근본적으로 박약했던가? 역사상으로 어떻게 이어져 왔던가. 한국과 日本과는 어떻게 다른가. 中國에 孔孟時代로부터 朱子를 거쳐 四端의 가르침이 있어왔다. 한국에 들어와 朝鮮시대의 유학에서 절정을 이루었고 그것이 人間 가치의 기본이 되었다. 생활 실천 기준으로서 五倫(五常)이 형성되고 그것을 철저히 시행하여, 사회적 질서가 되어 왔다. 이 四端의 思想의 영향과 그 五倫의 實踐이 韓·日間에 어떻게 실현되어 왔는가? 그리고 그것이 현실 생활에는 어떠한 작용을 하고 있는가를 분석해 봄으로써 道德의 기반을 窺明하려고 한다.

　우선 道德의 根源과 秩序의 기준이 되었다고 보이는 四端과 유사 범주

를 제시한다. 이 범주를 연역적으로 분석하며 풀어나가는 형식을 취하
겠다.

1. 四端 및 유사 범주의 제시

德 川	明治皇	中庸 → 李朝	孟子 → 朱子 → 李朝
(5)武士道	(4)臣民도덕교육방침	(3)사회질서	(2)表現 (1)四端(性)
愛, 寬容, 憐憫 德の本	親に 孝に	父子有親	惻隱之心 : 仁
勇の裁斷の心	君に 忠に	君臣有義	羞惡之心 : 義
作法の慇懃 鄭重 謙遜	兄弟に 友に	長幼有序	謙讓之心 : 礼
貞操 正直	夫婦相和し	夫婦有別	是非之心 : 智
信實 誠實	朋友相信じ	朋友有信	신뢰 : 信

1.1. 범주의 진술

倫理 道德의 기반에 關係있는 위의 5범주를 들고 이것을 진술의 기준으
로 하고자 한다.

(1)은 孟子(후에 朱子註釋)에 나오는 四端이다. 인간의 마음에서 나오는
본성의 실마리인 端緒이다. 분석된 본성이 4가지이므로 「四端」이다.

(2)는 그 本性의 端緒에서 나오는 「表現」이다. 端緒 「仁」에서 惻隱의
마음이 表現된다. 그 表現이 여러 생활 실제에 연계되어 여러 사건으로 전
개 확대된다. 義에서 羞惡의 마음이 표현되고 禮에서 謙讓의 마음이 표현
되고 知에서 是非의 마음이 표현된다.

(3)은 中庸에서 부각된 가르침이지만 四端과 관련되어 있다. 四端은 人

間의 善性的 높은 本性인데 (3)은 그 높은 본성으로써 사회 생활 속의 인간을 敎化시키는「인간 질서」이다.

(4)는 日本·明治皇이 勅語로 선포한「臣民道德敎育의 기본 방침」이다.

(5)는「武士道」에서 人間의 價値인「德」을 四端과 연계하여 제시하였다.

韓·日간에 있어 이 도덕적 5종 범주는 같은 원류에서 생겨 나왔고 道德의 기반이 되었었다. 韓·日간에 오랫동안 지켜 왔고 오늘의 사회에도 생활 底流에서 작용하고 있다. 어떻게 작용하여 나타나 있는가? 한·일간에 비교해 보겠다.

2. 四端 적용의 比較

2.1. 仁의 가치

仁은 惻隱之心으로 표현된다. 이 측은지심은 자비, 情, 愛라고 주석하고 있다. 자기 자신이 아닌 남, 즉 상대편의 불행을 측은히 여겨 주는 마음이다. 아파해 주는 마음, 그 사람의 가슴이 되어 주는 마음이다.「武士道」에서도「仁」은 愛, 寬容, 憐憫의 마음이라고 적혀 있다. 죄수, 윤락자, 노약자, 미혼모, 소녀가장, 지체 부자유자가 많다. 현재 증가하고 있다. 이들을 구하기 위해서는 德의 根本인 仁하는 정신과 함께 행실이 필요하다.

한국은「情」의 나라라고 한다. 이것은「사랑을 나누는 마음」人情을 말한다. 四端의「仁」에 해당한「情」,「人情」이 어떤 의미 기능을 가지고 어떻게 한국 언어문화에 융합되어 있는가를 보고, 日本 言語 文化에서의「仁」의 作用과 비교해 본다. 한국에 '정'의 단어가 많은데, 이것도 정의 나라임을 방증한다.

ㄱ) 노래에서 절실한 어례가 나온다.

　　　정주고 마음 주고
　　　정든 땅 뒤에 두고
　　　기른 정 낳은 정

등으로 노래에 仁의 감정을 절실하게 돋우고 많이 쓰이나 생략한다.

ㄴ) 俗談에서의 情은 德과 仁에 관하여 어떤 기능을 하는가?

〈정〉

① 드는 정은 몰라도 가는 정은 안다(어떤 사람에게 정이 들 때는 드는 줄 모르게 들어도, 정이 나가 싫어질 때는 차차 정이 떨어져 가는 것을 역력히 알 수 있다는 말)

② 매 끝에 정든다(매를 맞든지, 꾸지람을 듣든지 한 후에 도리어 정이 드는 수가 많다는 말)

③ 알던 정 모르던 정 없다(공변된 일에 사정이 없다는 뜻)

④ 오는 정이 있어야 가는 정이 있다(누구나 잘해 주면, 그 쪽에서도 그만큼 잘한다는 뜻)

⑤ 정 각각 흉 각각(정과 그 사람의 결점과는 다르니, 쏠리는 정이 막히지는 않으며, 정이 쏠리더라도 흉은 없어지지 않는다는 말)

⑥ 정 들었다고, 정 말 마라(남에게 자기의 진정을 털어놓지 말라는 뜻)

⑦ 정 들자 이별(만나서 얼마 되지 아니하여 곧 이별하게 된다는 말)

⑧ 정이 있으면 꿈에도 보인다(서로 마음이 통하고, 정이 들면 꿈에도 보인다는 말)

⑨ 찰거머리 정(여간해서 떨어질 것 같지 않는 정이라는 뜻)

⑩ 첩 정은 3년, 본처 정은 백년(아무리 첩에 혹한 사람이라도 그것은 잠시 동안이요, 그 본처는 끝내 버리지 않는다는 말)

⑪ 흉 각각 정 각각(사람에 대하여 쏠리는 정과 그가 가지고 있는 흉과는 상관이 없을 것이라는 뜻

ㄷ) 作品 및 名言에서 나오는 「情」

〈정〉

• 늘그막 정이란 그렇게도 애타는 것인지〈安壽吉의 老情〉

• 정이란 것, 사람의 가슴마다 정이라는 괴물을 빚어 담아 주신 신〈이영도의 無情〉

• 밟는 발 못 떨어진 정이여〈李陵의 贈蘇武詩〉

• 내 정은 청산이요 님의 정은 녹수로다 녹수 흘러간들 청산이야 변할손가

　　녹수도 청산 못 잊어 밤새도록 울어옌다
- 이화에 월백하고 은한은 삼경인제 일지춘심은 자규야 알랴마는 다정도 병
　인 양하여 잠못 들어 하노라
- 憶論之하면, 내 마음은 元忘利貞, 네 마음은 一片託情, 이 같이 다정하다가
　만일 卽破憶하면, 복통절정 걱정되니 진정으로 原憶하자는 그 憶字다.〈春
　香伝〉
- 정이 들면 좋아질 수 있다.
- 신정 구정만 못하다.
- 미우나 고우나 한 번 정 들면 뗄 수 없다.
- 정이 두텁고 화목한 것〈敦睦之誼〉

〈인정〉
- 인정이란 것은 너무 신중한 태도를 부려요〈李光洙〉
- 인정은 마치 해양의 흐름 같고〈李光洙〉
- 인정이야말로 천국의 시(詩)다〈同上〉
- 인간은 인정의 필요를 느끼는 생물이었던가〈田惠驎〉
- 인정 사정없는 처사
- 인정이 원수이다.

　　위의 예와 같이 노래, 속담, 작품 등에 많이 쓰인다. 한국인의 마음에
녹아 있는 긍휼지심이다. 仁함으로써 얻어졌다고 보겠다. 여기서는 깊이
분석해 볼 지면이 부족하므로 문례를 들고 익숙하게 다각도로 많이 쓰이
고 있다는 사실만 지적해 놓는다.

　가. '仁'의 실제

　'仁'에 관련 있는 한국의 「父子有親」과 일본의 「孝親」을 살펴보겠다. 이
것은 中庸에서 부각되어 朝鮮에 들어 온 생활 규범인데, 父子間에 친근함
이 있어야 함에 그치지 않고, '사랑함'이 있어야 한다고 이해되어야 한다.
'親 : ①사랑할 친 愛也〈漢韓〉이라고 되어 있고, 또 '親 ④愛する親近感を
もつ'로 되어 있다. 〈字源〉父는 아들을 자기 자신과 같이 중하게 여기며
사랑하고 아들은 보모를 존경하고 순종함으로써 사랑하는 의미를 가지고
있다. 그러니 부자간에는 상호의 사랑이 근본이고 사회 질서에 있어는 부

모는 사랑의 실행으로써 엄하고 자녀는 사랑의 실행으로써 공경하고 순종하는 것이었다. 이에 비해 日本은 直接 '父母께 孝하라(표 4)' 했다. 親(愛)의 높은 次元에서 나오는 원리에는 미치지 못한다. 또 질서의 계급의식이 '有親'보다는 직관적으로 강하게 작용한다.

　나. 日本의 경우

　① 日本에서는 儒敎를 크게 받아들이기를 원치 않았고 받아들인 시기도 매우 늦다. 17세기 중엽에 封建社會를 유지하기 위하여 敎學으로써 幕府나 蕃으로부터 보호를 받았지만 깊이 있는 것은 아니었다. 幕府 末에 吉田松陰氏가 이에 열중했는데 이것이 번성기였던 정도이다.〈cf. 시바료따로 일본의 유교 및 日本史(井上光貞 등) 元祿文化〉

　그러나 한국의 유학은 3, 4세기부터의 오랜 傳統을 가졌고 李太祖의 숭유 정책으로 더 왕성하여져 이름난 학자가 많았다. 李朝末까지 유학 도덕을 유지하였다.

　② 日本의 孝는 아들이 부모를 공경하고 섬기는 행실이며, 다른 사람을 소중하게 섬기는 행실까지도 포함시켰다. '孝'가 사상으로까지 뿌리박힌 것이라기보다 예절적인 것이었다. 생활 전면에 깊이 쓰임이 들어 있지 않은 정도다. 제사, 名節, 선조 후손에까지 일관적으로 미치지는 않았다. 敕語에의 '孝'는 다시 천황이 군국주의 행정을 실행하면서도 백성을 이끌기 위한 명분으로 '효'를 내세웠다는 說도 있다. 이것도 孝의 깊이를 부여한 것이 아니라는 증거이다.

　③ 死后 一周忌까지의 法要는 死者의 靈을 무사히 極樂淨土에 보내 드린다(成仏한다)는 뜻으로 僧侶가 '경을 드리고 합장 배례'한다. 彼岸節, 忌日, 설, 보름(お盆) 등 절기 때에 供養(くよう)를 드리고, 僧侶의 讀經 등이 주 행사다. 墓의 參拜는 念佛하고 合掌 배례한다. 일반적인 의식에 그친다. 孝의 식에서 아들이 직접 부모의 靈를 받드는 제사와는 다르다. 현실은 어떠한가? 가정 言語에서 부자간에 尊稱이 없다. 그러니 孝의 마음이 감소된다. 명절 때나 生辰때, 부모를 위한 의례가 없다. 외식 한번 사 드리면 그만이다.

다. 한국의 경우

부모가 연세대로 못 살면 아들은 不孝라고 생각한다. 별세하면 굴관제복하고 哭을 한다. 스스로 죄인이 된 것으로 여기고 미쳐 효도를 다하지 못했다고 안타까워 哀悼하는 것이다. 삼 년 間 상복을 입고 죄지은 者로서 행동을 삼간다. 죽은 부모를 섬기며 그 혼에 빈다. 忌日과 望日을 지키며, 名節에 빈소의 혼백 앞에서 제사를 지낸다. 부모의 혼이 직접 와 享歆한다고 생각하고 정성스레 제사를 베푼다. 이 모두가 '효'정신에서 하는 것이다.

생전에 부모를 모시고 특별히 섬긴다. 아들은 '효도하려고 애 쓴다' 현재에도 '효자이다'라고 들을 때 기쁘게 생각하는 것이 일반적 실정이다. 부모는 자녀의 효를 자랑한다. 부모의 生辰 때는 子, 女, 孫들이 모인다. 더욱 아들은 빠짐없이 모인다. 설에는 부모에게 문지방 밖에서 세배하기를 빠뜨리지 않는다. 효도하는 것이 생활화되어 있다. 명절에는 부모를 받들기 위하여 자식들이 도시에서 지방으로 찾아온다. 民族大移動이 부모를 못 잊어 하는 자녀들의 孝心이요 사랑이다. 부모는 마음을 다하여 음식을 장만하고 아들을 향한 사랑의 갈증을 품고 기다린다. 仁에 의한 사랑의 경지인 것이다. 입대한 군인들이 어머니를 그리워하여 '어머니!'라고 외친다. 母는 자식 '합격'을 위하여 '불공'을 드리고, '기도'하는 데 정성을 쏟는다. 밤늦도록 잠을 설치고 같이 염려해 준다.

한국의 효는 뿌리가 깊다. 그 根源은 차원 높은 仁에서 나왔고 아름다운 생활의 기준과 질서로 지키는 데에 국가적으로 사회적으로 힘써 왔다.

효에 관한 책을 간행하여 생활교양으로 필수 애독을 하여 많은 효자의 배출이 되었다. 일찍이 조선 초기에 三綱行實, 續三綱行實, 二倫行實이 국가의 이름난 학자들에 의해 간행되었고, 광해군 때는 이것을 더욱 큰 국가 사업으로 하여 거대한 東國新續三綱行實을 간행하였다. 班常을 가리지 않고 孝子, 烈女, 忠臣의 표본을 뽑았다. 나라 구석구석을 빼지 않고 조사 대상으로 하여 거대한 三綱行實의 책을 출간한 것이다. 그 후 五倫行實도 출간되고 경서 등으로 '孝' 思想은 한국에 깊이 뿌리박히게 되었다.

2.2. 忠의 흐름

四端의 '義의 表現'은 羞惡지심이다. '자기의 잘못을 부끄러워하고 남의 잘못은 미워하라'고 풀이된다. 不義를 물리치라고 한 것이다. 不義를 勇으로 물리치려면 君을 向하여는 誠이 있어야 한다. 君과 臣, 民 간에는 羞惡之心을 발휘하는 忠과 誠이 요구된다.

한국의 '忠'은 역대로 일관하였다. 臣下나 백성이 王을 위하여 義理를 지키고, 忠誠하는 것이었다. 不義를 물리치고 王政을 수행할 수 있도록 하였다. 많은 충신과 열사가 나왔고 의병장들의 충의가 있었다. 한국의 유교 사상에 입각한 忠은 왕과 왕정(국가)을 위한 충이었다고 할 수 있다.

이에 비하여 일본인 생활의 충은 유교에서 온 충이 아니다. 한국의 '충'과는 다르다고 할 것이다.

왕이나 나라를 위하여 진실한 마음으로 불의를 부정하고 그것을 물리치는 것이 아니다. 자기 '주인'을 위한 충의이다. 소속감에 제한되어 자기 주인을 지켜 줌으로써 자기 소속이 살고 정신적으로나 육체적으로 자기가 더불어 산다는 정신이다. 주인을 위해 싸우다가 패배하는 것은 그보다 더 부끄러운 것이 없다고 하여 자결한다. 江戸 시대는 그것을 장려했다. 직속의 주인을 위한 충의였다. 무사는 주인인 藩主 도노사마에 충성을 바쳤다. 유명한 忠臣藏(赤穂蕃 城主, 淺野長のり의 遺臣 47명 義士들이 吉良義央을 쳐서 城主의 원수를 갚은 사건) 이야기도 그러한 것이고 주인의 원수를 갚는 것도 이런 관점에서 찬사를 받았다. 이런 복수의 극이 많은 것도 이를 방증하는 것이다.

2.3. 謙讓之心의 흐름

四端의 禮는 '辭讓의 마음'이라고 했다. 겸손과 겸양과 정중(鄭重)은 여기 속한다. 사회 질서로써 長幼 간에 질서를 가지는 것이다. 兄弟간에, 이웃 사람 간에와 사회 인간 간에, 단체 간에, 단체 내의 성원 간에까지 확대되어 적용되는 질서이다.

부부 간에는 구별이 있어야 하니 서로 침범치 못할 인륜의 구별이 있어야 했다. 가정에서나 사회에서까지 이 정신이 확대되어 왔다.

장유 간에는 사양을 가지고 질서를 지키고, 부부간에는 사양(겸손)을 가지고 구별을 하게 된다. 이리하여 四端 사상에 의한 질서로 확립된 것이다. 이 '礼'의 '사양지심'이 오늘날 어떻게 생활에 나타나 있는가? 부정적 표현으로 확장되었다고 할 수 있다. 언어표현에 많이 나타난다. 행동에도 나타난다.

이 경향은 한국→ 일본→ 서양의 차례로 부정도가 약해진다. '장유유서'의 질서는 축소되고 있으나 질서를 넘어 존비 관계를 나타내는 경향으로 변화하고 있다.

부부(남녀)의 구별은 본래의 가치가 희박해지고 남녀평등의 문제로 인한 혼란 상태에 처하였다.

일본 장유간의 질서는 범위가 협소하다. 질서로써 그리 중요시 될 것이 아니라는 태도로 비춰 진다. 겸양지심은 우리(內)와 남(他) 간에 존재한다. 가족 내에서 부자간이나 형제간에 경어를 쓰지 않는다. 장유의 질서도 희박한 형편이다.

語例 あなたの お父さんは：私の父は
　　　―― お母さんは：――母は
　　　―― お祖さんは：――祖父は
　　　―― お父さんは いらっしゃいますか：はい, います

형제간에는 教育 勅語에 있어 '有序'보다 '友愛'를 강조하였다.

부부간에는 '相和'하라고 되어 있지만 실생활은 남성 우위의 질서이다 가정 생활과 사회생활에서 행동이나 언어에서 그러하다

語例：對夫 あなたは　　對妻 きみ(おまえ)は
　　　對他夫 ご主人は　　對己夫 主人は

2.4. 是非之心의 향방

智에서 옳으냐 그르냐를 구별하는 마음이 나온다. 善이냐 惡이냐의 구별이다. 아득한 옛날부터 선과 악은 있어 왔고 싸워 왔다. 이 兩者의 판단에서 선을 추구했다. 이 선악의 구별이 삶에 높은 가치를 가진다. 한국 유교에서 이것이 중요한 학문의 위치를 차지했고, 생활 가치로서 삼아 왔다. 또 사회생활 상태를 나타내는 古代小說에 勸善懲惡의 내용이 많은 것도 이 도덕 가치의 높음을 보이는 것이다. 그러나 한국 현실은 어떠한가. 是非가 혼동되어 있다. 어느 것이 是인지 非인지 판단키 어려운 정도이다. 실생활에서 선이 위에 있는지 악이 위에 군림하고 있는지 악을 무서워하여 피하여 있는 것이 아닌가 할 때이다. 위의 역사를 보아 선악 혼동상태가 前日에서부터 한국인의 병이 아니었다. 회복 가능성이 없는 것이 아님을 보인 것이다. 총체적인 복귀 방법이 요구된다.

일본과의 관계는 어떠한가. 學說과 名分은 양국간에 유사하다. 그러나 그 형태가 다르다. 是非는 忠과의 관계를 가진다. 주인과 從者 관계의 忠은 주인의 형세가 나쁘고 무익한 것으로 판단되면 배신한다. 변신을 주저하지 않는 경향이 있다. 이러한 忠은 주인을 위하여 원수를 갚아 주는 일이 되므로 四端의 智에서 나오는 是非之心을 불러일으키기보다는 내 소속의 '주인을 왜 해쳤느냐'에 초점을 둔다. 그러므로 진정한 선에 입각한 것이라고 하기 어렵다.

현 생활에서 일본은 질서가 있는 나라라고 인정받고 있다. 그리고 正直한 생활을 한다.

한편으로 집단에 있어는 이면이 있다고 본다. 국제적으로 역사적으로 眞實을 가리기도 한다. "젊은이에게 진실을 가르칠 권리가 있다"고 한 명언도 있게 되었다. 일본인의 모든 사고에 본심(ほんね本根)과 표면의 방침(建て前)이 있는 것은 누구나가 주지하는 바인데 이것이 是非를 가릴 우려가 있다.

3. 結 言

　위에서 논한 바를 요약함으로써 倫理道德의 근원이었던 四端을 두 나라 간에 어떻게 생활화하게 되었는가를 보고 결론으로 하겠다.

　1) 한국은 '仁'의 차원에 입각하여 '父子 有親'을 생활화했다. 그리고 여기 '親'은 '仁'의 뜻인데, 부자간에 '仁' 즉 사랑의 관계를 가지고 생활했다. 일본 勅語의 '親に孝に'의 孝親은 부모를 효도해야 한다는 의무를 지웠다. '仁'의 내면적 작용보다 표면적 행동과 규범에 초점을 두었다. 오늘날 일본의 효도도 피상적 면에 놓여 있다. 父子간에 있어 아들이 부모에 대하여 敬語를 쓰지 않음을 비롯하여 對父에서의 머리 숙임과 절함과 언행의 예의 등 여러 가지 행동거지에서도 부정적 면이 적지 않다. 효도의 근원이 그 빛을 잃고 있다.

　2) 義의 차원에 있어, 羞惡之心'의 인식은 '자신의 옳지 못함을 부끄러워하고, 남의 옳지 못함을 義로써 미워하는 마음' 인데, 이에 비하여 일본은 '王'이나 '主君'을 위한 무조건 종속하는 데에 집착하는 것을 '羞惡'라고 생각하고 있다. 한국은 君과 臣간에와 民 상호 간에 '羞惡之心'을 발휘하였고, 그 때 '忠'과 '誠'과 '義理'가 요구되어 작용했던 것이다.

　3) 한국의 '忠'은 王 또는 나라를 위해 불의를 물리치는 것인데 비하여, 일본은 王이 아니고 자기 주인(藩主)를 위하여 목숨을 바치는 것이었다. 인구에 회자되어 온 忠臣藏(ちゅうしんぐら) 사건과 그 이야기는 이를 증명한다.

　4) '禮'는 '謙讓之心'에서 생활화되었다. 長幼 간의 질서는 겸양을 가지고 생활을 영위했다. 한편 '兄弟に友に'는 형제간에 '友愛'를 가질 것을 명하였다. 이것은 한국의 사회 윤리에 있어 '五年長而兄事之'하는 것과는 다르니, 일본은 家庭倫理만으로 좁혀 졌고, 형의 권위 인정도 희석되었다.

　5) 夫婦 관계에 있어 '夫婦相和し'는 한국의 '夫爲婦綱'이나 '夫婦有別'에 견주어 보면, 그 지켜야 할 도리의 범주가 좁아져 가정에 국한되었고, 남

녀 평등주의의 서양 사상의 영향을 받은 것으로 보인다.

孝親이나 兄弟友愛나 朋友相信이 모두 직관적 명령이었다. 이상적 가치이기보다 실천 요강에 해당한다는 점이 한국보다 훨씬 짙다 하겠다.

▌參考文獻

玄相允(1986),「朝鮮儒學史」, 玄音社.

金烈圭 著, 宋寬 譯(1987),「韓國文化のルーツ」, サイマル出版社.

시바료따로・도널드 킨 지음, 이태옥・이경영 옮김(1993),「일본인과 일본 문화」,
　　　　을유문화사.

이동환 역(2001),「중용・대학」, 나남출판사.

株式會社 昭文社(1994.7),「萩津和野」, 昭文社.

Shinoda yasuko(1994.3),「冠婚葬祭マナ-事典」, 主婦の友社.

新渡戶稻造 著, 矢內原忠雄 譯(1993.8),「武士道」, 岩波書店.

山岸勝榮(1995.1),「日英言語文化論考」, こぴあん書房.

具塚茂樹(1964.8),「論語」, 講談社 現代新書.

加地伸行(1984.12),「論語を讀む」, 講談社 現代新書.

教育學術會(1930),「孟子解義」, 大同館書店.

簡野道明(1927.5),「論語解義」, 明治書院.

柳夢寅跋(萬曆 43(1615)),「東國新續三綱行實」, 乾・坤 國立圖書館.

木津無庵(1933.12),「新譯佛敎聖典」, 株式會社 一誠社.

山本四郎 益田宗 井上滿郎 編(1979),「理解しやすい新日本史」, 文英堂.

井上光貞 笠原一男ほか11名(1992),「新詳解日本史」, 山川出版社.

제5장 ┃ 韓・日 間에서의 '마이너스 이미지'의 語辭
－〔지게꾼〕(原名 : チゲックン)에 나타난－

　나는 오다 나라지(織田楢次) 일본인 전도자의 저서 「지게꾼」을 번역 주석하여 세상에 내놓았다.

　먼저 오다 전도자와 한국과의 관계를 그의 밟아온 자취를 통하여 엿보고자 한다.

　1907년(소화 3년) 20세의 나이로 敎派的 援助 없이 조선 전도를 출발하고, 4월 24일에 韓國 木浦에 상륙하였다.

　1930년 북조선 국경지대에서 고생하며 불쌍한 사람들 속에 파고 들어가, 그 들녘 편에 서서 신령한 계몽을 하고 전도하였다.

　1939년에, 한국에서 추방당하여 일본으로 돌아갔었는데, 日本神學校에 입학하여 연구하는 중, 한국전도에 대해서는 계속 머리에서 사라지지 않았다.

　1943년 일본 복강(福岡)교회, 1949년 경도교회(京都敎會)등 재일한인(韓人)교회에 취임하여 목회를 계속하였다. 일본 한인교회에서 조선인 전도시에도 한국에서의 고통에 못지않은 고뇌(苦惱)를 겪었다.

　1972년 경도한인교회 명예목사가 되었다. 1977년 이 책 「지게꾼」이 나올 때까지 계속되었으니, 오로지 한평생을 통하여 실로, 한국을 진정한 「이웃」〈성서 마가 12 : 31〉으로 사랑한 사람이라 하겠다.

　織田씨 외에 당시 20세기 전반기 일찍이 승송아휴(乘松雅休)나 도뢰상길(渡瀬常吉)등의 일본인 선교사가 한국에 있다. 오다 목사의 자서전과 두 분에 대한 활약과 생활을 기록해 놓은 것이 이 책이다. 그러므로 이 책을 통하여 그 표현을 볼 때, 50년 전의 말이 어떠하였던가? 그것이 오늘에 이르러 변하였는가? 얼마나 변하였는가? 그때의 생활문화와 언어와의 관계는 어떠하였던가 등을 고찰해 볼 수 있다.

아직 현대 기독교 역사와 언어사가 정리·확립되지 않고 있는 이 시점에서 관심거리가 아닐 수 없다.

위의 의문을 포괄적으로 생각하며 그 중에 특히 본 논문에서는 위선 어휘·어귀의 감정 가치의 하락(−이미지)과 상승(+이미지)의 관계를 고찰한다. 일본제국 제국주의의 황민화책략(皇民化策略)을 織田楢次씨의 한국사랑을 통하여서 볼 수 있고, 다른 2명의 전도자에 대한 기록에서도 아울러 찾아보겠다

한국과 한국 사람을 가리키고 부를 때, 어떤 어휘를 썼던가?

1. 「감정가치」의 하락 표현 : 〔-Image〕의 표현

① 朝鮮人〔조오센징〕조선인 〈196 下 1단〉

② 鮮人〔센징〕선인

③ 日·鮮間〔닛센깡〕일선간에

④ 日 鮮一体

⑤ 日韓併合 〈191 5단〉

⑥ 朝鮮의 併合 〈195 3단〉合併, 合邦

⑦ 朝鮮伝道의 目的〔죠오센 덴도오〕조선전도

⑧ 朝鮮教化〔조오센쿄오까〕조선교화

⑨ 朝鮮事件論 〈205 5上 1단〉

⑩ 朝鮮騷動

⑪ 鮮人伝道

⑫ 鮮人敎會

⑬ 暴徒中(獨立運動者)

⑭ 騷擾者(獨立運動者)

⑮ えた = えった(穢多)

⑯ 第三國人

위의 16개 말과 어귀의 예를 들었다. 그 중 ⑮, ⑯은 일본사회에서나 그들의 대화에서 쓰이는 말이고 그 밖의 것은 「지게꾼」책에 쓰인 말이다. 한자의 음으로 써 말하여 한국어이다

「조선」은 왜 [−이미지]의 말이었나? 李朝시대에는 「조선」을 국호로 해왔는데도, 그러나 이 시기는 한국이 독립되어 韓國併合文書外 모든 문서 「韓國」이 통용되었고 국호가 大韓帝國이었다. 하필이면 억제로, 일본이 「조선」이라고 하고 일본은 大日本帝國이라고 하였나. 구별과 차별을 함으로서 가치를 떨어뜨리려 하는 저의가 느껴졌으니, 이 말은 한국인에게 [−이미지]의 말이 되었다. 공석에서도 말하고 한국인을 부른다든지, 일인끼리 말할 때에 한국인, 대한민국 사람이라 하지 않고, 꼭 「죠센징」, 「센징」이라 한다.

다른 단어를 섞어 쓸 때도 ④「일·선 일체, 일선 간에」와 같이 썼다. ⑥~⑫와 같이 그 다음에 어떤 다른 말을 붙여 쓸 때도 일본인은 꼭 「朝鮮-」라고 하고 썼으므로 이것이 굳어졌다.

⑬~⑭는 독립을 위하여 한국인 전체가 분연히 일어났을 때에 「독립운동자」라 하지 않고 「暴徒」라 「騷擾者」라고 지칭하여 이 말이 [−이미지]를 줄 뿐 아니라 歪曲하기까지 하였다.

⑮えた[에따]와 ⑯의 だいさんごくじん[다이 산고꾸징]은 주로 대화에서 일인이 쓰는 말씨인데, ⑮는 비칭하여 「천인(賤人)」이라고 하는 욕설 같은 것이고, ⑯은 재일한국인을 가리켜 불러, 「외국인」취급도 못 받고, 일본인 취급도 못 받는, 국적 없는, 떠돌아다니는 「떠돌이」, 「낭인(浪人)」과 같은 자라는 뜻이니, [−이미지]의 말임에는 틀림없다. 대인 관계에서 저주받는 듯하여 연민을 느끼게 한다.

2. 「內外」인식의 차별 표현

① 「內鮮人, 相携〔나이센징 소오께이〕 내선인상휴〈197 下 1단〉
② 「內鮮人」的
③ 內鮮의 差別
④ 內地의 主張
⑤ 內地人 外國人〈203 下 1단〉
⑥ 內鮮一体
⑦ 內鮮人 和〈P204下 1단〉

* 中外 (＝ 內外 ＝ 國內와 國外)〈223 上 1단〉

3. 半島 意識

半島人

일본인은 내외(內外)를 구분하는, 안과 밖의 인식이 뚜렷하다.

안팎을 구분하는 데 있어 「안」은 「일본」이고, 밖은 「일본외」이다.

객관적 칭호는 「일본」인데, 이것을 주관화하여 자기 자신의 이익만을 위하여 단결하다보니, 우찌(內) 내지(內地)가 「일본」을 가리키게 됐다. 이런 인식의 작용은 「다른, 他, 外」를 소홀히 하고 그 이익을 돌보지 않게 되고 나아가서는 배격하게 된다. 일인이 안(內)을 선호하고 밖(外)을 배격하는 생각은, 그 쓰이는 생활어에서 볼 수 있다.

우찌(內)를 좋아하여 「안」, 「우리」, 「자기 집」〈うちへ かえる〉「나」〈おうちはすきだ〉의 뜻으로 쓰이고, 또 「자기의 동료, 단체, 조직」, 「자기나라」(內地)의 뜻 등으로 쓰여 자기가 포함돼 있는, 복수집합어에 적용 사용된다. 더 예를 들어보겠다.

(a) ① うち1)はどんぶりが好きだ.　⑥ うちの大學ー私の大學
　　② うちのきょうだいー私の〈安田〉　⑦ 我が國ー私の國〈安田〉
　　③ うちの母(父)ー私の〈安田〉　⑧ 我が家ー私の家〈廣〉
　　④ うちの者ー私の妻〈廣〉　⑨ みうち(身內)-親族〈廣〉
　　⑤ うちの人ー自分の夫〈廣〉　⑩ うちうちー內內のこと〈廣〉
　　⑪ 內地(屬地又は島地に對して、本土の称)〈廣〉

2의 內外 인식의 표현 中에 ①~⑦까지는 內는 그러한 의미를 상징하였다. 자기, 우리의 집, 가족, 조직, 단체, 국가를 떠받들고 결속하고 좋아함을 나타낸다.

심지어 일본을 내지(內地)로 쓰기를 좋아했다. 그래서 그 「內」에다가 한국인에게 〔ー이미지〕를 주는 鮮(혹은 조선)을 붙여 쓰기를 좋아하였다.

더욱이 생활어에서 한국을 3 외에 「半島〔한또오〕, 한국인 (半島人〔한또오징〕)이라고 불러, 內地와 半島, 內地人과 半島人으로 대조시켜 썼다. 지금 객관적 서술에서 漢字의 본뜻에 주목되어 〔ー이미지〕가 약할지 모르나 당시의 환경에 있어 대화에서 느끼는 차별의식은 견디기 힘든 〔ー이미지〕의 어사(語辭)이며 상대에 대한 「하시, 멸시」의 의식을 내포한 종류의 〔ー이미지〕였다.

이 밖에도 상대편이 싫어하는 의미 내용의 말을 강요하여 자기이익을 챙기고 〔ー이미지〕를 가지게 하는 語辭가 많았던 것이다.

4. 皇民化

① 皇運 - 國運
② 皇運扶翼 - 國運達成을 도움
③ 大日本帝國〈219上2단〉 - 日本國
④ 我帝國, 我日帝 〈211上3단〉 - 我日本國
⑤ 天皇制官僚 - 共和制公務員

⑥ 國体明徵〈217上1단〉(君主制國体를 分明히 증험함) - 共和制
⑦ 思想强化(天皇 -)〈219,2단〉- 民主思想强化
⑧ 日本主義, 皇道主義 - 民主主義
⑨ 日本帝國主義〈219, 2단〉- 民主主義
⑩ 皇國臣民化精神運動展開(心田開發運動)〈226上2단〉- 民主市民人格運動

위의 ①~⑩까지의 어사(말)을 20세기 전반기 당시에 많이 써왔다. 강점국가인 한국인 및 기타인을 天皇國家의 臣民으로 변화시키기 위한 말인 「皇民化」를 비롯하여 위의 ⑩종 말들은 억압 중에 있는 피지배국인은 가슴을 에는 고통을 느끼며 싫어했다. 그러므로 이런 말들은 〔-이미지〕의 어사였다. 20세기 전반기에 많이 쓰인 이 들 말이 변하여 오늘날 달라졌다. 말의 변화는 깨닫지 못하는 중에 이렇게 진행되고 있음을 주목하게 된다. 변화된 말과 비교하기 위하여 위 예어의 왼쪽 어사와 오른쪽 어사를 대조시켜 보았다. 좌편은 〔-이미지〕의 어사이고 우편은 〔+이미지〕의 어사이니 흑백논리로 분명히 드러난 것이다.

5. 표면 명목과 근본 저의(立て前と本根)

① 大東亞共榮圈 (아시아太平洋地域을 침략 장악하여 皇民으로서 번영한다는 저의)
② 大東亞戰爭 (太平洋戰爭은 침약전쟁을 도발한 것인데, 동아를 해방시키는 전쟁이라는 저의)
③ 內鮮一体〈219 上2단〉(民族抹殺)
④ 心田開發運動 (「心田」은 「정신」이니, 황민화로의 정신개조이다)
⑤ 産米增殖計劃〈219 2단〉(産米收奪의 植民化정책)
　　農民은 뼈의 骨髓까지 착취당하고… 〈219上 1단〉
⑥ 農村振興運動 등을 强行하여 解放運動을 强壓, 民族抹殺政策推進
⑦ 兵站基地 (황민화정책)
⑧ 軍需工業化 (황민화 赤子化 노동)
　*滿洲事變의 폭발, 朝鮮支配 정책을 强壓一邊로 전환하고, 物心全面에 걸쳐, 兵站

基地 역할을 强制했고, ③, ④, ⑤, ⑥ 등 皇民化政策을 강제시킨, 쓰라린 行使에 조선인이 충당되었다.
*⟨ ⟩안의 숫자는 原典의 面, 文段을 表示

일본인은 「정직하고 담백(淡白)하다」 여성들은 「부드럽고 순종을 잘 한다」고들 평한다. 개인 간에서 한편 그렇다고 보인다.

그런데 다른 한편, 단체나 국가적, 국제적 문제에 대해서는 표면적 명목과 근본적 저의가 다르다. 마치 表裏가 있는 것 같이. 대인관계에서 「建てまえと本根」라 하는 말이 있고, 많이 쓰이는 것을 보아도 표리가 있는 증거가 아닐까 생각된다.

위 예에서 ①, ②는 「아세아 태평양 지역의 협력체」를 건설한다면, 객관적 공동이익을 추구하는 것으로 보이지만, 명목을 大東亞共榮圈을 建設한다 해 놓고, 大戰 당시부터 「침략하여 황민화시킬 저의」가 있었던 것은, 당시 여러 상황을 보아 表裏의 차이라 할 것이다. 만주, 대만, 한국 등을 황민화하려 했으니까.

5.②도 太平洋戰爭은 日本의 侵略戰爭인 것을 역사적으로나, UN이나 다 수긍한 것인데도 日本의 저의는 침략한 것이 아니고 「동양의 해방」을 위한 전쟁이라고 하고 있다. 그러니 표면은 「동아해방」이고 근본저의는 「침략황민화」이다. 그러니 語辭 「大東亞戰爭」은 〔-이미지〕를 가졌고, 「太平洋戰爭」은 〔+이미지〕를 가졌다. 이런 분석에서 본다면, ③～⑧까지의 어사는 모두 〔-이미지〕이므로 한국인에게는 수긍되지 못한다.

6. 神格化

神格化에 관한 語辭들을 먼저 들어본다.

① 天皇은 神聖 不可侵 ⟨p.222, 上1단⟩

② 天皇 이데올로기 ; 國家神道의 內容 : 政治原理 : 國体原理
③ 皇祖天照大神 (大日本帝國) 〈222, 下〉
④ 神裔 (万世一系이므로) 〈222, 下4단〉
⑤ 惟神의 大道 〈222., 1단〉〈222, 下5단〉
⑥ 萬邦을 皇國臣民化 위해 聖戰을 敢行

위의 어사들은 제국헌법과 敎育勅語에 나오는 것인데, 국가神道와 國體 敎義로써 中外에 强制로 주입 교육시킨 것이다.

①에서 「천황은 神聖하다」는 것은, 天皇은 神이다 라고 단정한 것인데, 이것이 ②의 天皇이데올로기(思想)로 확립하고, 이것이 國家神道가 되고 政治原理도 되고, 國體原理도 된다는 것이다. 또 ①의 이유는 ③의 日本의 皇祖인 天照大神이 나라를 始肇했고, 天皇은 그 後裔이니, 즉 神의 後裔이며, 그 系統이 万世에 一系로 계속하므로 天皇이 神이라고 하는 것이다. 萬邦에 無比하고 尊嚴無比하니, 維神〔강나가라〕의 大道이다. 이에 따라 万方을 皇國臣民化해야 하고 이를 위해 聖戰을 한다 하여 전쟁목적으로서도 이 天皇神格化를 이용했다.

神話에 관한 이러한 많은 어사들은 만국국민들에게 史的 사실이 아닌 점에서도 〔-이미지〕의 어사의 나열인데, 이것이 당시 일본사회에 먹혀들어 갔었고, 바로 5, 60년 전의 일인데, 아직까지도 일부 세력 중에는 이 皇國주의로 돌아가고자 한다.

7. 神社와 神道

1) 宗敎支配 體制 〈223上2단〉 (皇民政策의 기반을 위해)
2) 神社 하이어라아키의 序列확립 (皇民政策의 據點을 위해)
3) 朝鮮神社(朝鮮神宮)-官幣大社 〈224上1단〉로 하여, 伊勢神官 하위에 놓고 天照皇大神과 明治天皇을 神으로 享祀-〈上同〉
4) 鎭座祭 擧行

5) 神社에 따른 儀式 典例

6) 神祀行政의 進展을 圖謀

7) 神祀設立規定을 定함(대정17년)

8) 神社關係 諸規定 만듦(대정 총독부)

9) 伊勢神宮(頂点) → 朝鮮新宮 – 官幣大社-(補佐格)
　　→ 扶余神宮(日政府設置神社) → 政府列格神社 → 居留民設置神社-公認神社 → 小社-共認기대), 小社, 遙拜所-非共認神社. 이같이 神社의 계층을 확립하고, 皇民化의 거점으로 하였다. 一面 一神社主義를 목표로 하여 山間僻地의 面面村村에 이르기까지 神社 ; 神祠를 설립하여, 44년 2 總敎는 939사에 달했다. 이를 위한 强要度를 다음 표로 알 수 있다.

연 차	참배자수	일본인	조선인	기 타
소화 5	386,857	319,636	63,900	3,271
10	937,588	709,741	225,488	2,359
11	1,173,853	829,314	340,909	3,630
15	2,158,861	2,152,459		6,402

　1)의 宗敎 支配体制는 日本神道를 가리키기 위한 말이고 皇民化를 위한 体列이다 이 目的을 위해서는 2)의 神社 <u>하이어라키</u> 서열로 확립해야했다. 그리하여 朝鮮神宮을 官內省관할을 받는 官幣大社의 列格에 놓고 頂点에 놓은 伊勢神宮을 補佐하게하고, 9)와 같은 서열의 계층을 확립하였다. 3)을 위해 4)의 鎭坐祭를 강행하였다. 6)의 神祀行政의 進展을 圖謀하기 위하여 5)의 儀式典例를 정하고, 7)의 規定과 8)神社關係 諸規定도 만들어 皇民化政策의 成就를 위하여 그 거점을 확고히 해갔다. 1)의 語辭의 사전적 의미는 감정가치가 內在돼 있지 않은 것 같다. 그러나 상대방에 내세우는 명목의 저의는 皇民化에 있으므로, 表面과 저의에 따라 감정가치가 낮고, 나아가서는 혼백을 바꾸려하는 의도가 내재돼있다. 그러므로 넓은 의미에서 〔 － 이미지〕의 어사 속에 넣는다.

8. 그리스도교 迫害와 탄압

1) 鎭坐祭 前 神社參拜
2) 神社中心의 愛國班 조직 〈226上 2단〉
3) 神社參拜 〈上同〉
4) 宮城遙拜(東方遙拜) 〈上同〉
5) 國旗揭揚塔建設(各敎會에)
6) 國旗 儀式 神棚〔카미다나〕 設置(各戶)
7) 伊勢神宮, 大麻〔오후따〕 强制頒布 〈226下 2단〉
8) 神社參拜의 國民意識化
9) 朝鮮合衆 基督敎 〈211下 3단〉의 조직
10) 內鮮基督敎-体化運動추진〈228下 3단〉
11) 神社參拜와 開陳書 〈224上 24단〉 작성
12) 神社參拜 强行과 항의
13) 學校生徒, 延禧專門學校의 항의와 압박
14) 通牒, 發布(총독 → 지사)의 압박
15) 朝鮮合衆基督敎 〈211下 3단〉
16) 戰沒將兵 慰靈祭 -그리스도교 學校참가거부와 박해
17) 東方遙拜, 國旗敬禮 不定 〈227上 3단〉
18) 國旗敬禮(日章旗)
19) 國歌奉唱(日本국가 〔키미가요와〕)
20) 神社參拜 贊成의 動議 제출강요로 인한 고통

1)의「朝鮮神宮」은 3.1독립운동 그 다음해, 조선신사 설립을 告示하고, 25년 竣工하여「朝鮮神宮」이라고 개칭하고 그 鎭坐祭를 거행했다. 그러나 高等普通專門學校 1部鮮人學生은 이 神宮鎭坐를 필요하다고 인정하지 않했다. 예수교 정신에 위배되므로 反對示威를 계획하고, 延禧전문학교외, 그리스도 關係學校生徒의〔奉迎不參」을 결정했다.

警務局長은 皇民化 책략에 부응하기 위해 神社를 가지고「思想善導」를 한다는 근본저의를 이루려한 것이었다.

32년 16)의 慰靈祭에 그리스도 敎系學校는 參加를 拒否했다. 35년 平安南道內 校長會議를 소집하고 개회 전에 平壤神社에 參拜하라고 명했으나,

숭실전문학교와 崇義女高의 교장은 이를 거부했다. 市內敎師연합회에서도 神社參拜 反對를 결의했다. 이 신사참배 거부가 있은 後, 敎師解職, 外人 校長 귀국 등, 壓迫이 더욱 강해졌다. 교회경영의 8개 중학, 초등학교 등 10개교는 廢校, 崇實전문학교도 폐교.

1937년 조선그리스도교 敎役者 20명이 17)의 東方遙拜. 國旗에 대한 敬禮를 수긍하지 않은 행위로 「處分」이 됐다.

이해 4월까지, 神社參拜불응과 시국관련 건으로 「處罰」이 가해졌는데, 不敬罪 17명, 保安위반 5명, 拘留3명, 行政檢束 7명 등 계 17건 32명이었다. 이밖에 神社참배 관계로 퇴학, 정학, 근신이 있었다. 이와 같은 기독교 迫害는 "皇國臣民된 근본정신에 배치되는 宗敎는 절대로 그 存立을 許하지 않는다"〈227下 2단〉에 의한 것이니, 上.1)20까지는 단순한 〔-이미지〕 정도가 아니고, 추방, 폐지, 압박 박해의 고통은 생사가 걸려 있었다.

9. 추상적 罪名의 語辭

① 不敬罪 (4件 17名)
② 不穩思想 〈130, 2단〉
③ 不逞(鮮人)〔후떼이 센징〕
④ 思想が惡い〔시소오가 와루이〕
⑤ 不穩思想 -(思想)善道 〈225下 2단〉

상술한 1에서 감정 가치를 떨어뜨리고, 비하하여 욕설에 가깝고, 어사 자체가 주체적인 인간이나 「事件」을 가리켜 비하하였는데, 여기서는 그런 것이 없고, 행동, 성질, 思想, 언어에 관한 추상적 어사이다. 또 내용이 막연하고 그 범위가 넓어서, 비위에 맞지 않은 많은 행동, 성질, 사상이 다 ⑤종의 죄에 걸릴 것이다. 사람 앞에서 「말」만 조금 잘못 잡히면, ①~⑤ 어느 것에도 다 걸리게 되고 그 「죄목」을 덮어씌워 혼을 낸다. 그러니 가

장 무서운 죄이고, 긴장시키고, 입을 폐쇄시키고, 행동을 소극화시키는 무
서운 죄목이었다.

10. 結 言

지게꾼에 나타난 語辭가 20세기 전반부 언어에 들어가므로 그 시기의
언어 중에 감정가치가 떨어진 語辭를 한일관계에서 고찰해본 것이다. 이
러한 접근은 시초가 되므로 대략 1~11까지의 소제목을 들어 분석해 시도
해 보았다.

일반적으로 [-Image]의 語辭라고 하는 것은 한 개 語彙의 主意味에다
가, 대인적 상대편의 감정 가치를 떨어뜨리는 요소를 追加하여, 그것이 화
석화된 映像을 말하는 것인데, 1~4와 같은 것이다.

5~9까지는 客觀的 主意味는 별도로 성립되어 있고, 상대편에 불요(不
要)한 것을 강제로 주입시켜, 의미특성을 나쁜 것으로 바꾸고, 자기 이익
에 맞도록 쓰는 어사들이니, 그것이 상대편 또는 선한 측에서는 그런 語辭
부터 [-Image]를 갖게 된다. 이런 부류를 고찰한 것이다.

여하간, 위의 2가지는 카테고리가 상이하지만 한국말로서 [나쁜 이미지]
를 주는 데에는 양자가 일치하며, 이것을 분석함으로써 양국언어와 문화
(文化)를 이해하는 데 도움이 되고자 한 바이다.

▌參考文獻

織田楢次(77.7.25), チゲックン 朝鮮·韓國人伝道の 記錄, 日本基督敎団出版社.
全在昊(02.12.15), 지게꾼(원본 チゲックン) 韓日言語文化研究所 完譯 發行中.
全在昊(1999), 韓·日言語文化의 理解와 交流, 韓日言語文化研究 제 3집.
野間佐和子 發行(1985), 日本國憲法, 講談社.
新渡戶稻造著 矢內原忠雄譯(1938), 武士道, 岩波書店.

제6장 言語文化와 宗敎文化
－韓·日·美 간의 對照－

言語文化와 宗敎文化는 인류의 시작으로부터 있어 왔을 것이다. 한국 언어문화와 일본 언어문화는 닮았고, 이 둘과 영미언어문화 간에는 다른 점이 많다. 1975년 처음 도미했을 때, 일목에 아연한 것은 문화 차이였다.

「한국언어와 일본언어 간에는 유사한 점이 많고, 영미언어와는 서로 다른 점이 많다」고 하는 것도 동서 간의 차이이다.

왜 그러할까, 원인을 알고자 하는 사람도 있고, 기정사실로 여겨 "으레 그러한 것이지, 말이 통하면 되었지, 까다롭게 캐낼 필요가 어디 있느냐?" 하고 예사로 생각하는 일반 사람도 많다.

말을 연구하는 학자 가운데는 비교연구, 대조연구 등의 분야에서 차이를 밝혀내려고 힘쓴다.

첫째로 「언어」가 인간의 삶에 중요한 요소임을 알고 두 언어 사이의 음운, 문법, 형태, 화용 등을 연구해 왔다.

그러나 한국에서 언어문화와 宗敎와는 어떤 관계를 가지고, 서로 영향을 끼쳐 왔는가, 宗敎文化를 기반으로 하여 언어가 어떤 관계에서 성장해 왔느냐에 대해서는 미개척 상태이다.

여기서는 이에 대한 접근을 대조 언어학적 관찰을 가하여 이를 시도해 보겠다.

1. 「福」 관계 언어문화

　한·일·영미어가 각각 제 나라의 文化를 배경으로 하고, 어떠한 종류의 언어가 쓰였고, 그 언어의 의미작용은 어떻게 이뤄지고 있는가를 대조적으로 살펴보겠다.

용어례

(中) 福 ↔ 禍

　　a) 福 : 吉事如富貴壽考統称曰福〈辭源〉
　　b) 五福 : 壽, 富, 康寧, 攸好德, 考終命〔書経洪範〕

(韓) 福 ↔ 禍

　　a) 「五福」은 中國과 같은 순서이다.
　　b) 福 : 아주 좋은 운수, 행운, 행복
　　c) 어례 : ① 복이 많다, ~없다, ~을 받았다, 복어
　　　　　　　② 떨어졌다(福이)
　　　　　　　③ 당하게 되는 좋은 운수, 오, 돈 복, 먹을 복
　　　　　　　④ 福券. 壽福의 모자이크, 도형 등 福字가 다양하게 쓰이고
　　　　　　　　있다.

(日) 福 ↔ 鬼, 禍로 쓰이고 있다.

　　a) 「五福」은 중국과 같으나 일상생활에는 많이 오르내리지 않는다.
　　b) 생활 어례
　　　　① 福〔ふく〕= しあわせ(幸せ), さいわい, めでたい
　　　　　家庭の経濟がゆたかなこと
　　　　② 「福」の神
　　　　③ 福は內, 鬼は外(節分. 立春 前日の夜, 豆をまきながら)
　　c) ① 運命のよしあし、幸, 幸運〈三省者〉
　　　　② しあわせ(幸せ) happiness ; fortune〔or luck〕〈和英〉
　　　　③ しあわせ 運, 回り合わせ, luck. ありがたき一、一の
　　　　④ 幸福, 幸運, happiness, 對 不幸せ 〈大辭典〉

(美) bless, blessing ↔ DAMN

　　용례 : ① to ask God's favor for you
　　　　　② God blessed you
　　　　　③ The priest blessed the child. 〈New Testment〉
　　　　　④ blessed are the poor in spirit for theirs is the

kingdom of heaven.
⑤ blessed are those who mourn for they shall be comforted → 110 〈New Testment〉
⑥ happy – feeling/giving pleasure and contentment
⑦ ふく (福) good luck, fortune : blessing 和英
⑧ (good fortune, good luck : blessing 和英〈三省堂〉
어례 : 복을 주다(받다), bless(be blessing) 복을 빌다 invoke a blessing(upon a person) 〈범문〉

위에 생활 구어와 사전언어의 대개를 보았다. 한·일·영어의 각각은 제 나라의 宗教에 따라 한국의 「福」을 어떻게 파악하고 있는가? 각자의 종교의 영향에 의해 형성되었는가 어떤가를 위의 용어 자료로써 알 수 있다.

한국 조선조의 경전은 유교가 중심이고 일본은 신도(神道), 미영은 기독교이다. 유교는 종교상 내세를 지향하는 종교는 아니지만, 문화를 논하는 데 있어서는 조선조, 인간 가치의 기준이 되는 윤리 도덕이었다는 점에서 유교가 전통 문화에 큰 영향을 끼쳤다. 그것은 孔孟을 통하여 宋朱子의 성리학에 이어지고 조선조에 들어와 성행하였다.

신도(神道)는 일본의 오랜 전통을 가진 것이다. 종교이냐 아니냐도 문제거리가 되어 왔고, 또 불교와도 유착되어 왔다. 그리고 덕천(德川)시대에는 그 말기에 유교가 행하여졌지만, 일본종교는 多神教이므로 이것도 위 둘과 공존하였고 침부(沈浮)해 왔다. 그러므로 이 3자가 융화하여 보편화돼 있는 것이다.

그러나 日本은 神仏숭배의 전통이 길고 뿌리가 깊다. 여기서는 神道를 주로 하여 비교하는 것이 목적을 이룰 것 같다.

기독교는 서양의 대부분 나라의 종교로서 오랜 전통을 가지고 있고, 기독교 문화는 성서(bible)가 그 근원이 되어 있다.

유일신을 신봉하므로 신구약성서에 집중되어 있다. 그래서 성서는 빼놓을 수 없는 중요한 자료가 되는 것이다.

위의 자료의 어례를 분석하여 복(福)이란 어사가 무엇을 뜻하는가 그 뜻을 따라 어떤 어형이 생겨 나왔는가를 봐야겠다.

中國 : 위 예에 4복과 5복이 있었는데, 일상적인 5복은 壽하는 것, 부한 것, 강녕, 德, 命을 다하는 것 등이었다.

한국 : 5복은 중국과 같은데,「福」은 좋은 '운수'라고 보았다.「幸運」도 운수이다「운수」란 것은 이미 정해져 있어, 인간의 힘으로서는 어떻게도 할 수 없는 천운 운기(運氣)를 말하는 것이다.「福」은 어떤 운기로 인하여 떨어져 들어온다고 본다. 즉 복을 운명적인 것이라고 이해하고 있다. 용례를 보면, 잘되면「복이 많다」하고, 못되면 복이 적다고 한다「복」을 받았다고도 한다. 횡재하면 "복이 떨어졌다"「어디서 누가 언제 주는가에 대해서는 상관없이「돈복, 처복, 먹을 복」등으로 말하니, 주는 주체가 막연하다. 또 민간신앙적 사고에서 나온「말」이라 보이고, 다신론적 사고도 들어 있다.

일본은 동양에 속하고 한국과의 문화교류가 빈번하였으므로「福」의 개념도 비슷하나, 그 색깔과 농도가 좀 다른 듯하다.

「5복은 중국과 한국과 같은 문화적 배경을 가진다. 일본인에게는 일상 생활어에 많이 오르내리지는 않는다. 日 b)에서「福は內、鬼はそと」와 같이 立春 前日에 팥을 뿌리며 소리를 지른다. 이때의 ふく(福)는 한국어「복」과 같은 문화배경이다. 일상 생활어로서 한국처럼 많이 쓰이지는 않는다. 그「福」의 뜻도 운수, 경제의 풍성, 다행, 경사스러운 것 등이다.

(日) c)②와 같이「福」은 happiness fortune, luck 등의 개념으로 쓰였다. 정서의 표출로서의「幸運」도 포함된다. 한국어처럼 운명적으로 베풀어진 것, 자연의 절대자에 의하여 베풀어진 것 등의 개념과는 다른 것이 양국어의 차이이다.

영미어 : blessing, bless는 한국의「福」에 해당한다고 Bible의 한역은 말한다.

그러나 그 어사의 내포는 서로 크게 다르다. 그리고「福」이 luck나 fortune도 아니다. 양자는 순서에 의하여 얻어지는 "chance"라는 뜻이다. 운명에 의해 얻어진다는 사고방식은 아니다.

그러면 어떠한 사고방식일까. 누가 누구에게 주는 것일까?

"blessing"은 "여호와 하나님이 은총을 내려주신다"는 기독교 문화의 연원을 가지는 서양문화의 표현이다. 그래서 위의 영어 용례에서 이를 분석해 보겠다.

①은 성서에 나오는 여호와 神의 「은총(恩寵)」을 구한다는 뜻이고

②는 여호와 神이 당신께 「은총」을 내리셨다.

③은 목사가 아이들께 「은총」을 내린다.(신을 대신하여)

④ 이하는 성경문장으로서 「마음이 가난한 자는 「은총」을 받을 것이니, 천국이 그들의 것이다. 라고 돼야 할 것이다.

이와 같이 보면, 위의 어례 모두가 bless는 (여호와의) 「恩寵」을 받는다(내린다)로 풀이된다. 즉 주는 者 받는 者가 뚜렷하다. 영미 즉 서양문화를 배경으로 하는 언어이므로 동양과는 다르다. 언어는 文化의 영향을 기치는 그 증거이다.

동양은 당시 「天思想 또는 多神的 民間신앙에 의한 문화에 지배되어 「福」이 「운명적으로 정해진 횡재」를 가리키게 된 것이 아닌가 한다.

한·일 관계를 보면, 日本語 「福」은 한국어와 같은 민간 신앙적 면이 남아 있기는 하나, 일상어로 쓰이는 복(ふく)의 어례가 적고, 福을 「幸せ」라고 하여 happiness, luck, fortune의 뜻으로 변화되어 쓰였으므로 이 점 한국어와 다르다. 즉 서구문명을 더 일찍 받아 들였으므로 「좀 서구화된 의미」라고 할 수 있다. 「한영」 또는 「영한」사전과 주석에 「복」을 happiness나 luck로 봤다. 이들은 「기쁨」 또는 찬스(chance)의 뜻이지, 한국어 「복」의 의미는 아니니, 이해에는 문화적 배경을 감안하여야 할 것이다.

(韓) c)④에 「福券」이 있다. 한·미 사이에서 보면, 한국의 복은 운명적으로 받는 쿠폰, 즉 운명적으로 福을 받을 福券인데 대해, 日本은 寶籤〔たからくじ〕, 富籤〔とみくじ〕, 富札〔とみふた〕라고 표현하여 寶, 富 즉 돈벌이할 抽籤이다. 한국과 비슷하지만, 표현 방법과 그 생각이 반듯이 한어와 똑같지는 않다.

영어의 lottery(福券)는 福券이라고 사전에 定義해 놓았지만 그 어원에 있어서, 그 券의 내용은 한국과 같은 것이 아니다. lot는 많다는 뜻이다.

lot는 a great quantity, number, or amount이고 lottery는 a system in which a few out of many numbered tickets sold to people are picked by chance.로 정의되어 있다. lot는 富이고, 많음이라고 주석 되어 있는 "lottery"는 많은 것을 추첨에 의하여 chance가 얻어지면 차지하는 도박과 같은 하나의 제도이란 것이다.

그래서 일어에서도 福의 券이라고 조어되지 않고, 富, 寶를 추첨하는 것이라고 하여 寶籤 즉 돈을 차지하는 제비라고 조어한 것이다.

또 상호간의 반대어를 보면 동서 간에 더욱 분명한 차이가 생긴다.

    한어는 福 ↔ 禍
    일어는 福〔ふく〕 ↔ 禍〔わざわい〕
    영어는 blessing ↔ Damn

한·일은 「복」의 반대어가 「화」이라고 한데 비해, 영어는 한국의 복을 blessing이라고 했는데, "여호와 하나님의 은총을 받는다"는 뜻이고, 한국의 禍는 Damn으로서 "저주를 받는다/준다"는 뜻이니 차이가 크다고 보인다.

2. 신(神)의 숭배

(한a) 믿음·믿는다{G, J}, 섬긴다(예수, θ님)   **(a2)** 위한다(삼산을), 공경한다(부모를)
(일b) 信仰·敬う, 信じる(G), に仕える(親に、神に) **(b2)** 敬う(諸神を)
(미c) fath·believe in(GJ) - serve(God. J)   **(c2)** respect respect

神의 숭배에 관한 한·일·미의 언어문화를 위의 표와 같이 간명하게 대조시켜 살펴볼 수 있다.

「종교」라 하면 내세를 빼고 있을 수 없고, 「내세」라 하면 신을 전제로 하게 된다. 신을 숭배하는 역사는 인류의 발생과 함께 있어 온 神文化라 할 수 있는데 언어도 이와 함께 시작했을 것이다. 언어, 인종, 종교는 삼

위일체로서, 오래 이어져 나온 것으로 보인다. 그러나 그 言語文化의 계승의 과정은 나라마다 차이가 있다. 언어와 종교와 그 과정과가 다를 수밖에 없다.

한국민의 약 3분의 1이 「여호와 神」을 믿는 문화 속에서 산다. 그래서 하나님을 「믿는다」 예수 「믿는다」란 말을 쓰고 「믿음, 믿는 사람, 신 자」, 「신봉」, 「신앙」, 「신조」도 모두 유일신 여호와를 믿는다는 뜻을 포함한다.

미영국은 오랜 전통을 가지고 여호와 神을 믿는 나라 사람들이다. 따라서 c와 같이, 神(God)을 「믿는다」(believe)라고 하는 말이 주로 쓰인다. 政敎가 분리되어 있고 신앙은 자유이지만, 미국의 전통문화 속에서는 기독교가 근원적인 종교 문화를 형성하고 있다. 유일신을 절대신으로 하여 의식(儀式) 속에서 작용한다. 즉 의식의 말이 모든 문화를 이끌어 가는 근원이 되어 있다.

> 일본의 정통은　神을 공경한다(神を敬う)to respect
> 　　　　　　　　神さまをおがむ(拝む) to pray, worship(礼拝)
> 　　　　　　　　神さまを「うやまう」(敬う)
> 　　　　　　　　神を敬い、父や母を敬うことは大切だ
> 　　　　　　　　(It is important, God and to respect one's parents.)
> 　　　　　　　　〈Obunsha〉

위와 같이 말한다. 「うやまう」는 한국문화에서와 미국문화에서처럼 「믿는다」가 아니고, 공경한다, 존경한다(respect)에 해당된다.

위 문례와 같이 「神도 공경하고 父母도 공경한다」는 것은 신을 인간과 같이 대우하고 있다. 실은 일본문화에서는 神 자체의 개념을 달리한다. 「사람」도 존귀하게 되면 「神이 될 수 있어」 천황을 아라히또가미(現人神)라고 신격화하였고, 높은 사람이 죽으면 「神」으로 모시고 받든다. 한국과 같이 조상의 영혼을 위하는 것이 아니고, 초인간적 위력으로 우주를 지배하는 종교적 神으로 모시는 것이다.

한국인은 어느 종교 하나를 가지고 위하지만 일본인은 다신을 위하는 범신론적 의식을 가진다. 지방민간에서 한 가정에 3종 가량(佛壇, 神棚, 氏

神 등등) 神壇을 차려놓은 가정이 적지 않다. 그리고 절에서나 각종 神社에서나 氏神단, 마을 神단, 처처에 있는 지장보살의 불단 등에서 같은 심정으로 합장배례하고 위한다. 심지어는 唯一神을 믿는 일본의 지방 기독교도까지도 그러한 경향을 완전히 벗어나지 못했다.

일본의 기독교 신자들은 「神樣を信じる」라는 언어로 표현한다. 그러나 기독교도의 수효가 적다. 약 60만 정도이므로 한국과 같은 시민문화에 따르지는 못하고 있다. 일본 고래어 「가미사마(神樣)」라는 어휘를 그대로 쓴다. 「하느님」이나 'God'와 같은 唯一神 여호와를 가리키는 성서말을 형성하지 못했고, 따라서 제3자에게는 유일칭인지 범칭인지 구별을 못하고 혼동하는 수가 있다.

영미국 문화에서는 2천년의 뚜렷한 역사와 그 이상의 시기로부터 여호와 신을 섬겨왔으므로 「믿는다」 "believe in God"가 성서 신학적으로, 철학적으로 학문적인 역사적 「정의·체계」가 잡혀 있다. 따라서 「믿는다」뿐이다.

보지도 못한 「神」을 위한다, 섬긴다, 공경한다는 말이 아니고, 보지 못했지만 유일신을 정해 놓고, 있으리라고 믿는 강한 희망적인 표현이고 논리적이며 철학적인 배경을 가진 어사로 보인다.

	a)	b)	c)	d)
K :	공경한다 (K)	예배하다	절하다	기도하다
J :	敬う (J)	れいはいする	おがむ(拝)	いのる
E :	respect (E)	worship (church service)	bow	pray

a)는 한국기독교 문화와 영미 종교문화에서 같은 작용의 의미이며, 하느님께는 쓰이지 않고 부모 등 귀인에게 쓰이지만, 일본 문화어로서는 「神과 부모」에 공히 쓰인다.

b), c), d)는 神을 위하는 의식 방법의 표현이다.

E : b)는 religious seremony 즉 종교 의식을 뜻한다.

「예배하다」나 「れいはい(禮拜)する」나 모두 神을 섬기는 일이다.

c)는 神을 믿고 섬기는 행동의 방법인데, K, J, E가 다 절하는 행동이다. K와 E는 절하는 행동을 취하지 않는다. 그러나 J는 신사, 절, 관음보살, 지장보살상 등에 합장 배례 하는 행동을 취한다.

한국과 영미는 공히 절하지 않는 점은 동일하나, 한국은 머리(고개)를 숙이는 자세를 취하지만, 영미는 그렇지 않다. 한국에 도입되기는 했으나 한국 전통문화에 영향을 받아 변화된 방법이다. 한국은 존자 앞에서 머리 숙임(頓首)이나 허리 굽히는(鞠躬) 행동은 꼭 필요로 하는, 자기 낮춤의 겸손의 문화 나라이기 때문이다.

d)는 말이 중심이고 짓도 따른다. 神 앞에서 대화로 간구 하는 짓이다. 한·일은 눈을 감는다. 그러나 영미는 감지 않기도 한다. 이 또한 문화 차이인데 한국은 어른을 똑바로 보지 않고 그 말씀을 들을 때 고개를 숙이고 눈을 감고 삼가히 듣는 것이 전통적 예의였다.

이와 같이 옛날부터 인류에게 있어온 言語文化는 神을 숭배하는 종교에도 그 문화에 따라 언어가 제휴 생성되었고 발전해 왔음을 알 수 있다. 종교를 이해하는 데에는 언어학이 필요하고 언어를 연구하는 데에는 해당 문화를 앎으로써 완벽히 이루어지는 것이다.

3. 개인주의(individualism) 언어문화와
집합주의(collectivism) 언어문화

개인주의가 서양의 종교문화에 바탕을 두고 있고 집단주의 문화가 동양의 종교문화에 바탕을 두고 있다고 전제할 수 있다.

여기서 그 경과와 의의를 살펴보겠다. 개인주의를 오인하여, 집단주의의 언어에서는 이것이 마치 이기주의(利己主義)와 같은 것처럼 생각하고, 개인주의나 이기주의의 뜻이 공히 비하(卑下)의 〔저가(低價) 이미지〕의 말로 생각하는 경향이 있다. 이를테면, "너는 지독한 「개인주의자」이다"라고 하기도 하며, 듣는 상대자는 불쾌하게 생각한다. 서구인들은 이 말을 듣고 좋아하며 〔高價 이미지〕로 받아들인다. 개인주의의 언어문화를 잘 이해하지 못한 까닭으로 그렇다. 그 역사적 배경은 무엇인가? 영미에서는 개인주의가 「집합주의」 언어와는 다른, 〔高價 이미지〕를 가진 말이라는 점을 우선 말해둔다.

첫째 개인주의는 「종교용어」라는 것이다. 원시 神이나 운명에서 「개인」의 영혼이 해방 구제되도록 하기 위한 주의이다. 그리스도를 창시자로 삼는다.

그 후에, 기독교가 전승하여 習俗化되어 버렸기 때문에 신의 아들 그리스도의 복음으로 들어가서 습속화를 벗어나 개인이 된다. 종교적 「행위」는 종교적 「사고」에 선행하므로 본질적으로 개인적이라는 주장이다.

이것이 진행하면서 윤리에 적용되어 전체의 의지, 관습에 반항하여 개인의 의지를 기조로 삼는 주장이 되고 도덕상 책임은 개인의 양심에 의거하고 개인의 발전은 도덕의 유일한 하나의 목적이라고 하는 주의가 되었다.

정치경제 용어로는, 국가의 사회 통제를 적게 하고 각 개인의 이익 추구를 자유로이 방임해야 한다는 설 등이 있다.

교육 용어로서는, 개인의 완성을 교육의 궁극적 목적으로 하여 사회적 교육에 반대한다. 실리주의, 자연자유주의 교육, 인격주의, 조화적 발전주의 등 여러 가지 설로 발전되어 왔는데, 국가 사회나 여러 단체, 제도 등에 반대되는 개인을 기본으로 하고, 오늘의 개인, 개체의 특색을 지향하고, 개인 창조를 으뜸으로 하는 언어문화 속에 사는 것이 영미문화이다.

집합주의(collectivism)는 위에 말한 개인주의의 대립이 된다. 이것은 사회를 주로 하고 개인을 다음으로 하는 프랑스파의 생각에서 나온 말이다. 그러니 이것은 개인주의의 대(對)가 된다. 집단(group)의식, 집단주의와 비슷한 말로 쓰인다. 이 집단은 보통 사회집단(social group)의 뜻으로 상호의존이 인정되는 집합체를 말한다. 여기서는 개인주의의 對가 되는 주의로 보고 아래 실제언어 예를 들어 증명하겠다.

4. 「나」와 「우리」

4.1. 단수와 복수

「나, 나의」와 「우리, 우리의」는 단수 인칭대명사와 복수 인칭대명사의 대조이다. 개인주의 문화 속에서는 단수인칭인 「나」로 표현하는데 비하여 집합주의 문화 속에서는 복수 인칭인 「우리」로 표현하기 좋아한다.

집합주의 문화인 한국과 일본은 "나"에 해당하는 단수를 가리키는데도 「우리」란 복수를 취한다.

내 한 사람의 「마누라」를 지칭할 때에도 여러 사람의 공동 「마누라」처럼 표현한다.

　　우리 마누라
　　우리 집사람
　　우리 집 할마이(경상도)

라고 한다.

자기 혼자 있어 상대에게 말할 때도

　　내 아버지가 아니고 우리 아버지, 어머니
　　내 형님이 아니고 우리 형님
　　내 동생이 아니고 우리 동생
　　내 남편이 아니고 우리 집 양반

등등으로 부른다.

이밖에 사회 생활어에서 널리 쓰이며, 환영을 받고 있으니, 굳어진 우리 문화어의 표현이 되어 있다.

'나의 학생들이여, 나의 청소년들이여, 나의 국민들이여'라고 말할 자리에서도 모두, '우리 학생들…'이라고 쓴다.

細部에 들어가서 보든지, 분화 과정에서는 일본어와 좀 다르지만 원칙에 있어 큰 범위에서 볼 때나 영미에 비교할 때에는 확인된다.

> my mother ⟨Longman⟩
> my promise
> my child ⟨obunsha⟩
> my wife
> my husband

와 같이 표현된다. 개인을 분명히 들어낸다.

4.2. 내외(內外) 관계

集合主義 문화에서는 단수보다 복수가 집단과 단체의식이 농후해지고 단결의식이 강해진다. 아울러 집단의 한 멤버로서 의지가 되고, 힘이 생기며 친근미까지 가져다준다는 느낌이 생길 것이다. 그러나 균형을 잃게 되면 폐쇄가 되고, 배타가 되며, 단체에 얽매여 자유를 잃고, 인간의 존엄한 개성과 창조성에 저해가 될 것이다.

모든 기구, 모든 단체, 모든 제도에 속한 멤버는 모두 각자 제도에 집착하여 우리 기구, 우리 단체, 우리 가정… 등등으로 될 것이며, 기구, 단체, 동포, 친족, 가정, 동창 등에도 비 成員과 성원간에 內外가 생기게 된다.

각자 기구의 멤버는 우리나라, 우리 민족, 우리 가정으로 우리에만 집착하며, 안(內)이 될 것이고 그 밖의 다른 나라, 다른 민족… 등등은 박(外)이 될 것이다. 內外가 相克하면 역시 폐쇄주의와 집단 이기주가 될 것이다. 그러한 안팎(내외) 표현이 한국어에서는 「우리」에 포함되어 있고, 일본어 안(うち內)으로 나타나 있다.

일본어 생활에서 보겠다.

> a) ① うちはどんぶりが好きだ。
> ② うちのきょうだい―私の⟨安田⟩
> ③ うちの母(父)―私の⟨安田⟩

　　④ うちの者—私の妻〈廣〉
　　⑤ うちの人—自分の夫〈廣〉
　　⑥ うちの大學—私の大學
　　⑦ 我が國—私の國〈安田〉
　　⑧ 我が家—私の家〈廣〉
　　⑨ みうち(身內)—親族〈廣〉
　　⑩ うちうち—內內のこと〈廣〉
　　⑪ 內地(屬地又は島地に對して、本土の称)〈廣〉

①～⑧은 「うち」라고 표현했지만 나(私)를 의미한다. 자기가 속해 있는 「안」은 나(私)로 표시할 정도로 집단이 융화되었다. ⑨도 안(內)이 「親族」으로 되고 ⑩うちうち(內內)는 「집안끼리의 비밀」로 되었다. ⑪內地는 안 땅인 일본의 本土를 뜻하는데, 본토 外의 屬地, 屬島에 대립되는 말로 썼다.1)

5. '다르다'와 '닮았다'

「다르다」와 닮았다(-와 같다)의 어례나 그 쓰이는 상황을 보면, 「다르다」와 「닮았다」라는 이들 어사에서도 개인주의 국가와 집단주의 국가 간에 그 의미작용이 다름을 알 수 있다.

　　다르다 : 違う : different
　　닮았다 : 似ている : look like

한·일·영어 간에 위와 같은 해석이 이루어져서 일상 쓰고 있다. 사전에서도 이렇게 뜻매김해 놓았다. 그런데, 사전의미로서는 주의(主意)가 이러한 어형에 맞도록 풀이되어 있으나 이러한 「풀이」에 의하여 독자가 완

---

1) 한일언어문화연구 3집 韓日言語文化의 理解와 交流
　　한일언어문화연구 6집 韓日간에서의 〔-이미지와 +이미지〕의 어사

전히 이해했다고 할 수는 없다. 지적(知的)으로는 해당 단어에 뜻이 통하도록 맞추어 놓았다.

그러나 정신 분석에 따른 정적(情的)인 면은 설명하지 못했으므로 회화(會話)의 진의를 이해하지 못한다. 이해하고 마음이 통하고 하는 데에는 정서의 공감에 이르러야 한다.

    ① 너는 엄마(아빠)를 닮았다/-와 같다
    ② 너는 대통령을 닮았다/-와 같다

위의 대화에서 한국어 생활에서는 "닮았다"에 의해 "너"라는 딸도 기뻐하고 엄마도 기뻐한다. 두 사람이 相合하여 더욱 더 즐거운 분위기에 들어간다.

②는 "너"라는 청년도 기뻐하고 대통령도 기뻐한 예를 전 국민이 보았다. 표정과 말이 「닮았다」고 하여서였으니, 닮는 것을 좋아하는 증거이다. "맞습니다, 맞고요"라는 대통령 단골 말이 그것이다.

어떤 코미디언이 이에 닮도록, 흉내내는 말과 행동을 하여, 대통령 앞에까지 초대를 받아 출세까지 하였다.

「모창」이란 것도 결국 「닮게 하여」 자기도 기쁘고 상대인도 기쁘게 한다. 이같이 한국에서는 「닮」는 어사가 〔+이미지〕를 나타낸다.

「성형」수술은 요즘 연예계에서 성하다. 본래는 치료로서 의사가 시술하였던 것인데, 이제는 미화할 목적으로 한 얼굴을 몇 번이나 뜯어고친다. 요즘은 「닮」게 하기 위하여서 한다. 「이효리같이 해 주세요」, 「진실이 같이요」라고 주문해 오기까지 한다고 한다.

이 모두가 「닮게, -와 같이」 되도록 〔+이미지〕를 적절하게 이용하는 행동이다. 개인주의적 사고로써의 개인 특색을 살리려는 의식은 희박하다.

日語의 「似ている」는 〔+이미지〕이기는 하다. 「집합주의」의식으로 단결하는 데에는 크게 작용하고 있지만, 예술 면에서는 개성을 살리기 위해 애쓰고 독창성을 존중한 지가 오래 되었다.

영어의 경우는 look like를 좋아하지 않는다. 화를 내기까지 한다.

나는 어디까지나 「개인」인 "나"이면 되었지 왜 닮아야 하나? 라고 하는 항변이 나온다. 나는 나의 특색을 가져야 한다. 내가 누구의 모형이며 로봇이냐? 나는 달라야 한다. "천하일품이다"와 같이 생각한다.

개인주의가 바탕에 깔려 있다.

「다르다」는 영미어에서 different이다. 영미인에게는 〔+이미지〕이다.

한국어에서 의견이 다르다, 엉뚱한 다른 생각을 하다, 아버지와는 다르다, 아주 다르다, 그들은 형제이지만 생김새가 전혀 다르다, 사람이면 다 사람인가? 정말 씨가 다르군!

이러한 대화문에서 「다르다」는 「다르니 좋지 않다」는 정서가 담겨 있다. 즉 〔−이미지〕인 것이다.

日語에서는 different의 日譯에서 「と違った、異なった、相違した、別別の、風變りな普通でない」으로 보아 감정가치가 떨어진 이미지로 의식한다. 한국과 같다

영미의 "different"는 한·일·영미 간에서 어떤 차이를 가질까?

「닮다」가 한·일은 〔+이미지〕인데 반하여, 동일 의미의 영미 어형인 'look like」가 영미사회에서 〔−이미지〕이었다.

여기 'different'는 한일어에서는 〔−이미지〕이고, 영미어에서는 〔+이미지〕이다. 어례를 보면 다음과 같다.

① unlike, dissimiliar
② distinct (~age groups) various(~members of oxford)
③ unusual, special she was ~ and superior

위의 ③항은 사람에 관해 쓰일 때 가장 알맞은 뜻매김이다. unusual은 not common ; interesting으로 뜻매김되어 있으니, 단순히 「보통 아니다」가 아니고, 「보통이 넘는다, 흥미롭다」의 뜻이 되니 〔+이미지〕이다. 한·일어의 「다르다「異なる」는 감정가치가 낮은 데 반하여, 영미어는 〔+이미지〕로 감정가치가 높다. 개인주의 사회에서는 「서로 다른 것」이 개인적 개성을 가지는 데에 높은 가치를 부여하는 것으로 보인다.

6. 結 言

대조언어학적 언어 연구가 요청되는 지구촌 시대에 처하여 6집까지에 이러한 논문을 실어 왔으나 대조적 연구도 날이 갈수록 연구가 확대되고 변화됨을 느낀다. 그래서 이 논문에서는 「言語文化와 宗敎文化」를 韓·日·英美 間에 비교하는 연구를 시도해 보았다.

한국 언어문화와 일본 언어문화는 닮았고, 한·일어와 미어와는 양극적 차이가 날 정도로 다르다. 그것은 단순히 어휘를 비교하여 얻을 수 없고 종교문화의 배경을 알아야 하는데, 그것으로 차이를 알았다.

한·일 간에는 유사하기는 하나, 세부 분석에 들어가서는 차이가 나타난다. 다만 서양문화를 이에 비교하면, 동양 간에는 연원이 같고, 지리적으로 인접되어 있고, 문화 유출입의 전통이 이어져 왔으므로, 이로 인해 유사점이 많다.

한·일 간에 있어 서양문화의 유출입의 시기와 조건에 따라 서로 다른 특이한 문화형성이 이루어져 있다.

기독교 언어문화는 한국이 일본보다 더 미국 언어문화를 흡수하였고, 일상생활 제도에서는 일본이 한국보다 더 서구적이다. 이 점은 여기서 미흡하니 계속 고찰해 나갈 것이다.

▌參考文獻

本名信行秋山高二竹下裕子 ベイヅ・ホッファブルックス・ヒル編著(1994).
　　「異文化理解とコミュニケーション人間と組織」1,2株三修社.
式本昌三著(1997),「英語教育のなかの比較文化論」, 鷹書房ブレス.
岡部朗著(1996),「異文化を讀む」, 日米間のコミュニケーション.
阿部正路著 -改訂版-(1999), 南雲堂,「神道がよくわかる本」PHP研究所.
八木誠一著(1995),「宗教と言語, 宗教の言語」, 日本基督教団出版局.
山岸勝榮(1995),「日英言語文化論考」, こびあん書局.
簡野道明著(1927), 論語講義 明治書院.
金文吉著(1998),「近代日本キリスト教と朝鮮」, 明石書店.
全在昊(2001)論,「韓・日間에서의 道德의 基盤」, 韓・日言語文化研究 제5집.
＿＿＿(2002)論,「韓・日간에서의〔마이너스 이미지〕의 語辭-지껫군-」, 韓・日言
　　　　　語文化研究 제6집.
姜永善, 李鍾雨 金斗憲 등 多數(1980) 論著(1980),「世界据學大事典」敎育出版
　　　　　公社.
車柱環(1997)譯著,「孟子上下」, 明文堂.

제7장 | 儒敎문화의 언어와
基督敎문화의 언어와의 대조 연구

1. '예(禮)'의 개념

대체로 여기서 동양문화는 유교 유래의 문화를 가리키고 서양문화는 기독교문화를 가리키는 것으로 한다.

범위를 더 좁혀서 한국문화와 일본문화는 당연히 동양문화에 넣게 되고, 영어는 서양문화에 넣는다. 연구향방은 한국 문화어와 일본 문화어를 비교 연구하는 기본을 벗어나지 않는다. 그러나 한·일 양어와는 크게 다른 영어문화와 대조 비교해 봄으로써 더욱 명확한 차이를 발견할 것이다. 한·일어 간의 비슷한 점과 한·일어문화와 영어문화 간의 관계도 더 분석적으로 규명할 수 있다. 그러므로 이를 위하여 영어 문화의 비교도 행한다.

조선조, 정신생활에 있어 지향의 바탕이 되는 근원적 단서를 인·의·예·지(仁義禮智)라고 하는 사단(四端)에 두었고, 이것을 표면적인 표시로 나타내었다. '남대문', '동대문'으로 표시하지 아니하고 숭례문(崇礼門) 홍인문(興仁門)으로 해서 예(禮)와 인(仁)을 드러내어 인간 내면의 덕으로써 교화시키기 위하여 성문 이름에서까지 숭상 사용하였다.

이 사단 중의 하나인 예(禮)는 추상적 개념으로 넓은 외연(外延)을 가졌다. 다방면으로 분석의 대상이 된다. 여기서는 이 '예'가 한·일·영 언어 문화 간에서 어떻게 다른가를 보기로 한다.

2. '예(禮)'의 쓰임

예는 우리 한국인 언어생활의 모든 면에 융화되어 많이 쓰인다. 그러므로 그 많이 쓰임이 정치 및 모든 문화에 있어 덕치(德治)의 전통성이 됨을 보이는 것이라고 할 수 있다.

2.1. '예(禮)'의 전래

예는 본래 민속적 민간 신앙으로 신성(神聖)관념에서 발생된 것이다. 원시 사회에는 사회 생활 전반에 걸쳐 행해지고 있었을 것이다. 시대의 변화에 따라 정치적, 종교적, 윤리적인, 제 방면으로 갈라지고 차차 원시적 '예'의 형식과 의의(意義)를 상실하면서 변화, 발전된 새 형태로 되어왔다. 공자는 전통적인 '예'에 정통하였고 그 학습과 교육에 힘썼다. 그 후 그 제자들이 예를 중심으로 '학문'을 하였으므로 유가(儒家)의 학설 중에 이것이 극히 중요한 요소가 되었다. 그 '예'의 내용을 보면, 오례(五禮), 삼례(三禮)가 있었고 오례에는 ① 길례(吉禮, 祭祀), ② 흉례(凶禮, 喪禮), ③ 빈례(賓禮, 賓客), ④ 군례(軍禮, 군사에 관한 규정·제도), ⑤ 가례(嘉禮, 冠礼) 등의 다섯 가지 의식(儀式)이 있었고, 3례에는 주례(周禮), 의례(儀禮) 예기(禮記) 등이 '예' 관계의 경서였다. 그러므로 예는 인간관계의 학문에서 치중하게 되었다. 이 예(禮)는 형식적이고 객관적인 행동을 지향하는 학문이었다. 맹자는 여기에서 정신면을 중시하였고 인(仁), 의(義), 예(禮), 지(智)의 사단의 학설이 성립되게 했다. 이 이론이 조선 유교에서 윤리 행동의 근원이 되어 오늘에까지 고전적 영향을 초래하고 있고, 오늘 본론, 동서양 언어문화의 비교 연구에서 빼 놓을 수 없는 분야이다.

2.2. 예(禮)란 말의 한어·일어·영어의 비교

여기서 '예'는 '예의'와 같은 뜻으로 보고 진행한다.

이 '예의'란 말이 한국어문화, 일어문화, 영어문화에서 각각 어떻게 '표현'되어 있는가? 그 어형(form)이 어떻게 다른가? 생활어(문장, 구술어로 쓰일 때)에서는 의미작용이 서로 어떻게 다른가?

문화에 따라 마땅히 용법도 다를 것인데, 이러한 고찰로써 문화의 근저를 구분할 수 있지 않겠는가를 염두에 두고 규찰하려는 것이다.

〈표 1〉

언어	한어	일어	영어
어형	예의(禮儀)	れいぎ(禮儀)	formal(formality)
의미	① 상대편에 대하여 마땅히 지켜야 할 도리 〈철〉 말투, 몸가짐, 행동의 총체 ② 경례(절하는 것) ③ 예하다·경의를 나타내려고 말하다. 인사를 하다. 경례를 하다 〈철〉	• 尊敬の氣持ちをあらわすしかた〈三省〉 • 社會の秩序を保つための交際上の行動 '作法' そうした敬意の 表し方 • (courtesy : manners)−作法 ex.−を欠く, −知らず	① ceremonial ; according to accepted rules or customs. ex He's always very formal ; he never joins in on a joke ② courtesy-(an example of)polite behavior or good manners. ③ polite- correct social behavior. ④ manner- • person's way of be- having toward others • a personal way of acting or behaving 〈long〉

유교문화어(동양)와 기독교문화어(서양) 간의 비교가 여기 주안점이므로

이것을 보기 위해서는 먼저 동양 또는 그 중에 한국·일본에 있어 문화구조 전반에 긍하여 '예, 예의'에서부터 양국 언어 간에 서로 어떻게 다른가를 봐야 한다고 생각된다.

위의 비교 어례 〈표 1〉에서 '예의'의 정의를 보면 한·일 언어 간에는 세부에 다른 점이 있으나 그 표현 형식(form)이 같고 '정의'의 개념이 비슷하다. 즉, 어형(form)의 주의(主意 = 제1意)가 서로 같고, '존경의 기분을 상대방에게 나타내 보이려고 하는 방법'이라고 뜻매김한 것도 같다. 한국어 '예의'는 '상대편에 대하여 마땅히 지녀야 할 도리(존경의 몸가짐, 행동 등)'이라고 정의하였다. '존경표시'가 분명하고, 그 대상인은 '상대편'을 가리킴이 분명하다.

한국문화로서의 '예'는 그 언어형식(form)의 근원(마음, 경의)을 나타내 보인다.

그런데, 서양 문화어는 위 〈표 1〉에서 한·일의 예의(禮義)에 비하여 어떠한가? ① formal(formality)이 어형 '예의'에 일치한다고 되어 있다. 그러나 그 뜻매김은 '규칙, 관습, 관례에 따른 격식에 맞는 것'으로 되어 있다. formal은 '습관'과 '관례'에 얽매여 있고, 오픈(open)이 되어 있지 않다는 뜻이 된다. 오히려 반대어인 informal이 격식에 안 매여 오픈되어 있다. 또 formal은 격식에 맞다는 사실을 지시한 것이지 상대방에 대하여 존대의 감정 가치를 표한 것은 아니다. 한일어에서 '예의가 있다'라는 표현은 지켜야 할 도리에 맞아 존경의 감정을 상대방에게 나타내고 있다. 이 점이 동서문화의 어긋남에서 온 차이이다.

(2) courtesy는 (3)과 함께 'polite behavior(기준에 맞아 잘못이 없는 행위)'라는 뜻이고 (4) manner는 액션을 취하고 행위를 하는' 태도'이지 한·일어의 어형 '예의'와 같이 높임의 이미지를 내포한 표현은 아니다. 즉, 한·일문화 속에는 '높임'의 이미지가 들어 있다. 이 점이 곧, 높임이 들어 있지 않는 영어와의 차이가 될 것이다.

2.3. 섬기다··-니 쯔까에루(-に使える)·서브(serve)의 비교

〈표 2〉

한	일	영
섬기다(事) ① *모시어 받들다(웃사람이나 어른을)	(主)に仕える *目上の人に從う、そばにいて相談をする	serve(the lord, one's master) *〔as, in, on, under〕to work or do a useful job (for) 〈Long〉
모시다 : 가까이에서 받들다(손윗사람을) 받들다 : 썩 공경하며 높이 모시다 ② ·事大·師事(스승으로 섬김) 　·事親 ·奉事 ·事君 ③ ex 유대인의 간계를 인하여 당한 시험을 참고 <u>주를 섬기다</u>	·親に一。 神に一。 *<u>仕え奉る</u> *役人になってつとめる ·奉仕 致仕(官職を辭めること) ·出仕 ·進仕 ユダヤ人の陰謀によって私の身に及んだ試錬にあって<u>主</u>に仕えてきた	a) They served under the King. b) He served in the army c) give the service and respect due to (a superior) 〈Web〉 <u>serving the Lord</u> all lowliness of mind

〈표 2〉에서 '섬기다'라는 한국말은 '윗사람이나 어른을 모시어 받들다'의 뜻으로 쓰이니 여기 이 표현에는 '상대인'이 있어야 하고 그는 '손윗사람'이어야 되고 그 상대인을 모시어('데리고'가 아니고) 받듦(공경하여 높이 모시는 것)이 있다. 〈표 2〉②의 예를 보면 〈큰 것(나라 등)을 섬기다, 스승으로 섬기다, 어버이를 섬기다, 받들어 섬기다, 임금을 섬기다〉 등의 모든 뜻 매김에 일치하는 증거의 어례이다. 유교적, 동양 언어에서 흔히 쓰이는 말이며 +이미지의 어휘이다.

일어는 어떠한가? '主に仕える'의 '仕える'는 한어와 같이 '손윗사람'이 '대상인'이 되어 있고 그 구절 형식의 조어법도 한어와 같은 점에서 후술의 서양어와는 다르다. 한어와 좀 다른 점은 '섬기다'가 아니고 '仕える'이니, 이것은 어느 하나에 붙어서(종속되어) 부리는 사람의 뜻에 맞추어 일한다는 풀이가 된다. 따라서 한어 '섬기다'는 직접적인데 비하여 '仕える'는 간접적

이다. 반드시 -에가 전접하여 '-에 따른다' '-에 종속한다'로 되기 때문이다.

위 예의 영어는 serve the lord가 '섬기다'와 일치하는 것으로 번역되어 있는데, 'serve the lord with all lowliness of mind'를 (겸손한 마음을 다하여 주님을 섬기다)로 serve와 섬기다를 일치시켰으나 사실, 섬기다와 같은 감정가치가 들어 있는 것이 아니다. serve는 〈모모인 아래에서 일한다, 위하여 유용한 일을 한다.〉 라는 뜻이 그 어원이다. 위 문례를 보아도 a)는 왕 밑에서 일(종노릇)한다 b)군에서는 일 또는 복무한다와 같이 된다 c)는 '공로와 영광을 상관에게 돌린다'가 될 뿐이므로 '상관을 모신다, 받든다'의 이미지는 포함되어 있지 않다.

동양 두 언어에 비하여 서양의 영어는 차이가 적지 않다. 섬기다를 'serve'라 했다. 「예수를 섬기다」에 대해 'serve the lord or one's master (in, on, under)'이라고 번역했는데, 이 serve가 이 문장에서 의미작용이 「섬기다」와 같을까? 많이 다르다. 그 뜻은 -위하여 일한다(to work for 또는 do a useful job)가 된다. 이것은 한어일어와 같이 상대인은 반드시 손윗사람이 아니라도 되니 뜻이 더 넓은 것이다.

위 service의 용례에서도 '임금께 시중듦, 군에 복무함'에 지나지 않으니 한국어와 같이 섬기고 받드는 분위기는 없다.

결국 동양문화의 언어와 서양문화의 언어는 두 가지가 딱 들어맞도록 어휘를 골라 맞추어 번역해 놓는다 해도 의미의 추이나 감정가치의 차이는 나타났다.

2.4. 공경하다 · 우야마우(敬う) · 아너(honor)의 비교

〈표 3〉

한 (엡 6 : 2)	일	영
• 공경하다(恭敬) 공손히 섬기다(남에 대해) 삼가고 존경함	• たっとぶ(人、神仏を) 敬って大切なとりあつかいをする。 • 敬う(あなたの父と母を)	• Honor (your father) *Show respect to. respect (for)=admiration, honor high opinion or regard

〈표 3〉에서 한어의 공경하다와 일어 'たっとぶ'의 뜻매김이나 용법이나, 용법에 따라 추찰(推察)되는 문화적 배경을 볼 때 양자가 아주 유사하다. 사람 또는, 부모에 향하였고 부모라는 상대를 향하고 그분을 존경할 뿐 아니라 가까이에서 받들어 섬기는 마음과 행동이 이 표현에 보인다. 이 점이 한일 간에 거의 같다. 다만 한어는 사람에 대하여 오로지 공경하는 내포가 있는데 비하여 일어는 神仏마저도 대상으로 하였다는 점이 다르다. 한어는 '신을 믿는다' '-께 빈다'이고, 부처께는 '염불한다' '삼신에게 빈다'이다.

그런데 서양 기독교 문화에는 유교권 문화와는 다르다. 'honor your father'를 '부모를 공경하라'에 일치시켜 놓았고 십계명에서의 '부모를 공경하라'도 같이 풀이하였다. honor는 한어 '공경하라'라고 하는 뜻도 아니고 한어와 같은 감정 분위기를 포함한 것도 아니고 서양문화에 알맞은 표현이다. 곧, honor는 존경(respect) 명예, 영예 찬사(admiration)의 뜻이다. 'honor your father'는 '네 부모에게 존경, 영예를 들어내라'라는 풀이가 된다. 그러므로 한일어와 같이 '부모 가까이에서 섬기고 받들라'라는 뜻은 아니다. 영어의 그 표현에는 '가까이 모시고 받드는 마음과 행동의 가리킴이 없다.

2.5. 겸손(謙遜) · 험블(humble)의 비교

같은 유교문화 안에 있는, 한어와 일어는 한자의 어원도 서로 같고 그 뜻매김과 문구상의 의미도 거의 같음은 〈표 4〉에서 쉬이 알 수 있다. '남을 높이고 제 몸을 낮춤과 그리하는 태도 또는 행동이 겸손이다. 의미를 구성하는 요소 중에 낮추고 높임이 중요하며 한국 예(禮)의 중심이다. 이것이 일어 'けんそん'에도 포함되어 있다.

그러나 이 겸손과 일치시켜 놓은 humility 또는 humble에는 이 자질이 없다. 높여질 상대가 없는 데도 이 표현이 쓰이고, '화자(話者)와 청자(聽者)가 뚜렷이 나타나지도 않고 양자간에 '높이고 낮춤'을 들어내 의식하지도 않고 있으니 우측의 영어 예를 보아도 쉬이 알 수 있다.

〈표 4〉

한	일	영
• 겸손(謙遜)하다. 남을 높이고 제 몸을 낮추는 태도 〈희승〉 공손한 태도로 제 몸을 낮추다 〈철〉 ↔거만(倨慢) ex 겸손하다 〈형〉	• けんそん(謙遜)する。 へりくだること、さま。 謙虛, 謙讓, 恭謙, (對)不遜 傲慢 ex. 謙遜する。彼わ自分が成功したことを謙遜して話なした。 (he talked of his success with modesty)	• humility : humble condition • humble : modest, to have a low opinion of oneself and high opinion of others↔ PROUD *opinion : professional judgment or advice 〈long〉: a view, judgment, or appaisal formed in the mind 〈web〉 • modest : having, showing, a not too high opinion of one's merits, ability, etc

여기 humility가 humble이고 humble이 humility이라고 뜻매김되어 있다. 이 두 어형의 내용이 둘 다 높이고 낮춤이 들어 있지 않다. modest 도 이점 동일하다. 상대인이 있으나 없으나 제3자이거나는 상관하지 않는 다. 그 자체의 가치능력에 대한 평가는 인격을 직접 높이지도 낮추지도 않 는다는 것이다. 겸손과 같이 공손히 높이고 낮추고 하는 지향은 없고 논리 적인 평가가 높다 낮다(옳다, 그러다) 뿐이다.

3. 유교적 겸손과 기독교적 겸손

여기서 '겸손'에 대하여 더 깊이 고찰(考察)할 필요가 있다고 생각한다.

유교적 한국 문화에서는, '겸손'은 학문을 닦는데 있어서나 인간의 정신 지향에 있어서 그 근원을 삼았다. 그러기에 인간 생활을 위하여 정신 지향 의 단서를 찾아서 사단(四端, 맹자의 설)을 세웠고 사단인 인·의·예·지

(仁義禮智) 중에 중심이 되고, 전체를 포괄할 수 있는 것이 예(禮)가 된다. 즉 '인과 의와 지에도 '예'가 작용하고 있다는 것이다. 우리 모든 생활 동정 (動靜)에서 '예'가 작용하지 않은 면이 없다고 할 수 있다.

사단에서 맹자는 예를 사양지심(辭讓之心)이라고 정의하였다. 사양은 '겸 손히 남에게 양보하는 것'이라고 정의할 수 있다. 여러 사전에서. 때문에 겸손과 함께 예에 동반되고 '예의'에 해당되며 일찍이 '동양예의지국'으로 인정받고 칭호를 받았던 것도 이 같은 내력이 있는 것이다.

3.1. 성경 언어에서의 겸손의 개념

성경 언어에 나오는 '겸손'을 다 제시하지는 않지만 매우 여러 곳에서 출전(出典)되므로 먼저 이것에 알맞은 자료를 가지고 분석하는 데에 고증 으로 삼겠다.

① 잠3 : 34. 진실로 그는 거만(倨慢)한 자를 비웃으시며 <u>겸손</u>한 자에게 은혜 를 베푸시나니…

② 맡5 : 3(8복음). 마음이 <u>가난</u>한 자는 복이 있나니 천국이 저희 것이요.

③ 맡18 : 3. 진실로 너희에게 이르노니… 누구든지 이 <u>어린아이</u>들과 같이 되 지 아니하면, 결단코 천국에 들어가지 못하리라.

④ 맡18 : 4. 이 <u>어린이</u>와 같이 자기를 <u>낮추는 사람</u>이 천국에서 큰 자니라

⑤ 日 18 : 4. この<u>幼子</u>のように、<u>自分を低くするもの</u>が、天國で一番えらいの である。

⑥ 英 18 : 4. whosoever therefore shall <u>humble</u> himself as this <u>little child</u>, the same is the greatest in the kingdom of heaven

⑦ 눅 9 : 48. 누구든지 내 이름으로 이 <u>어린 아이</u>를 영접하면 곧 나를 영접 함이요… 너희 모든 사람 중에 <u>가장 작은 이</u>가 큰 자니라.

⑧ 日 9 : 48. あなだがた皆の中で、<u>最も少さいもの</u>こそ、最も偉いものである。

⑨ 英 9 : 48. for he who <u>is least</u> among you all is the one who is great

많은 어례 중에 여기 자료로서 고증이 될만한 9종을 뽑았다. ①은 성경 언어에도 그 반대말인 거만(倨慢)과 대조시켜 분명히 보이고, '겸손'이란 어

형이 분명히 쓰이고 있고 많은 중, 대표적으로 들어 놓는다.

②에는 '가난한 자'를 선택했지만 그 여러 가지 상징적인 뜻 중에 '겸손하다'라는 뜻이 중심이며, 그런 뜻으로 인용하는 학자가 가장 많은 것으로 보이므로 '겸손'을 증명하는 데에 적합하다고 생각한다.

③~⑦은 "아이들 〈어린이들, 幼子(幼兒)〉 little child〈작은 아이〉 어린아이"와 같이 되는 것이 '겸손'이라고 주장되었고, ⑦⑧⑨는 "작은이, 〈가장 작은 자〉, he who is least〈가장 작은 사람〉"과 같이 "작은이, 작은 자, 작은 사람" 등 '작은 이'를 강조했으니 그 내용은 위 ③~⑦과 같은 문맥으로 어린이를 예거(例擧)한 것이다.

왜 '어린이'를 '겸손'의 극치로 인정한 것인가? 후술할 것이지만 우선, 여기서 말할 것은 어린이는 '겸손하다'는 것이죠. 거짓이 없어 순진하고, 꾸미고 욕하고 하지 않으니 참되고, 찌들고 잡되지 않으니 깨끗하고, 부모의 말을 곧이곧대로 믿고 따르니, 반항하지 않고 순종한다. 이러한 것이야말로 진짜 겸손한 것이 아닐까. 이러한 겸손의 사람이라야 천국에 넣어 줄 것이고 천국에서 가장 위대한 자가 된다고, 천국이신 예수님 자신을 말한 것이다.

또 어린 아이의 근본적인 특색의 하나는 '작아지는 것'이다. ③~⑨ 어린아이와 같이 되고 ③의 작아지게 되어라 그러면 천국에… ④의 낮추는 사람이라야 천국에… ⑤의 자기를 낮추는 사람이… 천국에서 가장 큰 사람이 된다. ⑥의 자기를 낮게 평가하는 사람, 천국에 가장 위대한 사람 ⑦의 가장 작은 사람이 천국에서 가장 큰 사람. ⑧, ⑨도 동일하다. 그러므로 '겸손'의 뜻은 '자기를 상대방에 대해 낮추는 것이다'라고 하였다.

3.2. 유교적 도덕과 겸손

그러면 기독교적인 '겸손'의 정의를 조금 두고, 유교적 우리나라 도덕과 그 겸손은 어떤 것인가? 기독교와 같은 것인가를 잠깐 살핀다.

전술한 사단 중, 예(禮)에서 나왔고 예는 사양의 마음이고 '사양은 겸손히 사절하고 남에게 양보'하는 것과, 그 행위이다. 그러므로 禮 → 사양 →

겸손으로 전개된다. '사양'이 전통적인 예인데, 이 사양이 우리 일상생활에 행동으로 나타나는 것이 특색이기도 하다. 서양에는 이것이 없고 악수로 인사하는데, 우리는 '절'이란 것이 있다. 현재도 공공에서 '경례'하는 것은 허리를 꾸부려 겸손을 표하며 낮아진다. 그러기에 이 꾸부리는 행위가 다양하여 생활 구석구석에 쓰인다. 결혼식과 장례식에서, 임금께, 신하에게, 조상께, 어른께, 그 종류가 실로 많다. 그렇게 자기를 굽히는 것이 겸손인 것이고 특색의 하나이다.

(ㄱ) 자기 낮춤(낮아짐)
- 절하는 행동(짓)　　　　拜 － 別 － 上　肅 －
- 삼가는 행동　　　　　謹 － 啓 － 呈　*肅然
- 중히 여기는 행동　　　重　*鄭重
- 머리 조아리는 행동　　頓 － 首
- 고개 숙이는 행동　　　稽 － 首　*稽顙 再拜
- 몸 굽히는 행동(구부리다)　鞠 － 躬　*鞠躬 再拜
- 무릎 꿇는 행동　　　　屈 － 膝 － 伏 － 心
- 엎드리는 행동　　　　伏 － 惟　*伏慕 區區 無任 下誠
- 자기 것이 작다, 적다고 낮추는 표현
   * 弱小, 薄錢, 不肖, 小餐, 小生, 小子…
- 자기 부정 (否定) － 한국인은 대화에서 "수고했습니다"에 대해 "아닙니다"고 부정한다.
- 자기 긍정 － 영어에서는 대화에서 "Thank you"에 대해 "You are welcome" 또는 "Of course", "Sure", "Certainly"라고 답한다. '고맙다'에 대하여 '네 말이 맞아, 환영받았다, 물론이다, 확실히 그렇다, 틀림없이 그렇다.'와 같이 긍정적으로 답했다. 한국어의 부정 표현이 겸손에서 나온 것이며, 여러 생활어에서 표현되고 있다. 또 한자 유래의 말 가운데
- 讓, 謙, 遜, 恭이 모두가 사양과 겸손의 말이다.

(ㄴ) 상대 높임
- 尊 존경한다. 높인다. 공경한다. 받든다. 섬긴다.
- 謁 뵙는다.
- 白 아뢴다. 사뢴다.
- 侍 모신다.
- 獻 바친다.
- 納 드린다.

(ㄱ)은 자기 스스로를 낮춤으로서 상대편을 높이는 말 혹은 행동이고 (ㄴ)은 상대편을 직접 높이는 것이다. 윗사람을 대할 때는 어린애와 같은 손아랫사람에게 대하는 태도와 행동과 말씨가 아니다. 상대편을 높이면, 자기를 낮추는 것이 된다. (ㄴ)에서 상대가 어른, 손윗사람이면 그 사람을 존경하여 받든다. 뵙는다(그 분을). 그 분께 사뢴다, 그 분을 모신다, 어른께 '바친다. 드린다'의 표현을 하며, 그러한 동작을 하는 것이 '예'이고 겸손한 것이다. 여러 가지 생활행동에서 그리하니, 이것이 근원적으로 예(禮)에서 나와 풍습화되고 '예'의 문화를 이루었다고 본다.

(ㄱ)은 모두 자기 스스로를 낮춤으로 '겸손'을 완성했다고 본다. 상기와 같이 여기 모든 표현은 자기를 낮추는 표현이고, 행동이다. 拜 즉 절은 절하는 행동이니 굽힘이고, 근(謹)은 삼가하는 행동이니 손윗 높은 사람에 대하여 당돌하지 않고, 조심조심 하는 것이니 고개를 함부로 쳐들지 말고 고개를 숙여야 했다. 숙(肅)도 '삼가할 숙' 자이다. 중(重)은 정중하게 하는, 중히 여기는 행동이다. 서양어에는 '가볍다'가 상승 이미지이고 '무겁다'가 하강 이미지인 것을 보면 '重'도 역시 유교문화에서는 겸손의 마음이다.

頓首는 고개를 <u>숙이는</u> 행동이며, 鞠躬(국궁)은 몸 <u>굽히는</u> 행동이고 稽首는 머리 <u>조아리는</u> 행동이다. 굴슬(屈膝)은 무릎을 꿇는 행동이고, 伏(업드릴 복) 惟(생각 유)는 엎으려 생각하는 것이다. 상술과 같이 극도로 땅에 머리가 닿도록 높은 사람에 대하여 엎드리기도 하고, 그 꼴도 다양다종이다. 이 모두가 자기를 상대편에게 낮추는 마음이고, 낮추는 짓과 행동인 것이니 예(禮)의 겸손 사상에서 유래된 문화인 것이다.

3.3. 기독교의 겸손

① 가난하여지는 자
② 낮아지는 자 낮추는 자 작아지는 자
③ 요한 : 요한이 전파하여 가로되, '나보다 능력 많으신 이가 내 뒤에 오시나니, 나는 굽혀 그의 신들메를 풀기도 감당치 못한다.' 〈막 1 : 7〉
④ 예수 : 제자들의 발을 씻기었다. 〈요 13 : 5,6〉 이것은 본래 죄를 깨끗하게

하는 행동이었다. 당시 풍속으로는 종이 상전의 발을 씻겼으니 상전이 종의 제자에게 발을 씻기는 겸손의 본을 보였고, 신께 하는 겸손을 본보기로 한 큰 뜻을 가지고 있다.

⑤ 출생 : 예수는 베들레헴 말구유에서 나셨다.(여관에 있을 곳이 없어) 이 사실은 비하의 극치이면서 또한 겸손의 극치이다.

⑥ 입성 : 나귀 새끼를 타고 〈눅 19 : 30〉〈눅 2 : 7〉 '겸손하여 짐승 새끼를 탔도다'. 〈맡 21 : 1~11〉

⑦ 사랑 : 신의 사랑을 실천하고 백성을 구원하기 위하여 십자가에서 죽기까지 겸손하였다.

⑧ 희생 : 사랑의 실천으로 죽기까지 하셨다.

①의 '성경의 겸손의 개념'에서 '기독교의 겸손'의 개념 및 정의를 기술하였다. 가난하여지는 자, 낮아지는 자, 자기를 낮추는 자, 자기 스스로 낮아지는 자의 뜻으로 말하였다. 여기서는 그 정의를 토대로 하여 사건의 예를 들어 영적으로 궁구해 볼 것이다.

4. 結 言

1) 이상에서 언어를 통하여 한·일 및 동서 간의 차이를 문화적 배경에서 고찰 규명하였다.

〈표 1〉은 한국어 어휘 '예의(禮儀), 일어 れいぎ(礼儀), 영어 formal(격식에 맞는)과 그 각 생활 용어를 통하여 3국 언어의 문화적 차이를 보았고, 〈표 2〉는 섬기다(事), -니쓰까에루(に使える), serve(위해 일하다) 등의 어휘와 그 생활 용어를 택하였다.

〈표 3〉은 공경하다(恭敬), 탓또부(尊ぶ), honor(에게 영예 혹은 영광을 돌리다)를 택하였고, 〈표 4〉는 겸손하다(謙遜), 켄송수루(謙遜けんそんする), humble or humility(자기 자신에 대한 평가를 높게 하지 않는다)를 택하였다.

그리고 3장에서는 오늘의 주제인 겸손에 대하여, 한국의 유교적 겸손과 구미나라의 기독교적인 humble과는 문화 배경이 어떻게 다르며 이를 어떻게 이해해야 하느냐를 위하여 지면을 할애하여 살폈다.

2) 각 나라 언어문화에 따라 의미의 추이나 감정가치의 차이를 나타내었다.

3) 겸손은 자기를 상대편에 대해 낮추는 것이다. 환언하면 그것은 낮아짐 작아짐인데, 상대편에 대해 취하는 행동과 태도는 절하는 것(拜), 꾸부림(屈), 머리 조아림(頓首), 고개 숙임(稽首), 이마 숙임(稽顙), 몸 굽힘(鞠躬), 무릎꿇음(屈膝), 업드림(伏), 삼가함(謹. 肅. 曲) 謹拜, 肅拜, 曲拜, 중히 여김(重) 鄭重, 默重 등 다양하다.

상대편에 대해, 자기 것이 '작다, 적다, 별 것 아니다, 미안하다'고 생각하는 표현도 생활 언어 곳곳에 쓰인다. 弱小, 薄錢, 不肖, 小餐, 小生, 小子… '자기 부정'의 표현도 상기와 같이 쓰였고, '체면'도 역시 근원은 겸손하려 함에서 유래된 것이다.

4) 이렇게 볼 때, 동양 언어문화, 그 중에 특히 본론에서 본 한어·일어는 자기를 낮추고, 상대편을 높이는 감정가치가 들어 있어, 이것들이 [＋이미지]가 된다. 세부에 들어가서 문법과 문 구성을 보면 의미의 추이와는 다르지만 그러나 서양 언어문화인 영어 문화는 자기를 낮추고 상대편을 높이는 감정가치로서 습관화된 것은 없고, 동양의 상하와는 다른 영어문화에 맞는 자기의 논리와 합리성에 따른 평가가 있을 뿐이다. 상하 관계의 평가가 아니고, 다른 사람에게 불편을 주느냐 안주느냐에 따른다. 절대자의 뜻에 맞느냐 안 맞느냐? 맞도록 행하는 것이 '예의'이다. formal(예의)하다고 하는 것도 상하 관계의 한국적 예의가 아니고, 자기네 문화와 격식에 맞느냐 안 맞느냐이다. 그러므로 우리의 [＋이미지]도 서양의 [＋이미지]가 아닐 수 있고, 우리 기준에서 볼 때 자기네의 [＋이미지]가 한국의 [＋이미지]가 될 수 없는 것이 있다. 기이하게 보이는 것은 유교 문화 배경과 기독교 문화 배경의 차이에 기인한 것이다.

▌參考文獻

梅垣實(1994), "日英比較言語學入門", 大修館書房.

古田曙監修 石井敏など(1998), "異文化コミュニケーション", 有斐閣選書.

堀井令以知(1997), "比較言語學をまなぶ", 世界思想社.

岡部朗一(1996), "異文化を讀む", 南雲堂.

國廣哲弥編集(1993五版), "日本語比較口座 第五卷", 文化と社會 大修館書店.

伊藤俊太朗(1996刷), "比較文明", 東京大學出版會.

大杉國三(1996版), "英語の敬意表現", 大修館書店.

山岸勝榮(1995), "日英言語文化論考", こびあん書房.

八木誠一(1995), "宗敎と言語 宗敎の言語", 日本キリスト敎団出版局.

金文吉(1998), "近代日本キリスト敎と朝鮮", 明石書店.

金容雲(1983), "韓國人と日本人", サイマル出版社.

金烈圭執筆、宋寬譯(1981), "韓國文化のルーツ", サイマル出版社.

本名信行等(1994), "異文化とコミュニケーション1、2", 三修社.

全在昊(2003), "言語文化 宗敎文化"-韓・日・英 間의 대조. 韓日 言語文化硏究 제
　　　　7집, 동연구소.

______(2002), "韓・日 間에서의 〔마이너스 이미지〕의 語辭-지게꾼에 나타난- 韓日
　　　　言語文化 硏究 제 6집, 同 硏究所.

______(2004), 原著 織田楢次のチゲックン 주역, 全在昊의 지게꾼, 大韓基督敎書
　　　　會.

제3편 연구사편

韓·日 言語文化 對照研究

제1장 ▐ 일본에서의 한국어 연구사 개관

　언어의 연구 방법은 역사적 연구법과 비교 연구법, 그리고 일반 기술적 연구법으로 나뉜다. 지금까지 일본에서 이뤄진 한국어 연구는 대체로 한국어 교육을 위한 것과 양 언어의 비교 연구를 위한 것으로 양분되며, 비교 연구는 다시 역사·비교언어학적(계통론적) 연구와 대조 연구로 나뉜다. 연구 대상으로 보면 한국어만을 단독으로 연구한 것과 일본어와의 비교 연구로도 대별할 수 있다.

```
┌ 비교 연구 ┬ 계통적 비교
│           └ 대조적 비교
└ 단독 연구
```

　일본열도에서 우리말을 접촉하게 된 것은 오래 전의 일이다.1) 두 나라가 이(異)문화를 만나게 되면서부터 필연적으로 언어를 접촉하게 되었고, 이에 따라 외국어로서의 언어 학습이 필요했던 것이다.

　에도(江戸) 시대에 들어서면서 양국 사이에는 교역과 문화 교류의 문이 열렸다. 이를 위한 방편으로 우리말에 대한 관심이 더욱 높아졌다. 이 무렵에 나온 데라지마(寺島良安)의 『和漢三才図会』(1712)와 기무라(木村理右衛

---

1) 오노(大野 晋)는 『日本語の起源』(1957)에서 한·일 양국의 문화적 교섭이 야요이(弥生)시대 이후부터 깊어진 것으로 보고 있다.

門)의『朝鮮物語』(1750) 등에 우리말 어휘가 등재된 것을 볼 수 있다. 아라이(新井白石)의『東雅』(1717)에는 일본어의 어원을 해석하기 위하여 우리말을 원용하고 있는데,「くま(熊)」,「しま(島)」,「てら(寺)」 등에서 우리 낱말이 나온다.[2]

그 후 아메모리(雨森芳洲)는 체계적인 우리말 학습서인『全一道人』등을 편찬한 바 있고, 1881년에는 外務省蔵版『交隣須知』 4권이 간행되었다. 이 밖에도 다카라자코(宝迫繁勝)의『日韓善隣通語』 2책(1881)과 아카미네(赤峰瀬一郎)의『日韓英三国対話』 2책(1892), 마에마(前間恭作)의『韓語通』(1909)가 나왔는데, 이들 학습서의 내용은 주로 회화를 중심으로 하는 실용적인 것이었다. 이러한 학습서는 점차 실용적인 틀을 벗고 학문적인 성격을 띠기 시작했는데, 한·일어의 비교·대조 연구가 태동한 것은 赤峰부터라고 할 수 있다(梅田博之, 1997 : 2).

메이지(明治) 시대가 열리자 일본에서는 자국어의 기원론과 함께 계통론에 관심을 기울이기 시작했다. 이로부터 우리말과의 친족 관계 연구는 필연적으로 논의의 대상이 된 것이다. 시라토리(白鳥庫吉)의 "日本書紀に見たる韓語の解釈"(1897)와 미야자키(宮崎道三郎)의 "日韓両国語の比較研究"(1906-7)에서 일본어의 어원 연구와 더불어 한·일어의 비교 연구가 있었고, 가나자와(金沢庄三郎)의『日韓両国語同系論』(1909)에 이르러서는 비교 연구에 언어학적 방법인 음운 대응의 법칙이 도입되었다.

다이쇼(大正)·쇼와(昭和) 시대에 들어오면서 가나자와, 마에마(前間恭作), 오구라(小倉進平) 등이 본격적으로 우리말 연구에 발을 들여놓았다. 이 시기는 일본의 강점으로 우리나라의 국권이 상실된 때였다. 마에마는『龍歌古語箋』(1924),『鶏林類事麗言攷』(1925),『處容歌解讀』(1929) 등에서 고려 시대의 어휘를 고증하는 한편, 중세 한국어의 문법과 이두 및 향찰 해독을 시도했다. 특히 오구라(小倉進平)는 문헌 연구와 조사 연구를 통하여『朝鮮語學史』(1920),『郷歌及び吏讀の研究』(1921),『朝鮮語方言の研究』 上·下

---

2) 이 세 낱말은 고노(河野六郎(1967, 著作集 1979 : 566))에서도 재론되었다.

(1944) 등의 연구서를 냈다.

이에 앞서 신무라(新村出)는 "国語及び朝鮮語の数詞について"(1915)와 "国語系統の問題"(1916)를 발표했고, 핫토리(服部四郎)는 "朝鮮語の使役形と受身・可能形"(1935)와 "日本語と琉球語・朝鮮語・アルタイ語との親族関係"(1948)라는 논문을 통하여 한・일어의 친족 관계를 비교언어학적으로 설명하려고 했다.

당시 일본에서 우리말의 방언과 음운사를 연구한 사람은 고노(河野六郎)이다. 그는 "朝鮮方言学試攷"(1945)에서 언어지리학적 고찰과 중세 한국어의 악센트 및 성조에 관해 논했으며, "日本語と朝鮮語の二三の類似"(1949)의 논문에 이어『朝鮮漢字音の研究』(1968)를 펴내었다.

1945년 일본의 패전과 우리나라의 광복, 그 후 20년이 지나 1965년 한일협정이 조인된 뒤로는 양국 학자 간의 교류가 활발해짐에 따라 현대 한국어에 대한 관심도 높아졌다. 연구 영역도 확장되어 현대 국어학의 전 분야에 광범위하게 연구 초점이 맞추어졌다. 현대 한국어의 음운・음성, 문법, 어휘, 어학 교재의 연구와 함께 역사적 연구가 그것이다.

음운・음성에 관해서는 음운 체계, 경음과 연음 현상, 모음 실현에 있어 세대 간의 차이, 방언 악센트, 그리고 일반음성학과 음성 교육에 대한 대조 연구가 이어졌다. 특히 음향생리학과 음성생리학 등 기계음성학적인 방법의 연구가 그 중심을 이끌었다.

문법 면에서는 동사의 종결 어미, 접속 어미의 형태와 용법, 태, 시제, 양상, 서법 등의 문법 범주와, 경어의 체계와 용법 등이 대조적인 연구와 사회언어학적 연구의 형태로 탐색되었다.

역사적 연구에 있어서는 주로 중세 한국어의 모음 체계, 모음 조화의 특징과 혼란, 악센트의 음운론적 해석, 조선 한자음의 특징 등 음운론에 관한 주제가 논구의 대상이 되었다. 문법에서도 동사에 관한 연구와 시칭 체계, 용언 어미의 형태와 용법 등이 사적으로 모색되는 한편, 사역원의 대역 자료에 관한 논고도 나왔다. 여기에다 이두와 토에 관한 것과 문헌 자료의 서지학적・문헌학적 연구도 뒤따랐다.

이러한 연구 현실에서 교육과 연구는 두 개의 축을 형성했고, 대조 연구의 방법이 이들의 연구를 심화시키는 결과를 낳았다. 이렇게 된 데에는 일본 국내의 天理大, 大板外大, 東京外大, 富山大, 神田外大에 한국어학과가 설립되어 전문적인 연구자를 양성하게 된 것과 전국 대학에서 한국어가 외국어 과목으로 개설된 것이 큰 영향을 미친 것이다(梅田, 1997 : 5-7).

과거에는 주로 역사적 연구나 비교언어학적 연구가 중심이 되었으나, 점차 대조언어학적인 연구 쪽으로 옮겨 오게 된 것은 시대적 추이이다. 이는 일본의 사회적인 수요에 따라 외국어로서의 한국어 교육이 필요했기 때문이며, 또 한편으로는 양 언어가 가진 유사성으로 일본 모어 화자의 언어 직관이 그대로 한국어에 이입될 수 있었기 때문이기도 하다.

이 글은 일본에서 펼쳐진 한국어 연구의 역사 기술과 더불어 그 연구 방향, 연구 대상과 목적, 연구 성과 등을 총람하고, 이를 통해 국어학 연구의 내일을 조망한 것이다. 특히 일본에서 연구된 한·일어의 대조 분석에 관하여 중점적으로 다루려고 한다.

1. 친족 관계(계통론)의 연구

전술한 대로 일본은 메이지(明治) 시대에 이르러 일본어의 계통에 대하여 관심을 기울이기 시작했다. 이에 따라 우리말과의 동계설에 대한 본격적인 논저들이 나왔다. 이는 일본어의 기원과 계통을 밝히는 것에서 출발한 북방기원설을 대표하는 것이었다. 실제로, 한·일어의 비교 연구는 W.G.Aston(1875)에서 비롯되었다. 그는 이 논문에서 10여 가지의 음운 대응 법칙과 70여 개의 대응 어휘를 찾아내었다. 그의 뒤를 이어 오야(大矢 透)의 "日本語と朝鮮語との類似"(『東京人類学会雑誌』 4-37, 1889), 다카하시(高橋二郎)의 "朝鮮言語考"(『如蘭社話』 13, 1889), 시라토리(白鳥庫吉)의 "日本書紀に見えたる韓語の解釈"(1897)와 "日本の古語と朝鮮語との比較"(『国学院

雜誌』第4卷 4-12, 1898),[3] 미야자키(宮崎道三郎)의 "日韓兩国語の比較研究"
(1906-7) 등 어원 연구와 함께 한·일어 비교 연구가 행해졌고, 가나자와
(金沢庄三郎)의 『日韓両国語同系論』(1909)에서는 음운 대응의 검증 방법이
도입되기도 했다.

가나자와의 박사학위 논문인 '同系論'은 한·일 양 언어의 음운과 어법
의 유사점을 들어 양 언어가 친족어임을 밝히려고 한 것이다. 어형과 의미
가 유사한 150여 개의 어휘를 비교했고, 대응의 신뢰도가 높은 15개의 문
법 요소를 대비했다. 이 논문은 양 언어에 대한 음운 대응 법칙이 제시됨
으로써, 당시의 여러 비교 연구 중에서 가장 풍부한 자료들을 과학적으로
분석한 것으로 평가되었다.

음운 관계의 대응 법칙은, 특히 자음에서 다음과 같이 설명되었다.

> ① 조선어의 h음은 일본어의 k음에 대응된다.
> ② 양 언어에서 공통적으로 t, n, r 3음의 성질이 비슷하다.
> ③ r음이 어두에 오지 않는다.
> ④ 조선어의 p음은 반드시 일본어의 w음에 대응된다(예 : watta~pata
> (海), watasu~pat(渡~受)).

어법의 유사점으로는,

> ① 명사의 복수를 표시할 때 동어반복형을 취하거나 특수 접미사를 붙인다
> (hito-bito(人人)~sărăm-sărăm(人人), hito-tachi~sărăm-teul(접미
> 사)).
> ② 대명사와 수사 일부가 일치한다(na(汝)~nö, ka(彼)~keu(其), yoro-
> dsu(萬)~yörö(衆), mure(群)~muri(儕)).
> ③ 명사 파생법에서 어미 '-i'(utah-i(謠), hasam-i(鋏)/nor-i(遊), töp-i

---

3) 양 언어의 음운·어휘 대조에 200여 개의 유사 어휘를 제시했는데, 비교되는 항목
으로 다음을 들었다. ① 한국어의 두음과 모음이 첨가된 형의 일본어가 비교된다
(ushi~syo(牛), uma~mäl(馬)), ② p(ph)~h(hachi~pöl(蜂), hara~päi
(腹)), ③ t~ts(tsuru~turumi(鶴), tsuchi~tta(土)), ④ s~sh(shiru~sul
(酒), shima~syŏm(島)), ⑤ i(y)~r(nari~nai(川), uri~oi(瓜)), ⑥ p~
m(namari~nap(鉛), numa~neup(沼)).

　　(暑)), 어미 '-mi'(tanosi-mi(樂), yasu-mi(安)/chi-m(荷物), körăm
　　(步)), 어미 '-ku'(iha-ku(日), negaha-ku(願)/sar-ki(生活), po-ki
　　(見))가 유사하다.
④ 용언의 부사 파생법에서 어미 '-i'(kaheri-miru(歸), kohi-negahu
　　(乞)/sui-i(易), man-hi(多)), 어미 '-ku'(yo-ku(善), chika-ku(近)/
　　kăt-köi(如), chop-köi(狹))가 유사하다.
⑤ 동사의 피동형과 타동형(miru〈타동〉→mi-aru〈피동〉(見), suta-aru〈자
　　동〉→suts-u〈타동〉(捨)/po(타동)→po-i〈피동〉(見), cha〈자동〉→cha-i
　　〈타동〉(寐))이 비슷하고, 경어법이 유사하다(tor-u〈평어〉→tora-su〈경
　　어〉(取), kik-u〈평어〉→kika-su〈경어〉(聞)/po〈평어〉→po-si〈경어〉
　　(見), moi〈평어〉→moi-si〈경어〉(侍), he〈평어〉→hă-si〈경어〉(爲)).
⑥ 부정법이 일치한다(ani(否定)~ani, imada(未)~mot(不能)).

등을 들었다.

　이 밖에도 조사 중 주격 조사(i/ga)와 속격 조사(ama-tsu-kaza(天つ風)/
pata-t-mul(海水), păi-t-sarăm(船人), 구격 조사(kara의 ra~ro/păi -ro)와 감
탄 조사(ka~ko, kana~kona), 의문 조사(su-ya~hă-năn-ya, su-ru-ka~hăr-ka),
반대 표시 조사(are-do~ira-to, tare-do~tōrăi-ta)가 상응한다고 했다.

　가나자와의 동계론은 시라토리와 야마다(山田孝雄)의 반론에 부딪쳤다.
비교 방법과 비교 대상이 문제가 된 것이다. 가나자와의 동계론에 대한 비
판은 훗날 무라야마(村山七郎, 1973 : 130-131)에서도 제기되었다. 무엇보다
양 언어의 비교 대상이 된 150여 개의 어휘가 공통 조어에서 나온 언어재
인지 차용어4)인지가 분명하지 않다는 점을 들었다. 비교 방법에서도 두
언어 사이의 친족 관계를 논증하려면 공통 조어를 재구하여 엄밀한 음운
대응 규칙을 수립해야 한다고 하는 비교·역사언어학의 대명제를 들고 나
온 것이다. 여기에다 양 언어의 기초 어휘가 되는 수사의 체계가 판이하다
는 사실도 지적되었다. 이에 대해 가나자와는 Aston의 설을 인용하여, 양

---

4) 지금까지 차용어로 취급된 일본어 어휘로는 pata(田), nata(舵), kusi(鍬), kasa
　　(笠), kusiro(釧), namari(鉛), sabi(鉏), musi(芋), miso(醬麴), asa(麻),
　　pata(織·機), pari(針), sitogi(餅), kofori(郡) 등 농업, 공예 등의 용구류와 음
　　식이나 복식과 법제에 관한 것이 많다.

언어에서 수사가 대응하지 않는 것은 양국의 수사가 형성되기 전에 언어
가 분열했기 때문이라고 설명했다.

한편, 신무라(新村 出)와 고노(河野六郎)는 한·일어 동계설에 대해 중립
적, 유보적인 입장을 취했다. 양 언어의 동계설은 확실한 증거가 불충분하
므로 현재로서는 긍정도 부정도 할 수 없는 단계라는 것이다. 문장 구조의
형식적인 유사성이 현저하지만 자료의 괴리가 많아 그 친연 관계를 확증
할 수 없다는 것이었다. 오구라(1934 : 61)도 양 언어의 밀접한 친연 관계
가 인정되기는 하지만, 완벽한 동계어임을 증명하는 데는 더 많은 시간과
노력이 필요하다고 했다.

그 후, 하시모토(橋本進吉, 1949)는 고대 일본어의 음운 조직에 관한 새로
운 사실을 발견했다. 고대 일본어의 모음 조직에서 i, e, o가 각각 갑과 을
의 두 종류를 가짐으로써, 모두 a, o, u, ö, ë, ï, e, i의 8모음 체계를 형성
했다는 것이다.[5] 또한 8세기 일본어(나라(奈良) 시대)의 모음 결합에서 후
설, 중설, 전설 모음 사이에 대립이 존재함으로써, 모음 조화 현상이 나타
났다는 것이다(橋本進吉(1949), 有坂秀世(1944)).

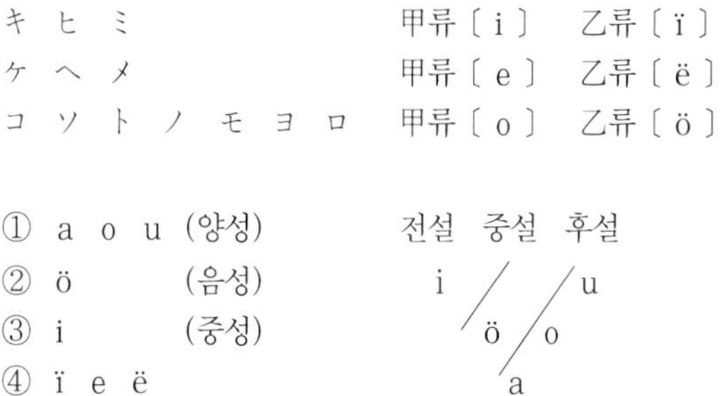

①류의 모음 a, o, u는 상호 결합하고, ②류의 ö는 그것끼리만 결합하

---

5) i, e, o음의 甲乙류 구별은 나라(奈良) 시대 말부터 붕괴되어 헤이안(平安) 시대에
   와서는 5모음으로 줄어들었다. 乙류의 음가에 대해서는 대체로 이중 모음 또는 중
   설 모음으로 추정하고 있다(/ï/ : 〔ïi〕(橋本, 有坂), 〔i〕(金田一, 大野), /ë/ : 〔əi,
   æ〕(橋本, 有坂), 〔ε〕(大野), /ö/ : 〔ö〕(橋本, 有坂, 金田一), 〔θ〕(원순)(大野)).

며, ③류는 ①류와도 ②류와도 결합하는 것으로 판명되었다.6) 따라서, 모음 ö를 고립파, i를 중립파라고 불렀다. 그리고 ④의 모음 ï, e, ë는 고대 일본어에 있었던 본래의 모음이 아니라, 후대에 와서 새롭게 발달한 것으로 모음 조화에 관여하지 않는 것으로 다루었다(大野, 1976 : 162-163).

중세 한국어의 모음 조화에 관해서는 일본에서도 오구라(小倉進平, 1929 : 507-555), 마에마(前間恭作)와 고노(河野六郞, 1979(1) : 70, 1979(2) : 345)가 밝힌 바 있는데, o-u, a-ö, e-ï의 3조 대립을 고대 일본어의 모음 조화와 일치하는 것으로 본 것이다.7) 이로써 가나자와의 한·일어 동계설을 재검토하는 새로운 국면을 맞이하게 되었고, 그 결과 일본어의 기원론으로는 북방기원론인 알타이설이 유력한 힘을 얻게 되었다.

1940년 말에는 핫토리(服部四郞, 1948), 고노(河野六郞, 1949), 오사다(長田夏樹, 1949) 등이 양 언어의 친연 관계를 탐색했다. 핫토리는 언어연대학적으로 양 언어가 분열된 시기를 4,700년 이전으로 추정했다. 오사다는 고대 일본어와 한국어를 비교하여 공통 기어를 설정하고 어휘 대응을 통해 10가지의 음운 법칙을 수립했다. 그 후 오노(大野 晋, 1952)는 유사 어휘를 통하여 24가지의 음운 법칙을 내놓았다.8) 그러나 Miller, R.A.(1971)는 오노의 입론에 대해 조선 남부의 언어와 조선어와의 관계, 그리고 남방어에 대한 확실한 기술이 없다는 것을 지적했다.

또한 오노(1957)에서는 알타이어와 한국어, 알타이어와 일본어의 계통

---

6) 아리사카(有坂秀世 : 1934)는 이로써 세 가지의 음절 결합 법칙을 찾아내었다. ① 갑류의 o열음과 을류의 o열음[ö]은 동일 어근 내에 공존하지 않는다. ② 을류의 o열음[ö]과 u열음은 동일 어근 내에 공존하는 예가 적다. ③ 을류의 o열음[ö]은 a열음과 동일 어근 내에 공존하는 예가 적다.

7) 김동소(1998 : 65)는 고대 한국어에서 모음 조화 법칙의 지배를 받은 표기상의 흔적이 전혀 없다고 했다. 향찰과 이두·구결 문자 표기에서 어근에 연결된 접사(조사)의 쓰임이 모음 조화에 의해 구별되어 나타나는 예가 없다는 것이다. 나라(奈良)시대 일본어의 모음 조화는 단어의 어근에만 적용되는 것으로, 그것이 접사에까지 미치는 알타이 제어의 모음 조화와는 다르다.

8) k~k, s~s, s~č, t~t, n~n, p(f)~p, m~m, s,z~r,l(어중어말), t,d~r,l(어중어말), k,g~r,l(어중어말), s~t(어두), 치음, 순음 앞 모음첨가 r탈락, p~m, a~a, a~ö, ö~ö, ö~a, a~ï, i~a, u~o, u~ï, I~ï 등이다.

을 구명함으로써 알타이어를 매개로 한 한·일어의 친연 관계를 밝히려고
했다.9) 그러나 한국어는 일본어와 매우 가까운 언어이지만 폐음절어가 개
음절어보다 많다는 사실을 상이점으로 들었다. 다만 어순이 서로 같고 중
세 한국어에 모음 조화가 존재했다는 사실은 양 언어의 동계설에 한 걸음
더 다가서는 것이었다.

한·일어의 동계설은 문법 구조의 전반적인 일치와 모음 조화의 존재,
문법 요소의 대응과 기본적 단어의 대응이 제법 많다는 점에서 당시에 공
감대를 이루었으나, 이와 같은 어휘 비교는 그 질과 양의 면에서 매우 빈
약하다는 결론이 나왔다. 일반적으로 한 언어에 장구하게 쓰이는 기초 어
휘로 약 500개를 헤아릴 수 있는데, 그 중 200개 정도의 대응은 많다고
볼 수 없다는 것이다. 특히 동사류의 대응이 의외로 부족하다는 사실은 양
언어의 친연 관계를 입증하는 데 큰 장애 요소가 되었다.

그 중에서도 양 언어의 수사 체계는 매우 이질적이다. 일본어의 수사
는 모음의 변화에 따라 배수 관계의 짝을 형성하는 특징을 보여준다. 즉,
[1 pitö - 2 puta], [3 mi - 6 mu], [4 yö - 8 ya]에서 모음 ö와 a의 대립
이 확연하여 한국어와는 전적으로 다른 체계를 나타낸다. 수사의 일치에
관해서는 일본어 계통론의 개척자인 신무라(新村 出)의 논급이 주목된다.
그는 『三國史記』 高句麗 地理誌의 지명으로부터 고구려어와 일본어와의
관계를 구명했는데, 고구려어의 「三」, 「五」, 「七」, 「十」이 일본어의 수사
와 상응한다고 했다. 그러나 그 자신도 이에 대한 명료한 결론을 이끌어
내지는 못했다. 양 언어의 동계설을 지지하는 입장에 있는 학자들은 한·
일어 수사 체계의 이질성에 대하여 확고한 수사 체계가 정립되지 않았을
때 언어 집단이 분열했기 때문이라고 해명하고 있다.

수사에 비해 대명사의 대응은 다소 명확하다고 할 수 있다(大野 晉, 1976
: 181).

---

9) 처음으로 한국어와 알타이 제어의 어휘를 비교한 사람은 시라토리(白鳥庫吉 :
   1914-1916)이다.

na~na(吾)   ana~na(吾)   ware~uri(我々)
önö~nö(汝)   kö(此)~ki(其)   sö(其)~čö(あれ)
i~i(此)   si~čö(其)   idu(何)~nu(誰)
nani(何)~nu(誰)

그런 한편, 한국어의 신체어 명사가 일본어에서 그것과 관련된 동사와 호응하는 예는 매우 흥미롭다. 「口(ip)」이 일본어 동사 「言ふ(ipu)」와, 「鼻(k'o)」가 「嗅ぐ(kagu)」와, 「耳(kui)」가 「聞く(kiku)」와, 「足(pal)」이 「走す(pasu)」와 대응하는 것 등은 우연이 아닐 것이다.

오노(大野, 1976 : 198-199)는 일본어가 오늘과 같은 문법 체계로 말하게 된 것은 약 2,500년 전부터라고 추정하고 있다. 조몬(繩文)시대에는 폴리네시아 어족의 음운 조직을 가진 남방계 언어가 중심이 되었고, 그 후 야요이(弥生) 문화의 전래와 함께 알타이적인 문법 체계와 모음 조화를 가진 조선 남부의 언어가 유입되어, 그것이 北九州로부터 남과 동으로 확장됨으로써 1차적으로는 近畿지방까지 그 언어권이 된 것으로 상정하고 있다. 이러한 언어는 야요이(弥生) 문화의 동방 확장에 따라 九州, 四国, 本州에도 나라(奈良) 시대의 언어와 비슷한 원시 일본어가 성립되었을 것으로 보고 있다. 요는 일본어와 한국어가 동계라고 하더라도 일본어의 어휘에는 반드시 북방적인 요소만이 아니라, 남방적 기원을 가진 요소가 있다는 사실을 간과해서는 안 된다는 것이다.[10] 이러한 견해는 무라야마(村山七郎)에 의해 일본어의 기원은 말레이 폴리네시아 계통의 언어가 기층을 이루고, 알타이 계통의 북방계 언어가 상층을 이루는, 소위 혼효어설로 발전한 것이다.

핫토리(服部四郎, 1967 : 6)는 일본어와 가장 가까운 친연 관계를 가진 언어는 한국어일 개연성이 높다고 했다. 1970년대에 이르러 고대 일본어 음

---

10) 남방어 중 폴리네시아어와 비교한다면, 음운·음성 면에서 ① 이중 모음이 없고, ② 개음절이며, ③ 탁음이 어두에 오는 것이 적고, ④ r과 l의 구별이 없으며, ⑤ 이중 자음이 없다는 공통점을 들었고, 어휘 면에서는 인체어에 관한 공통점이 있으나 단어 구성과 어순이 다르고 전치사가 쓰이고 있다는 점과, 단어에서 유사성이 보이지 않는 점이 서로 다르다(古田東朔 외 1987 : 147).

운학자인 마부치(馬淵和夫, 1999 : 408-410)도 양 언어의 계통에 대해 관심을 가졌는데, 조선 삼국 시대의 언어를 고대 일본어와 비교하면 백제어와의 근친성을 배제할 수 없다고 했다. 고구려어와 고대 일본어와의 친연 관계는 이미 신무라(新村 出), 무라야마(村山七郎) 등에 의해 논급된 바 있지만, 그 대응 관계는 주로 기초적인 어휘에서 이루어졌는데 반해, 백제어는 문화적인 어휘에서 상응하는 것으로 밝혔다.

한·일 양 언어의 친족 관계를 밝히는 계통론은 향후 더 확증성 있는 자료의 발굴과 양 언어가 알타이어의 한 분파로서 설명할 수 있는 알타이 제어와의 관계를 통해 간접적으로 추구해야 할 과제를 남기고 있다. 양 언어의 계통 관계의 연구는 이대로 방치한다면 앞으로 정돈 상태에 빠질 우려가 없지 않다.

2. 대조 연구와 어학 교육

최근 한·일어 대조언어학에 관한 총괄적인 논구로 홍사만(2003)과 우메다(梅田博之, 2004)가 나왔다. 우리나라의 이중언어학회와 국어국문학회에서 주제 발표한 내용이다. 전자는 구미 대조언어학의 형성 과정과 그 실용성을 끌어와 한·일어 대조 연구의 실태를 분석한 것이고, 후자는 1990년대 이후부터 오늘까지의 15년 동안 일본에서 행해진 한·일어 대조 연구의 동향을 분야별로 정리한 것이다.11)

대조언어학이란 두 개 이상의 음운(음성), 어휘, 문법 등 언어 체계와 이를 사용하는 행동인 언어 행동의 여러 부분을 부합시켜서 어느 부분과 어느 부분이 서로 대응하는지 그렇지 않은지를 밝히는 언어 연구의 한 분

---

11) 두 언어 간의 대조 연구는 대상이 되는 두 나라에서 쌍방적으로 이루어지고 있으나, 이 글에서는 일본에서 수행된 한국어 연구에 한정되었기 때문에 양 언어의 대조 연구가 국내에서 연구된 것은 제외하기로 한다.

야이다(石綿敏雄·高田 誠, 1990 : 9). 궁극적으로는 언어의 대조 연구를 통해 각기 언어의 특성을 분명히 하고 언어의 본질을 추구하는 것으로, 외국어 교육에서나 자국어의 외국어 교육의 장에서 발생하는 문제를 해결하는 기반이 된다.

일본에서 본격적으로 현대 한국어를 연구한 것은 고노(1955)에서 비롯되었다고 할 수 있다. 그 당시 일본 국내에는 한국어를 연구하기 위한 제반 여건과 환경이 조성되었던 때였다. 1950년 天理大学에 朝鮮学会가 창설되고, 1963년에는 大阪外国語大学에 朝鮮語学科가, 1977년에는 東京外国語大学 朝鮮語学科가 설립되었다. 1985년부터는 NHK TV 방송에 「朝鮮向け日本語講座」와 「NHK한글入門」이 방영되었다. 그 후 국립국어연구소의 일본어 교육센터에서는 1992년부터 4년 간에 걸쳐 "日本語教育の内容と方法についての調査研究, -朝鮮語を母語とする学習者に対する教育-"란 연구 과제로 한국어를 모어로 하는 일본어 학습자의 학습상의 문제를 찾아내고 그 해결 방법을 모색하기 시작했다. 연구 결과『日本語と朝鮮語, -日本語と外国語との対照研究Ⅳ 上·下』(1997) 두 권의 보고서가 나왔다.

이 보고서에 수록된 연구 목록을 소개하면 다음과 같다.

■上巻(回顧と展望編)
日本における朝鮮語研究の流れ(梅田 博之)
現代朝鮮語の研究(文法)(菅野 裕臣)
現代朝鮮語の研究(文法以外の分野)(門脇 誠一)
日本語と朝鮮語との対照研究(塚本 秀樹)
朝鮮語の社会言語学的研究(生越 直樹)
朝鮮語の史的研究(藤本 幸夫)
「朝鮮資料」の研究(辻 星児)
朝鮮語を母語とする日本語学習者に対する教育研究(前田 綱紀)
日本の朝鮮語観(塚本 勲)
韓国人の日本語観(金東俊)

■下巻(研究論文編)
Ⅰ. 現代語の研究

朝鮮語の語基について(管野　裕臣)
述語の構造 -日本語・韓国語・アイヌ語-(村崎　恭子)
朝鮮語の接頭辞 내 について(門脇　誠一)
用言基本形に格助詞が接続する文について(油谷　幸利)
朝鮮語の接続語尾 -더니について(松尾　勇)
朝鮮語の文の構造についつ(野間　秀樹)
朝鮮語と日本語の過去形の使い方 -結果狀態形との關聯を中心にして-(生越　直樹)
現代朝鮮語における動作の複数性について(浜之上　幸)
日韓対照音声学管見(前川　喜久雄)
語彙的な語形成と統語的な語形成 -日本語と朝鮮語の対照研究-(塚本　秀樹)
日本語と朝鮮語の「非意図的他動詞文」(深見　兼孝)
있은初探(岸田　文雄)

Ⅱ. 史的研究
沖縄語ハングル資料(多和田　真一郎)
初期ハングル文献にみられる形態論的表記(田村　宏)
『捷解新語』に見られる文法意識 -対訳朝鮮語の配置を通して-(辻　星児)
中期朝鮮語正音表記漢字語及び漢語借用語について -声調を中心に-(伊藤　英人)

　이 보고서는 목차에서 밝혀진 대로 일본인 한국어 연구자에 의해 탐색된 한국어의 광범위한 연구 영역이 다루어진 것이다. 상권에는 한국어 대조 연구의 총론적인 회고와 전망이 개진되었고, 하권에는 구체적 연구 분야를 현대어 연구와 역사적 연구로 나누어 논했다.

　시기적으로 보면, 60년대 중반까지 전무하던 한・일어(일・한어) 대조 연구는 70・80년대에 이르러 일본어 교육의 열기에 편승하여 활기를 띠기 시작했다. 연구 영역으로 보면 반수 가량이 문법에 관한 것이며, 그 다음 어휘・의미, 경어・언어 행동・언어 생활의 순이 된다. 연구의 특징은 크게 보아 둘로 나뉜다. 양 언어의 언어 사실과 언어 현상을 충실히 기술하여 설명을 더하는 기술・설명적인 것과, 이론적 틀의 구축을 목표로 하는 이론 지향적인 것의 두 부류이다.

　어쨌든 일본에서의 한・일어 대조 연구는 외국인을 위한 일본어 교육이라는 슬로건 아래 시작되어 30년이란 세월이 동안 논구가 이어져 오늘에 이르게 된 것이다.

이제 분야별로 연구 내용을 간단히 살펴보겠다.

80년대 일본에서는 일본어 교육에 대한 관심이 높아짐에 따라 일본어를 배우고 있는 한국인들을 위한 발음 교정의 교재를 내놓았다. 이와 때를 같이 하여 양 언어의 음성에 관한 대조 연구가 시작된 것이다. 처음에는 분절 요소 중심의 대조 연구였으나, 그 후에는 악센트, 인토네이션, 프로미넌스, 모음의 장단음 등의 운율적 연구로 옮겨 가는 경향을 보였다. 종래의 대조 연구가 조음(調音)의 관점에서 이루어졌다고 한다면, 근자에는 지각(知覺)의 관점을 중시하는 경향이 현저해졌다(梅田博之, 2004 : 14). 또한 음성학적 대조에서는 대체로 실험음성학적 방법이 도입되어 기계적이고 실증적인 성격을 띠는 것이 특징이다.

일본에서 행해진 음성·음운 면의 대조 연구는 크게 보아 음운 체계 간의 대조와 음 연속의 분포에 대한 대조로 나눌 수 있다. 전자에는 음운 체계 간에 대응이 성립되는 경우와 대응의 차이가 나타나는 경우가 분석 기술되고, 후자에는 개음절, 폐음절 등 음절 구조의 대조와 초분절적인 대조 분석이 나왔다.

음성·음운에 관한 양 언어의 대조 연구는 언어 교육의 차원에서 다양한 업적을 내었다. 여러 분야의 대조 연구 중에서 언어 교육에 연결시켜 연구된 분야는 음성·음운의 대조가 주도적이었다. 특히 음성 면에서 미즈타니(水谷修他, 1991, 1992a,b)의 모어 간섭이라는 관점에서 양 언어의 대조 연구가 이루어진 것은 획기적인 일이다.

대조 연구는 크게 두 유형으로 나뉜다. 그 하나는 양 언어에 대한 수평적인 연구이며, 또 하나는 외국어 학습자의 목표 언어에 관한 연구이다. 수평적인 대조 연구에서도 '한국어와 일본어의 대조'처럼 한국어에다 일본어를 대조한 것과 '일본어와 한국어의 대조'처럼 일본어에다 한국어를 대조한 대조 주체가 서로 다른 논구가 있다. 대조 대상에서 한국어가 참조 언어가 되기도 하고, 목표 언어가 되기도 한다는 것이다. 이는 연구자가 한국어 모어 화자이냐 일본어 모어 화자이냐에 달렸다고 할 수 있다. 목표 언어에 관한 연구도 한국인 모어 학습자의 일본어 학습과 일본어 모어 학습자의 한국어 학습으로 구분할 수 있다. 일본에서의 대조 연구는 한국어 모어 학습자에 대한 일본어 교육 문제를 다룬 것이 수적으로 많으며, 이에 따라 일본어를 비교의 중심에 두는 경우가 일반적이다.

문법 중 형태론 분야에서 대조 연구의 대상이 된 것은 품사와 태, 격, 인칭, 시제, 상, 서법 등의 문법 범주이었다. 이 중에서도 품사류의 대조 연구에 집중적인 분포를 보였고, 그 중에서도 조사, 동사, 대명사, 부사 등의 대조에 주된 관심을 보였다.12)

조사(助詞) 연구는 예로부터 양국의 관심사였다. 이는 양 언어가 유형적으로 첨가어에 속함으로써, 인구어에 비해 후치적 언어 특징이 현저하기 때문이다. 명사 자체의 격변화가 없고, 후치적 첨가 요소인 격조사를 실현시켜 격을 표시하는 표지적이고 명시적인 언어라는 데 공통점이 있다.

개별 격조사의 대조는 대응어 사이의 통사·의미 기능에 대한 상이점을 기술하는 것이 주류를 이루었는데, 이는 양 언어에서 격조사의 다의 구조 및 유의 구조가 서로 다르기 때문이다. 개별 조사 중 「-に」와 「-에」, 「-の」와 「-의」, 「-を」와 「-을/-를」의 대비가 다수를 차지했다. 특수조사와 副助詞(取り立て詞)의 대비는 외연 전체를 다룬 것도 있지만, 이중 주어 구문을 포함한 「-は」·「-が」와 「-은/-는」·「-이/-가」에 대한 분석이 많았다. 이 밖에도 격조사의 생략과 접속 조사(접속어미)의 대조 연구가 있다.

격조사의 생략에 대한 대조 분석은 그 생략의 정도를 측정하여 비교함으로써 양 언어의 상이점을 추구하려는 것이었다. 양 언어에서 주격 조사와 대격 조사는 임의적으로 그 형태가 생략되는 특징을 가졌는데, 이러한 격표지의 생략에는 양 언어 사이에 정도의 차이가 있다. 대조 연구 결과, 일본어보다 한국어에서 격표지 생략의 정도(생략성, deletability)가 다소 높은 것으로 나타났다.

---

12) 쓰카모토(塚本秀樹 1967 : 39)에 따르면, 문법 분야의 대조 연구 117건 중 격조사 23, 태 13, 상 13, 동사 11, 수수 표현 7, 「は」「が」와 「는/은」「가/이」 6, 시제 6, 지시사 6으로 나타났다.

한국어의 주격 조사와 대격 조사는 생략해도 조금도 어색하지 않은 경우가 있는 반면, 동일 예문의 일본어가 생략되는 경우는 어색함이 감지된다. 양 언어에서 주격 조사와 대격 조사가 생략될 수 있는 것은 이것이 격표지로서의 표지성이 약하고, 어휘성이 부족하다는 데 근거를 두고 있다. 두 조사는 문장 성분 사이의 통사적 관계에 의해 격이 쉽게 노출되는 특징이 있다. 이런 점에서 양 언어의 주격 조사와 대격 조사는 격표지라기보다는 구문 표지의 성격이 강하다는 데도 공통점이 있다.

동사류의 대조 연구에는 자·타동사, 이동동사, 수급동사, 복합동사 등에 관한 것과 「する」 동사와 「하다」 동사의 대조가 폭 넓게 이뤄졌다. 이 중 일본어에서 특이한 발달을 보이는 수급(受給)동사(やる, 与える, あげる, もらう, いただく, くれる, くださる)13)와 복합동사14)에 관한 논문이 가장 많았다.

이 밖에도 의존명사와 수사에 관한 대조 연구도 눈에 들어온다.

통사론에 관한 양 언어의 대조 논고는 형태론에 비해 상대적으로 적다. 이는 양 언어의 통사 구조가 유사하여 두드러진 상이점이 보이지 않기 때문이라고 생각된다. 통사의 대조는 어순,15) 가정·조건 구문, 비교 구문, 접속 구문, 인용 구문 등이 논의되었다.

이러한 유사점에도, 쓰카모토(塚本秀樹, 1990b)는 양 언어의 대조에서 단문, 복문, 담화의 3레벨과 명제, 모달리티 1,2의 3카테고리 사이의 유사성

---

13) 수급 동사가 보조 동사로 쓰이는 「ーてやる」, 「ーてくれる」, 「ーてもらう」 등은 일본어적 표현이다(石綿敏雄·高田 誠 1990 : 145).

14) 일본어에서 동사와 동사가 연용형으로 연결된 복합 동사가 매우 생산적으로 발달되어 있다. 그 표현 기능도 후항 동사에 의해 '개시', '계속', '종료' 등으로 다양하다.

15) 어순에서도 양 언어는 동일 구조를 가졌다. 어순에 관해서는 松本克己(1987)의 조사 분석이 눈에 들어온다. 세계 1,408 언어를 조사했는데, SOV형이 711개 어(50.5%, 일본어, 한국어, 몽골어, 비르마어, 힌디어, 라틴어 등), SOV형이 510개 어(36.2%, 영어, 프랑스어, 러시아어, 중국어, 인도네시아어 등), SVO형이 143개 어(10.2%, 아라비아어, 헤브라이어, 웰즈어, 필리퍼노어 등), VSO형, VOS형, OSV형, OVS형 등이 44개 어(3.1%)로 나타났다.

과 정도 차이를 분석하여 눈을 끌었다. 양 언어에는 명제보다는 모달리티에서, 단문보다는 복문에서, 문의 레벨보다는 담화의 레벨에서 근본적인 상이점이 드러난다고 밝혔다. 일반적인 한·일 양 언어 간의 유사점은 명제 부분이라고 했다(1997a : 43-44).

또한 통어적 측면에서 본 양 언어의 기능적 차이로 ① 피동사동형, ② 재귀대명사, ③ 부사류의 수식, ④ 「そう する」와 「그렇게 하다」의 치환, ⑤ 수량사의 유리(Quntification Floating) 등 5가지를 제시했다.

이 가운데 양 언어의 사동 구문을 비교하여 문 구조의 차이를 설명했다. 예문으로는 '先生が学生に本を読ませた'와 대응 한국어 '선생님이 학생(에게/을) 책을 읽혔다'를 대비했다. 우선 두 문의 수형도를 다음과 같이 그려 그 차이점을 논했다.

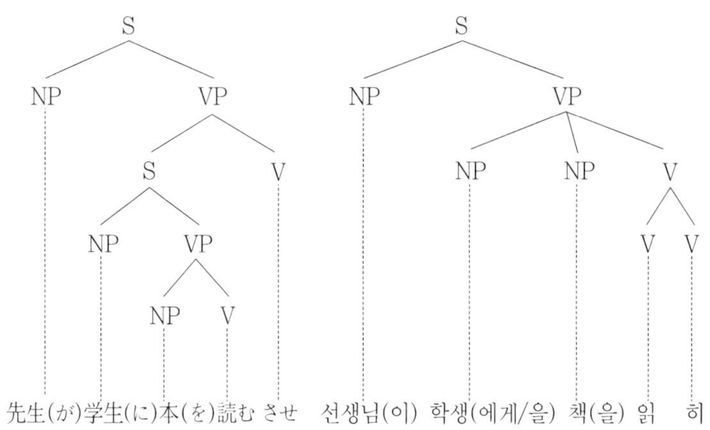

일본어 사동 구문은 하나의 문에 또 하나의 문이 내포된 복합적인 구조인데 반해, 한국어 사동 구문은 하나의 문밖에 없는 평판적 단일 구조라고 했다.

쓰카모토는 첨가어 구조의 언어들 간에도 단어 형성의 위치에 있어 정도차가 있다고 밝혔다. 아래 표와 같이 일본어는 한국어에 비해 더 빈번하게 통어적인 단어 형성을 수행한다고 했다.

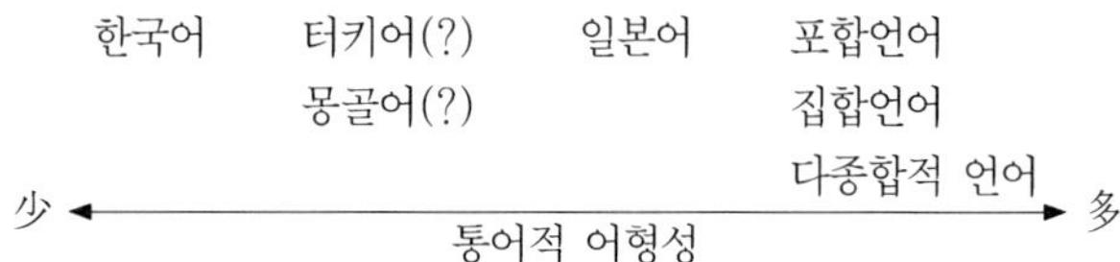

이상 조략하게 본 문법 분야의 대조 연구는 수적으로 많은 성과물을 내었지만, 그 연구 결과를 언어 교육에 직접 응용하는 내용을 다룬 논고는 극소하다. 또한 음성 면의 대조 연구와는 달리 양 언어의 수평적인 대조 연구가 주류를 이루고 있는 것이 특징이다.

어휘의 대조 분석이 지향하는 것은 두 언어 사이에 대응되는 어휘 항목에 대해 의미 용법의 상이점과 공통점을 명시적으로 기술하는 것이다. 어휘의 의미 분야와 용법의 차이는 외국어 교육에서 직접적인 간섭 요소로 작용하기 때문에 대조 분석의 결과는 언어 교육에서 발생하는 새로운 문제의 해결에 응용된다.

지금까지 양 언어의 대조 연구에서 어휘 분야를 다룬 것은 수적으로 적었다. 대체로 한자어에 관한 논고가 가장 많았고,16) 의성·의태어와 신체 어휘, 외래어, 호칭어, 은어 등의 대조 분석이 나왔다.

단어는 홀로 존재하는 것이 아니라 서로 유기적인 관계를 맺고 어휘 체계를 형성하고 있다. 어휘의 대조 분석은 어떤 의미 분야에 속한 단어를 선정하는 것에서부터 출발한다. 여기에서 얻어진 리스트를 근거로 하여 어휘 체계의 기술적인 분석을 마친 뒤에 대조에 들어가는 것이다.

어휘의 대조 분석은 어떤 시차적인 의미 특징을 공유하는 단어를 뽑아내어 각 언어에 대응하는 어휘장을 설정하고, 양 언어에 속한 각각의 단어들로부터 대립적으로 구별되고 있는 의미 특징을 찾아 그들의 이동(異同)을 기술하는 것이다. 단어 사이에는 '개념적 친족'이라는 관계를 가지면서 개념 전체를 단어들이 모자이크 같은 모양을 구성하고 있다. 어휘의 대조

---

16) 일본 고유어가 한국어 한자어에 대응하는 예가 적은 것이 지적되었다(예 : 危ない, 危険だ → 위험하다/諦める, 断念する → 단념하다/がっかりする, 失望する → 실망하다).

연구는 어떤 의미 분야의 어휘, 어떤 일정한 어휘장의 대조 분석을 가능케 한다.

예컨대, 한국어 「강」의 계열어장을 상정한다면, 그 크기에 따라 「강」－「내」－(「시내」)－「개울」처럼 3~4계열이 형성될 것이다.[17] 이에 대비되는 일본어 「かわ(川)」는 그러한 계열을 가지지 못한다. 큰 강에서부터 작은 개울에 이르기까지 모두 「かわ」이다. 다만 「시내」와 「개울」을 한자어인 「小川」로 구별하여 쓸 뿐이다.[18]

어휘장의 대조에서, 일본어에서는 결여적 대립을 보이는 것이 한국어에서는 시차적이지 않은 경우가 있다.[19] 일본어에서 '물'인 「みず」와 「ゆ」는 고온이냐 아니냐의 의미 특징에 따라 시차적으로 대립된 것인데, 한국어

---

17) Hellinger(1977 : 68)는 물에 관한 독일어 Fluss, Strom, Bach, Rimsal, See, Teich, Tümpel, Kanal과 영어 river, stream, blook, lake, pond, canal, channel을 대조했다.

18) 영어에서는 river-stream-brook의 3단계 계열을 보이며, 독일어에서는 Fluss-Strom-Bach-Rinnsal의 4단계 계열을 보인다.

19) Coseliu(1982 : 34)는 의미 특징의 시차적 대립에는 세 가지의 유형이 있다고 했다.

1. 결여적(privativ) : 어떤 특징을 가졌느냐 가지지 않았느냐 하는 것(예 : 음운론에서 유성과 무성의 대립, 비음화와 비비음화의 대립).

2. 단계적(graduell) : 하나의 특징 중 단계적인 차이가 대립적으로 취해지는 것(예 : 모음의 높이의 단계적 차이).

3. 동치적(equipollent) : 단계적도 결여적도 아닌 각각의 대립항이 대등한 입장에서 서로 대립하고 있는 관계에 있는 것(예 : 가축 : 소-말-돼지-개 등).

石綿敏雄・高田 誠(1970 : 168-169)는 여기에다 한쪽의 의미 특징이 다른 쪽에 포함되어 있는 포함적 대립을 추가하고, 이들을 각각 다음과 같은 그림으로 설명했다.(S와 s는 의미 특징)

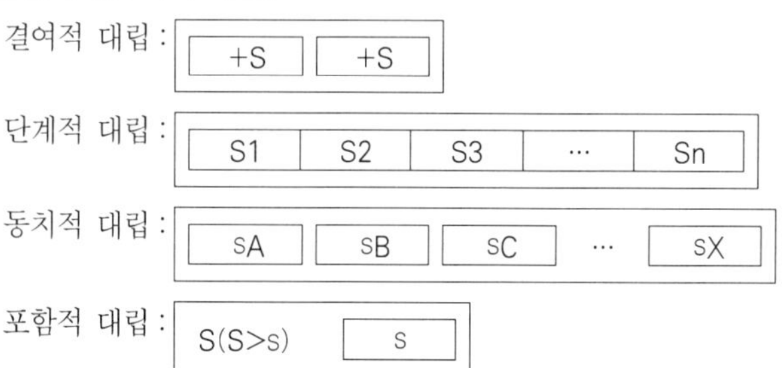

의 「물」은 그러한 시차성이 없다. 이는 영어나 독일어에서도 마찬가지이다('water'/'Wasser'). 단계적인 대립에 있어서도 언어에 따라 그 나뉘는 기준과 방법이 다르거나 단계의 간격이 서로 같지 않은 것이 있다.

지금까지 한·일 양 언어의 어휘 대조는 단어의 형태와 의미에 대한 유사성과 상이성을 밝히는 정도에 그칠 뿐, 계열어장의 대조 분석의 단계에까지 진입하지는 못했다. 특히 노무라(野村伸一, 1982)는 어휘 대조에서 양국의 문화에 관련지어 설명하려고 했다.

언어 행동이란 말을 사용하는 행동을 가리킨다. 언어 행동에는 여러 가지 요소가 관여하고 있는데, 발화의 시간과 장소, 상황, 화자와 청자와의 관계와 장면, 그리고 화자의 발화 의도와 목적 등이 이에 포함된다.[20]

언어 행동에 관한 대조 연구는 사회언어학적 요건에 따른 표현 형식의 변이와 비언어적인 행동 양식에 대한 것 등의 대조적 기술이다. 지금까지 양 언어의 대조 연구 중 이 방면에 관한 논고가 의외로 많았는데, 그 중에서도 경어법에 관한 것이 가장 두드러졌다. 이는 사회상과 관습, 역사적 맥락이 반영된 일본어 특유의 경어법이 한국어와는 상이하기 때문인 것으로 해석된다. 당초에는 경어 체계에 대한 논구가 중심이 되었으나, 그 후에는 경어 사용에 대한 연구가 활발해졌다. 이는 언어 수행과 담화에 대한 관심이 높아졌기 때문이다.[21] 양 언어의 경어법을 비교하면, 한국어는 對著 경어(상대 존칭)에서 대우 등급이 세분화되어 있는 반면, 일본어는 素材

---

20) Hymes(1972)는, Speech Event(발화 사상)는 그것을 구성하는 Speech Act(발화 행위)로부터 성립된다고 보고, 발화 행위를 8가지 종류와 16가지 요소로 나누었다. 즉 Act Sequence(행위의 연속), Act Situation(행위의 상황), Participants(참가자), Ends(목적), Key(키, 상태), Instrumentalities(도구), Norms(규범), Genre(장르) 등 8종류와 이 속에 포함된 Message form(메시지 형식), Message content(메시지 내용), Setting(장면), Scence(場), Speaker(화자), Addressor(발신자), Hearer(청자), Addressee(수신자), Purpose-outcomes(결과), Purpose-goals(목표), Key(상태), Channel(채널), Forms of speech(발화형), Norm to interaction(행동 규범), Norm of intepetation(해석 규범), Genre(장르) 등 16요소이다.

21) 梅田博之(2004 : 18)는 언어 교육에서 언어 구조 외에 담화나 언어 행동 등 언어 생활 면에서의 습관적 형(型)에 대한 연구와 교육의 필요성을 강조했다.

경어(주체 존대, 객체 존대)의 표현 형식이 다양하고 그 분포가 광범위하다는 점을 특징으로 들 수 있다.[22] 이에 관한 대조 논고로 유타니(油谷幸利, 1974), 오기노(荻野綱男, 1989, 1990, 1991), 池景來·모리시타(森下喜一, 1989), 洪珉杓(1992a,b), 朴正恩(1992), 全淑美(1995) 등이 있다.

이 밖에도 인사와 감사, 의뢰, 사죄, 거절 등과 맞장구 치기에 이르기까지 여러 종류의 언어 행동에 대한 대조 분석이 나왔다. 인사의 언어와 행동에 대해 논한 오쿠쓰(奧津敬一郎)·누마다(沼田善子, 1985)와 사죄·감사 표현을 다룬 오코시(生越まり子, 1993, 1994), 맞장구치는 말을 분석한 오코시(生越直樹, 1985), 전화상의 회화 등을 대조한 金秀芝(1993) 등을 들 수 있다. 언어 행동을 다룬 연구는 그 대부분이 언어 교육과 대조 연구의 형식을 취한 것이 특징이다.

이상에서 살펴보면, 양 언어의 대조 연구에서 관심을 끌었던 대목은 양 언어의 대응 요소 사이에 상이성이 현저하여 학습상 오류가 발생하기 쉬운 요소들이다. 바꾸어 말하면, 대조 연구의 대상이 된 것은 주로 양 언어가 가진 개별 언어적인 특수성이 현저하게 노출되는 논점이라고 할 수 있다.

3. 비대조 연구

일본에서 비교·대조를 전제하지 않은 한국어만의 단일 연구는 대체로 일본인 한국어학자에 의해 연구된 것이다. 일본에서의 현대 한국어 연구

---

22) 일본어 경어법의 변천은 고대의 絶對 경어에서 현대로 오면서 相對 경어로 바뀌었다. 이는 계급적 신분 관계가 쇠퇴하고, 사회의 인간 관계가 바뀜으로 형성된 역사적인 산물이다. 일본의 현대 경어는 유동적인 사회 관계의 적응을 겨냥한 상호적 社交 경어이며, 장면적인 受惠 경어의 특징을 지니는 한편, 對者 경어화하는 경향을 보여 준다.

는 고노(河野, 1955)에서 출발하여, 70・80년대에는 우리나라에 유학 온 일본학자들이 귀국하여 활약하는 양태를 보여 주고 있다. 이 절에서는 분야에 따라 인상적인 연구 내용 몇 토막을 소개하는 것에 그칠까 한다.

음성에 관한 연구는 60년대부터 시작되었는데, 스펙트로그라프 등의 분석 기계를 이용한 음향음성학적 연구가 주류를 이루었다. 우메다(梅田, 1965a, 1965b)는 한국어 모음의 지속 시간을 기계음성학적으로 분석했고, 자음 중 경음의 물리적 성질과 파열음, 파찰음, 마찰음의 특징을 밝혔다. Kagaya, R.(1974)는 파열음과 마찰음 계열을 파이버스코프를 이용하여 음성생리학적으로 연구했고, 사와시마(沢島政行他, 1980)는 음절말 자음의 후두 조절에 대한 음성적 특징을 정밀하게 분석했다.

문법 연구는 대조 연구의 주제와 마찬가지로 조사 등 품사와 문법 범주에 관한 것이 대부분이었다.

조사 연구에 있어서는 우메다(梅田)・무라자키(村崎, 1982a)의 한국어 조사의 하위 분류가 눈에 들어온다. NP 중 VP의 핵인 동사가 대상어를 취하는 경우를 격조사라고 했고(-이/-가, -을/-를, -에게, -한테, -께, -에게서, -한테서), 그 외의 것을 부사절 형성 조사(副助詞)라고 했다(-에, -으로, -으로(서), -까지, -(에)서, -부터, -보다, -밖에, -마다, -씩, -대로, -처럼, -같이, -만큼, -끼리, -쯤, -때문에, -위하여, -따라). 이른바 특수조사(보조사)는 강조의 조사라고 했다(-는, -도, -만, -뿐, -이나, -라도, -까지). 그러면서도 「-마다」, 「-씩」, 「-끼리」, 「-쯤」은 접미사일 가능성이 높다고 하여 범주상의 동요를 배제하지 않았고, 「-밖에」, 「-같이」와 「-때문에」, 「-위하여」, 「-따라」, 「-뿐」 등은 조사로 처리할 수 있을지 의문이라고 했다(菅野, 1997 : 10).

오쿠다(奧田一広, 1976)는 「-을/-를」의 분포에서 명사 상당어구에 붙는 경우를 대격 조사로 보고, 부사 아래에 붙거나 용언의 어미 「-아/-어」와 「-지」에 승접하는 것은 표현을 강조하기 위한 첨가라고 규정했다.

이 밖에도 오에(大江孝男, 1958)는 용언의 종결형 중 직접법의 서술형과 의문형의 체계를 재구축하려고 했다. 종결 어미의 대자 경어법을 3단계로 설정하여 정녕형(종래의 상칭)과 특별한 종류의 정녕형(종래의 중칭), 그리고 비정녕형(종래의 등칭과 하칭과 반말)로 나누었다. 이로써 형성되는 체계는 아래와 같은 입체형의 구조가 되었다.

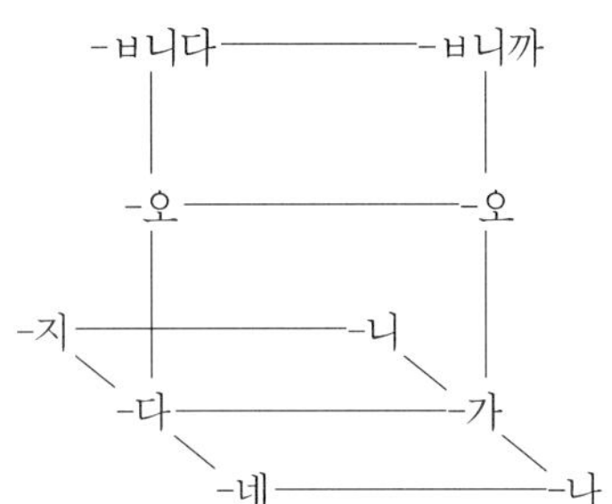

그림이 보여 주는 것은 서술형과 의문형의 대립, 수직으로 대자 경어 3단계의 대립, 수평으로 화자의 자기에 대한 확신 유무와 청자에게 자기 판단을 보이는 것의 대립 체계이다. 이러한 구조도가 기계적으로 구축될 수 있는지는 재고되어야 할 것이다.

한편, 유타니(油谷幸利, 1978)는 상(aspect)을 "동사가 나타내는 동작·작용을 그 외적 측면 및 내적 시간 구성이라는 측면에서 파악한 문법적 의미"라고 정의했다. 현대 한국어 상의 형식소로 「-고 있다」, 「-어 있다」, 「-기 시작하다」를 설정하고, [±상태성], [±결과성], [±순간성]의 상적 소성으로 동사를 6구분했다.

- A류 [+상태, +결과] : 감사하다, 믿다, 느끼다 등
- B류 [+상태, -결과] : 형용사, 존재사, 모르다 등
- C류 [-상태, +순간, +결과] : C_1 : 가지다, (눈을) 감다, 맡다 등
  C_2 : 남다, 눕다, 뺀다, 붙다, 붓다 등
- D류 [-상태, +순간, -결과] : 그치다, 결혼하다, 느끼다, 다치다, 닮다 등
- E류 [-상태, -순간, +결과] : E1 : 달다, 매다, 벗다 등
  E2 : 뜨다, 마르다, 변하다, 솟다 등
- F류 [-상태, -순간, -결과] : 기다리다, 걸다, 가다, 달리다, 걷다, 놀다,
  먹다, 보다, 오르다, 울다 등

한국어의 동사 분류에 관여하는 상의 종류를 계속상(durative), 진행상(progressive), 결과상태상(resultative), 반복상(iterative), 시동상, 습관상(habitual)으로 나누었다. 또한 여러 종류의 동사가 「-고 있다」형과 「-어 있다」형을 취할 수 있는지와, 취할 경우의 각 동사가 나타내는 상적 의미를 다음과 같이 상정했다.[23]

	A	B	C1	C2	D	E1	E2	F
-고 있다	결	–	결	반	반	진/결	진	진
-어 있다	–	–	–	결	–	–	결	–

현대 한국어의 방언 연구에 관해서는 악센트와 모음의 음성적 분석이 압도적으로 많았다. 지역 방언으로 우메다(梅田, 1961, 1972a)의 경북 칠곡 방언과 영산 방언 악센트, 오에(大江, 1976a, 1977b)의 대구, 진주, 안동 방언 악센트, 간노(菅野, 1972)의 경남 방언 악센트 체계, 다무라(田村, 1985)의 전남 여수시 방언 악센트, 후쿠이(福井, 1992)의 경남 거창 방언 악센트 등이 연구되었는데, 소위 고저 악센트를 가진 지역의 방언이 조사 대상이 되었다. 방언 악센트 외에 음성적 연구로는 핫토리(服部, 1981, 1985)의 서울 방언의 모음 체계 변화, 우메다(梅田, 1960)의 제주 방언의 음소 체계와 야스다(安田, 1968)의 제주 방언 접미사 연구가 눈에 띈다.

한국어의 역사적 연구에 있어서는 음운 방면에 고노(河野, 1951, 1953)의 중세 한국어 성조 실태 연구를 필두로 하여 핫토리(服部, 1974, 1975, 1978)의 중세어의 모음 체계와 모음 조화, 가도와키(門脇, 1982, 1986)의 중세 한국어의 모음 조화와 성조, 후쿠이(福井 玲, 1985)의 중세어 악센트 체계와 복자음의 발음, 사이시옷 등이 있다. 한자음의 연구로는 고노(1968)의 「朝鮮漢字音の研究」를 위시하여 조선 고대 한자음 연구에 아리사카(有坂秀世), 마부치(馬淵和夫, 1973, 1975, 1980) 등과 후지이(藤井茂利, 1969, 1970), 하시모토(橋本万太郎, 1973a, 1973b)가 뒤를 이었다.

---

23) 이와 같은 분석에 대해 李南淳(1998 : 42-45)은 부분적인 반론을 제기했다.

문자에 관한 연구로는 한글 문자론에 대한 고노(1989), 나카무라(中村完, 1968) 등의 논구가 있는데, 나카무라(中村)는 1983년부터 3년 간에 걸쳐 "訓民正音の世界"(1)-(8)를 발표했다. 구결(토)에 관해서는 간노(菅野, 1981), 나카무라(1976b, 1980), 후지이(藤井, 1979) 등이 있고, 이두에 관한 것도 나카무라(1968b, 1976a)의『大明律直解』검토가 있다.

문법 분야에서는 역시 고노(1946, 1948, 1950)의 중세 한국어 문법의 완료, 과거 시제 등의 연구를 중심으로 하여, 오에(大江, 1958, 1968)의 선어말 어미「-오-/-우-」, 시베(志部, 1972, 1975)의 중세어 의문법, 원망법, 진술법 어미, 후쿠이(福井, 1987)의 초간본『杜詩諺解』의 사이시옷 용법 등이 고찰되었다.

이 밖에도 고문헌 자료의 연구도 병행되었는데,『物名攷』,『千字文』,『類合』,『楞嚴經諺解』등이 영인과 함께 색인, 해제되었고, 특히 京都대학의 하마다(濱田 敦)와 야스다(安田 章)에 의해『捷解新語』,『倭語類解』,『交隣須知』,『隣語大方』등이 영인되고(1957-1966년간) 해제되었다.[24]

지금까지 일본에서 행해진 한국어의 연구사를 세 갈래의 관점에서 총람했고, 특히 한·일어 대조 연구에 대한 원리와 방법과 과제에 대해 중점적으로 논했다. 연구자가 일본인 학자이든 한국인 학자이든 관계없이 일본 땅에서 수행된 연구 업적만을 대상으로 했다. 다만 대조 연구에 관한 논의는 대조 연구가 양 언어를 쌍방적으로 다루는 것이기 때문에 이론적인 근거와 연구 방법을 설명하기 위해 부득이 국내에서 연구된 것을 참조하는 형태가 되었다.

일본에서의 한국어 연구는 당초 한국어 학습을 위한 것에서부터 출발했으나, 그 후 오늘에 이르기까지 이론언어학적 관점에서 각 분야에 걸쳐 다양하게 연구되어 왔다. 이를 연구 대상으로 살펴보면, 한국어만을 대상으로 한 단독 연구와 일본어와의 비교 연구로 나뉜다. 비교 연구는 양 언어

---

24) 쓰지(辻 星児 1997 : 86-88)는 조선어 자료 연구의 과제로 ① 각 자료의 공시적 기술의 필요성, ② 음주(音注)·대역자료의 이점과 특징을 최대한으로 살린 연구의 진전, ③ 대조 연구의 진전, ④ 자료의 발굴과 간행 등을 들었다.

의 친족 관계를 구명하기 위한 역사·비교언어학적(계통적 비교) 연구와 양 언어를 외국어로 학습하기 위한 언어 교육을 목적으로 한 응용언어학적(대조적 비교) 연구로 양분된다.

시대적인 연구의 추이 방향은 대체로 비교 연구에서 대조 연구로, 문헌 연구에서 실증적 연구(실험 연구와 실지 표본 조사 연구)로, 고어 연구에서 현대어 연구로, 이론적 연구에서 실용적 연구(언어 행동 등)로 이행하는 경향을 보여 주었다.

한·일 양 언어의 대조 연구는 지난 30여 년 동안의 양적 성과에도 불구하고 질적 성과에는 미흡한 점이 많다. 연구 결과물의 대다수가 양 언어의 동질성과 이질성을 분석 기술하는 데 그쳐, 그것이 형성해 낸 학술적 가치를 높이 평가하기가 어려운 실정이다. 이로써 한·일어 대조 연구는 아직 그 체계가 완벽하게 정립된 단계가 아니며, 이 시점에서 양 언어의 언어 교육에 직접적으로 적용되는 단계에도 이르지 못했다고 할 수 있다. 따라서, 양 언어 대조 연구의 성과가 가지는 학술적 의의를 심층적으로 분석하기에는 시기상조인 감이 있으며, 이는 앞으로의 과제라고 생각된다.

다만 양 언어의 동질적 가치에 대한 함수 해석과 이질적 가치에 대한 원인 해석을 통하여 언어의 본질적인 원리에 접근하는 길을 마련하였다는 것과 양 언어의 공통적인 관심사와 공통적인 난제에 대해 공통적인 열쇠를 공유하게 되었다는 점은 대조 연구의 공헌이라 할 수 있다. 즉, 우리말의 열쇠로 일본어의 자물쇠를 열 수 있고, 그 반대도 가능하다는 것이다. 또한 일본인의 한국어 교육과 한국인의 일본어 교육의 목표와 지향점, 그리고 구체적인 교육 방법에 관한 실질적인 실마리와 자료를 제공하게 된 것은 빼놓을 수 없는 성과이다.

그러나 이 글은 한·일어 대조 연구가 안고 있는 과제와 향후 나아가야 할 방향을 제시하는 데 역점을 둔 것이다. 앞으로 양 언어의 대조 연구는 양 언어를 외국어로 학습하는 언어 교육에 활용되는 것을 전제로 연구·분석되어야 하며, 일반 번역이나 기계 번역 등에도 활발하게 응용될 것을 예측할 수 있어야 할 것이다. 일본에서의 한국어 연구는 지금 양국이 긴밀하게 모든 학술적 정보를 공유하고 있는 이상, 우리나라 국내에서 연구되는 학문적 추이와 보조를 같이하여 연구되고 발전될 것이다. 우리의 관심사는 그들의 관심사이다.

제2장 ┃ 한 · 일어 대조 연구의 과제와 전망

1. 대조언어학의 연구 동향

1.1. 대조 분석에서 대조언어학으로

B. Whorf(1941)는 다음과 같은 선견적인 지견을 술회한 적이 있다.

> "단일한 민족으로부터 각각 파생하여 기원을 같이 하는 어족으로 이 지구상
> 의 여러 언어들을 분류하여, 시대와 함께 그 발전의 자취를 더듬는 연구가 큰
> 성과를 거두고 있다. 그 결과는 비교언어학(comparative linguistics)이라고
> 불리는 것이다. 금후 사고 방법의 기술에 있어 보다 중요하게 진전되고 있는 것
> 은 소위 대조언어학(contrastive linguistics)이다. 이는 문법, 논리, 경험의
> 포괄적 분석 등 언어 사이에 있는 현저한 상위점을 분명하게 하는 것이다."

Whorf의 이와 같은 언급은 언어의 대조 연구에 대해 처음으로 대조언
어학이라는 용어를 썼다는 것과 대조언어학의 연구 범위와 성격, 방법을
규정했다는 점에서 큰 의의를 가진다. 또한 대조언어학이 독립된 언어학
의 한 영역으로 존립할 수 있는 가능성을 시사한 것도 간과할 수 없다.

대조언어학은 언어의 대조 연구를 통해 개별어의 언어 특성을 밝히고,
언어의 본질을 추구하는 언어학의 한 영역이다. 언어학사상 두 언어 간의
대조 분석(contrastive analysis)이 언어학적인 계통 위에서 처음으로 논의

된 것은 미시간대학 영어연구소 소장이었던 Lado(1957)의 「Linguistics across Cultures」(언어와 문화)에서 비롯되었다. 「Applied Linguistics for Language Teachers」를 부제로 한 이 책에는 외국어 교육에 대하여 언어학적 배경을 제공하려는 여러 논문들이 게재되었다. 영어와 스페인어를 중심으로 음운, 문법, 어휘, 표기 체계와 문화적인 면을 대조한 것이다. 그 후 미국에서의 대조 분석은 워싱턴대학과 하와이대학에서도 행해졌는데, 특히 워싱턴DC에 있는 「응용언어학 연구센터」(The Center for Applied Linguistics)의 대조 연구가 주목된다. Moulton(1962), Kufner(1962), Stockwell & Bowen(1965), Agard & Di Pietro(1966) 등 독일어, 스페인어, 이탈리아어, 러시아어, 프랑스어와 영어와의 음운과 문법의 대조 연구가 행해졌다. 이는 1960년부터 6년 간 이 센터와 미국 문부성과의 계약에 의해 연구된 5개 언어와 영어와의 대조 연구 시리즈의 결실이다. 그 후 이 센터에서는 소종족과 동구권의 여러 언어를 대상으로 한 대조 연구가 진행되었다(Nemser, 1970).

한편, 인디애나대학의 대조 언어 연구는 주로 우랄·알타이어 연구에 한정되었으며(Nemser, 1961), 영어와 헝가리어를 대조한 Kiefer(1967)도 있다.

유럽에서는 1960년 중반 독일어권을 중심으로 한 대조 프로젝트가 수행되었고, 그 결과 70년대 전반에 와서 대조 방법론에 관한 연구 성과가 나왔다. 1970년과 1971년, Mannheim에 있는 「독일어연구소」(Institut für deutsche Sprache)에서 나온 논문집 「Sprache der Gegenwart」 8집과 17집에 "대조문법의 문제점"(Moser, 1970)과 "구조통사론의 문제와 대조문법"(Moser, 1971) 등이 발표되었고, 그 후 10여 년 동안 서독을 중심으로 한 대조 연구가 활발해졌다. 대조언어학의 틀과 방법론에 대한 개별 연구로는 Burschmidt &, Götz(1974), Hellinger(1977), James(1980), Reiner(1983) 등이 있는데, 이들은 모두 독일어와 영어를 대조한 것이다.

일본에서는 일찍부터 영어 교육 분야에서 대조적 시각으로 연구한 것이 있으나, 독자적인 대조언어학의 연구는 미국이나 유럽보다 늦은 1970년대

중반 경에 시작되었다. 이는 일본에서의 일본어 교육과 외국어로서의 일본어 교육의 필요성에 의해 시작된 것이다. 1974년 国立国語研究所에 「日本語教育部」가 설치되었고(76년에 「日本語教育센터」로 개편), 「外国語としての日本語」의 연구 프로젝트로 본격적인 대조언어학적 연구가 출범한 것이다. 가장 먼저 착수한 것이 일본어와 독일어의 대조 연구로, 국립국어연구소는 최초의 보고서인 「言語行動における日独比較」(1984)를 내놓았다. 그 후 「독일어연구소」(IDS)와 일 · 독 문화 협정을 체결함으로써 77년~80년까지는 공동 연구 프로젝트인 「日独語の対照言語学的研究」를 수행하게 되었다. 연구 대상은 주로 양 언어의 언어 생활과 언어 의식, 인사 행동, 쇼핑 · 길 묻기, 신체의 공간적 위치 · 거리 등 언어 행동에 관한 실용적인 내용이었다. 그 후 국립국어연구소는 어휘 분야에 대한 대조 연구에 착수하여 「日独仏西基本語彙対照表」(1986)의 보고서를 냈다. 이 보고서는 일본어, 독일어, 프랑스어, 스페인어의 기본 어휘에 대한 어휘 항목을 의미에 따라 배열하여 일람할 수 있게 한 것이다.

한국어와의 대조 연구는 후술할 것인 바 1995년부터 4년 간 한국인을 위한 일본어 교육 프로그램으로 진행되었고, 연구 결과는 1997년 두 권의 보고서로 나왔다. 이처럼 일본의 대조언어학은 30여 년이란 역사 속에서 외국인을 위한 일본어 교육이라는 방편적인 연구로 전개되어 오늘에 이르고 있다.

어쨌든 대조언어학은 지난 반세기 동안의 역사에서, 언어학의 한 하위 영역으로 존립하기 위해 학문으로서의 독자성과 고유한 연구 방법과 이론 체계가 정립되어야 하는 과제를 안고 오늘에 이르고 있다. 이는 대조 분석이라는 이름으로부터 발전하여 대조언어학으로 정착하는 데 반드시 구비되어야 할 필연적인 전제 조건이라 생각된다.

1.2. 응용언어학으로서의 성격

1965년 유고슬라비아에서 개최된 「근대어 교수국제연합」(Fédération

Internationale de Professeurs de Langues Vivantes)에서 언어의 대조 연구에 대한 10가지 권고 사항을 내놓았다.

① 언어 이론의 연구가 정착되지 않은 상태에 관계없이, 대조 연구는 교수상의 가치가 인정될 만한 것이다.
② 대조 연구는 세계의 주요 언어에 한정되는 것이 아니다.
③ 대조 연구는 첫째 이론적 의의를 가진 것에 관하여 행해지는 것이고, 둘째 교수의 실천 면의 가치 때문에 행해져야 한다.
④ 대조 연구는 교사를 위한 교수법의 보조 수단 중의 하나에 지나지 않는다고 생각해야 한다.
⑤ 대조 연구는 문장 구조의 레벨에 머무르지 않고, 담화의 구조, 의미론, 사회 문화, 심리언어학의 레벨에까지 들어가야 한다.
⑥ 대조 연구는 어린이의 모국어 습득의 발전 단계에 대한 연구에 관해서도 행해져야 한다.
⑦ 음운론에서의 대조 연구는 조음 자질(articulatory feature)에 기초하여 행해져야 한다.
⑧ 대조 연구는 같은 종류의 규준이나 모델을 사용하여 행해져야 한다.
⑨ 이 연합회의에는 앞으로 언어 교육에 관계 있는 수준 높은 이론적 문제를 연구하고 있는 대표자들의 참가해야 한다.
⑩ 이론과 응용 면의 대조 연구에 대한 국제적인 심포지엄을 베풀 가능성을 검토해야 한다.

위의 ①, ③, ④, ⑥항에서는 언어의 대조 연구가 언어 교육에 직결되어 있는 것을 보여 주고 있다. 그 중에서도 ④항은 대조언어학이 언어 교육을 위한 방편적인 보조 수단이 되고 있다는 사실을 말해 준다. 이는 그만큼 대조언어학과 언어 교육이 긴밀한 유기적 관계를 맺고 있음을 뜻한다. 언어의 대조 분석이 효율적인 언어 교육의 성과를 위해 태동했기 때문에 더욱 그러하다.

대조언어학의 발달은 자국민의 외국어 교육과 외국인의 자국어 교육의 장에서 발생하는 문제를 해결하는 기반이 된다. 대조언어학의 연구 성과는 외국어 교육에 직접적으로 응용되며 그 기초가 되는 것이다. 대조언어학은 두 개 또는 그 이상의 언어의 음운(음성), 어휘, 문법 등 언어 체계와 이를 사용하는 행동인 언어 행동의 여러 부분을 대조하여, 무엇이 서로 대응하며 그렇지 않은지를 밝히는 언어 연구의 한 분야이다. 따라서, 대조 언어학은 언어 교육의 수업 경험에서 발생하는 것이라고 말하기도 한다. 나아가서, 대조 분석의 결과물은 언어 교재, 교과 과정, 평가 및 조사 연구 등에 직접 활용된다. 특히 양 언어 사이에 노출되는 상이점의 분석은 특정 언어 학습자가 범하기 쉬운 오류를 예측하고, 그것에 따라 언어 교재에 언어학적 입력을 제공하는 것이다.

응용언어학자들이 대조 분석을 낳았다고 할 수 있다. 언어교육학자들은 외국어 교육의 효과를 제고하기 위해 학습자의 모국어와 목표 언어인 외국어와를 비교 · 대조하여 학습상의 곤란 부위를 예측하는 것을 목적으로 하고 있다. 검증이 끝난 예측 결과는 교재 편집, 지도상의 강조점으로 활용된다. 이러한 점에서 보면, 대조언어학은 응용언어학의 하나인 언어교육학을 위한 방편적 성격을 띠는 도구적 학문으로 인식되기도 한다. Whorf 이래, 대조 연구의 이론적 의의는 외국어 교육과 이중언어 사용에 관한 연구에 응용적 연구를 도입했다는 데 있다. Reed, Lado & Shen (1948)은 "The Importance of the Native Language in Foreign Language Learning"에서 대조 연구를 실제 외국어 수업에 적용하기 위한 기초 연구의 길을 열었다.

대조언어학에 인접된 연구 분야로는 비교언어학(comparative linguistics) 과 언어유형론(language typology)이 있다. 비교언어학은 개별 언어 사이의 음운 대응의 법칙을 찾아 역사적, 발생적 친연 관계를 밝히려는 것으로, 역사언어학적 성격을 띤다. 연구 대상이 되는 언어는 조어(祖語)와 그의 하위 언어, 즉 역사적으로 동계 관계에 놓여 있거나, 그것이 예상되는 것에 한정된다. 연구의 초점도 양 언어 간의 상이점보다는 공통점을 밝히는 데 있다. 이에 반해 대조언어학은 어족에 관한 계통적, 역사적 관계를 전혀 고려치 않고, 공시적으로 어떠한 언어끼리라도 언어 체계와 그 대응 요소들을 대조할 수 있다. 연구의 역사를 보더라도 비교언어학이 대조언어학보다 100년을 앞선다.

언어유형론은 여러 언어들 사이의 유사점에 따라 유형적으로 분석하는 것인 만큼, 역사적인 친연 관계를 고려하지 않는 점으로 보면 대조언어학과 통한다. 그러나 유형론은 유형의 보편성을 찾는 것이 목적인 데 반해, 대조 연구는 언어의 개별성을 찾아 개별 언어 사이의 유사점과 상이점에 대한 구체적인 사실을 중시하는 데 차이가 있다.

대조언어학이 이론언어학인가 응용언어학인가 하는 문제에 있어서는, 외국어 교육에 대하여 언어학적 배경을 지원하려는 데에서 발전했다는 점으로 보면 응용언어학적 성격이 농후하다. 대조언어학은 개개의 언어 사실에 대한 이론을 축적하여 개별 언어 전체를 보려는 점에서 구체적이며, 통합적인 특징이 있다. 생성문법적인 수법으로 대조 연구를 시도한 Di Pietro(1968 : 14)는, 언어의 대조 분석은 지난 25년에 걸쳐 행해진 언어 과학의 소산이라고 했다. 이에 비해 언어유형론은 몇 가지 언어적 특징을 취하여 여러 언어 체계에 대한 특징의 유무를 논하고, 그러한 현상을 설명하여 이론의 체계를 모색하는 점에서 이론언어학의 성격을 띤다. 언어 사이의 보편적인 사실을 추구하는 점에서도 그러하다.

대조 분석에 있어 구조언어학의 공시적 접근 방법과 언어학적 응용을 적용하게 된 것은 이중 언어 사용에 대한 연구와 관련되었다. Weinreich(1953)의 "Language in Contact"는 이중 언어 사용의 환경에서, 언어의 음운, 문법, 어휘상 서로 영향을 주는 것을 이해하기 위한 개념적 구조를 제시했다. 그 후 이론으로서의 대조 연구가 발전적으로 나타난 심도 있는 연구로 Harris, Z.(1954)의 논문 "Transfer Grammar"(전이문법)을 들 수 있다. 언어를 대조·비교하기 위해 그가 제안한 구조식은 Rsl+(Rtl-Rsl)=Rtl이다. 목표 언어(target language)의 규칙(Rtl)은 모국어(source language)에 나타나지 않는 목표 언어의 규칙을 모국어의 규칙(Rsl)에 더함으로써 이뤄진다는 것이다.

한편, Dingwall(1964)은 "Transformational Generative Grammar Contrastive Analysis"에서 언어의 대조 연구에 변형문법이 어떻게 적용될 수 있는지에 대해 설명하고 있다.

대조언어학의 연구 목적은 어디까지나 언어 전체의 체계에 대해 그 유사점과 상이점을 명시적으로 기술하는 것이다. 그러기 위해서는 언어의 음성·음운, 문법, 어휘, 언어 행동 등 전 분야에 걸쳐 각각 구체적으로 대조 분석하고, 그 결과를 총괄적으로 종합하는 방향으로 진행하는 것이 순서일 것이다.

1.3. 연구 방법

대조언어학의 연구 방법은 세 가지 점에서 고려되어야 한다. 이에 대한 이시와다(石綿敏雄)·다카다(高田 誠, 1990 : 12-24)의 입론을 간단히 소개하고자 한다.

첫째, 등가(等價)와 비교 제3항(tertium comparationis)의 원리이다. 이는 두 언어에서 서로 대응하는 요소를 명확히 하는 것으로, 무엇과 무엇, 어느 부분과 어느 부분이 서로 등가(equivalent)인가를 정확히 파악하는 절차이다.

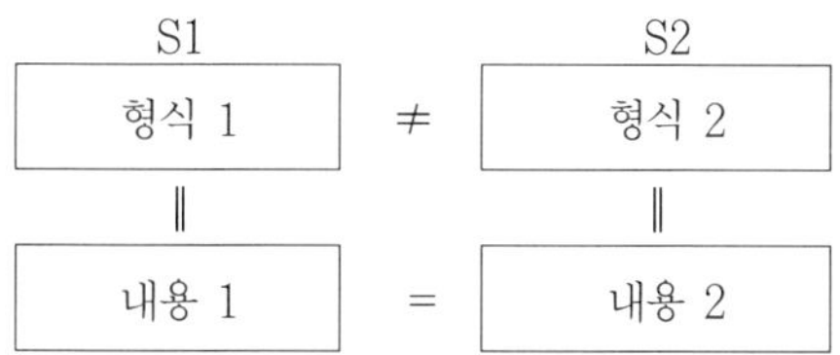

위의 그림에서, 두 언어 기호(S1, S2)의 형식 1과 형식 2는 서로 다르지만, 그것이 지시하는 내용 1과 내용 2가 서로 같다고 하면, S1과 S2는 서로 대응하는 언어 기호로 인정된다. 이들은 동일 내용을 가진 상이한 등가 형식으로 취급되는 것이다. 형식 1과 형식 2는 직접적으로 비교될 수는 없지만, 내용 1과 내용 2가 서로 같다고 하는 제3항을 매개로 하여 등가를 형성하는 것이다. 비교되는 제3항을 tertium comparationis(비교 제3항)이라 한다. 이는 수학이나 논리학에서 직접적인 등가가 아닌 두 개의 논항

A,B에 대해, A = C와 B = C의 등식으로 인해 A = B가 성립되는 것을 말한다. 여기에서는 '내용 1 = 내용 2'라는 것이 비교 제3항의 역할을 한다. 이때 내용이라는 애매한 용어는 문장이나 단어가 나타내는 의미, 또는 지시물(referent)에 해당한다. 등가의 대상 범위에는 이들의 표현이 가지고 있는 언어 행동적 기능도 포함하며, 형식에 있어 통사적 구조가 서로 달라도 전달상의 기능이 같으면 등가로 다룬다.

결국 '등가'란 표현이 지시하는 지시물이 같거나 그것을 지시하는 문의 의미가 서로 대응하고 있는 두 개의 표현, 나아가 전달 상의 기능이 서로 같은 표현 사이에 성립하는 가치를 말한다. 그러나 실제로 두 언어 사이에 지시물이나 의미, 전달상의 기능이 완전히 같은 것은 예상할 수 없다. 그러므로 등가란 의사적(擬似的)으로 가치가 같다는 것을 지칭하는 말이다. 이러한 검증을 거친 대응 요소를 뽑아 내어 이들 사이의 의미 기능이 어디에서 어떻게 불일치하며, 피지시물의 범위는 어디까지 겹치며, 전달상의 기능 대응의 일탈이 어디에 있는가를 분석 기술하게 된다.

둘째는 전이와 간섭이다. 이러한 단계는 이미 대조 연구가 언어 교육의 입장에 서 있다는 것을 말해 준다. 외국어 교육의 궁극적인 목표는 목표 언어(target language)를 모국어 화자와 같은 수준으로 구사하는 언어 능력을 체득하려는 것이라 할 수 있다. 그러나 이중 언어 화자에 있어서도 목표 언어를 모국어만큼 완벽하게 사용할 수 있는 언어 능력을 가진다는 것은 불가능한 일이다. 그러므로 중간 언어(interlanguage)를 상정할 수밖에 없는데, 이는 모국어와 목표 언어 사이에서 동요하는 불완전한 언어를 말한다. 이러한 불완전한 부분을 보완하기 위해 모국어가 가진 여러 가지 수단을 쓰기도 하는데, 이러한 대체의 수단을 쓰는 것을 일반적으로 전이(transference)라고 한다.[1] 다시 말하면, 어떤 언어의 특성을 다른 언어에 옮기는 과정을 일컫는다. 이때 전이가 마이너스로 작용하는 경우를 간섭(interference)이라고 하며, 외국어 학습 과정에서 나타나는 오류(errors)를

---

1) Jakobovits(1970) "Foreign Language Learning", Newbury House에서는 전의의 의미와 그 효과를 어학 교사에게 강론하는 내용이 들어 있다.

간섭에 의한 것으로 생각하는 것이다. 전이와 간섭은 대조 분석의 심리적 관련성을 말해 주는 것이다. 따라서, 간섭에 관한 연구는 심리학자와 언어학자가 공동으로 수행해야 할 성격을 지니고 있다. 이로써 대조 분석을 위한 심리학적 연구의 의의를 인정해야 할 것이다. 외국어 교육에 있어서 간섭이 일어날 가능성을 예측하여, 그것에 대응한 교육상의 배려를 하는 것은 이것이 학습상의 예방 효과로 작용하여 학습자에게 효율적인 학습을 가능하게 할 것이다.

Hellinger(1977 : 12-17)는 간섭의 유형을 다음 다섯 가지로 나누어 설명했다.

① 치환 : 모어에 없는 항목을 비슷한 것으로 임시 변통해 쓰는 것
② 지나친 구별, 구별의 부족 : 의미의 대립이나 음운의 대립에서 모어의 대립을 가지고 들어가는 현상
③ 모어 규칙의 과도(과소) 적용 : 동일한 규칙이 양 언어에 있을 때 모어 쪽의 규칙을 대상 언어에 전용하는 것이 지나치거나 그 정도가 부족한 결과가 되는 경우
④ 과도한 규칙화 : 학습하고 있는 언어 내의 규칙을 과도하게 맞추는 간섭으로, 이미 배운 규칙으로부터 유추하여 자신이 규칙을 만들어 버리는 현상
⑤ 지나친 수정 : 학습 대상의 언어 내부에서 발생하는 유추로, 과도 수정을 해 버리는 간섭

Di Pietro(1966 : 13)는, 대조 분석의 이론적 근거는 대조되는 언어의 문법 체계로부터 심리적, 생리적인 상관 관계를 얻으려는 모든 노력에 의해 강화되고 있다고 했다.[2]

일반적으로 간섭은 모국어가 외국어를 간섭하는 것이지만, 때로는 이미

---

2) 심리적인 면의 어학 교육 이론에서 어린이들의 언어 습득과 모국어 이외의 언어를 배우는 성인들의 언어 습득 사이에는 상위점이 관찰된다. 어린이들은 주위의 하나 또는 그 이상의 언어의 특성과 함께 언어를 통한 전달의 기초를 습득하지 않으면 안 되지만, 성인들은 하나 또는 그 이상의 언어와 마찬가지로 언어 전달의 본질적인 사항을 이미 습득하고 있다는 점이 서로 다르다. 어떤 언어를 새로 학습하려고 해도 성인들은 이미 알고 있는 언어와의 비교를 필연적으로 행하는 것이다(Di Pietro 1966 : 13 참조).

학습한 제2의 언어가 그 뒤에 학습하는 제3의 언어를 간섭하는 경우가 있고, 그와는 반대로 제3의 외국어가 제2의 외국어에 영향을 미치는 현상도 나타난다. 그런가 하면, 간섭은 그 언어 내부에서 발생하는 경우도 있다. 이미 습득한 규칙으로부터 여러 가지 유추를 작용시켜, 결과적으로 두 언어에는 없는 표현을 만들어 내는 현상들 두고 이른다.[3)

셋째는 오용 분석이다. 학습자가 범하는 오류를 분석하여 간섭 현상을 제거하고, 오용의 예방에 도움을 주려는 장치를 말한다. 흔히 외국어 학습에서 생기는 오류는 유추(analogy) 과정의 확대에 따른 과도한 일반화(overgeneralization)가 원인이 된다. 오용에는 두 가지가 있는데, 간섭으로 발생하는 오류와 단순히 잘못 말한 것이거나 기억이 잘못된 것, 또는 학습 부족으로 인한 것도 있다. 양자는 엄격히 구별되어야 하는데, 오류가 간섭에 의한 것인지 단순히 잘못 말한 것인지를 식별하기는 쉽지 않다. 이를 구별하기 위해서는 많은 오용의 예를 수집하여 양적인 경향을 가지고 추정할 수밖에 없을 것이다.

2. 한·일어 대조 연구의 실태 분석

2.1. 연구사적 개관

일본이 한국어에 대해 관심을 가졌던 시기는 에도(江戸) 시대로 거슬러 올라간다. 이때는 양국 간에 교역이나 문화 교류를 위한 방편으로 상대 국어를 익혀야 했던 시기이다. 따라서, 국내에서도 일본어 학습서와 역관의 과시용으로 쓴 교재들이 여러 권 나왔다. 그 후 메이지(明治) 시대부터는 일본어의 계통 문제를 밝히기 위해 한국어를 연구한 것으로, 양 언어

---

3) Weinreich(1953)는 여러 지역의 언어 접촉, 이중 언어 사용에 대한 간섭에 대해 다루었다.

의 동계설에 대한 본격적인 논저들이 나오기 시작했다. 이는 대개가 한 ·
일 양어의 친연 관계를 밝히기 위한 역사 · 비교언어학의 일환으로 모색
된 것이다.

 일본에서 본격적으로 현대 한국어를 연구하기 시작한 것은 고노(河野六
郎, 1955)에서 비롯되었다고 할 수 있다. 당시에는 일본 내에 한국어를 연
구하기 위한 제반 여건과 환경도 조성되었다. 1950년 天理大學에 朝鮮学
会가 창설되었고, 1963년에는 大阪外国語大学에 朝鮮語学科가 설립되었
다. 또한 1977년에는 東京外国語大学 朝鮮語学科가 설립되는 등, 70년대
와 80년대에 이르러 일본어 교육의 열기에 편승하여 한국어와의 대조 연
구가 활발해졌다. 특히 국립국어연구소의 일본어 교육센터에서는 1992년
부터 4년 간에 걸쳐 「日本語教育の内容と方法についての調査研究, −朝鮮
語を母語とする学習者に対する教育−」이란 연구 과제로 한국어를 모국어
로 하는 일본어 학습자의 학습상의 문제를 정리하고 해결하는 방법을 찾
기 시작했다. 연구 결과 「日本語と朝鮮語, −日本語と外国語との対照研究
Ⅳ 上・下」(1997)의 보고서가 나왔다.4) 이 보고서를 작성하기에 앞서 오
코시(生越直樹)와 쓰카모토(塚本秀樹, 1996)는 일본과 구미에서 발표된 한국
어 연구 논고를 정리하여 문헌 목록을 만들었다.

 당시 자료에 수록된 논고 수는 총 2,183건이나 되며, 그 중 275건이
한 · 일어 대조론을 다룬 것이다. 이 가운데 역사적인 연구와 한국어 모국
어 화자에 대한 일본어 교육 관련 논고 1,442건을 빼면 741건이 되는데,
이 중 대조 연구가 242건으로 약 33%에 달하는 수치이다.

 이를 시기적으로 보면, 60년대 중반까지 일본 국내에서 발표된 한 · 일
어 대조 연구 논문은 전무하였으며, 80년대 이후에야 비로소 나타난다.
이때는 이미 한국 유학생들이 양 언어의 대조 연구에 합류한 시점이다. 쓰
카모토(1997 : 37-38)는 다시 242건의 대조 연구를 다시 연구 분야별, 주제

---

4) 국립국어연구소의 「日本語と外国語との対照研究」 보고서는 1994년부터 연차적으
  로 나왔는데, Ⅰ. 스페인어, Ⅱ. 타이어, Ⅲ. 포르투갈어에 이어 한국어가 그 네 번
  째이다.

별로 분류하여 다음과 같이 나누었다.

> 문법(117), 어휘·의미(49), 경어·언어 행동·언어 생활(39), 음운·음성 (16), 문자·표기(9), 언어 정보처리(4), 문장·문체(3), 조선어 교육의 현상·역사(3), 기타(3), 조선어 교육 교수법·교재연구(2), 국어국자 문제·언어 정책(1), 방언(0)

이 중 반수 정도가 문법에 관한 것이며, 그 다음이 어휘·의미, 경어·언어 행동·언어 생활의 순이다. 연구의 특징은 언어 사실과 언어 현상을 충실히 기술하고 설명을 더하는 기술·설명적인 것과, 최종적으로 이론적 틀의 구축을 목표로 하는 이론 지향적인 것으로 대별할 수 있다. 쓰카모토는 전자의 경우가 후자보다 압도적으로 많다고 분석하고 있다.

일본에서 양 언어의 대조 연구에 참여한 연구자들은 대체로 4부류로 나눌 수 있다. 첫째는 일본어를 모국어로 하는 한국어학자들이고, 둘째는 한국어를 모국어로 하는 일본어학자 또는 일본어 교육학자들이며, 셋째는 일본에 유학한 한국인 일본어학자 및 일본어 교육학자들이다. 그리고 넷째는 언어학자들이다. 이들 중에 첫째 부류와 셋째 부류가 수적으로 가장 많았다.

한편, 한국 내에서 한·일어 대조 연구에 관심을 기울인 것은 이보다 더 늦은 시기의 일이다. 1977년 서울대학교 어학연구소가 음운, 어휘, 통사, 문법 범주, 담화 구조, 관용 등 언어 전반에 걸쳐 양 언어를 대조 분석한 것이 본격적인 연구의 출발점이었다. 이는 일본어 교재 편찬을 위한 기초 작업으로 이뤄진 것으로, 연구 결과 황찬호 외의 「한·일어 대조분석」(1988)이 나왔다.

국내에서 대조 연구에 참여하고 있는 연구자들 중에는 일본 유학에서 학위 연구 과정을 마치고 귀국하여, 이 방면의 연구를 계속하고 있는 일본어 전공자들이 다수이다. 한국에서의 양 언어 대조 연구는 그 논조가 언어 교육에 직접적으로 관련되고 있지 않다는 사실이 공통된 특징이다. 이한섭(1998)은 장기간에 걸쳐 한국의 일본어학 관계 문헌을 조사하여 일람한 목록서를 출간했다. 1945년부터 1997년까지 연구된 일본어 연구 논저 4,200건 중에 820건이 대조 어학에 관한 것이다. 저서 6권, 연구 논문 528편, 석·박사 학위 논문이 286편으로, 연구 분야별 편수를 살펴보면 문법, 어휘, 음운·음성 순으로 나왔다.[5] 그 후 오늘에 이르기까지 7년 간의 연구 업적을 산입한다면 훨씬 많은 논문수가 될 것이다. 양 언어의 총괄적인 대조론을 다룬 연구서로는 황찬호 외(1977, 1988), 池景來·모리시타(森下喜一, 1992), 洪思滿(1993) 등의 개괄서와 김동준(1995)의 논문이 있다.

2.2. 분야별 연구 동향(내용)

가. 음성·음운

80년대에 이르러 일본에서는 일본어 교육에 대한 관심도가 높아짐에 따라 일본어를 학습하고 있는 한국인들을 위한 발음 교정의 교재가 나왔고, 음성에 관한 대조 연구가 시작되었다. 당초에는 특수 Mora, ザ行音, タ行音 등의 분절 요소 중심의 대조 연구에 머무르고 있었으나, 그 후 점차 악센트, 인토네이션, 프로미넌스 등의 운율소 연구에 초점을 옮겨 가는 경향을 보였다.

한국 내의 연구 실적을 분석한 이한섭(1998)의 자료에 의하면, 지난 50여 년 동안 이뤄진 한·일어 음성·음운 분야의 대조 연구 실적은 약 90여 편의 논고에 이르는 것으로 나타나 있다. 연구 분야는 양 언어의 음운 체계 대조를 비롯하여 한자음, 악센트, 성조, 장단음 등 운율적 특징과 상징어의 음성 표상 등의 대조가 활발하게 이뤄졌고, 이들의 음성학적 접근

---

5) 한·일어 대조 연구에 관한 일반 논문 528편을 분야별로 나누면, 어학 일반(10), 음성·음운(56), 문자·표기(16), 어휘·용어(84), 문법(306), 문장·담화·문체(18), 방언(2), 언어 생활(36)으로, 문법, 어휘, 음성·음운, 언어 생활 순으로 논구의 수적 분포가 나왔다. 석·박사 학위 논문 286에서도 음성·음운(29), 문자·표기(2), 어휘·용어(66), 문법(180), 담화·문체(9)로 문법 분야가 압도적으로 많았다.

에는 대체로 실험음성학의 방법이 도입되었다. 대조 연구의 대상 중에서
도 한자음에 대한 대조가 가장 큰 관심도를 보였고, 그 다음으로는 음운
체계, 악센트, 운율적 특징 등의 실험음성학적 대조가 중심이 되었다.

　음성 또는 음운에 관한 양 언어의 대조 연구는 언어 교육의 차원에서
다양한 업적을 내었다. 여러 분야의 대조 연구 중에서 언어 교육에 연결된
연구는 음성·음운 대조가 주도적이었다. 이는 외국어 학습에 있어 구어
적 요소가 문어적 요소에 선행한다는 사실을 말해 준다.6)

閔光準(1990), "日本語と朝鮮語のアクセントとイントネーション", 「講座日本語
　　　　と日本語教育 3」, 明治書院.
　　　　(1996), "日本語と韓国語の韻律的特徴に関する音響音声学的対照研究 :
　　　　韓国人に対する日本語教育への応用", 東北大大学院日本学科
　　　　博士学位論文.
大西晴彦(1991), "韓国人の日本語のアクセントについて", 「国際学友会紀要」 15.
前川喜久雄(1997), "日韓対照音声学管見", 「日本語と外国語との対照研究 Ⅳ,
　　　　日本語と韓国語」 下巻, 国立国語研究所.
野間秀樹(2001), "한국어 모어 화자의 일본어 피치악센트 교육을 위하여",
　　　　「梅田博之教授古稀記念 韓日語文学論叢」, 太学社.
田中 彰(2002), 「疑問/平叙」の閾値 : 日韓対照研究, 「日本音声学会2002年大
　　　　会予稿集」, 東京女大.
前川喜久雄외(1995), "韓国人日本語学習者による日本語長母音の知覚", 「日本
　　　　音声学会全国大会予稿集」, 明海大学.
井内麻矢子(1999), "音節に対する自然度の評価 −日本語母語話者と韓国語母語
　　　　話者の場合−", 「日本語教育学会春季大会予稿集」, 麗沢大学.
司空換(2003), "韓国語話者による日本語破裂音の有声・無声の知覚判断," 「日
　　　　本語教育学会秋季大会予稿集」, 大板大学.
堀籠美央(2001), "韓国語の重複閉鎖と日本語の促音の知覚的特徴について", 「日
　　　　本音声学会304回研究齱会」, 名古屋大学.
徐美善(2001), "共鳴音連続の知覚に関する対照言語学的研究", 「音声研究」
　　　　5-3, 日本音声学会.

---

6) Rankin(1926)의 통계에 의하면, 미국인들의 언어 활동은 일상 언어 생활에서 듣
　기(45%), 말하기(30%), 읽기(16%), 쓰기(9%)의 순으로 나타나 있어, 구어적
　요소가 문어적 요소를 압도하고 있음이 확인된다.

森下喜一외(1990), "日本語と韓国語における擬声語・擬態語の特徴について", 「日本音声学会大会予稿集」, 千葉大学.
松崎 寛(1999), "韓国語話者の日本語音声 −音声教育研究の観点から−", 「音声研究」 3-3, 日本音声学会.
名嶋義直(1999), "日韓音声対照にける一考察", 「小出記念日本語教育研究会論文集」 7, 小出記念日本語教育研究会.
梅田博之(1983), 韓国語의 音声学的 研究, −日本語와의 対照를 中心으로−, 蛍雪出版社.
金淑子(1989), "日本語와 韓国語의 声調 比較 研究", 서울大 大学院 言語学科 博士学位論文.
李在康(1998), "한국어와 일본어의 모음에 관한 실험음성학적 대조분석", 서울대 대학원 언어학과 박사학위논문.
邊姬京(2003), "韓国在住の韓国人日本語学習者における韓国語と日本語の母音の無声化", 「音声研究」, 日本音声学会.
鮎沢孝子(2003), "外国人学習者の日本語アクセント・イントネション習得", 「音声研究」 7-2, 日本音声学会.

나. 문법(형태, 통사)

일반적으로 형태론에서 대조 연구의 대상이 되는 주제는 품사와 성, 수, 격, 인칭, 시제, 상, 법 등의 문법 범주이다. 지금까지 양 언어의 대조 연구가 이뤄진 영역은 대체로 품사류에 집중되어 있고, 문법 범주에 대한 대조 연구도 다량 나왔다. 품사류 중에는 조사, 동사, 대명사, 부사 등의 대조에 주된 관심을 보였다. 조사의 대조 연구는 격조사를 중심으로 논구되었는데, 개별 격조사 중 「−に」와 「−에」, 「−の」와 「−의」, 「−を」와 「−을/−를」의 대비가 주축을 이루었다. 副助詞(取り立て詞)와 특수조사의 대비에는 이중 주어 구문을 포함한 「−は」・「−が」와 「−는/−은」・「−이/−가」에 대한 분석이 가장 많았다. 이 밖에 조사에 관한 대조 연구로는 격조사의 생략과 접속 조사(접속어미)의 대조 등이 있다.

조사에 관한 연구는 예로부터 양국의 관심사였다. 이는 양 언어가 유형적으로 첨가어의 구조를 가짐으로써, 인구어에 비해 후치적 언어 현상이 현저하기 때문이다. 양 언어는 명사 자체의 격 변화가 없고, 후치적 첨가 요소인 격조사를 실현시켜 격을 표시하는 표지적이고 명시적인 공통점이 있다. 개별 격조사의 대조는 대응어와의 통사·의미 기능에 대한 상이점을 부각시키는 것이 주류를 이루고 있는데, 이는 양 언어에서 격조사의 다의성과 유의성 구조가 서로 다르기 때문이라 여겨진다.

격조사의 생략에 대한 대조 분석은 그 생략의 정도를 측정하여 비교함으로써 양 언어의 상이점에 접근하려는 연구였다. 양 언어에서 주격 조사와 대격 조사는 임의적으로 그 형태가 생략되는 특징을 가졌는데, 이러한 격표지의 생략은 정도의 차이가 있다. 대조 결과 나타난 사실은 일본어에 비해 한국어의 격표지 생략의 정도(생략성, deletability)가 높다는 것이다.

(1) a. 키ø 크다.　　　　背ø 高い。
　　 b. 달ø 밝다.　　　　月ø 明るい。
　　 c. 말ø 많다　　　　口数ø 多い。
　　 d. 기분ø 나쁘다.　　気分ø 悪い。
　　 e. 꼴ø 좋다.　　　　格好ø 良い。

(2) a. 밥ø 먹는다　　　　ご飯ø 食べる。
　　 b. 물ø 준다　　　　水ø やる。
　　 c. 값ø 올린다　　　　値ø 上げる。
　　 d. 얼굴ø 돌린다.　　顔ø 向ける。

양 언어에서 주격 조사와 대격 조사가 생략되는 것은 이것이 격표지로서의 표지성이 약하고, 어휘성이 부족하다는 데 근거를 두고 있다. 두 조사는 문장 성분 사이의 통사적 관계에 의해 격이 쉽게 인식되는 것으로, 와타나베(渡邊 實, 1971 : 160~161)에서는 이를 '強展叙性'으로 설명하고 있다. 위의 예문에서 한국어의 주격 조사와 대격 조사는 생략되어도 조금도 어색하지 않는 반면에, 동일 예에서 일본어가 생략되는 경우에는 어색함이 감지된다. 이로써 생략성의 정도는 한국어의 격조사가 일본어보다 높다는 사실이 드러난다. 이는 언중의 관용도에도 의존된 것으로 보인다.

동사류의 대조 연구에는 자타동사, 이동동사, 수급동사 등과 복합동사,

「する」동사와 「하다」동사의 대조가 폭넓게 이뤄졌는데, 이 중 일본어에서 특이한 발달을 보이는 수급(受給)동사(やる, 与える, あげる, もらう, いただく, くれる, くださる)와 복합동사7)에 관한 논문이 가장 많았으며, 「する」와 「하다」의 대조도 상당량 나왔다. 또한 대명사에 관해서는 대체로 지시사와 재귀대명사에 대해 논의의 대상이었다.

문법 범주에 대한 대조 연구도 각 영역에 걸쳐 활기를 띠었는데, 태(voice), 상(aspect), 시제(tence), 서법(modality) 등에서 고른 분포를 보였다. 태에 있어서는 사동태보다 피동태에 관한 연구가 월등히 많았다. 영어에 비해 피동 표현을 잘 쓰지 않는 양 언어에서, 특히 일본어에 존재하는 이해(利害)와 미혹(迷惑)의 피동(간접 피동)은 한국어에서는 찾아볼 수 없는 일본어 특유의 피동태이다.8) 상에 있어서는 계속상, 완료상과 결과상을 나타내는 「-ている/-てある」와 「-어 있다/-고 있다」의 대비가 있었고, 「-てしまう」(-어 버리다) 등의 보조 용언에 의한 것이 논의 대상이었다. 시제에 관해서는 「-た」와 「-었-」에 대한 것이 주류를 이루었다.9) 이

---

7) 일본어에는 동사와 동사를 연용형으로 연결하는 복합동사의 조어적 용법이 발달되어 있는데, 특히 후항 동사의 쓰임은 매우 생산적으로, '개시'(-はじめる), '계속'(-つづける), '종료'(-おわる) 등 다양한 표현 기능을 가지고 있다.

8) 예컨대, 영어에서 "He will be astonished"라는 피동문은 한국어나 일본어에서는 "그는 놀랄 것이다(彼は びっくりするだろう)"의 능동문으로 옮겨진다. 한국어에서는 피동의 개념을 동작이 행해지는 방식에 대해 외부로부터 동작을 받는 것으로 생각하고 있어 타동사의 피동태밖에 없지만, 일본어에서는 동작·작용이 화자나 피동자의 의지와 무관하게 이뤄지는 것으로 생각하므로 자동사에 의한 피동태가 있다. 이해(利害)의 피동은 베트남어와 인도네시아어에서도 나타난다.
 a. (私は) 雨に降られた。
   *(나는) 비에 <u>내려졌다</u>(맞았다). cf. (나는) 비를 맞았다.
 b. 風に 吹かれる。
   *바람에 <u>불린다</u>.

9) 生越直樹(1997：144-146)는 양 언어의 과거형의 용법을 비교하면서 「-어 있다」와 「-었-」, 「-ている」와 「-た」의 관계를 다음과 같이 도시하고 있다. 한국어에서는 눈앞의 상황에 대해 그 상황을 어떤 사건의 결과 부분으로 파악할 수 있을 때는 과거형을 쓸 수 있고, 그 경위가 파악될 수 없고 그 상황을 근거로 하여 하나의 통합된 사건을 재구축할 수 없을 때는 결과 상태형을 쓴다. 일본어에서는 과거형의 용법이 제한되어 있는 반면, 결과 상태형의 사용 범위가 한국어 비해 넓다.

외에도 문법에 관한 연구 대상으로는 의존명사와 수사에 관한 것도 산견
된다.

통사론에 대한 양 언어의 대조 논고는 형태론에 비하면 수적으로 다소
적다. 이는 양 언어의 통사 구조가 유사함으로 현저한 상이점이 발견되지
않기 때문이라 여겨진다. 또한 이미 형태론에서 다룬 주제가 통사론에 걸
쳐 있어 중복되기 때문이기도 하다. 통사의 대조는 어순, 가정·조건 구
문, 비교 구문, 접속 구문, 인용 구문 등이 논의되었다.

이상에서 본 문법 분야의 대조 연구는 수적으로 많은 성과를 거두었지
만, 그 연구 결과를 언어 교육에 응용하려는 내용을 다룬 논고는 극소하
다.

朴在權(1997), 現代日本語·韓国語の格助詞の比較研究, 勉誠社.

前田綱紀(1978), "朝鮮語の「는」(は)」と「가(が)」 -日本語朝鮮語対照言語学の
　　　　　　基礎として-", 「大兼山論叢(日本学)」 12, 大阪大学文学部.

洪思満(1989), "現代韓国語の特殊助詞の研究, -日本語の副助詞との対比-", 筑
　　　　　　波大学文芸·言語学系 博士学位論文.

＿＿(2000), "韓·日両言語の格助詞省略に関する対照研究", 「東西言語文化
　　　　　　類型論特別プロジェクト研究報告書」 3-2, 筑波大学.

金仁鉉(1989), "日韓両語における助詞の対照研究(1), -「は」「が」と「은/는」
　　　　　　「이/가」の用法と機能について-", 「広島大学大学院教育学研究
　　　　　　科 博士過程論文集」 15, 広島大学大学院教育学研究科.

須田淳一(1996), "対格標識の曖昧性 -上代「を」·「ものを」形式と韓国語の対格
　　　　　　標識-", 「国文学解釈と鑑賞特集:東アジアの言語と日本語」 至
　　　　　　文堂.

田村マリ子(1978), "指示詞 -朝鮮語이·그·저 系列と日本語コ·ソ·ア系列
　　　　　　との対照-", 「待兼山論叢 日本学編」 12, 大阪大学文学部.

李光秀(1985), "日本語「スル」動詞と韓国語「hada」動詞の対照的研究", 「日本
　　　　　　語と日本文学」, 筑波大学国語国文学会.

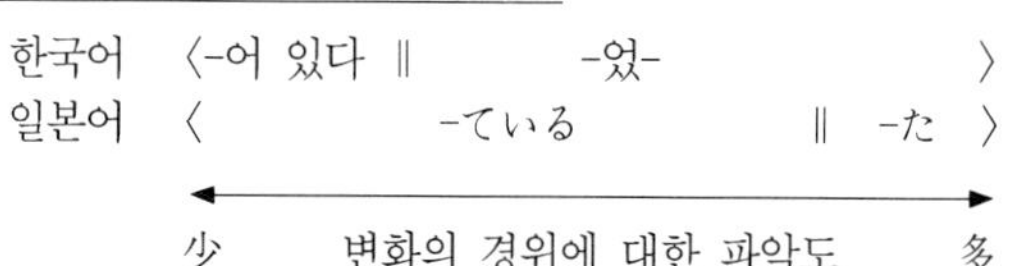

鄭秀賢(1986), "現代日本語と韓国語の受身・使役表現", 「論集日本語研究 1 現代編」, 明治書院.

生越直樹(1989), "文法の対照的研究, -朝鮮語と日本語-", 「講座日本語と日本語教育」 5, 明治書院.

_______(1997), "朝鮮語と日本語の過去形の使い方 -結果状態形との関聯を中心にして-", 「日本語と外国語との対照研究 Ⅳ 日本語と朝鮮語」 下巻, 国立国語研究所.

_______(2003), "日本語・朝鮮語における連体修飾表現の使い方-「きれいな花!」タイプの文を中心に", 「対照言語学」, 東京大学出版会.

菅野裕臣(1990), "アスペクト -朝鮮語と日本語", 「国文学 解釈と鑑賞」 55-1, 至文堂.

浜之上幸(1997), "朝鮮語のアスペクト -日本語との対比の観点から-", 「研究報告(1)」, 神田外国語大学.

深見兼孝(1990), "日本語「ていく・てくる」と韓国語の「-어 가다」「-어 오다」", 「広島大学教育学部紀要 第2部」 38, 広島大学教育学部.

李吉遠(1991), "韓・日両言語の受身構文", 「阪大日本語研究」 3, 大阪大学文学部 日本学科.

林憲燦(1996), "日・韓両語使役文-使役文を構成する要素の相関関係を手がかりにして-", 「朝鮮学報」 158, 朝鮮学会.

塚本秀樹(1990), "日本語と朝鮮語における複合格助詞について", 「アジアの諸言語と一般言語学」, 三省堂.

_______(1993), "複合動詞と格支配, -日本語と朝鮮語の対照研究-", 仁田義雄編「日本語の格をめぐって」, くろしお出版.

_______(2001), "語形成と文法化-日本語と韓国語の対照研究-", 「梅田博之教授古稀記念 韓日語文学論叢」, 太学社.

姜鎭文(1998), "日韓両言語における指示語の対照研究", 立正大学大学院文学研究科 博士学位論文.

峯崎知子(2001), "日韓の授受表現における意識差 -「テアゲル」「テヤル」を中心に-", 「社会言語科学会第7回研究大会予稿集」, 国学院大学.

金恩希(1996), "条件文の日・韓対照研究", 広島大大学院 文学研究科 博士学位論文.

崔吉時(1996), "韓国語助詞「의」と日本語助詞「ノ」の比較対照研究", 大阪大大学院 言語文化研究科 博士学位 論文.

韓有錫(1996), "自他動詞の対立と派生に関する研究：日本語と韓国語の両言語対照を中心に", 名古屋大大学院 文学研究科博士学位 論文.

李暻洙(1997), "日・韓両語の複合動詞に関する対照研究", 広島大大学院 日本

　　　　語教育学科 博士学位論文.
宋承姬(2000), "日本語「もの(だ)」「こと(だ)」「の(だ)」と韓国語の것이다に関する対照研究 -「文法化」の観点から-", 広島大学大学院教育学研究科博士論文.
奥津敬一郎(1983), "授受表現の対照研究, -日・朝・中・英の比較-", 「日本語学」 2-4, 明治書院.
金仁鉉(1989), "日韓両語における助詞の対照研究(1), -「は」「が」と「은/는」「이/가」の用法と機能について-", 「広島大学大学院教育学研究科 博士過程論文集」 15, 広島大学大学院教育学研究科.
양경모(1993), "일본어와 한국어의 相에 대한 대조연구", 서울대 대학원 언어학과 박사학위논문.
李暻洙(1997), "日・韓両語の複合動詞に関する対照研究", 広島大大学院 日本語教育学科 博士学位論文.
印省熙(2003), "日本語の「のだ」と韓国語の-ㄴ 것이다の対照研究", お茶の水女子大学大学院 人間文化研究科比較文化学専攻 博士論文.

다. 어휘

어휘의 대조 분석은 두 언어 사이에 대응하는 어휘 항목에 대해 의미 기능의 상이점과 공통점을 명시적으로 기술하는 것이다. 이러한 대조 분석에서 얻어지는 결과는 언어 교육의 장면에서 만나는 새로운 문제의 해결에 응용된다. 그만큼 어휘의 의미 용법 차이는 외국어 교육에 있어 직접적인 간섭 요소로 작용하기 때문이다.

양 언어의 어휘 분야 대조에서 가장 많은 대조 연구가 이뤄진 것은 한자어에 관한 것이었고, 의성・의태어 등의 상징어와 신체 어휘, 외래어, 호칭어, 은어 등에 관한 것도 다량 나왔다.

단어는 우주 삼라만상을 분절하고 그것을 개념화하여 어형이라는 형식과 결부시키는 것이다. 이러한 분절화, 개념화의 양태는 개별 언어마다 각각 다르다. 이는, 현실 세계는 하나이지만 인간은 언어를 통해 각각 다른 세계를 보고 있기 때문이다(石綿, 1990 : 154). 예컨대, 일본어에서 '물'은 「みず」(水)와 「ゆ」(湯)로, 온도에 따라 어휘가 분화되어 있지만, 한국어에는 그와 같은 시차적인 어휘 분화가 없고 그저 「물」 하나로 포괄되어 있다.

어휘는 홀로 존재하는 것이 아니라 서로 관계를 맺고 공존하며 어휘 체계를 형성하고 있다. 어휘의 대조 연구는 여러 언어에서 서로 다른 개념의 체계, 즉 의미의 체계를 대조함으로써 유사점과 상이점을 명시적으로 나타내려는 것이다. 어휘의 대조 분석 절차는 어떤 의미 분야에 속한 단어를 선정하는 것에서부터 출발한다. 여기에서 얻어진 리스트를 근거로 하여 어휘 체계의 기술적인 분석을 마친 뒤에 대조에 들어가는 것이 순서이다.

어휘에 대한 대조 분석의 목표는 어떤 시차적 의미 특징을 공유하는 단어를 뽑아 내어 각각의 언어에 대응하는 어휘장을 설정하고, 양 언어에 속한 각각의 단어들로부터 대립적으로 변별되고 있는 의미 특징을 찾아내어 그들의 유사점과 상이점을 기술하는 것이다. 결국 두 개 또는 그 이상의 언어에서 어떠한 의미 특징이 시차적으로 작용하고 있는지를 탐색하려는 것이 어휘의 대조 분석이다.

Hellinger(1977 : 68)는 영어와 독일어의 어휘를 대조하면서, 「물」에 관한 어휘장인 영어 river, stream, brook, lake, pond, canel, channel과 독일어 Fluss, Strom, Bach, Rinnsal, See, Teich, Tümpel, Kanal을 대비했다. 이들 어휘장에 내재하는 시차적인 특징으로는 '흐르는 물'(流水)과 '고여있는 물'(靜水), '자연물'과 '인공물', 그리고 크기가 크냐 작으냐의 기준이 제시되었다. 이러한 대조 방법에 의해 '흐르는 물'과 '자연물'의 의미 특징을 공유하고 있는 영어와 독일어 사이의 어휘장은 그것의 크기에 따라 아래와 같은 계열로 분석되었다.

> 영어 : river - stream - brook
> 독어 : Strom - Fluss - Bach- Rinnsal

영어의 3계열이 독어의 4계열에 대응하는 양태를 보여 준다. 이에 대응하는 일본어로는 「かわ」(川) 하나로, 그 크기에 의한 시차성으로 분화되지 않는 것이 특징이다. 이시와다 · 다카다(1990 : 164)는 영어 · 독일어 · 일본어에서 보여 주는 어휘장의 계열을 다음 그림으로 표시했다.

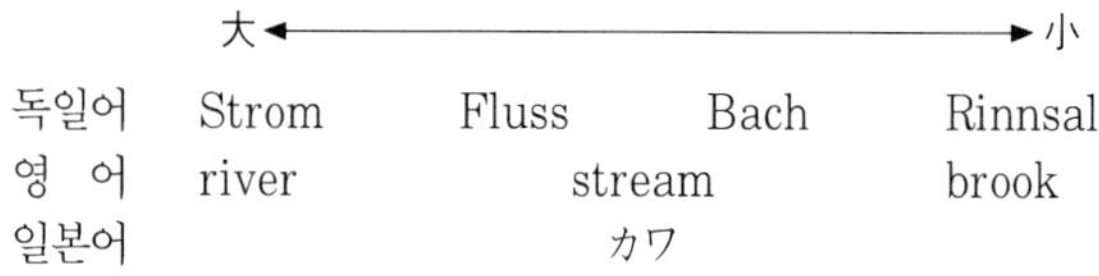

이러한 계열어장에 한국어를 대비한다면,「강」-「내」- (「시내」) -「개울」처럼 3~4계열의 대응이 형성되리라 여겨진다.

한쪽의 언어에서 결여적 대립을 보이는 것이 상대 언어에서는 시차적이지 않은 경우가 어휘장의 대조에서 드러나기도 한다. 앞에서 든 일본어「みず」와「ゆ」는 '高溫'이라는 의미 특징에 의해 시차적으로 대립된 것인데, 한국어의「물」은 그러한 시차성이 없다. 또한 단계적인 대립에 있어서도 나누는 기준과 방법이 다른 것도 있고, 단계의 간격이 서로 같지 않은 것도 있다. 단계적인 대립에 있어 일본어에서 기온의 온도차를 보여 주는「あつ(暑)い」-「あただ(暖)かい」-「すず(凉)しい」-「つめ(冷)たい」-「さむ(寒)い」는 한국어에서도「덥다」-「따뜻하다」-「시원하다」-「차갑다」-「춥다」의 대립과 대응 관계가 형성되는 것으로 보인다.

門脇誠一(1982), "日本語と朝鮮語の語彙",「日本語教育」48, 日本語教育学会.

中村 完(1982), "日本語の語彙と朝鮮語の語彙",「講座日本語の語彙 2, 日本語の語彙の特色」, 明治書院.

李漢燮(1984), "日韓同形の漢字表記語彙",「日本語学」3-8, 明治書院.

油谷行利(1990), "日本語と朝鮮語の語彙の対照",「講座日本語と日本語教育 7」, 明治書院.

車美愛(1990), "韓国語の色彩表現, -日本語との比較の観点から-",「名古屋大学言語学論集」6, 名古屋大学文学部 言語学研究室.

玉城繁徳(1975), "意味理論と朝鮮語の意味記述について, -朝鮮語と日本語の意味論における対照言語学的考察-",「朝鮮学報」77, 朝鮮学会.

梅田博之(1982), "朝鮮語の語彙Ⅱ 意味に関する問題",「講座日本語学」12, 明治書院.

張元哉(2000), "日韓異形・異義漢語から同形・同義漢語への変化-近代以降の日本製漢語を中心に-",「日本語研究」20, 東京道立大学.

라. 언어 행동

언어 행동이란 사람이 언어를 사용하는 행동을 가리킨다. 언어 행동으로 나타나는 현상의 범위는 어휘와 문법, 음운 등의 언어 체계 외에도 발화의 시간과 장소, 상황, 화자와 청자와의 관계와 장면 등을 포함하고 있다. 또한 화자의 여러 가지 발화 의도와 목적 등의 요소도 이에 들어갈 수 있다.

언어 행동에 관한 대조 연구는 사회언어학적 요건에 의해 선택되는 표현 형식의 다양한 변이와 비언어적인 행동 양식에 대한 기술 등, 협의의 언어 체계로서는 취급하지 않는 사항에 대한 대조적 기술이 대상이 된다. 지금까지 양 언어의 대조 연구 중 언어 행동에 관한 논고가 의외로 많았는데, 그 중에도 경어법의 대조 연구가 현저하게 많았다. 이는 사회상과 관습, 역사적 맥락이 반영된 일본어 특유의 경어법이 한국어와는 상이하기 때문인 것으로 풀이된다. 당초에는 경어 체계에 대한 논구가 중심이 되었으나, 그 후에는 경어 사용에 대한 연구가 활발해졌다. 양 언어의 경어법을 비교하면, 한국어는 對者 경어(상대 존대)에 있어 대우 등급이 세분화되어 있는 반면, 일본어는 素材 경어(주체 존대, 객체 존대)의 표현 형식이 다양하고 그 분포가 광범하다는 점을 특징으로 들 수 있다. 이에 관한 대조 논고로 유타니(油谷幸利, 1974), 洪珉杓(1992), 朴正恩(1992), 全淑美(1995) 등이 나왔다.

이 밖의 언어 행동에 관한 연구로는 인사와 감사, 사죄, 거절 등과 맞장구치기, 이(異)문화 커뮤니케이션에 이르기까지 여러 종류의 대조 분석이 나왔다. 당시 언어 행동을 다룬 연구는 그 대부분이 대조 연구의 형태를 취하고 있는 점이 흥미롭다. 오기노(荻野綱男, 1989, 1990, 1991)는 대학생의 설문 조사를 통해 양 언어의 경어 사용 실태를 분석하여 그 유사점과 상이점을 논했고, 安秉禧(1981)는 역사적 변천의 관점에서 양 언어의 경어 체계와 경어 사용을 분석했다. 경어 전반에 대한 대조론으로는 池景來·모리시타(森下喜一, 1989)가 눈에 띈다.

또한 인사 언어와 행동에 대해 논한 오쿠쓰(奧津敬一郎)・누마다(沼田善子, 1985)와 사죄・감사 표현을 다룬 오코시(生越まり子, 1993, 1994), 맞장구 치는 말을 분석한 오코시(生越直樹, 1985), 전화상의 회화 등을 대조한 金秀芝(1993) 등을 들 수 있다.

池景來・森下喜一(1989), 日本語と韓国語の敬語, 白帝社.

荻野綱男(1989), "対照社会言語学と日本語教育, −日韓の敬語用法の対照研究を軸にして−", 「日本語教育」69, 日本語教育学会.

金順任(2002), "日韓両言語における敬語意識の対照研究 −文化庁の世論調査の追試−", 日本言語学会(東京外大).

生越まり子(1993), "謝罪の対照研究, −日朝対照研究−", 「日本語学」 12-12, 明治書院.

金秀芝(1994), "日・韓両言語における「あいづち」の対照研究 −電話の会話を中心に−", 「日本学報」12, 大阪大学文学部日本学研究室.

元智恩(1999), "日韓言語行動の対照研究 −断り行動のモデル化をめざして−", 「社会言語科学会第3回研究大会予稿集」, 日本女子大学.

金珍娥(2003), "日本語と韓国語における談話構造ストラテジーとしてのスピーチェベルシフト", 「朝鮮学報」183, 朝鮮学会.

白同善(1996), "日本語と韓国語の待遇表現に関する対照言語学的研究", 名古屋大学大学院 文学研究科 博士学位論文.

梅田博之(1977), "朝鮮語における敬語", 「岩波講座日本語 4 敬語」, 岩波書店.

韓美卿(1982), "韓国語の敬語の用法", 「講座日本語」12, 明治書院.

이상에서 살펴보면, 양 언어의 대조 연구에서 관심을 끌었던 주제는 대체로 양 언어의 대응 요소 사이에서 상이성이 현저하여 학습상 오류가 발생할 수 있는 요소들이다. 바꾸어 말하면, 이러한 연구 대상은 주로 양 언어가 가진 개별 언어적인 특수성이 현저하게 노출되는 분야라고 할 수 있다.

2.3. 대조 연구의 사례

한・일어의 대조 분석에서, 대응 요소들 사이에는 많은 유사점과 공통점이 발견된다. 이는 언어의 보편성에 의한 동질성과 양 언어 사이의 언어

유형적인 유사성으로 말미암은 것으로 보인다. 이러한 유사점은 한쪽 언어의 어떤 언어 사실로써 상대 언어의 대응 요소를 동질적 가치로 해석하는 데 유용한 적용점이 될 것이다. 예컨대, 「-은/-는」(-は)와 「-이/-가」(-が)의 표현 기능적 차이라든가, 이들이 연결되어 형성하는 문장의 정보 구조는 양 언어에서 대체로 동일한 양상을 띤다.10) 또한 이중 주어에 대한 문법적 해석이라든가, 이른바 「うなぎ」문11)의 통사적 원리 기술이라든가, 신체 어휘의 관용어 형성에 작용하는 유연성의 양태는 모두 동일 지향적인 것으로 인식된다. 이제 음운론, 문법론, 어휘론에서 각각 하나씩 대조 연구의 사례를 소개하면서 양 언어의 대조적 분석의 구체적인 국면을 검토해 보기로 하겠다.

두 언어를 대조하는 데 있어 음운 체계의 대조는 무엇보다 선행되어야 하는 필수적 기제이다. 이는 양 언어를 외국어로 습득할 때, 대응 음운과 비대응 음운의 존재가 학습 초기의 난이도에 지대한 영향을 미치기 때문이다.

한·일어 음운 체계의 대비를 통한 학습 난이도를 분석한 논문으로는 高永根(1970), 梅田博之 외(1980), 李明姬(1984), 洪思滿(1993), 朴熙泰(1993) 등이 있다.

다음 자음 체계도에서 양 언어는 음운의 수에 있어서나 체계 간의 대응에 있어 서로 비대응의 요소가 눈에 들어온다.

---

10) 久野 暲(1973 : 27-35, 207-236)의 「は」와 「が」와의 기능 차이는 한국어 「는/은」과 「이/가」의 기능 차이와 거의 일치한다. 이는 「は」의 주제(화제, theme) 제시, 대조(contrast) 표시, 구정보(旣知, new information)에 대해, 「が」의 총기(總記, exaustive listing), 중립서술(neutral description), 신정보(未知, new information)의 차이이다. 특히 신·구정보 표지로서의 「は(은/는)」과 「が(이/가)」가 형성하는 정보 구조는 ① {old+「는/은(は)」 new} 구조, ② {old+「는/은(は)」 old} 구조, ③ {new+「이/가(が)」 old} 구조, ④ {new+「이/가(が)」 new}구조로 나뉜다.

11) 식당에서 음식을 주문할 때의 발화문 "나는 볶은밥이다"의 구조는 "나는 김철수이다"의 계사문과는 다르다. 일본어에서 「うなぎ文」에 대한 해석은 奧津敬一郎(1978)의 '술어 대용설'과 北原保雄(1981)의 '분열문설'이 대표적인 것이다(홍사만 1995 : 265-286).

한·일어 자음 체계도 비교표

조음방법 \ 조음위치		양순음		치조음		경구개음		연구개음		성문음	
		한국어	일본어	한국어	일본어	한국어	일본어	한국어	일본어	한국어	일본어
파열음	무성	$p,\ p',\ p^h$	p	$t,\ t',\ t^h$	t			$k.\ k',\ k^h$	k		
	유성		b		d				g		
파찰음	무성					$c,\ c',\ c^h$	c				
	유성						z				
마찰음						$s,\ s'$	s			h	h
비음		m	m	n	n			η			
유음				l	r						
Mora음					Q				N		

　양 언어 자음 체계의 현저한 상이점은 파열음과 파찰음 계열에서 드러난다. 일본어의 파열·파찰음 계열에 무성과 유성의 대립이 있는 데 반해, 한국어에 있어 유무의 대립은 별개 음소로서가 아닌 음성 환경에 따른 이음(allophone)으로 나타난다. 또한 한국어의 파열·파찰음 계열에 평음과 농음, 유기음의 3항적 상관속이 있어 별개 음소로 시차적 기능을 수행하고 있다는 점이 일본어와 다르다. 이러한 상이점으로부터 예상되는 것은, 한국인의 일본어 발음 교육에 있어서는 유성음과 무성음(청음과 탁음)의 구별에서 곤란이 뒤따르고, 일본인의 한국어 발음 교육에 있어서는 평음과 농음, 유기음의 구별이 어렵다는 것이다.

　이 밖에도 일본어에는 소위 mora라고 하는 특수음소 /N/과 /Q/가 있어, 한국어와는 음절 구조와 음장의 개념이 다르다는 점을 들 수 있다. 이러한 mora로서의 음절적 특징은 발음의 시간적 길이에 대한 한국인의 인식에 적지 않은 영향을 미친다.[12]

　모음 체계의 대비에서도 양 언어는 상이점을 보여 주고 있다.

---

12) 한국어를 모국어로 하는 학습자에 있어, Mora음소의 지각이 곤란하다는 것을 경험적 실험을 통해 분석한 논문으로 前川喜久雄(1997)이 있다.

	전 설		중 설		후 설	
	한국어	일본어	한국어	일본어	한국어	일본어
고	i ü	i			ï u	u
중	e ö	e	ə		o	o
저	3			a a		
반모음	y	y			w	w

먼저 모음의 수를 보아도 한국어의 모음은 5모음 체계의 일본어보다 훨씬 많다. 일본어에는 없는 한국어 단모음은 /ə/, /3/, /ï/, /ü/, /ö/ 등 다섯이나 되며, 여기에다 반모음 /y/, /w/가 결합된 이중 모음까지 합한다면 상당수가 된다. 또한 같은 모음이라 하더라도 실제 음성의 조음점이 다르다는 사실은 적확한 목표 언어의 발음을 구사하는 데 장애 요인이 된다. 예컨대, 현대 일본어의 /u/는 한국어 /u/보다 중설화, 비원순화됨으로써 음성적 차이를 보인다.

두 언어 사이의 발음상 곤란도를 분석한 연구로 Stockwell & Bowen (1965 : 16)을 참조할 수 있는데, 이들은 영어 모국어 화자가 스페인어를 목표 언어로 학습하는 데 있어 곤란도의 순서를 단계별로 설정하고 있다.

학습 곤란의 단계도

곤 란 도		비 교	
단계	등급	모국어	목표 언어
I	1	선택 대상 없음	의무 선택
	2	선택 대상 없음	임의 선택
	3	임의 선택	의무 선택
II	4	의무 선택	임의 선택
	5	의무 선택	선택 대상 없음
	6	임의 선택	선택 대상 없음
III	7	임의 선택	임의 선택
	8	의무 선택	의무 선택

위의 표에서, 곤란도는 3단계 8등급으로 나뉘었다. 가장 곤란도가 높은 등급 1은 목표 언어에는 자질의 선택 조건이 의무적인 것이 모국어에는 그에 대응하는 선택 대상이 없는 경우이며, 두 번째 곤란도가 높은 등급 2

는 목표 언어에는 자질이 임의 선택인데, 모국어에는 그에 대응하는 선택 대상이 없는 경우이다. 이에 반해, 가장 곤란도가 낮은 등급 8은 양 언어에 함께 의무 선택의 자질이 대조적으로 존재하는 경우이다. 이때 임의 선택이란 요소 간의 선택이 무엇이든 가능하다는 것을 의미하고, 의무 선택은 이음(異音)의 조건에 의해 선택되는 것이거나 음소의 분포 제한에 의해 선택되는 것을 뜻한다. 대응하는 선택 대상이 모국어에 없다는 것은 목표 언어의 음성과 비교할 때 유사한 음성이 없음을 나타낸다. Stockwell & Bowen은 위의 각 등급에 대하여 다음과 같은 예를 들었다.

- 등급 1 : 스페인어의 〔β〕에 대응하는 영어의 음이 없다.
- 등급 2 : 스페인어에는 〔R〕과 〔r〕의 대립이 있지만 영어에는 그런 대립이 없다.
- 등급 3 : 스페인어에는 한 음소의 이음 〔d〕와 〔ð〕가 있어 환경에 따라 나타나는 조건이 다르지만, 영어에는 유사한 음이 있으나 그러한 제한이 없다.
- 등급 4 : 스페인어에서 sino와 seno에서처럼 〔n〕 앞에 발생하는 모음의 높이(고, 중)의 대립에 의한 음소 간의 상이가 있으나, 미국 영어의 남부 방언에는 pin과 pen처럼 하나의 음소의 이음이 되는 것도 있다.
- 등급 5 : 영어에서는 photo, butter, patty 등에서 〔t〕 대신에 탄음 〔r〕가 나타날 수 있으나, 스페인어에는 그런 이음이 없다.
- 등급 6 : 영어에는 모음 〔æ〕가 있으나 스페인어에는 그러한 음이 없다.
- 등급 7 : 양 언어에서 많은 단어가 어두음으로 〔p, t, k, s, m〕 등의 유사한 자음을 가진다.
- 등급 8 : 양 언어에서 어두의 〔sw〕 연결음 뒤에 모음이 와야 한다.

대응하는 선택 대상이 모어에 없다는 것은 목표 언어의 음성과 비교할 때 유사한 음성이 없음을 나타낸다. 요컨대, 목표 언어의 발음 학습 과정에서 가장 어렵게 인식되는 것은 목표 언어의 선택 조건이 의무적이든 임의적이든 그것에 대응하는 음성이나 특성이 모어에 존재하지 않는 경우이다.

외국어 학습 곤란도의 등급을 두 언어 사이의 유사성과 관련시켜 본다면, 유사의 정도와 상관 관계를 나타내는 결과가 된다. 목표 언어를 학습하는 데 곤란도가 높은 국면은 결국 그만큼 두 언어 사이에 유사성이 낮기 때문이다. 이로써 두 언어 사이의 학습 곤란도와 유사성의 정도는 서로 역비례의 관계에 있다고 할 것이다. 유사도가 높을수록 학습의 곤란도는 낮아지고, 반대로 유사도가 낮을수록 곤란도는 높아진다.

곤란도 : 고 ─────────────▶ 저
유사도 : 저 ◀───────────── 고

Stockwell & Bowen이 제시한 학습 곤란도의 단계와 등급이 모든 언어의 대조 국면에 통용될는지는 알 수 없지만, 여기에서 한·일어 음운·음성의 대조 연구자들은 이러한 모형에 따른 양 언어의 학습 곤란도를 측정하고 분석할 필요가 있을 것으로 생각된다. 요컨대, 목표 언어의 발음 학습 과정에서 가장 어려운 것은 목표 언어의 선택 조건이 의무적이든 임의적이든 그것에 대응하는 음성이나 자질이 모국어에 존재하지 않는 경우이다.

이러한 점에서, 한·일어 음운 체계의 상이성에 의해 예상되는 발음 학습의 곤란도는, 한국인이 일본어를 학습하는 경우, 모국어에는 선택 대상이 없는 청음과 탁음의 구별, 발음(撥音) /N/와 촉음(促音) /Q/의 음장, 어두에서의 /r/음, /ㄱ/음, 모음의 장단 구별, 악센트 등에서 높게 나타난다.

다음, 문법 분야의 한 부면인 조사의 대조에 대해 살펴보겠다. 양 언어의 격조사 기능의 대조에서 드러난 상이점은 그 다의성과 유의성의 양태와 범주가 서로 다르다는 것이다. 다의성과 유의성이란 하나의 격표지가 여러 가지의 격을 표시하기도 하고, 하나의 격을 나타내기 위해 여러 가지의 격표지가 동원되는 것을 의미한다. 예컨대, 한국어 조사 「-로」의 기능은 그 어사 환경에 따라 여러 가지의 격의미를 실현한다.

(3) a. 나무로 집을 지었다.(재료)
     b. 칼로 종이를 자른다.(도구, 수단)
     c. 학교로 간다.(방향)

    d. 병으로 고생한다.(원인)
    e. 학생으로 마땅히 지켜야 할 의무이다.(자격)
    f. 하루로 열흘을 삼았다.(기준)

한국어 조격 조사 「-로」에 의미 기능상 대응하는 일본어 「-で」의 기능은 한국어 「-로」의 기능과 일치하지 않는다. 어사 환경에 따른 「-で」의 의미 기능을 기술하면 다음과 같다.

(4) a. 米で お酒を 作る。(재료)
    b. 船で 南海を 旅行する。(수단)
    c. かぜで 三日 休んだ。(원인)
    d. 外国人で 日本に いる 人だ。(자격)
    e. 雨の日は 室内で 遊ぶ。(장소)
    f. 政府で 対策を 決める。(주체)
    g. 三枚で いくらですか。(단위)

일본어 조사 「-で」의 의미 기능 중, (4) a~d는 한국어 「-로」에 대응되지만, e, f는 「-에서」, g는 「-에」에 관계된다. 이와 같은 사실은 「-로」와 「-で」의 대응이 쌍방적이 아니며, 대응의 값이 상호 등가적이지 않은 것을 말해 준다. 양자는 1대 1의 대응 관계가 아닌 교차와 중복의 양태를 나타낸다. 이는 격조사의 다의적 기능과 격조사 간의 유의적 기능이 양 언어에서 동일 지향적이 아님을 의미한다.

또한, 한국어의 대격 조사 「-을/-를」의 분포와 의미 기능은 일본어의 대응 요소인 「-を」와 대등하지 않다.

(5) a. 학교를 간다.   学校へ行く。
    b. 돈을 철수를 준다.   お金を太郎にやる。
    c. 기차를 탄다.   汽車に乗る。
    d. 철수를 만났다.   太郎に会う。
    e. 빵을 다섯 개를 먹었다. パンを五つø 食べる。
    f. 도무지 먹지를 않는다.   まったく食べøない。
    g. 빨리를 달린다.   速くø 走る。

(5)에서 「-을/-를」의 분포는 각각 a. 자동사의 목표점, b. 여격 표시, c,d. 탑승과 만남의 대상, e. 동격의 수량사, f. 용언의 부사형 어미, g. 부사 등 광범위한 영역을 점유하고 있다. 이러한 분포에서 다양한 의미 기능을 가진 「-을/-를」은 일본어 「-を」와는 먼 거리에 있다. 이때 「-을/-를」의 기능은 오히려 「-を」가 아닌 「-へ」, 「-に」, 「-ø」에 결부된다. 「-를/-을」의 기능적 외연이 「-を」보다는 훨씬 넓다고 할 수 있다. 결국 양자를 비교하면, 「-を」는 「-를/-을」에 상응하지만, 「-를/-을」은 「-を」에 비대응의 상이성을 드러낸다. 이는 「-를/-을」과 「-を」의 대응 관계에 있어 쌍방의 값이 동일하지 않은 불완전 대응임을 말해 준다.

특히 화자의 감탄이나 강조의 첨의를 나타내는 경우, 양 언어의 대응어는 상응하지 않는다. (5) e-g의 대격 조사 「-를/-을」과 「-を」의 대조와 함께 한국어 특수조사 「-도」, 「-만」과 이에 대응하는 일본어 부조사 「-も」, 「-だけ」는 감탄적 첨의 기능을 나타낼 때는 그 대응 관계가 파기된다.

<blockquote>

(6)　a. 아마도 내년에는 이뤄지리라.

　　　おそらく{*も, ø} 来年には 成し遂げられよう。

　　b. 직장생활을 하면서도 밤에는 공부를 했다.

　　　職場生活を しながら{*も, ø} 夜には 勉強を した。

　　c. 잘 읽다가도 갑자기 멈춰 버린다.

　　　うまく 読みかけて{*も, ø} 急に 中止してしまう。

</blockquote>

<blockquote>

(7)　a. 어쨌든 많이만 읽어라.　　　とにかく 多く{*だけ, ø} 読め。

　　b. 아니, 빨리만 달리는데,　　　いや、速く{*だけ, ø} 走れるのに、

　　c. 밤은 점점 깊어만 간다.　　　夜は だんだん 更けて{*だけ, ø} いく。

</blockquote>

예문 (6)과 (7)에서 특수조사 「-도」와 「-만」은 부사나 용언 어미에 연결되어 어떤 사실에 대한 화자의 감탄이나 강조를 나타낸다. 이러한 경우 일어문에서는 부조사 「-も」와 「-だけ」가 규칙적으로 대응되지 않는다.

한국어 모어 화자가 일본어를 학습하는 경우, 이들을 가르치는 교사는 이러한 상이한 부분에 역점을 두어 주의를 환기시켜야 하고, 이에 따른 교

수법도 확립하여야 한다. 또한 습득상의 어려움을 극복하기 위한 교재 개
발도 필수적이다. 기초가 되는 대조 연구가 철저히 이루어지고, 이것이 언
어 교육에 충실히 응용되지 않으면 원활하고 효과적인 교육은 기대할 수
없을 것이다. 아래의 표는 양 언어 격조사의 대응 관계를 표시한 것으로,
양방 간 1대 1의 완전 대응은 한 곳도 찾을 수 없다는 것을 보여 준다. 이
들 사이의 상관 관계는 교차적이고 복선적이며, 중복적이다.

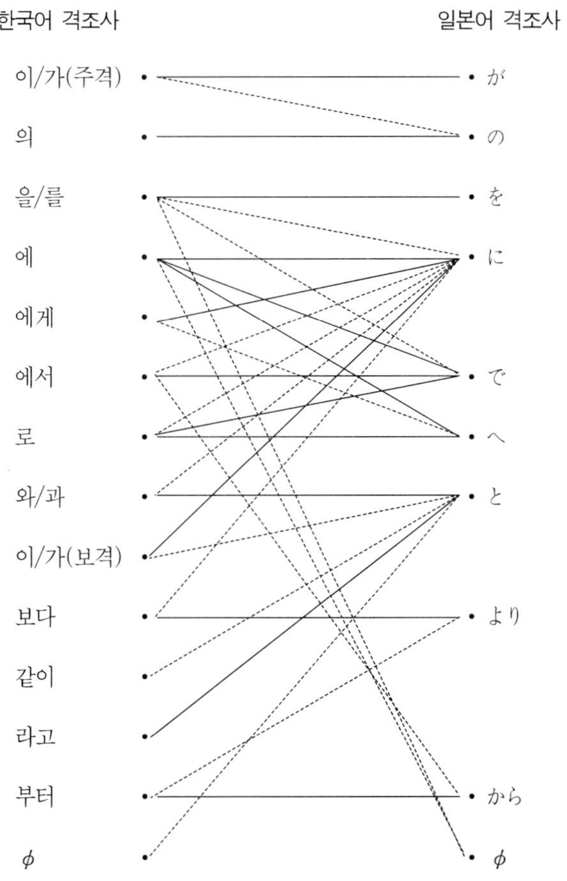

다음, 어휘의 대조의 한 부면을 살펴보겠다.

관용적 표현에 있어서, 양 언어의 어휘는 통문화적(cross cultural)인 동질성에 따라 유사한 실현 예가 많다. 특히 신체 어휘에 관한 관용어의 발달은 양 언어에서 두드러진 현상인데, 이 중 다의적 관용구 형성의 외연이 가장 넓은 어휘소 「손」(手)의 유사 기능에 대해 예시해 보겠다.

- 소유 : 손에 넣다(手に入れる)/손에 들어가다(手に入る)/손에 떨어지다(手に落ちる)
- 틈(여가) : 손이 나다, 손이 놀다(手が空く)
- 착수 : 손을 대다(手を付ける)
- 사람(일꾼) : 손이 모자라다(手が足りない)/손을 빌리다(手を借りる)/손이 없다(手がない)
- 힘(능력) : 손이 미치다, 손이 닿다(手が届く)/손에 겹다(手に負えない, 手に余る)
- 솜씨 : 솜씨가 있다(手が利く)/솜씨가 늘다(手が上がる)/손에 익다(手慣れる)
- 수완 : 손에 걸리다(手に掛かる)/손에 놀다(手に乗る)
- 수고 : 손을 덜다(手を省く)
- 수단·방법 : 수를 다 쓰다(手を盡くす)/약은 수를 쓰다(うまい手を使う)
- 수선·보충 : 손을 보다(手を入れる)/손을 대다(手を加える)
- 손버릇 : 손이 거칠다, 손이 검다(手くせが惡い, 手が長い)
- 요구 : 손을 내밀다(手を出す)/손을 벌리다(手を差し出す)
- 관계(교제) : 손을 잡다(手を握る)/손을 끊다(手を切る)/손을 떼다(手を引く)
- 소형물 : 손도끼(手斧)/손거울(手鏡)/손수레(手車)
- 어림(대중) : 손대중(手心)/손어림(手加減)

어휘소 「손(手)」의 기본 의미가 파생 의미로 확장되는 유연적 지향성은 양 언어에서 동일 양태를 나타낸다. 이러한 다의적 확장은 「손(手)」의 기능과 형태, 속성에 의한 유사 지각이나 인접 지각, 인과성 등에 의해 형성되는데, 양 언어는 다의적 범주와 원리에 있어 동일 지향성을 띠고 있다.

그러나 이질적 지향을 보이는 예도 없지 않다. 이는 양국의 이질적 문화의 전통과 관습에 의한 표현 차이에 근거한 것으로 보인다. 예컨대, 手が後に回る(체포, 구속되다), 手を額に当たる(기뻐하다), 手を燒く(혼나다, 애

먹다), 手を突く (인사, 감사, 사죄하다) 등의 표현은 한국어의 표현 의미에 부합하지 않는 것이다.

이처럼 신체 어휘들이 형성하는 관용어에서 양 언어는 많은 유사성을 보여 준다. 위의 어휘소 「손」과 더불어 그 다의적 확장이 넓은 영역을 차지하는 어휘소 「눈」과 「머리」에서 표현상의 유사점을 찾아보면 다음과 같은 예들이 나온다.

(8) a. 눈이 가다.　　　　　　目が いく。
　　 b. 눈이 높다.　　　　　　目が 高い。
　　 c. 눈이 돌다.　　　　　　目が 回る。
　　 d. 눈이 맞다.　　　　　　目が 会う。
　　 e. 눈이 있다(없다).　　　目が ある(ない)。
　　 f. 눈에 띄다.　　　　　　目に つく。
　　 g. 눈에 들다.　　　　　　目に 入る。

(9) a. 머리가 가볍다(무겁다).　頭が 経い(重い)。
　　 b. 머리가 굳다.　　　　　頭が 固い。
　　 c. 머리를 식히다.　　　　頭を 冷やす。
　　 d. 머리를 쓰다.　　　　　頭を 使う。
　　 e. 머리를 짜다.　　　　　頭を ひねる。
　　 f. 머리에 들어가다　　　　頭に 入る。

양 언어의 대조 분석 과정에서 공통되는 유사점을 발견하는 것도 그 유용성의 가치가 인정된다. 이는 양 언어를 보편성의 기저 위에 올려놓고, 어떤 언어 현상에 대한 언어학적 해석의 상호 적용과 언어 직관의 상호 이입을 가능하게 하기 때문이다.

잉여성(redundancy) 회피의 원리에서도 양 언어는 공통점을 보여 준다. 그 한 예로 정도 부사는 용언을 한정할 때 이미 정도화한 용언 앞에는 분포 제약이 있는데(*{가장, 매우, 아주, 꽤} {크디크다, 기나길다, 멀고멀다}.), 이러한 현상은 양 언어에서 동일시된다.

(10) a. {가장, 매우, 아주, 꽤} {하얗다, 거멓다, 빨갛다, 노랗다}.
      b. *{가장, 매우, 아주, 꽤} {새하얗다, 시커멓다, 새빨갛다, 샛노랗다}.
(11) a. {一番, もっとも, とても, かなり} {白い, 青い, 赤い, 黒い}。
      b. *{一番, もっとも, とても, かなり} {真っ白い, 真っ青だ, 真っ赤だ,
         真っ黒い}。

(10)a, (11)a에서 정도 매김이 되지 않은 상태 동사 앞에 정도 부사의 한정은 매우 자유로운데 반해, b에서 접두사에 의해 이미 정도화한 상태 동사 앞에는 정도 부사가 오지 않는다. 이는 정도화한 것에 대한 정도화는 잉여적이므로 이로 말미암아 발생하는 제약으로 설명된다.

이와는 반대로 동어 반복(tautology) 허용의 원리에서는 양 언어가 다른 모습을 보여 준다. 현대 한국어에서 동어 반복은 특별한 강조의 상황 외에는 잉여적으로 취급하기 때문에 조어상으로도 제약을 받는다. 예컨대, 파생어 구성에서 존칭 접미사 「-님」은 비존칭 어기[-exalted]에 한하여 첨가되는 것이 원칙이다. 따라서, 이미 존칭의 의미를 획득한 어기에 「-님」이 붙는 것은 매우 부자연스럽다(*상감마마-님, *대통령 각하-님, *폐하-님). 그러나 일본어에서는 존칭을 나타내는 접두사와 접미사가 중복적으로 붙는 파생어들을 흔히 볼 수 있다. 더욱이 고어로 거슬러 올라가면 존칭 표시어가 이중, 삼중으로 붙어 쓰이는 경우가 있다.

(12) a. お-医師-さん, お-月-さま, 御-婦人-がた
      b. お-み-足, お-み-お-汁, お-おん-世

특히 b의 경우는 일본의 역사적 산물로, 절대 경어를 사용했던 고대 일본어에서 존칭의 대상이 되는 신이나 천황에게 한정하여 극존칭으로 사용하기 위해 조어된 것으로 풀이된다.

3. 문제점과 과제

언어 연구에 있어 어느 특정 언어의 특징을 밝히기 위해서는 유형론적 관점에서 신중히 선택된 다른 언어 구조와의 대조 연구가 유효하다. 지난 30여 년 동안 탐색되어 온 한·일 양 언어의 대조 연구는 짧은 기간에 비하면 상당한 분량의 연구 결과물이 나왔다. 이는 양국이 지리적, 역사적 근린 관계로 빈번한 교류가 있었다는 것과 1970년 이후 일본에로의 유학생 급증과 양국에 일어일문학과와 한국어학과의 설치, 그리고 일본에서의 외국인을 위한 일본어 교육 강화 시책 등과 맞물린 까닭으로 생각된다.

이러한 대조 연구의 양적 성과에도 불구하고 그 질적인 충족도에는 미흡한 점이 많다. 양 언어 교육의 효용성이 높아짐에 따라 대조 연구가 증진되었으나, 언어 형식의 단순한 대비에 머무를 뿐 정밀한 연구가 부족한 실정이다. 이는 무엇보다 언어의 대조 연구에 있어 방법론의 문제이다. 구미에서도 마찬가지이지만, 대조언어학이 언어 교육의 응용적 목적으로 시작되었고, 또한 독자적인 학문 영역으로 정착되지 못했다는 점에서 그 연구 방법과 학문적 성격이 고착되기까지는 앞으로도 다소 시간이 요구될 것으로 보인다.

방법론의 문제에 있어 지금까지의 논고를 살펴보면, 두 언어를 분야별로 비교하여 그 유사점과 상이점을 관찰하고 분석·기술하는 데 그친 것이 대부분이다. 물론 언어 연구에 있어 언어 사실에 대한 관찰과 기술은 필수적인 중요 작업이다. 이를 바탕으로 하여 모든 논고의 실마리가 마련되기 때문이다. 그러나 대조 연구가 언어 현실을 피상적, 단편적으로 기술하는 데에 그쳐서는 안 된다. 대조 연구가 언어 연구라는 과학의 한 분야인 만큼, 그에 대한 실증적인 논증과 객관적인 해석이 수반되지 않으면 언어 과학으로서의 명분을 잃게 되고 만다.

이기용(2001 : 85)은, 대조언어학은 단순한 비교 연구가 아니라, 대상 언어(object language)와 참조 언어(reference language)를 구별함으로써 고유한 연구 대상을 갖는다고 보고, 참조 언어의 입장에 서서 대상 언어를 분석한다는 것이 고유한 연구 방법이 될 수 있다고 했다. 고유한 연구 대상은 고유한 연구 방법이 있어야 독립된 연구 영역으로 정착할 수 있다는 것이다.

　양 언어 간의 유사점과 상이점의 분석은 연구의 도달점이 아니라 출발점이다. 대조라는 장치에 의해 한 언어만을 살핌으로써 발견하지 못하던 보다 심오한 원리가 발견되어야 한다. 어떤 언어 현상과 다른 언어 현상이 어떻게 서로 결부되는가 하는 고찰의 방법도 앞으로 고려되어야 할 과제이다. 양 언어가 어떤 레벨 어떤 범주에 있어서도 균등하게 유사하다고 생각하는 것은 위험한 발상이다. 쓰카모토(塚本秀樹, 1990b)는 레벨의 검증 사이에서 발견되는 유사점에는 정도의 차가 있다는 사실을 간과해서는 안 된다고 했다.

　대조 연구의 관찰에서 드러나는 유사성과 상이성에 대한 해석은 상식이 아닌 언어학적 이론의 바탕에서 설명되어야 한다. 유사성과 상이성의 원인이 구명되어야 하고, 그러한 이동(異同)에 대한 언어학적 해석이 주어져야 하며, 이것이 일반언어학의 이론 구축에 어떻게 기여하는지에 대해서도 제시되어야 한다. 기술·설명적인 접근과 이론 지향적인 접근의 불균형을 대조 연구는 극복하지 않으면 안 된다. 뿐만 아니라, 대조 연구가 과학적인 안목으로 진행되기 위해서는 생성문법에서 주창했던 언어 기술의 네 가지 기준인 완전성(completeness), 정확성(accuracy), 명시성(explicitness), 간결성(simplicity)의 원칙에 부합하는 연구 방법이 모색되어야 할 것이다.

　이시와다(石綿敏雄)·다카다(高田 誠, 1990 : 11)는 대조언어학에서 모국어를 다른 외국어와 등거리에 두고 보아야 한다고 주장했다. 모국어를 외국어의 하나로 보자는 견해이다. '외국어로서의 모국어'라는 관점의 언어 기술은 대조 연구의 기초이자 언어 연구 자체로서도 높은 가치가 인정된다는 것이다. 대조언어학의 연구 대상은 언어의 대비이자 언어론의 대비로 쌍방 적용의 원리를 가지고 있다. 대조언어학은 언어를 대조하는 것이 그 연구 대상이지만, 때로는 양자의 개별언어학을 대조하는 학제적 성격도 띤다. 연구 과정에서는 참조 언어를 통한 대상 언어를 탐색하는 일방성이 있으나, 연구 결과의 응용은 쌍방 간에 이루어져야 한다. 특히 한·일어는 양방의 난제를 상대 언어학의 열쇠로 풀 수 있는 장치가 있다는 것이 매우 요긴하다. 상대방의 언어학으로부터 자국어의 연구 테마를 찾을 수 있고, 연구 방법론을 활용할 수도 있으며, 언어학적 해석을 직접적으로 끌어올 수도 있다.

양 언어의 대조 분석 과정에서 공통점을 발견하여 기술하는 것도 그 유용성과 가치가 인정된다. 이는 양 언어를 보편성의 기저 위에 두고, 어떤 언어 현상에 대한 언어학적 해석의 상호 적용과 언어 직관의 상호 이입을 가능하게 하기 때문이다. 그러나 대조언어학이 비교하는 언어 사이의 상이점에 주점을 두는 것이라면, 이러한 상이점의 모색은 다음 몇 가지 측면에서 추구되어야 할 것이다.

즉, 대조하는 언어들로부터,

① 대응 요소의 존재 여부
② 대응 요소의 외연의 범위
③ 대응 요소가 가진 성원(members)의 수량
④ 대응 요소 자체의 크기
⑤ 대응 요소의 층위와 가치
⑥ 대응 요소의 기능 양태와 정도

등을 세밀하게 기술하고 그 상이성을 끌어내는 것이다. 이와 같은 대조의 시각은 언어의 전 분야에서 이루어질 수 있다. 따라서, 한·일어 대조 연구의 연구 대상은 음운·음성, 문법, 어휘, 언어 행동 등 모든 영역에서 위의 관점에 의거하여 그 상이점이 탐색되고 설명되어야 할 것이다.

일반적으로 대조 연구의 연구 대상은 크게 보아 형식의 대조와 기능의 대조로 나눌 수 있다. 이들을 세분하면 다음과 같은 대조 항목을 얻게 된다. 이때 형식이란 외형적으로 노출되는 형태를 말하고, 기능은 내재적인 문법적 기능이나 의미·화용적 기능을 가리킨다.

■형식의 대조
　① 구조(선조와 층위)
　② 통합 관계와 계열 관계
　③ 분포
　④ 체계
　⑤ 외연의 범위
　⑥ 성원의 수
　⑦ 생산성(파생과 합성)
　⑧ 환경 동화(음운론적 환경)

■기능의 대조
　① 내포의 양
　② 기능 확장의 범위
　③ 특성
　④ 규칙
　⑤ 분류 등급
　⑥ 정도 측정
　⑦ 세로 관계와 가로 관계(하의성과 유의성)
　⑧ 환경 동화(문법·어휘론적 환경)

　형식과 기능의 구분은 언어의 연구 영역에 따라 편향성을 띠겠지만, 어느 영역이나 이와 같은 양자의 틀 속에서 대조 연구가 행해질 수 있다. 예컨대, 형식의 대조 중 ④체계의 대조에는 음운 체계, 문법 체계, 어휘 체계가 모두 연구 대상이 된다. 한·일어 대조 연구는 그 주제가 무엇이며 어떠한 분야를 다루든 간에, 연구의 중심에 서 있는 대조의 틀은 위의 제시 항목 속에서 이루어질 것이다. 뿐만 아니라, 대조언어학은 공시적 연구에 국한될 것이 아니라 양 언어의 대응 요소에 대한 통시적인 변화, 즉 역사적 추이 관계를 밝혀 상호 대조할 수도 있을 것이다.

　한편, 대조 연구가 효율적인 외국어 학습을 위한 방편으로 시작된 것인 만큼, 대조의 결과가 언어 교육에 충실히 반영되어야 한다. 한국인의 일본어 교육과 일본인의 한국어 교육에 학습 자료로 응용되어야 한다. 이런 점에서 대조언어학과 가장 긴밀한 유기성을 띤 응용 분야는 언어 교육이다.

일반적으로 양 언어의 대조에서 나타나는 상이점은 유사점보다 목표 언어를 학습하는 데 어려운 요소로 작용한다. 교사는 언어 교육시 이러한 상이한 부분에 역점을 두어 주의를 환기시켜야 하고, 이에 따른 교수법도 확립하여야 한다. 또한 습득상의 어려움을 극복하기 위한 교재의 개발도 필수적이다. 언어 교육의 기초가 되는 대조 연구가 철저히 이루어지고, 이것이 언어 교육에 충실히 응용되지 않으면 원활하고 효과적인 교육은 기대할 수 없을 것이다. 대조언어학은 응용을 위한 것으로, 응용언어학의 일부로 존립할 때 그 존재 가치가 있다고 할 것이다. 그렇다고 해서 대조 연구가 반드시 언어 교육만의 목표로 그 성과가 정리되어야 한다는 것은 아니다.

나아가서, 대조언어학의 성과는 번역의 질을 높이고, 기계 번역에 자료로 활용되어야 한다. 컴퓨터 과학의 한 영역인 기계 번역에 적극적인 응용을 시도해야 할 것이다. 기계 번역의 개발은 컴퓨터 과학뿐 아니라 언어 연구의 성과와도 불가분한 관계를 가진다. 한국어를 일본어로, 일본어를 한국어로 번역하려면 무엇보다 대조 연구가 그 바탕이 되어야 한다. 대조 언어의 연구자는 컴퓨터과학의 연구자와 제휴하여 협력하는 체제를 강화할 필요성이 있다.13) 이런 점에서 대조언어학의 학제적 연구는 불가피한 것으로 보인다.

궁극적으로, 한국어와 일본어의 대조적 관점에서 전체상을 볼 수 있는 『한·일어 대조언어 사전』과 같은 참고서의 출간이 기대된다.

---

13) 이기용(2001 : 34)은 대조언어학의 응용에 있어 보다 구체적인 과제를 내놓고 있다. 이를 요약하면 다언어를 통한 정보 교환, 다중 매체를 통한 정보 교환, 다양한 내용의 정보 교환, 다언어 정보 처리와 그 응용 등을 들고 있다. 전산언어학자는 기계 번역 시스템을 개발하고 전자 사전을 편찬하며, 다언어 통신 시스템을 개발해야 할 과제가 있다고 밝혔다.

█参考文獻

姜鎭文(1996), “韓日両国語の否定について-名詞述語文を中心として-”,「国文学解釈と鑑賞 特集」平成8年7月号, 至文堂.

______(1998), “日韓両言語における指示語の対照研究”, 立正大学大学院文学研究科 博士学位論文.

權勝林(1996), “ヴォイスの体系における再帰性：日・韓対照研究”, 大阪大大学院 言語文化研究科 博士学位論文.

高永根(1970), “韓日語의 比較 分析：音韻 体系를 中心으로”,「언어교육」2-1. 서울大 語学研究所.

金慶珠(2001), “談話構成における母語話者と学習者の視点-日韓両言語における主語と動詞の用い方を中心に-”,「日本語教育」109, 日本語教育学会.

金公七(1978), 日本語學概論, 平和出版社.

김동소(1998), 한국어 변천사, 형설출판사.

金東郁(1991), “断り表現の日・韓比較”,「言語行動論報告」1, 荻野綱男.

金東俊(1995), “対照言語学：日本語と韓国語”,「日本語教育研究」30, 言語文化研究所.

金秀芝(1993), “日・韓両言語における「あいさつ」の対照研究, -電話の会話を中心に-”「日本学報」12, 大阪大学 文学部日本学研究室.

______(1994), “日・韓両言語における「話題転換marker」の対照研究, -接続表現を中心に-”,「日本学報」13, 大阪大学.

金順任(2002), “日韓両言語における敬語意識の対照研究-文化庁の世論調査の追試-”, 日本言語学会(東京外国語大学).

金淑子(1989), “日本語와 韓国語의 声調 比較 研究”, 서울大 大学院 言語学科 博士学位論文.

金英美(1992), “日韓両国語におけるあいさつの比較, -後傾性を中心に-”,「東北大学文学部日本語学科論集」2.

金榮順(1986), “日韓両国語の自称詞・対称詞の対照的考察”,「国語学研究と資料」9, 早稲田大学 文学部.

金恩希(1996), “条件文の日・韓対照研究”, 広島大大学院 文学研究科 博士学位論文.

金仁鉉(1989), “日韓両語における助詞の対照研究(1), -「は」「が」と「은/는」「이/가」

の用法と機能について-", 「広島大学大学院教育学研究科　博士過程
　　　　　　論文集」15, 広島大学大学院教育学研究科.
金珍娥(2002), "日本語と韓国語における談話構造ストラデジーとしてスピーチレベ
　　　　　　ルシフト", 「朝鮮学報」183, 朝鮮学会.
김한곤(1969), "대조분석　방법론 : 전이문법과　변성문법의　입장에서", 「언어교육」
　　　　　　1-2, 서울대.
羅聖淑(1992), "韓国と日本の言語行動の違い-既婚女性の呼称を中心に-", 「日本語
　　　　　　学」12月号.
羅聖榮(1986), "日本語と韓国語のモダリテイの対照研究", 筑波大大学院　文芸・言
　　　　　　語研究科　博士学位論文.
閔光準(1990), "日本語と朝鮮語のアクセントとイントネーション", 「講座日本語と
　　　　　　日本語教育 3」, 明治書院.
＿＿＿＿(1996), "日本語と韓国語の韻律的特徴に関する音響音声学的対照研究 : 韓
　　　　　　国人に対する日本語教育への応用", 東北大大学院　日本語学科　博士
　　　　　　学位論文.
朴垠貞(1997), "移動動詞構文における格助詞の日・韓対照研究", 広島大大学院　文
　　　　　　学研究科　博士学位論文.
朴在權(1994), "現代日本語・韓国語の格助詞の対照研究", 中央大大学院　文学研究
　　　　　　科　博士学位論文.
朴正恩(1992), "韓国語日本語聞き手待遇法対照研究, -動詞終結語尾中心-", 「大阪
　　　　　　大学言語文化学」1, 大阪大学　言語文化学会.
朴熙泰(1993), "韓日兩語의　音韻　및　音声学的　対照考察 : 音声教育面을　中心으로-",
　　　　　　「韓国外大論文集」26.
白同善(1993), "絶対敬語と相対敬語, -日韓敬語法の比較-", 「世界の日本語教育」
　　　　　　3, 国際交流基金日本語国際センター.
＿＿＿＿(1996), "日本語と韓国語の待遇表現に関する対照言語学的研究", 名古屋大
　　　　　　学大学院　文学研究科　博士学位論文.
邊姫京(2003), "韓国在住の韓国人日本語学習者における韓国語と日本語の母音の
　　　　　　無声化", 「音声研究」, 日本音声学会.
司空換(2003), "韓国語話者による日本語破裂音の有声・無声の知覚判断," 「日本語
　　　　　　教育学会秋季大会予稿集」, 大板大学.
徐美善(2001) "共鳴音連続の知覚に関する対照言語学的研究", 「音声研究」5-3, 日
　　　　　　本音声学会.

宋承姫(2000), "日本語の「もの(だ)」「こと(だ)」「の(さ)」と韓国語の것이다に関する対照研究-「文法化」の観点から-", 広島大学大学院教育学研究科 博士論文.

安秉禧(1981), "敬語の対照言語学的考察", 「講座日本語学 9 : 敬語史」, 明治書院.

양경모(1993), "일본어와 한국어의 相에 대한 대조연구", 서울대 대학원 언어학과 박사학위논문.

吳美善(1997), "日本語動詞の文法化に関する考察-韓国語との対照の観点から-", お茶の水女子大学 博士論文.

元智恩(1999), "日韓言語行動の対照研究 -断り行動のモデル化をめざして-", 「社会言語科学会第3回研究大会予稿集」, 日本女子大学.

兪長玉(1983), "日·韓 両国語의 受動文 対照研究", 啓明大大学院 碩士論文.

李暻洙(1997), "日·韓両語の複合動詞に関する対照研究", 広島大大学院 日本語教育学科 博士学位論文.

李敬淑(2000), "日本語のリズムと韓国人日本語学習者の日本語のリズム", 「日本音声学会2000年度大会予稿集」, 麗沢大学.

이계순(1969), "Contrastive Analysis의 이론과 방법", 「언어교육」 1-1, 서울대.

李光秀(1985), "日本語「スル」動詞と韓国語「hada」動詞の対照的研究", 「日本語と日本文学」, 筑波大学国語国文学会.

이기용(2001), "대조언어학 : 그 위상과 새로운 응용", 「언어과학연구」 19, 언어과학회.

李吉遠(1991), "韓·日両言語の受身構文", 「阪大日本語研究」 3, 大阪大学文学部 日本学科(言語系).

李南淳(1998), 時制·相·敍法, 月印.

李明姫(1984), "韓日兩国語の音韻対照 : 音声教育を中心にして", 「경상전문대논문집」 5.

______(1995), "韓国語学習者の東京アクセントの知覚-ソウル地方の張合(1)-", 「日本語教育学会1995年度秋季大会予稿集」, 福岡大学.

李文子(1979), "朝鮮語の受身と日本語の受身(その1), もちぬしの受身を中心に", 「朝鮮学報」 91, 朝鮮学会.

李美淑(1996), "スルとシテイル-韓国語と日本語の動詞のアスペクト-", 「国文学解釈と鑑賞 特集」平成8年7月号, 至文堂.

李在康(1998), "한국어와 일본어의 모음에 관한 실험음성학적 대조분석", 서울대 대학원 언어학과 박사학위논문.

李漢燮(1984), "日韓同形の漢字表記語彙", 「日本語学」3-8, 明治書院.

______(1993), 現代韓国語における日本製漢語, 「日本語学」12-7, 明治書院.

______(1998), 한국 일본어학 관계 문헌 일람(1945-1997), 고려대 출판부.

李惠蓮(1999), "韓国人日本語学習者の日本語発話のend focusにおける母語の影響 -句末を中心に-", 「日本語教育」103, 日本語教育学会.

印省熙(2003), "日本語の「のだ」と韓国語の-ㄴ 것이다の対照研究", お茶の水女子大学大学院 人間文化研究科比較文化学専攻 博士論文.

林建彦(1984), "日本人韓国人表現構造比較研究", 「東海大学紀要 文学部」41, 東海大学文学部.

任榮哲(1987), "韓日姓名の比較小考", 「命名の諸相 -社会命名論データ集(1)-」, 大阪大学文学部社会言語学講座真田研究室.

林憲燦(1996a), "日韓両言語ヴォイスのカテゴリーに関する対照研究", 広島大大学院 教育研究科 博士学位論文.

______(1996b), "日韓両語における使役文-使役文を構成する要素の相関関係を手がかりにして-", 「朝鮮学報」158, 朝鮮学会.

張元哉(2000), "日韓異形・異義漢語から同形・同義漢語への変化-近代以降の日本製漢語を中心に-", 「日本語研究」20, 東京道立大学.

全成龍(1996), "現代日本語動詞の肯定・否定の中止形-韓国語との対照研究を土台として-", 「国文学解釈と鑑賞 特集」平成8年7月号, 至文堂.

全淑美(1995), "韓・日敬語用法の対照研究, -話題の人物の待遇を中心に-", 「日本語教育」85, 日本語教育学会.

全在昊(1995), "日本에서의 韓國語 教育", 「島根県立国際短期大紀要」2.

______(2000), "韓・日語 對照研究(3), -파열・파찰음 체계의비교-", 「韓・日言語文化研究」4, 韓・日言語文化研究所.

鄭 光(1995), "일본어투 문장 표현 : 국어에 나타난 일본어의 언어적 간섭", 「새국어생활」5-2, 국립국어연구원.

鄭聖汝(1999), "他動性と態, -意味的他動性と統語的自他の韓日語比較研究-", 神戸大学 博士学位論文.

______(2001), "자동사의 수동화와 태범주, -한・일어 비교의 관점에서-", 「언어과학연구」19, 언어과학회.

鄭秀賢(1986), "現代日本語と韓国語の受身・使役表現", 「論集日本語研究 1 現代編」, 明治書院.

______(1996), "「気」の語句をめぐる表現の日・韓対照研究", 「日本語学」7月号.

조준학(1969), "Contrastive Analysis와 Common Errors", 「언어교육」 1-1, 서울대.

池景來, 森下喜一(1989), 日本語と韓国語の敬語, 白帝社.

______, ______(1992), ヴォイスに関する比較言語学的研究, 東京：三修社.

車美愛(1990), "韓国語の色彩表現, -日本語との比較の観点から-", 「名古屋大学言語学論集」 6, 名古屋大学文学部 言語学研究室.

千昊載(1997), "韓国語の中間構文について-日本語との対照-", 「東北大学言語学論集」 6, 東北大学言語学研究室.

崔吉時(1996), "韓国語助詞「의」と日本語助詞「ノ」の比較対照研究", 大阪大大学院 言語文化研究科 博士学位論文.

韓美卿(1982), "韓国語の敬語の用法", 「講座日本語」 12, 明治書院.

韓有錫(1996), "自他動詞の対立と派生に関する研究：日本語と韓国語の両言語対照を中心に", 名古屋大大学院文学研究科 博士学位論文.

許明子(1997), "日本語と韓国語の受身の対照研究-日本語の間接受身の意味を中心にして-", 「日本語教育研究 1997」, 九州大学大学院比較社会文化研究科 日本語教育研究会.

洪珉杓(1992a), "日本人と韓国人の丁寧意識の比較", 「言語行動論報告」 2, 荻野綱男.

______(1992b), "日本人と韓国人の丁寧意識の比較", 「計量国語学」 18-7, 計量国語学会.

洪思滿(1989), "現代韓国語の特殊助詞の研究, -日本語の副助詞との対照を中心に-", 筑波大大学院 文芸·言語研究科 博士学位論文.

______(1993), 한·일어 대조어학/논고, 탑출판사.

______(2000), "韓·日両言語の格助詞省略に関する対照研究", 「東西言語文化類型論特別プロジェクト研究報告書」 3-2, 筑波大学.

______(2001), "한·일어 격조사 생략에 관한 대조 연구", 「梅田博之教授古稀記念韓日語文學論叢」, 太學社.

______(2002), 한·일어 대조분석, 亦樂.

______(2003), "한·일어 대조 연구의 어제와 오늘", 「이중언어학」 22, 이중언어학회.

______(2005), "일본에서의 한국어 연구사와 한·일 대조 연구", 「語文學」 87, 韓國語文學會.

黃美玉(1996), "韓日両言語の文法の対照研究：言語構造における普遍性と特殊性をめぐって", 韓国外大大学院 日本学科 博士学位論文.

황찬호·이계순·장석진·이길록(1988), 한일어 대조분석, 명지출판사.

鮎沢孝子(2003), "外国人学習者の日本語アクセント・イントネション習得", 「音声研究」7-2, 日本音声学会.

有坂秀世(1934), "古代日本語に於ける音節結合の法則", 「国語国文学」11-1.

______(1944), 国語音韻史の研究, 明世堂.

井内麻矢子(1999), "音節に対する自然度の評価 −日本語母語話者と韓国語母語話者の場合−", 「日本語教育学会春季大会予稿集」, 麗沢大学.

石綿敏雄·高田 誠(1990) 対照言語学, おうふう.

伊藤武彦·田原俊司·朴媛淑(1993), 文の理解にはたす助詞の働き, −日本語と韓国語を中心に−, 風間書房.

伊藤英人(1989), "現代朝鮮語動詞の非過去テンス形式の用法について", 「朝鮮学報」131, 朝鮮学会.

梅田博之(1960), "On the Phonemes of Cheju Dialect of Korean", 「名古屋大学文学部研究論集」22.

______(1961), "慶尚北道漆谷方言(朝鮮語)のアクセント", 「名古屋大学文学部研究論集」25, 名古屋大学文学部.

______(1965a), "朝鮮語のソナグラム", 「名古屋大学文学部研究論集 文学」37, 名古屋大学文学部.

______(1965b), "朝鮮語の「濃音」の物理的性質", 「言語研究」48.

______(1972), "朝鮮語霊山方言のアクセント", 「現代言語学」, 三省堂.

______(1977), "朝鮮語における敬語", 「岩波講座日本語 4 敬語」, 岩波書店.

______(1982a), "韓国語と日本語, −対照研究の問題点−", 「日本語教育」48, 日本語教育学会.

______(1982b), "朝鮮語の語彙Ⅱ −意味に関する問題−", 「講座日本語学」12, 明治書院.

______(1983), 韓国語의 音声学的 研究, −日本語와의 対照를 中心으로−, 蛍雪出版社.

______(1984), "KOREAN-JAPANESE 対照意味論ノート(1)", 「アジア・アフリカ文法研究」12. 東京外国語大学アジア・アフリカ研究所.

______(1987), "朝鮮語を母語とする学習者のための日本語教材作成上の問題点", 「日本語教育」40, 日本語教育学会.

______(1990), "경어에 대한 한일 대조연구", 「日本学誌」10, 啓明大 日本文化研究所.

______(1993), "ソウル方言の母音 -特に前舌母音の開閉の対立について-", 「日本研究」8, 韓国外国語大学 日本研究所.

______(2004), "최근 일본에서의 한일대조언어학의 동향", 「국어국문학」136, 국어국문학회.

______・村崎恭子(1982), "現代朝鮮語の格表現", 「講座日本語学」10, 明治書院.

大西晴彦(1991), "韓国人の日本語のアクセントについて", 「国際学友会紀要」15.

大江孝男(1958), "On the Indicative Endings in Modern Korean", 「言語研究」34, 日本言語学会.

______(1968), "中期朝鮮語のㅗ～ㅜ語幹について", 「李崇寧博士頌寿紀念論叢」, 乙酉文化社.

______(1976a), "大邱方言におけるアクセントの型と長母音", 「言語研究」69, 日本言語学会.

______(1976b), "大邱方言における「半敬語」について, -朝鮮語方言調査報告(Ⅱ)-", 「朝鮮学報」81, 朝鮮学会.

______(1977), "現代朝鮮語の文字表記(ハングル)についての機械処理", 「アジア・アフリカ語の計数研究」7, 東京外国語大学 アジア・アフリカ言語文化研究所.

大野 晋(1952), "日本語と朝鮮語との語彙の比較についての小見", 「国語と国文学」29-5.

______(1957), 日本語の起源, 岩波書店.

大村益夫(1969), "朝鮮語の発音と構造, -日本語との比較対照-", 「講座日本語教育5」, 早稲田大学語学教育研究所.

小河原義一郎(1996), "韓国人日本語学習者の日本語破裂音の発音と聴き取りの関係について", 「東北大学文学部, 日本語学科論集」6.

荻野 他(1990), "日本語と韓国語の聞き手に対する敬語用法の比較対照", 「朝鮮学報」136, 朝鮮学会.

荻野綱男외(1988) "韓国語와 日本語의 待遇法 比較対照", 「二重言語学会誌」4, 二重言語学会.

______(1989), "対照社会言語学と日本語教育, -日韓の敬語用法の対照研究を龜にそて-", 「日本語教育」69, 日本語教育学会.

______(1990), "日本語と韓国語の聞き手に対する敬語用法の比較対照", 「朝鮮学報」136, 朝鮮学会.

______(1991), "日本語と韓国語の第三者に対する敬語用法の比較対照", 「朝鮮学報」

141, 朝鮮学会.

奥津敬一郎(1978), 「ボクハウナギダ」の文法, -ダとノ-, くろしお出版.

______(1983), "授受表現の対照研究, -日・朝・中・英の比較-", 「日本語学」 2-4, 明治書院.

______・沼田善子(1985), "日・朝・中・英のあいさつ言葉", 「日本語学」 4-8, 明治書院.

小倉進平(1934), "朝鮮語と日本語", 「国語科学講座」 Ⅳ.

生越直樹(1997), "朝鮮語の社会言語学的研究", 「日本語と朝鮮語(上)」, くろしお出版.

______(1980), "他動詞の再帰性と使役の関係, -日本語と朝鮮語の対照を通して-", 「待兼山論叢(日本学)」 13, 大阪大学文学部.

______(1982), "日本語漢語動詞における能動と受動, -朝鮮語hata動詞との対照-", 「日本語教育」 48, 日本語教育学会.

______(1987), "日本語の接続助詞「て」と朝鮮語の連結語尾「a」, 「ko」", 「日本語教育」 62, 日本語教育学会.

______(1989), "文法の対照的研究, -朝鮮語と日本語-", 「講座日本語と日本語教育」 5, 明治書院.

______(1991), "朝鮮語「-어 보다」, 「-고 보다」と日本語「てみる」", 「日本語学」 10-12, 明治書院.

______(1994), "各国語話者と日本人との誤解の事例, -朝鮮語話者の場合-", 文部省科学研究費報告書.

______(1997), "朝鮮語と日本語の過去形の使い方 -結果状態形との関聯を中心にして-", 「日本語と外国語との対照研究 Ⅳ 日本語と朝鮮語」 下巻, 国立国語研究所.

______(2003), "日本語・朝鮮語における連体修飾表現の使い方-「きれいな花!」タイプの文を中心に", 「対照言語学」, 東京大学出版会.

生越まり子(1993), "謝罪の対照研究, -日朝対照研究-", 「日本語学」 12-12, 明治書院.

______(1994), "感謝の対照研究, -日朝対照研究-", 「日本語学」 13-8, 明治書院.

長田夏樹(1949), "原始日本語研究導論, -比較言語学の前提として-", 「神田外国語大学開学記念論文集」.

門脇誠一(1982), "日本語と朝鮮語の語彙", 「日本語教育」 48, 日本語教育学会.

______(1986), "再び中期朝鮮語における母音調和の乱れについて, -特に第Ⅲ語基母音a/əを中心に-", 「朝鮮学報」119・120, 朝鮮学会.

______(1994), "日・韓語対照研究, -授受動詞の補助動詞的用法を中心に-", 「北海島大学留学生センター年報」2.

菅野裕臣(1972), "現代朝鮮語慶尚北道方言アクセント体系の諸問題", 「アジア・アフリカ語学院紀要」3, アジア・アフリカ語学院.

______(1981), "口訣研究(一)", 東京外国語大学論集 31.

______(1990a), "アスペクト -朝鮮語と日本語", 「国文学 解釈と鑑賞」55-1, 至文堂.

______(1990), "朝鮮語と日本語", 「講座日本語と日本語教育」12, 明治書院.

______(1997), "現代朝鮮語の研究(文法)", 「日本語と朝鮮語」上巻, 国立国語研究所.

北鳩静江(1977), "日本語朝鮮語対照言語学の展望", 「朝鮮学報」85, 朝鮮学会.

北原保雄(1981), 日本語の文法 -日本語の世界 6-, 中央公論社.

国広哲弥(1974), "人間中心と状況中心", 「英語青年」2, 研究社.

______(1976), "日英語表現体系の比較", 「言語生活」3, 筑摩書房.

久野 暲(1973), 日本語文法研究, 大修館.

河野六郎(1946), "中期朝鮮語の完了時称について", 「Toyogo Kenkyu」1, 東京帝国大学文学部 言語学研究室.

______(1948), "朝鮮語の過去deについて", 「Toyogo Kenkyu」4, 東京帝国大学文学部 言語学研究室.

______(1950), "On the Intensive Stem of Middle Korean", 「言語研究」16, 日本言語学会.

______(1953), "中期朝鮮語用言語幹の声調に就いて", 「金田一博士古稀記念 言語・民俗論叢」, 三省堂.

______(1968), 朝鮮漢字音研究, 天理時報社.

______(1955), "朝鮮語", 「世界言語概説(下)」(服部・市川編), 研究社.

______(1989), "ハングルとその起源", 「日本学士院紀要」43-3, 日本学士院.

国立国語研究所(1984), 言語行動における日独比較, 報告書 80, 三省堂.

______(1986), 日独仏西基本語彙対照表, 報告書 88, 秀英出版.

______(1997), 日本語と朝鮮語(上, 下) -日本語と外国語との対照研究Ⅳ, くろしお出版.

沢島政行他(1980), "韓国語の音節末子音の喉頭調節", 「音声研究会資料」3, 日本音響学会.

柴　公也(1993), "「ーている」の意味と用法について，-対応する韓国語の表現との対
　　　　照研究-",「日本学報」31, 韓国日本学会.

＿＿＿＿(1995), "「-면서」と「-ながら」の対照研究",「熊本学園大学　文学・言語学論
　　　　集」2-1.

志部昭平(1975), "中期朝鮮語の願望法語尾について，-goadyəと-gojyəを中心とし
　　　　て-",「東洋学報」56-2,3,4, 東洋学術協会.

＿＿＿＿(1989), "漢字の用い方(韓国語との対照)",「講座日本語と日本語教育」9,
　　　　明治書院.

＿＿＿＿(1990), "朝鮮語と日本語，-その構造の類似性と差異性について",「国文学
　　　　解釈と鑑賞」55-1, 至文堂.

＿＿＿＿(1992), "日本における朝鮮語研究",「千葉大学人文研究」21, 千葉大学文
　　　　学部.

須田淳一(1996), "対格標識の曖昧性　-上代「を」・「ものを」形式と韓国語の対格標
　　　　識-,「国文学解釈と鑑賞特集：東アジアの言語と日本語」至文堂.

田中　彰(2002),「疑問/平叙」の閾値：日韓対照研究,「日本音声学会2002年大会予
　　　　稿集」, 東京女大.

玉城繁徳(1975), "意味理論と朝鮮語の意味記述について，-朝鮮語と日本語の意味
　　　　論における対照言語学的考察-",「朝鮮学報」77, 朝鮮学会.

田村　宏(1985), "朝鮮語全羅南道麗水市方言のアクセントについて",「九大言語学研
　　　　究報告書」6, 九州大学文学部　言語学研究室.

＿＿＿＿(1992), "日本語と朝鮮語の単漢字韓語用言比較",「九州大学留学生教育セ
　　　　ンター紀要」4, 九州大学留学生センター.

田村マリ子(1978), "指示詞　-朝鮮語이・그・저　系列と日本語コ・ソ・ア系列との
　　　　対照-",「待兼山論叢　日本学編」12, 大阪大学文学部.

＿＿＿＿(1994), "感謝の対照研究，-日韓対照研究-",「日本語学」13-8, 明治書院.

多和田真一郎(1991), "日本語・朝鮮語対照研究の課題",「国文学　解釈と鑑賞」56-1,
　　　　至文堂.

塚本　勲(1986), "日朝比較表現論",「日本語と日本語教育(文字・表現編)", 国立国
　　　　語研究所.

塚本秀樹(1986), "数量詞の遊離について，-日本語と朝鮮語の対照研究-",「朝鮮学
　　　　報」119・120, 朝鮮学会.

＿＿＿＿(1990a), "日本語と朝鮮語における複合格助詞について",「アジアの諸言語
　　　　と一般言語学」, 三省堂.

______(1990b), "日朝対照研究と日本語教育", 「日本語教育」 72, 日本語教育学会.

______(1993), "複合動詞と格支配, -日本語と朝鮮語の対照研究-", 仁田義雄編「日本語の格をめぐって」, くろしお出版.

______(1995), "膠着言語と複合構造, -特に日本語と朝鮮語の場合-", 仁田義雄編「複文の研究(上)」, くろしお出版.

______(1997a), "日本語と朝鮮語との対照研究", 「日本語と朝鮮語(上)」, くろしお出版.

______(1997b), "語彙的な語形成と統語的な語形成 -日本語と朝鮮語の対照研究-", 「日本語と朝鮮語(下)」, くろしお出版.

______(2001), "語形成と文法化-日本語と韓国語の対照研究-", 「梅田博之教授古稀記念 韓日語文学論叢」, 太学社.

辻 星児(1997), "「朝鮮資料」の研究", 「日本語と朝鮮語」, 国立国語研究所.

名嶋義直(1999), "日韓音声対照における一考察", 「小出記念日本語教育研究会論文集」 7, 小出記念日本語教育研究会.

中村 完(1968a), "訓民正音における文化の構造と意識について", 「朝鮮学報」 47, 朝鮮学会.

______(1968b), "吏読語における用言の基本構造とその周邊の問題", 「朝鮮学報」 48, 朝鮮学会.

______(1976a), "史的名辞「吏読」の概念とその意識について", 「朝鮮学報」 78, 朝鮮学会.

______(1976b), "朝鮮懸吐文における漢字であらわされた文法語について", 「言語学論叢」 15, 東京教育大学 言語学研究会.

______(1980), "中期朝鮮語における吐の問題", 「東北大学文学部研究年報」 29.

______(1982), "日本語の語彙と朝鮮語の語彙", 「講座日本語の語彙 2, 日本語の語彙の特色」, 明治書院.

日本語教育学会(編)(1982), 日本語教育辞典, 大修館.

野間秀樹(2001), "한국어 모어 화자의 일본어 피치악센트 교육을 위하여", 「梅田博之教授古稀記念 韓日語文學論叢」, 太學社.

橋本進吉(1949), "国語仮名遣研究史上の一発見", 「文字及び仮名遣の研究」, 岩波書店.

橋本万太郎(1973a), "韓国漢字音의 中古中国語 高口蓋韻尾", 「語学研究」 9-1, 서울대 어학연구소.

______(1973b), "Archaism in the Hyang-tshal Transcription -the sound

values of the Character 尸 and their origin-", 「アジア・アフリ
　　　　　カ言語文化研究」 6, 東京外国語大学　アジア・アフリカ言語文化研
　　　　　究所.
長谷川由紀子(1997), "日本人学習者に対する韓国語発音指導", 「韓国語教育」 8,
　　　　　国際韓国語教育学会.
服部四郎(1948), "日本語と琉球語・朝鮮語・アルタイ語との親族関係", 「民族学研
　　　　　究」 13-2.
　　　　　(1967), "日本語はどこから来たか?", 「ことばの宇宙」 2-4.
　　　　　(1974), "中世韓国語의 母音調和와 母音体系", 「学術院創立20周年紀念学
　　　　　術講演論文集」, 大韓民国学術院.
　　　　　(1975), "母音調和と中期朝鮮語の母音体系", 「言語の科学」 6, 東京言語
　　　　　研究所.
　　　　　(1978), "アルタイ諸言語・朝鮮語・日本語の母音調和", 「服部四郎論文集」
　　　　　3, 三省堂.
　　　　　(1985), "現代ソウル方言において起こりつつある母音の通時的変化, -続
　　　　　論-", 「言語」 14-8, 大修館.
浜之上幸(1997), "朝鮮語のアスペクト-日本語との対比の観点から-", 「研究報告(1)」,
　　　　　神田外語大学.
深見兼孝(1990), "日本語「ていく・てくる」と韓国語の「-어 가다」「-어 오다」", 「広
　　　　　島大学教育学部紀要　第2部」 38, 広島大学教育学部.
　　　　　(1997), "日本語と朝鮮語の非意図的他動詞文", 「日本語と朝鮮語(下)」,
　　　　　くろしお出版.
福井 玲(1985), "中世朝鮮語のアクセント体系について", 「東京大学言語学論集 '85」,
　　　　　東京大学文学部言語学研究室.
　　　　　(1987), "「杜詩諺解初刊本」について", 「東京大学言語学論集 '87」, 東京大
　　　　　学文学部　言語学研究室.
　　　　　(1992), "慶尚南道居昌方言のアクセント体系について", 「明海大学外国語
　　　　　学部論集」 4, 明海大学外国語学部.
福田麻子(1987), "日本人と韓国人の敬語意識の対照, -日韓学生を対象とした小調
　　　　　査報告-", 「埼玉大学教養学部言語学報告」 7, 埼玉大学教養学部.
藤井茂利(1979), "ソウル大学蔵『地蔵菩薩願経』に見える「吐」について -「切利天宮
　　　　　神通品第一」に於ける-", 「鹿児島大学法文学部紀要人文学科論集」
　　　　　14.

舟橋宏代(1994), "談話の進行における日朝談話者の姿勢", 日本教育学会.

古田東朔외(1987), 新国語概説, くろしお出版.

堀籠美央(2001), "韓国語の重複閉鎖と日本語の促音の知覚的特徴について", 「日本音声学会304回研究齟会」, 名古屋大学.

前川喜久雄(1997), "日韓対照音声学管見", 「日本語と朝鮮語(下)」, くろしお出版.

________ 외(1995), "韓国人日本語学習者による日本語長母音の知覚", 「日本音声学会全国大会予稿集」, 明海大学.

前田綱紀(1978), "朝鮮語の「는」(は)と「가(が)」 −日本語朝鮮語対照言語学の基礎として−", 「大兼山論叢(日本学)」12, 大阪大学文学部.

________(1982), "−している, −してある」の日本語朝鮮語対照", 「日本語教育』48, 日本語教育学会.

松崎 寛(1999), "韓国語話者の日本語音声−音声教育研究の観点から−", 「音声研究」3-3, 日本音声学会.

松本克己(1987), "語順の話", 「三省堂ぶっくれっっと」70, 三省堂.

馬淵和夫(1973), "「三国史記」「三国遺事」の地名について", 「人間の研究, 原富男博士古稀記念論文集」.

________(1975), "古代日本語と朝鮮語の音韻組織", 「日本古代語と朝鮮語」, 毎日新聞社.

________(1980), "「三国史記」記載の「高句麗」地名より見た古代高句麗語の考察", 「文芸・言語研究, 言語篇」4, 筑波大学文芸・言語学系.

________(1999), 古代日本語の姿, 武蔵野書院.

三好助三郎(1977), 新独英比較文法, 郁文堂.

水谷信子(1985), 日英比較話しことばの文法, くろしお出版.

水谷修他(1991), "日本語の韻律に見られる母語の干渉−音響音声学的対照研究", 文部省重点領域研究「日本語音声」, 平成2年度研究成果報告書.

________(1992a), "日本語の韻律に見られる母語の干渉(2) −音響音声学的対照研究", 文部省重点領域研究「日本語音声」, 平成3年度研究成果報告書.

________(1992b), "日本語の韻律に見られる母語の干渉(3) −音響音声学的対照研究", 文部省重点領域研究「日本語音声」, 平成2年度研究成果報告書.

峯崎知子(2001), "日韓の授受表現における意識差 −「テアゲル」「テヤル」を中心に−", 「社会言語科学会第7回研究大会予稿集」, 国学院大学.

村崎恭子(1982), "「−している, −してある」の日本語朝鮮語対照", 「日本語教育』48, 日本語教育学会.

________(1997), "述語の構造-日本語・韓国語・アイヌ語",「日本語と朝鮮語(下)」, くろしお出版.

村山七郎(1971), "日本語系統論",「言語生活」237.

________(1973), 日本語の起源, 弘文堂.

森下喜一, 池景来(1989), 日本語と韓国語の敬語, 白帝社.

________, ______(1992), 日・韓語対照言語学入門, 白帝社.

________ 외(1990), "日本語と韓国語における擬声語・擬態語の特徴について",「日本音声学会大会予稿集」, 千葉大学.

安田吉実(1968), "済州道方言における接尾辞「-아기, -아지, -장이, -아치, -바치」の考察",「朝鮮学報」48, 朝鮮学会

油谷幸利(1974), "現代朝鮮語の敬語に関する一考察",「朝鮮学報」73, 朝鮮学会.

________(1978), "現代韓国語의 動詞分類",「朝鮮学報」87, 朝鮮学会.

________(1990), "日本語と朝鮮語の語彙の対照",「講座日本語と日本語教育 7」, 明治書院.

渡邊吉鎔(1985)、"会話分析日・韓コミュニケーション・ギャップ",「慶応義塾大学日吉紀要 言語・文化コミュニケーション 」1.

________(1987), "韓日語文法対照研究の諸問題",「日本語学」6-10, 明治書院.

________・鈴木孝夫(1981), "朝鮮語のすすめ 日本語からの視点", 講談社「現代新書」.

渡邊 実(1971), 国語構文論, 塙書房.

Agard, F. & R. Di Piertro(1966), *The Sounds of English and Italian*, The Univ. of Chicago Press.

Aston, W.G.(1879), A Comparative Study of the Japanese and Korean Languages, J.R.A.S. New Series XI.

Burgschmidt, E. & D. Götz(1974), *Kontrstive Linguistik Deutsch/Englisch*, München Max Hueber.

Coseriu, E. & H. Geckeler(1981), *Trends in Structural Semantics*, Tübingen Narr.

Dingwall, W.(1964), "Transformational Generative Grammar and Contrastive Analysis", *Language Learning* 14, Ann Arbor.

Di Pietro, R.(1968), "Contrastive Analysis ad Notions of Deep and Surface Grammar", Alatis(1968).

______(1971), *Language Structures in Contrast*, Newbury House Publishers, Inc.. (일본어판, 小池生夫역「言語の対照研究」(1974),

大修館書店)

Harris, Z.(1954), "Transfer Grammar", *International Journal of American Linguistics* 20, Indiana Univ..

Hellinger, M.(1977), *Kontrastive Grammatik Deutsch, Englisch*, Tubingen Niemeyer.

Hymes, D.(1972), "Models of the Interaction of Language and Social life", Gumpers, J. & D. Hymes(ed.)(1972) *Direction in Sociolinguistics*, Oxford Basil Blackwell.

Jakobovits, L.(1970), *Foreign Language* Learning, Newbury House, Rowley.

James, C.(1980), *Contrastive Analysis*, Harlow Longman.

Kagaya, R.(1974), A Fiberscopic and Acoustic Study of the Korean Stops, Affricates adn Fricatives, *Journal of Phonetics* 2, Academic Press.

Kaplan, B.(1980), *On the Scope of Applied Linguistics*, Newbury House Publishers, Inc..

Kufner, H.(1962), *The Grammatical Structure of English and German*, Chicago, The Univ. of Chicago Press.

Lado, R.(1957), *Linguistics Across Cultures*, The Univ. of Michigan Press, Ann Arbor.

_______(1968), "Contrastive Linguistics in a Mentalistic Theory of Language Learning", Alatis(ed.).

Miller, R.A.(1971), *Japanese and the other Language*, Chicago.

Moser, H.(ed)(1970), *Probleme der kontrastiven Grammatik*, Jahrbuch 1969, Schwann, Düsseldorf.

_______(1971), "Fragen der strukturellen Syntax und der kontrastiven Grammatik", Düsseldorf, Schwann.

Moulton, W.(1962), *The Sounds of English and German*, Chicago, The Univ. of Chicago Press.

Nemser, W.(1961), *Hungarian Phonetic Experiments*, American Council of Learned Societies, New York.

Rankin, P.(1926), "The Measurement of the Ability to Understand Spoken language", Doctoral Dissertation, Univ. of Michigan.

Reed, D., R. Lado, & Y. Shen(1948), "The Importance of the Native

Language in Foreign Language Learning", *Language Learning* 28, Ann Arbor.

Reiner, K.(1983), "Einführung in die kontrastive Linguistik", Darmstadt Wissenschaftliche Buchgesellschft.

Stockwell, R.D. & Bowen(1965), *The Sounds of Englisch and Spanish*, The Univ. of Chicago Press.

Weinreich, U.(1953), *Languages in Contact*, Linguistic Circle of New York, New York.

Whorf, B.(1941), "Language and Logic", *Technology Review*, M.I.T. Reprinted in Carroll(1956)

Wilkins, D.A.(1972), *Linguistics in Language Teaching*, Edward Arnold Ltd. (일본어판, 天満美智子 역「言語学と語学教育」(1975), 研究社)

제3장 ▎ 한국 민법전(民法典)에 반영된 일본어식 격조사 용법

1. 법령문 순화의 선행 연구

우리나라 법령문의 문장 실태를 조사·연구한 것은 「구법령 정리에 관한 특별조치법」에 따라 1983년 법제처가 「법령 용어 순화정비 기준」을 제정한 데서 출발했다.[1] 그 후 박갑수(1990)는 법령문의 난해성을 지적하고 그 순화 방안을 제시했으며, 신각철(1995)은 법령문에서 일본식 표기의 정비를 주창한 논문을 발표하기도 했다. 법령문의 정비 작업이 공식적으로 대두된 것은 최근의 일로서, 이에 대한 연구보고는 법무부, 법제처와 대법원, 그리고 한국법제연구원과 국립국어연구원에서 적극적으로 이를 주도해 왔다.

대법원에서는 1995년부터 민사소송법의 전면 개정 작업에 착수하여 이를 확정하였으며, 2002년 9월 1일부터 개정된 법을 시행하고 있다.

특히 2002년 3월 27일, 국립국어연구소와 법무부는 법령 제정 및 개정

---

1) 법제처에서 제정한 「법령 용어 순화 정비 기준」(1983)에는 일본식 표현 용어를 중심으로 어려운 한자식 용어, 비민주적인 용어에 대한 순화 정비 대상이 요목별로 정리되어 있다. 이를 중심으로 순화 정비 작업은 지속적으로 추진되었는데, 그 결과 「일본어식 표기 법령용어 사례집」(2001)이 나왔다. 또한 국립국어연구원의 「국어순화용어 자료집」(1992)에 수록된 일본어투 생활용어 702개 단어 중 116개 어례를 검토하였다. 그 후 법제처의 「법령 용어 순화 정비 편람」(2002)을 통해 2,068건에 대한 용어 중심의 순화안이 나왔다.

업무에 관한 협력 체제 구성을 내용으로 하는 협정을 체결했다. 법무부가 소관 법령을 제정하거나 개정하는 경우에 법체처에 심사를 요청하기에 앞서, 법령의 문장이 바르고 알기 쉽게 작성되었는지에 관하여 국립국어연구원에 자문하기로 한 것이다. 국립국어연구원은 이를 국어학적 관점에서 검토하여 의견을 회신하기로 합의했다.

이에 국립국어연구원에서는 법무부에서 의뢰한 24건의 법령을 검토하여 「법령문에 대한 국어학적 검토」의 보고서(김문오 학예연구사, 2002)를 내놓았다. 또한 한국법제연구원(박영도, 2001)에서는 「일본어식 법령 용어 사례집」을 펴냈고, 법무부가 1999년 2월부터 개정해 온 민법 개정시안[2]을 현안 분석의 차원에서 검토하여 「민법 개정안의 법률 용어와 문장의 순화 방안」(柳昌昊, 2003)을 냈다. 또한 법제처에서는 「법령용어순화정비편람」(2002)을 편찬했다. 이러한 일련의 연구 조사 보고들은 국어 순화의 차원과 법령문의 평이화라는 실용적인 요구에서 비롯된 것이다.

이 중에서도 일본식 용어와 표기에 대해 관심을 보인 연구 보고서로는 신각철(1995), 박영도(2001), 김동욱(2002) 등이 있다. 특히 김동욱은 일본어학의 관점에서 이 문제에 접근하고 있는 점이 주목된다. 그뿐 아니라, 대부분의 연구가 일본어투에 대한 것을 우선적인 순화 대상으로 삼고 있는 공통점을 보여 준다. 이는 우리 법령문이 제정 당시 일본 법령문의 직접적인 영향 아래에서 이루어졌다는 것을 말해 준다.

한국법제연구원에서는 자체에 '법령 용어 정비단'을 두고, 2002년 「법령 용어 및 문장 구조의 문제점과 개선 방향」이라는 주제로 법령 용어 정비 사업 전문가 회의를 통해 법령문을 검토한 것은 참으로 바람직한 일이다. 대상이 된 법령은 상사법, 헌법, 형사법, 행정법, 민사소송법 분야였다. 또한 한국법제연구원과 중앙대 법학연구소 공동 주최로 「외국법의 계수와 법령 용어」의 학술 회의를 개최한 것도 주목할 만한 일이다.

이 글은 이러한 현실적 요구의 맥락 속에서 우리 법령에 남아 있는 일

---

2) 이는 민법전에 대한 12번째 개정 작업으로, 민법 개정 특별분과위원회가 이를 주도하였으며, 개정 범위는 '재산편'의 전 분야인 총 766개 조항이 대상이 되었다.

본 법령의 잔재들을 대조언어학적으로 분석하고, 그 현상을 영역별로 정밀하게 기술하려는 것이다. 특히 민법을 대상으로, 현행 우리 민법의 언어적 오류와 난해성을 일본 민법의 영향에서 찾으려는 것이다. 따라서, 법리적인 문제보다는 어법적 문제를 주안점으로 삼았다. 이러한 연구보고는 향후 우리 법령문의 우리말화, 평이화를 위한 전면 개정을 목표로 하고 있다. 이와 같은 연구의 필요성은 이미 김동욱(2002)에 의해 제시된 바 있다. 그는 일본식 법령 용어의 문제점을 논의하면서 결론적으로 향후 수행되어야 할 연구를 다섯 단계로 나누어 제안했다. ① 한·일어 대조언어학자의 한·일 법조문 대조 대안 제시 → ② 국어학자의 점검 → ③ 법학자의 법리 해석상의 문제점 검토 → ④ 심리학자의 검증 → ⑤ 종합적인 최종안 정리가 그것이다. 이러한 제의를 받아들인다면, 한·일어 대조언어학자들이 양 법령문을 대조·분석하여 그 대안을 세우는 것이야말로 가장 우선되어야 할 기초 작업이다.

법제처에서도 법령안의 정비 절차를 3단계로 설정하고 있다. 제1단계로 대상 용어에 대한 국회와 법원, 중앙부처의 의견을 수렴하고, 제2단계로 국어학계, 법조계, 「국립국어연구원」 등에 자문하고, 제3단계로 법제처의 「법령 용어 심의회」의 심의를 거쳐 확정하는 것이다. 이런 점에서 보면 이 글은 제2단계에 들어와 있음을 알 수 있다.

한편 박갑수는 「민사소송법의 순화 연구」(1997)라는 연구 보고서를 대법원에 제출했다. 대법원에서는 이 순화안을 수용하여 민사소송법을 개정하고, 이를 2002년부터 시행하기에 이르렀다. 대법원의 개정 방향을 살펴보면, 순화 기준은 크게 문장 구조의 개선과 한자어 순화로 나뉜다. 문장 구조 개선에서는 첫째, 한문투 문어체와 일본식 표현, 영어 등 번역체 문장, 둘째, 비문법적인 문장, 셋째, 과다한 명사구 사용, 넷째, 길고 복잡한 문장, 다섯째, 어려운 낱말, 여섯째, 의미를 파악하기에 불충분한 문장 등이 순화의 대상이 되었다.

특히 한자어의 순화는 일상 생활에 잘 쓰이지 않는 어려운 용어와 구시대적 한문투 용어, 그리고 준말이라고 할 어려운 용어들이 개정의 대상이 되었다. 또한 일상 용어라고 할 수 있지만 순화해야 할 단어, 일본식 용어 (특히 훈독어), 권위주의적 용어 등이 순화의 대상이 되었다. 그러나 예외적으로 순화 결과 지나치게 어색한 표현이 되는 경우나 단어가 너무 길어지는 경우, 사용 중인 단어를 그대로 써도 의사 전달에 무리가 없거나 바꿀 만한 적절한 표현이 없는 경우, 우리말로 바꿈으로써 고유한 의미가 전달되기 어렵게 되거나 개념의 혼란이 초래될 우려가 있는 경우는 순화를 보류하는 것으로 정했다.[3]

이상 구법령 정비 사업의 일환으로 조사 보고된 연구 내용은 대체로 두 가지 방향으로 요약된다. 하나는 법령문의 순화 방안이고, 또 하나는 평이화 방안이다.

법 언어는 일상 생활의 언어와는 다른 전문성과 특수성을 지니고 있으므로[4] 그 난해성은 불가피한 것이다. 그러나 현실적으로 일상 언어와 법 언어가 보여 주는 이질감으로, 일반 국민뿐만 아니라 법률의 전문적 지식을 가진 사람들도 쉽게 이해하지 못하는 법 내용이 적지 않다. 법률 용어가 속성상 기술적인 정치(精緻)성을 요구하므로 어렵게 개념화하는 경향이 있기는 하지만, 그 난해성이 가중되는 원인으로는 법조문의 문장 구조와 문체, 논리적 모순과 문법의 일탈 등 언어적 표현의 오류로 말미암은 경우도 간과할 수 없다. 이는 향후 다듬고 바로잡아야 할 과제이다.[5]

법은 우리 사회의 안녕과 질서를 지키기 위해 제정된 실천 규범이다. 따라

---

3) 대법원에서 받아들여진 법률 용어 순화안과 받아들여지지 않은 순화안은 호문혁 (2002 : 150-154) 참조.

4) 법률은 사용자에게 법률의 정보와 지식을 제공하며, 사용자는 법률에 명시된 법령에 의하여 법적 행위를 형성하고 그에 따른 법 범위 내의 행위를 영위하게 된다. 따라서, 법률 언어는 자연 언어와 달리 '-해야 마땅하다'라는 규범적 성격을 띤다. 후기 산업 사회에서 법률 언어는 자연 언어의 규율 지평, 즉, 생활 세계를 넘어선 복잡한 사회 현실을 규율하는 역할을 한다. 법률 언어는 일종의 전문(가) 언어이다 (이재호 2002 : 199).

5) 김성천(2002 : 176)은 민법전의 언어 난해성 요인으로 일본식의 표현, 난해한 한자어, 표제어 문제, 비문법적인 표현 등을 들었다. 이들은 우리 법문의 난해성의 주요 원인으로 일본식 표현을 든 공통점이 있다. 법률 용어의 평이화는 민법 제정 당시부터 거론된 사안이었다(柳昌昊 2003 : 7).

서, 법은 국민이면 누구나 그것을 쉽게 이해하고 지켜, 실천에 옮길 수 있는 친근한 것이어야 한다. 법령문이 쉽고 분명해야 하는 것은 이 때문이다. 아르투어 카우프만(Arthur Kaufmann)은 법률가들의 언어가 비난을 받는 이유는, 그것이 어렵고 명료하지 않으며, 대중성이 없기 때문이라고 했다. 이런 점에서 외국에서도 법률 문장을 구어적인 쉬운 표현으로 고치려는 노력이 지금도 제기되고 있다.

법조문의 난해성은 일본 법전에서도 마찬가지이다. 법령이 제정된 메이지(明治) 시대부터 법조문의 평이화 문제가 대두되었고, 근래에 와서도 "법을 시민에게 가깝게"를 강조하고 있다(大石 真, 2002 : 79).[6]

이처럼 제정 당시부터 일본 법령문의 평이화 문제가 제기되었지만 1990년 제7차 개정 때까지 아무런 반응도 나타나지 않았다. 다만 이런 노력으로 얻어진 것은 표기상 '가타가나'에 탁점(濁点)을 붙이는 정도였다. 그 후 현행 법령의 문체와 용어는 '히라가나(平仮名)' 구어체 표기법을 채용(1946년 4월 17일 공포 현행헌법초안)하는 방향으로 법조문의 구어체화와 평이화를 도모했다.[7]

실제로 법률 용어의 평이화에는 한계가 뒤따른다. 이는 현대 생활이 복

---

6) 일본의 이와 같은 노력은 다음 문전의 여러 가지 기록에도 잘 나타나 있다(大石 真 2002 : 87 참조).
  1. "모든 행정 명령에 대해서는 사물(내용)을 알기 쉽게 하고, 더욱이 쉬운 단어를 사용하도록 유의할 것."(「太定官達」 17호, 1875.2.4.)
  2. "법전의 문장 용어는 평이하고 간명하게 하여, 될 수 있는 대로 많은 사람들이 이해하기 쉽도록 유념해야 한다."(穗積陳重 「法典論」, 1890 : 183)
  3. "법률의 문장 용어는 사회가 진보함에 따라 어려운 것보다 평이하게", "평이한 법문은 민권의 보장이다."(穗積陳重 「法律進化論」 2冊, 1924 : 300)
  4. "법령은 국민 행동의 기본이며 국민이 이용하는 것임을 고려하여, 그것이 이해하기 쉽도록 하기 위하여 평이하고도 명료하게, 자상하고 세심하게 하는 것을 취지로 하고, 쓸데없이 형식 체재의 아름다움에 빠지지 말아야 하는 것을 목표로 해야 한다."(「內閣訓令」 : "法令形式의 改善에 關한 件", 1826)
7) 1990년대에 와서 일본의 주요 법률이 개정되었는데, 민사법의 借地借家法(1991)에서 종래 가타가나 문어체로 쓰였던 건물의 보호에 관한 법률(1909년 제정)과 借地法·借家法(1921년 제정)을 폐지하고 내용적으로 통합하여 히라가나 구어체화를 꾀했다(大石 真 2002 : 91).

잡해지고 그 규율 내용이 다양해짐에 따라 법조문도 더욱 복잡해질 수밖에 없고, 또한 특수 분야의 전문성을 지닌 법률 용어가 많아졌기 때문에 그렇다.

이재호(2002 : 199)는 이러한 문제를 인지심리학적으로 접근하여, 법률을 정보와 언어의 일종으로 보고, 법률 사용자의 심리적 특성에 대한 이해가 필요하다고 역설했다. 법률 언어에 대해 고려해야 할 요인으로 지각 요인, 기억 요인, 언어 요인, 지식 요인, 맥락 요인을 들었고, 사용자가 법령을 쉽게 지각하고, 읽을 수 있고, 기억할 수 있고, 기억에서 인출하여 적절한 상황에 명확하게 적용할 수 있어야 한다고 주장했다.

우리나라에서 법령문뿐만 아니라 일반 공용문의 평이화를 위한 정책적인 시도는 한글 전용에서 찾을 수 있다. 특히 법제처에서는 법령의 평이화를 위해 한자 표기의 한글화를 추진해 왔다. 법제처에서 마련한 법령의 한글화 기준은 대체로 다음과 같다(신각철, 1995 : 123).

① 일상 생활 용어로서 한자로 표기하지 않아도 누구나 이해할 수 있는 용어는 한글로 적는다(예 : 공통, 교제 등).
② 상용한자(1800자)가 아니거나 보통 쓰이지 아니하는 어려운 한자 용어는 사용하지 아니한다(예 : 擁護, 紐帶 등).
③ 동사, 형용사, 부사로 쓰이는 용어 가운데 한자 표기가 적절하지 아니한 용어는 한글로 적는다(예 : 탁월한, 급격히 등).
④ 헌법이나 다른 법률에서 이미 한글로 표기한 용어는 한글로 적는다(예 : 건전, 계속, 기초 등).

일반 공문서의 한글 전용 규정으로는 1948년 10월 9일에 법률 제6호로 「한글 전용에 관한 법률」이 제정된 바 있으나("대한민국의 공용문서는 한글로 쓴다. 다만 얼마 동안 필요한 때에는 한자를 병용할 수 있다."), 1961년 10월 1일에 각령 제137호로 발표된 「정부 공문서 규정」은 한글 한자 혼용 표기로 오히려 역행한 바 있다("모든 공문서는 한글을 전용하되 법령은 여전히 한자로 쓰도록 권장한다."). 그러다가 「한글전용연구위원회규정」(대통령령 제3625호, 1968. 11. 5.), 「증권거래법시행령 중 개정의 건」(公布番號 3726호, 1969. 1.

13.)과 같은 법령에서 한글 전용이 되기 시작하고 곧이어 「내무부 직제 중 개정의 건」(公布番號 3731호, 1969. 1. 14.)부터 그 이후의 공포되는 모든 법령에서는 100% 한글 전용 표기가 정착되었다. 2000년에는 '국회 법률 문서 한글화 기준'(2002. 8. 3. 국회의장 결재)이 만들어졌으며, 2003년 8월에 '법률한글화를 위한 특별조치법(안)'(법제처 소관. 민법, 형법 등 중장기적 검토를 거쳐야 할 일부 법률을 제외한 모든 법률을 한글로 표기하도록 한다는 것이 주요 내용임.)이 만들어지고, 2003년 9월에는 '국어기본법(안)'(문화관광부 소관. 이 법안 제17조에 "공공기관의 공문서와 그 밖에 이에 준하는 서류는 한글로 작성하되, 어문 규범을 준수하여야 한다."라는 내용이 포함되어 있음.)이 만들어져 각각 입법 절차를 마치고 그 시행안이 나왔다.

지금까지 국어학적 관점에서 살펴본 법령문의 문제점은, 이를 다룬 사람마다 대체로 같은 맥락을 지니고 있다. 순화의 대상은 용어 중심과 문장 전체로 나뉜다. 용어에는 어려운 한자어, 의미상 부적절한 단어, 순화해야 할 단어 등이 포함되고, 문장에는 문법, 문체, 표현 등이 포함된다.

「국립국어연구소」의 김문오 학예연구사(2001)는 법조문을 검토하여 의미적으로 부적절한 것과 문법적으로 맞지 않은 사례를 분석했다. 의미적인 부적절성으로는 어려운 단어와 부자연스러운 단어와 표현, 중의적 문장 등을 들었고, 문법적인 오류로는 조사와 어미, 대등 구조, 지시어, 능동, 피동 등에 관한 것을 지적했다. 법무부의 자문에 답한 내용을 중심으로 엮은 「법령문의 국어학적 검토」(2002)에서는 어문 규범을 지키지 않은 사례와 문법에 맞지 않은 사례, 그리고 의미적으로 부적절한 사례로 분류하여 그 하위에 여러 가지 세목을 들어 설명했다.

민사소송법을 중심으로 법령 용어와 문장 구조의 문제점을 분석한 호문혁(2002)은 순화할 용어와 문장을 따로 떼 내어 그 요목을 제시했다. 순화할 용어로는 어려운 한자어와 일본식 용어(훈독), 그리고 권위적인 표현을 들었고, 순화할 문장으로는 한문투의 문어체, 일본어투의 문체, 그리고 문법에 맞지 않은 문체, 명사구 남발, 길고 복잡한 문체, 의미가 모호한 문체, 불충분한 정보나 부정확한 정보를 제공하는 문체 등을 들었다.

이러한 분석의 결과 공통적으로 드러나는 문제점은 일본어투의 용어와 문체이다. 즉, 일본식 한자어로 된 법률 용어와 일본식 법조문의 표현 방식이 문제가 되었다.

특히 법제처에서는 법률 용어의 순화를 위한 기본 방향으로, 용어의 민주화, 평이화, 명확화, 그리고 표준화 등 네 가지 기준을 마련했다(박영도, 2000 : 14).

박갑수(1997 : 1)는 민사소송법을 중심으로 순화 방안을 제시했는데, 그 요목으로 어려운 한자어, 한문투 문장, 일본어 및 일본어투 표현, 문법적 오류 등을 중점적으로 다루었다.

우리나라의 법률은 광복 후 제정되었다. 헌법이 1948년에 제정되어 1987년까지 9차에 걸친 개헌이 있었고, 육법 중 나머지 법은 1953년부터 1962년에 걸쳐 제정되어(형법 1953년, 형사소송법 1954년, 민법 1958년, 민사소송법 1960년, 상법 1962년 제정), 그 동안 여러 차례의 부분적인 개정을 거쳐 오늘에 이르고 있다.

우리 민법은 1958년 제정 이후 11차에 걸쳐 부분적으로 개정되었다. 법무부에서는 1999년부터 재산편 총 766개 조항을 대상으로 개정 작업을 진행하여 그 개정 시안을 2001년 11월에 냈다. 11차 개정까지는 조문의 신설과 내용의 보충, 삭제 정도였고, 국어학적으로 어긋난 표현이나 어휘, 문법을 바로잡기 위한 전면적인 수정은 시도되지 않았다. 그 중에는 1990년 1월 13일 법률 제4199호의 개정이 상당 부분을 차지하는데, 제4편 '親族편'과 제5편 '相續편'을 중심으로 여러 개 조문의 전문 개정과 부분 개정이 있었다. 개정 내용을 살펴보면, 개중에는 당시 일본 민법전을 그대로 번역하여 보충한 조문들도 들어 있다. 이는 우리 민법전이 일본 민법을 바탕으로 하고 있다는 것을 단적으로 말해 주는 것이다. 예컨대, 1990년에 개정된 제755조 제2항 "夫婦에 一方이 死亡한 경우 生存 配偶者가 再婚한 때에도 第1項과 같다."는 개정 전에는 "夫가 死亡한 境遇에 妻가 親家에 復籍하거나 再婚한 때에도 前項과 같다"였는데, 이는 일본 민법 제728조의 제2항을 그대로 채용한 것이다(第七百二十八条 ② "夫婦の一方が死亡した場合におい

て、生存配偶者が姻族関係を終了させる意思を表示したときも、前項と同様である。").

또한 1990년 개정 때에 일본 민법의 내용 일부를 삽입한 조항도 있다. 제871조 "…… 그러나 後見人이 同意를 함에 있어서는 家庭法院의 許可를 얻어야 한다."의 삽입 부분은 일본 민법 제798조의 일부를 채용하여 삽입한 것이다(第七百九十八条 "…… 家庭裁判所の許可を得なければならない。").

이 밖에도 1977년 개정 때에 제3장(제1112조-제1118조) "遺留分"을 신설한 것도 일본 민법 第八章 "遺留分"의 내용과 형태를 따온 것이다.

대부분의 개정은 법 내용을 수정한 것에 지나지 않았고, 표기법이나 표현을 고친 것은 거의 찾아볼 수 없다.[8] 이는 민법 전문의 전면 개정이 아닌 이상 다른 조문과의 형평성 때문이기도 할 것이다. 다만 개정된 법조문 중 몇 군데 다듬어진 단어가 나타나기도 한다.

제771조, 제934조	依한다 → 따른다
제777조	本法 → 이 法
제884조	事由 있음을 알지 못한 때 → 事由가 있음을
제808조	婚姻할 때에는 → 婚姻을 할 때에는
제819조	婚姻은 그 當事者가 成年에 達한 者('그'의 삽입)

특히 부분 개정이긴 하지만, 일부 조항에서 한자가 한글로 바뀐 예는 평이화의 순화 의지를 보여주는 대목이다.

2. 우리 법령의 수용 과정과 일본어투의 잔재

우리 법조문에 일본어투의 용어와 문체가 남아 있는 것은 법 제정 당시

---

8) 우리 현행 민법에 대한 개정 순화안으로 주요한 것은 법무부 민법 개정 특별분과위원회의 「민법개정시안」(재산편 부분)(2001)과 이에 대한 한국법제연구원의 「민법순화안」(재산편 부분)(2003, 柳昌昊)과 국립국어연구원의 민법순화안(민법 전문)(김문오, 2003. 12.) 등 세 종류가 있다.

일본의 법조문을 토대로 하여 받아들였기 때문이다. 법률 용어와 기술에 대한 깊은 검토 없이 일본의 법을 그대로 직수입했고, 일본어로 된 번역식의 법률 용어를 우리의 법조문에 차용하여 정착시킨 것이다. 더욱이 한국어와 일본어가 서로 구조적인 동질성이 있다는 것을 과신하여, 양 언어 사이의 이질적 언어 특징을 간과한 채, 일본의 법령문을 직역하여 무리하게 우리의 법에 수용한 데에 문제의 심각성이 있다.

이처럼 우리나라의 근대적 법률의 수용 과정을 살펴보면 일본법의 영향 아래에 있었던 사실이 확인된다. 우리나라의 실제적인 근대법 수용은 갑오경장에서 시작되었다고 할 수 있다(임종호, 2002 : 18). 그 후 1905년에는 일본의 제도를 따라 법원을 설치한 바 있는데, 법정의 공용어로 일본어가 통용되었다. 이로써 일본의 사법 제도가 우리나라에 들어오게 된 것이다. 1910년 8월 29일 한일합병조약으로 일본은 「조선에 시행할 법령에 관한 건」(1910년 8월 칙령 제324조)을 제정하여 일본 법령의 전부 또는 일부를 우리나라에서 시행할 수 있도록 했고, 일제 강점기 35년 동안은 일본 법령이 그대로 우리에게 적용되기에 이르렀다.9)

1945년 8월 15일 광복으로부터 1948년 대한민국 정부 수립에 이르기까지 미군정 시기에는 부분적으로 일본 법령의 폐지를 선언하였지만, 미군정 법령 제11호 「일제 법규의 일부 개정 폐기의 건」(1945년 11월 9일 공포)과 법령 제21호 「법률 제 명령의 존속」(1945년 11월)을 공포함으로써 종래법의 유효함을 인정하였다. 1948년 제헌 헌법 제10장 부칙 제100조를 보면 "현행 법령은 이 헌법에 저촉되지 아니하는 한 효력을 가진다."로 명시하여, 국회에서 새 법률을 제정하기까지 일본 법령을 그대로 사용하기로 한 것이다.

정부 수립 후, 「법전편찬위원회」가 구성되어 기본 법제의 제정 작업을 착수함으로써, 1953년에는 형법이, 1958년 2월에는 민법이 법률 제471호로 제정되었는데, 우리나라가 서양법을 넘겨받은 것은 어디까지나 일본을 매개로 한 일본화한 것이라 할 수 있다. 결국 일본 법령의 모방적 수용은 우리의 법

---

9) 이런 의미에서 우리의 현행 민법은 일본 민법을 주요한 비교법적 자료로 한 입법 당시의 형태를 거의 원형 그대로 유지하고 있다고 할 수 있다(柳昌珷 2003 : 125).

령문에 일본식의 용어와 표현이 그대로 유입되게 한 직접적인 원인이 된다.

실제로 양 민법전을 비교해 보면, 우리 민법이 먼저 제정된 일본 민법을 그대로 직역한 조항이 적지 않다. 그 중 몇 개 조항의 예를 들겠다.

예시 1

第324條 (留置權者의 善管義務)

① 留置權者는 善良한 管理者의 注意로 留置物을 占有하여야 한다.

② 留置權者는 債務者의 承諾없이 留置物의 使用, 貸與 또는 擔保提供을 하지 못한다. 그러나 留置物의 保存에 必要한 使用은 그러하지 아니하다.

③ 留置權者가 前2項의 規定에 違反한 때에 債務者는 留置權의 消滅을 請求할 수 있다.

第二百九十八條 (留置物の善管義務)

① 留置權者ハ善良ナル管理者ノ注意ヲ以テ留置物ヲ占有スルコトヲ要ス

② 留置權者ハ債務者ノ承諾ナクシテ留置物ノ使用若クハ賃貸ヲ爲シ又ハ之ヲ擔保ニ供スルコトヲ得ス但其物ノ保存ニ必要ナル使用ヲ爲スハ此限ニ在ラス

③ 留置權者カ前二項ノ規定ニ違反シタルトキハ債務者ハ留置權ノ消滅ヲ請求スルコトヲ得

예시 2

第341條 (物上保證人의 求償權) 他人의 債務를 擔保하기 爲한 質權設定者가 그 債務를 辨濟하거나 質權의 實行으로 因하여 質物의 所有權을 잃은 때에는 保證債務에 關한 規定에 依하여 債務者에 對한 求償權이 있다.

第三百五十一條 (物上保証人の求償權) 他人ノ債務ヲ擔保スル爲メ質權ヲ設定シタル者カ其債務ヲ弁濟シ又ハ質權ノ實行ニ因リテ質物ノ所有權ヲ失ヒタルトキハ保証債務ニ關スル規定ニ從ヒ債務者ニ對シテ求償權ヲ有ス

이상 두 가지의 예시 조항은 어휘, 문체, 문법, 표현 등에서 일본 민법 조문을 그대로 직역하여 옮겨 온 것이다. 어쩌면 일본의 민법전에다 조사와 어미만을 우리말로 바꾸어 넣은 듯한 인상을 준다. 요컨대 건국 초기에 입법된 우리 민법전은 아무런 국어학적 검토 없이 제정, 공포, 시행되어 오늘까지 오게 된 것이다.

서구의 법 제도를 일본을 통해 받아들이는 과정에서 우리의 고유한 언어 표현과는 맞지 않는 법률 용어들이 등장하였는데, 이는 당시 직접적으로 헌법 제정에 참여한 사람들도 일제 시대에 법학 교육을 받아 온 사람이 대부분이었기 때문에 더욱 그렇다. 이들은 한자어와 일본 용어, 일본어투에 익숙한 반면, 우리말의 문법이나 표현에 대한 이해는 부족했다(김문현, 2002 : 10).[10]

임중호(2002 : 20)는 현행 법률 용어의 형성 배경을 설명하면서, 우리의 법조문은 서구법을 직접 번역하여 차용한 것이 아니고, 일본이 근대적 서구법제를 계수하여 외국의 법률 용어를 일본어로 번역 차용한 것을 다시 차용한 번역 재차용어라고 규정했다. 우리의 현행 법률 용어 형성에 영향

---

10) 양창수(1991 : 64)를 보면 당시 민법안의 성립 과정에서 일본 민법을 모델로 할 수밖에 없었던 현실을 짐작할 수 있다. 그 기술의 일부를 인용하면 다음과 같다. "따라서 그때까지의 민법 생활을 우리의 입장에서 면밀하게 음미하고 반성한 결과의 기초 위에서 새로운 출발을 할 시간적인 여유가 없었다. 뿐만 아니라 더욱 중요한 것은 그러한 음미와 반성을 학문적으로 수행할 법학자 층이 적어도 민법, 기초 작업이 수행된 1940년대 말과 1950년대 초에는 형성되어 있지 않았다는 것이다. 한편으로는 화급한 시대적 요청이 있으나 다른 한편으로 이에 자극적으로 대응할 주체적인 역량이 형성되어 있지 않았다는 빈 공간을 채우고 들어온 것이 바로 일본 민법 그리고 특히 일본 민법학이었다고 할 수 있다." "그들은 일제 아래에서 일본법을 공부하고 운용에 직접 참여하였던 사람들이었다. 그러므로 그들의 학문적 또는 이론적 시야는 일본 민법 또는 일본 민법학에서 벗어날 수 없었고, 그들이 새로운 민법을 편찬함에 있어서 사용한 이론적 작업 도구는 바로 일본 민법학의 그것이었다." "일본 민법을 민법 편찬의 기초를 삼게 된 데는 더욱 실질적이고 중요한 이유가 있다고 생각된다. 그것은 당시 우리의 민법학이 일본 민법이나 그에 기한 해석론, 또는 입법론을 전개하는 일본 민법론을 떠나 새로운 민법전을 독자적으로 편찬할 수 있을 만큼 충분한 실력을 갖추지 못하고 있었다는 것이다." "그와 같이 논리적이고 체계적인 법적 개념과 법명제 없이 법전을 편찬할 경우에 그 결과는 단순히 소재의 무질서한 집합이 되거나 모순되고 중첩되는 명제의 반복이 되기 쉬운 것이다." "이 새로이 마련될 법령은 그 동안의 법상태, 즉 일본 법령에 의한 법률 관계의 규율이라는 부정할 수 없는 사실을 깡그리 무시하고 완전한 백지 상태에서 출발하여야 할 것인가? 그러한 백지 상태로부터의 출발은 과연 가능한 것인가?" "민법 초안은 당시 실행되고 있던 민법-실질적 의미의-을 출발점 내지 기초로 하여 마련되었다. 따라서 우리 민법 초안을 규정하는 제1의, 그리고 가장 중요한 요소는 의용민법(依用民法)이다."

을 미친 일본의 메이지(明治) 시대는 법률 용어의 맹아기였다고 할 수 있다. 당시 서구법의 계수는 언어적, 사회적, 문화적 환경이 서로 다른 이질적인 것이었으므로, 법률 용어의 번역 문제는 쉽지 않은 과제였을 것이다. 따라서, 오역과 외국 법률 용어의 부적합한 번역이 속출했을 것이다.

어휘는 주로 중국의 고전, 한시, 불경 등에서 사용된 것을 전거(典據)로 하여, 여기에 새로운 의미를 부여한 것이 많다.11) 따라서, 당시 지도층의 관료와 학자들의 권위주의적 의식이 이에 작용했을 것으로 추정된다. 새롭게 만들어진 법률 용어 중에는 일본 고유의 사회적, 경제적, 문화적 배경을 기초로 하여 성립된 것과 일본어식 한자어(和製漢語)를 기초로 한 것이 매우 많다. 이러한 단어는 한자로 적히기는 했지만, 훈독하는 일본어의 고유어이다(예 : 引渡(ひきわたす), 組合(くみあい), 株式(かぶしき) 등). 우리나라는 이러한 일본어를 한자음으로 음독하여 수용하게 된 것이다.

외국의 법률 용어를 차용하는 방법에는 원어 그대로 차용하는 직접 차용(음역 차용)과 그것을 자국어로 번역하여 차용하는 간접 차용(번역 차용)이 있다. 대체로 간접 차용 방법으로 외국 법률 용어를 수용하는데, 이는 차용 방식에 따라 차용 직역, 차용 의역, 차용 의미, 차용 창조 등이 있다.12) 우리 민법이 일본 민법을 차용한 방식은 외국어 번역의 대부분을 차지하는 차용 직역의 방법을 취한 것 같다.

우리나라 법의 계수가13) 일제 강점기를 거치면서 강제적으로 이루어졌

---

11) 정재도(1995 : 181)는 일본식 한자말이 중국에서 쓰이는 말에다 일본식 뜻을 붙여 쓴 것이 많다고 지적하고 그 예로 '國民學校', '端末機', '高架橋' 등을 들었다. 또한 순수한 일본제 한자말로 '陸橋', '半島', '利子', '假-', '-的' 등을 들었다.

12) 차용 직역(Lehnübersetzung)이란 원어를 형식적으로 모방하는 방법으로 번역하는 것으로 축어적(逐語的) 번역을 말하며, 차용 의역(Lehnübertrgung)은 어원적 모방이나 임의적 모방에 기초한 번역을 통해 자국의 법률 용어로 차용하는 방식이다. 차용 의미(Lehnbedeutung)는 기존의 자국어 어휘에 외국 법률 용어가 가지고 있는 의미를 부여하는 방법으로 외국의 법률 용어를 번역하여 차용하는 것이고, 차용 창조(Lehnschöfung)는 외국의 법률 용어에 대한 적절한 대응어가 존재하지 아니하는 경우에 그에 필요한 어휘를 신조하여 외국 법률 용어를 차용하는 방식이다(임중호 2002 : 23-42에서 인용).

13) 법의 계수(繼受)란 외국법을 자국법화하는 입법 행위를 말한다. 그러나 단순한 입

으므로, 법률 용어는 일상의 언어 생활에 제대로 동화하지 못하고 법전상의 것으로만 존재하는 것이 적지 않다. 과다한 일본식 한자어의 사용과 일본어의 간섭이[14] 바로 그것이다. 그러나 일본식 한자어 중에는 그 동안의 사용을 통하여 이미 법률 용어로서 우리의 일상 생활 속에 확고하게 정착되어 버린 것도 적지 않다.

그렇다면 일본법이 형성된 배경은 어떠한가? 일본은 메이지(明治) 시대 이후 서양법을 수입하여 번역했는데, 초기에는 프랑스법과 영국법을 모델로 했으나 1881년(明治 14년)에 독일법으로 선회했다. 1879년에는 「民法編纂局」을 설치하여 1885년 「民法草案」을 완성하기에 이르렀다. 결국 현행 일본 민법전은 독일 민법을 기초로 하여 프랑스 민법 등 다른 나라의 민법을 섞은 혼합법적인 성격을 띤다.

일본 민법에서는 "親族編"과 "相續編"(1898년 제정)이 전면적으로 개정될 때 새로운 표기법을 채용했다. 메이지(明治) 시대에 제정된 "財産法"의 규정(1조-724조)은 '가타가나'(片仮名)로 적힌 문어체 문장이었으나, 1947년 제정된 "親族編"과 "相續編"(725조-1044조)은 '히라가나'(平仮名)로 적힌 구어체 문장으로, 신구의 표기법이 혼재되었다. 일본의 민법전은 2002년까지 27차에 걸쳐 개정되었다.

3. 일본어투 잔재의 영역

한국어와 일본어는 언어 구조상 유사성을 띤 언어이며, 역사적으로 상

법 행위로 그치는 것이 아니라, 그것이 자국의 법생활로 수용되어가는 하나의 사회적 과정을 가리킨다(임중호 2002 : 47).

14) 김광해(1995 : 6)에 따르면 우리말이 일본말의 간섭을 받아 온 역사는 1876년 병자수호 조약 이후 일제 강점기를 거쳐 오늘에 이르기까지 줄잡아 120년이나 된다고 했다.

호 교류가 빈번하여 언어적인 간섭과 차용이 잦았다. 대체로 양 언어는 음운 면의 유사성보다는 문법과 어휘 면의 유사성이 현저하다.

양 언어의 이와 같은 유사성이 있지만, 문법적, 어휘적인 이질성이 부분적으로 내재한다. 흔히 한·일 양 언어가 유사하다는 선입견과 환영에 사로잡혀, 자칫하면 양 언어의 번역 과정에서 양 언어를 상호 대치·투영하는 방향의 안일한 번역 오류를 범하기 쉽다. 이러한 현상은 법령문의 번역 과정에서도 마찬가지였으리라 추정된다. 동일한 어순을 지키면서 일본어의 한자 어휘가 그대로 우리말에 옮겨오는 사례가 전면을 지배하고 있는 인상을 준다.

이상과 같은 계수와 번역의 맥락 속에서 우리 법령문에 일본식 용어와 어투가 반영된 것은 당시로서는 어쩔 수 없는 일이라 여겨진다. 지금까지 일본어투 순화와 관련된 여러 논자들의 지적을 국어학적인 측면에서 정리하여 그 요목을 들어보면 다음과 같다.

① 띄어쓰기
② 구두점(쉼표, 마침표 사용)
③ 문어체
④ 장문(한 문장의 길이)
⑤ 일본식 표기 용어(예 : '關하여', '本法', '依한다', '爲하여', '혹은', '定한다' 등)
⑥ 고유 한자어(훈독어)(예 : '手續', '支拂', '拂下', '手順' 등)
⑦ 일본 한자어(중국 고전에서 온 것 : '文明', '自由', '文學', '自然' 등, 완전 신조어 : '大統領', '日曜日', '演說', '哲學', '美術', '進化論' 등)
⑧ 약식 한자어(예 : '供하다', '經하다', '承하다' 등)
⑨ 비문법성(문장 성분의 호응 관계 어김, 시제 어미의 부정확한 사용, 조사 오용과 생략, 명사구 남용)
⑩ 조사 「-의」의 과용(예 : '-마다의', '-로부터의', '-에의', '-에게의', '-와의', '-에서의', '-로서의', '-으로의', '-만으로의', '-에 있어서의', '-나름대로의' 등)
⑪ 일본어투 문장 표현(문법적 간섭 예 : '-고 있다', '-있을 수 있다', '-있어야 할', '-한(던) 것이다', '-는 -이를 -한다', '-에 있어서', '-上', '-的' 등)
⑫ 피동 표현(피동 형태인 '-되다' 남용)
⑬ 성분 대응 표현(대응 구조의 형평성)
⑭ 의미상의 문제

이상 논자들의 언급을 종합하면 우리 민법에 남아 있는 일본어식 용어와 문체, 그리고 이의 간접적인 영향까지 포괄하면 대체로 다음과 같은 요목으로 압축된다.

① 부적절한 한자 용어
② 한문식의 일본 문어체
③ 일본식 용어(훈독 한자어)
④ 구식 권위주의적 표현
⑤ 일본어투의 문장
⑥ 문법적으로 잘못된 문장
⑦ 의미가 불명확한 문장
⑧ 자연스럽지 못한 문장

이와 같은 현상은 민법전뿐만 아니라, 모든 법령문에 공통적으로 나타나는 것이다. 이 논문의 연구 방법은 현행 우리 민법(일부 개정 2002. 1. 14. 법률 제6591호로 공포)과 우리 민법 제정 당시에 참조했을 것으로 추정되는 일본 민법(일부 개정 1950년(昭和 25년) 법률 제123호로 공포)의 전 조문을 검토하여 관련되는 대응 조문을 짝지워 상호 대조하고, 그 관계를 귀납하는 대조언어학적 방식을 취하고 있다.

4. 일본어식 격조사 용법

법령문에서 문장을 순화하는 것보다 용어를 순화하는 것이 더 어렵다고 하는 것은, 법률 용어는 지난 수 십 년 동안 지속적으로 사용해 옴으로써, 법률 전문가에게 익숙해져 있기 때문이다. 또한 법률 용어는 일상 생활어와는 달리 특수한 법적 의미를 내포하고 있고, 어느 한 법률에서만이 아니라 다른 법률에도 공용되는 것이므로, 한 법률에서 용어를 개정한다면 다른 법률 전체를 개정하지 않으면 안 되는 연계성이 있다.

　　일본 민법을 번역 형식으로 구성된 우리 민법에는 그 용어에서 일본식의 형태와 어휘적 특징이 반영되어 오늘에까지 상존한다.

　　우리 민법전에 쓰인 조사 중에는 일본어 격조사의 용법에 유추되어 쓰임으로써 오류를 낳은 것이 있다. 이는 일본어 격조사의 다의적 기능으로 말미암아 발생하는 오류이다. 일본어에서 적은 수의 격조사로써 많은 격을 표시하려고 하니 어쩔 수 없이 하나의 격표지가 여러 가지 격을 나타내는 다의 현상이 나타나게 되는 것이다. 이 중에서도 소위 처격 조사 「-に」의 다의성은 현저한데, 이로부터 나온 오류의 예가 우리 민법전의 도처에서 발견된다. 일본어 조사 「-に」에 대응되는 국어 조사로는 「-에」를 중심으로 하여, 「-을/-를」, 「-에서」, 「-에게」, 「-로」, 「-와/-과」, 「-보다」, 「-로서」 등 다양하다(홍사만, 1993 : 46). 따라서, 일본어 「-に」를 기계적으로 「-에」로 옮긴 번역으로 말미암은 오류가 가장 현저하다.

4.1. 「-に」와 「-에」

가. 「-에 좇아」 → 「-를 좇아(따라)」

　　일본어 동사 '從(したが)う'는 그 대상어에 대하여 우리말처럼 대격인 「-を」가 아닌 「-に」격을 지배한다. 「-に」를 「-에」로 번역한 결과 격 관계 표시에 어긋나는 사례가 나타난다. 우리 민법 조문에 자주 나오는 '좇다(從う)'의 대상어로는 대체로 '規定'(제34조), '條件'(제39조), '指示'(제116조), '選擇'(제135조) 등 추상물이 중심이 된다.

　　타동사인 '從う'를 '따르다'로 옮길 경우 그 동작의 대상이 추상적인 것('지시', '관계', '의견')이 될 때에는 조사 「-에」와 「-를」을 양용할 수 있다(지시{에, 를} 따르다, 의견{에, 을} 따르다).

　　그러나 '從う'를 '좇다'로 옮기면 그 대상어는 반드시 대격 조사인 「-을/-를」을 취하여야 하는 것이 우리 문법의 틀이다. 따라서, 아래의 민법 제2조 '신의에 좇아'는 '신의를 좇아'가 되거나 다른 표현으로 '신의를 지켜'가

되어야 할 것이다.15)

> 第2條 (信義誠實) ①權利의 行使와 義務의 履行은 <u>信義에 좇아</u> 誠實히 하여야 한다.

아래의 여러 가지 법 예문에서도 이와 같이 수정되어야 한다. '지시에 좇아'→'지시를 좇아, 지시에 따라'(제116조), '선택에 좇아'→'선택을 좇아, 선택에 따라'(제135조), '내용에 좇는'→'내용을 좇는, 내용에 따른'(제390조), '성질에 좇아'→'성질을 좇는, 성질에 따라'(제734조)가 된다.

> 第116條 (代理行爲의 瑕疵) ②特定한 法律行爲를 委任한 境遇에 代理人이 本人의 <u>指示에 좇아</u> 그 行爲를 한 때에는 本人은 自己가 안 事情 또는 過失로 因하여 알지 못한 事情에 關하여 代理人의 不知를 主張하지 못한다.
>
> 第百一條 (代理行爲の瑕疵) ②特定ノ法律行爲ヲ爲スコトヲ委託セラレタル場合ニ於テ代理人カ本人ノ<u>指圖ニ從ヒ</u>其行爲ヲ爲シタルトキハ本人ハ其自ラ知リタル事情ニ付キ代理人ノ不知ヲ主張スルコトヲ得ス其過失ニ因リテ知ラサリシ事情ニ付キ亦同シ

유례 1

> 第135條 (無權代理人의 相對方에 對한 責任) ①他人의 代理人으로 契約을 한 者가 그 代理權을 證明하지 못하고 또 本人의 追認을 얻지 못한 때에는 相對方의 <u>選擇에 좇아</u> 契約의 履行 또는 損害賠償의 責任이 있다.
>
> 第百十七條 (無權代理人の責任) ①他人ノ代理人トシテ契約ヲ爲シタル者カ其代理權ヲ証明スルコト能ハス且本人ノ追認ヲ得サリシトキハ相手方ノ<u>選擇ニ從ヒ</u>之ニ對シテ履行又ハ損害賠償ノ責ニ任ス

---

15) 같은 예가 제2조, 제34조, 제39조, 제116조, 제135조, 제203조, 제276조, 제303조, 제310조, 제325조, 제380조, 제460조, 제734조에 나온다.

유례 2

第390條 (債務不履行과 損害賠償) 債務者가 債務의 <u>內容에</u> 좇은 履行을 하지 아니한 때에는債權者는 損害賠償을 請求할 수 있다. 그러나 債務者의 故意나 過失없이 履行할 수 없게 된때에는 그러하지 아니하다.

第四百十五條 (債務不履行) 債務者カ其債務ノ<u>本旨ニ從</u>ヒタル履行ヲ爲ササルトキハ債權者ハ其損害ノ賠償ヲ請求スルコトヲ得債務者ノ責ニ歸スヘキ事由ニ因リテ履行ヲ爲スコト能ハサルニ至リタルトキ亦同シ

유례 3

第734條 (事務管理의 內容) ①義務없이 他人을 爲하여 事務를 管理하는 者는 그 事務의 <u>性質에</u> 좇아 가장 本人에게 利益되는 方法으로 이를 管理하여야 한다.

第六百九十七條 (管理者の管理義務) ①義務ナクシテ他人ノ爲メニ事務ノ管理ヲ始メタル者ハ其事務ノ<u>性質ニ從</u>ヒ最モ本人ノ利益ニ適スヘキ方法ニ依リテ其管理ヲ爲スコトヲ要ス

나. 「-에 위반하다」→「-을 위반하다」

일본어에서 '反(はん)する'와 '違反(いはん)する'는 반드시 「-に」격을 취한다. 우리말로는 대체로 '반(反)하다', '위반하다'로 옮길 수 있지만, 양자 사이에는 엄격한 의미상의 구별이 없다.

따라서, 민법 조문 속에서도 '規定<u>に</u>違反する'(일본 민법 제298조)와 '規定<u>に</u>反する'(일본 민법 제62조)는 구별 없이 쓰고 있다. 국어의 어법상 '위반하다'는 타동사로서 그 앞에 오는 대상물에는 반드시 대격 조사 「-을/-를」을 붙여야 하고(예 : 교통법규를 위반하다), '반하다'는 자동사로서 그 앞에 오는 대상어에 「-에」를 붙여야 하는(예 : 어머니의 뜻<u>에</u> 반하는 행동을 했다) 격 관계의 차이가 있다. 민법 조문에서 그 대상은 대체로 '규정', '조건', '취지', '사회질서', '의사', '성질', '법령' 등의 무형적인 추상 명사가 왔다.

결국 일본어 '規定<u>に</u>反する(違反する)'의 「-に」에 유추되어 우리말에서도 '규정<u>에</u> 위반하다'로 쓰는 오류를 낳은 것이다. '反する'를 '어기다'로 순화

할 경우에도 타동사를 취하는 목적어에는 대격 조사 「-을/-를」이 와야 한다.16)

아래 제5조에서 '規定에 違反한 행위'는 '규정을 위반한 행위'로 고쳐야 한다. 만약 격조사 「-에」의 사용을 지키려면 '규정에 어긋난 행위'로 표현을 바꿀 수 있다. 또한 이를 '반하다'를 써서 '규정에 反한 행위'가 된다면 격조사 「-에」를 쓸 수 있다.

이와 같이 '조건에 위반하거나'(38조) → '조건을 위반하거나(어기거나)', '사회질서에 위반한' → '사회 질서를 위반한(어긴)'(103조), '성질에 위반한'(617조) → '성질을 위반한(어긴)', '법령에 위반함이'(813조) → '법령을 위반함이(어김이)'이 된다.

第5條 (未成年者의 能力) ②前項의 規定에 違反한 行爲는 取消할 수 있다.

第四條 (未成年者の行爲能力) ②前項ノ規定ニ反スル行爲ハ之ヲ取消スコトヲ得

유례 1

第38條 (法人의 設立許可의 取消) 法人이 目的以外의 事業을 하거나 設立許可의 條件에 違反하거나 其他 公益을 害하는 行爲를 한 때에는 主務官廳은 그 許可를 取消할 수 있다.

第七十一條 (設立許可の取消) 法人カ其目的以外ノ事業ヲ爲シ又ハ設立ノ許可ヲ得タル條件ニ違反シ其他公益ヲ害スヘキ行爲ヲ爲シタルトキハ主務官廳ハ其許可ヲ取消スコトヲ得

---

16) 이와 같은 쓰임의 분포는 제법 넓다. 제97조, 제324조, 제325조, 제611조, 제628조, 제629조, 제652조, 제657조, 제645조, 제813조, 제817조, 제821조, 제885조, 제889조, 제891조, 제894조, 제903조, 제950조, 제951조 등에서 쓰였다.

유례 2

第103條 (反社會秩序의 法律行爲) 善良한 風俗 其他 <u>社會秩序에 違反한</u> 事項을 內容으로 하는 法律行爲는 無效로 한다.

第九十條 (公序良俗違反) 公ノ秩序又ハ善良ノ<u>風俗ニ反スル</u>事項ヲ目的トスル法律行爲ハ無 效トス

유례 3

第617條 (損害賠償, 費用償還請求의 期間) 契約 또는 目的物의 <u>性質에 違反한</u> 使用, 收益으로 因하여 생긴 損害賠償의 請求와 借主가 支出한 費用의 償還請求는 貸主가 物件의 返還을 받은 날로부터 6月內에 하여야 한다.

第六百條 (賠償·償還求權等の除斥期間) 契約ノ<u>本旨ニ反スル</u>使用又ハ收益ニ因リテ生シタル損害ノ賠償及ヒ借主カ出タシタル費用ノ償還ハ貸主カ返還ヲ受ケタル時ヨリ一年內ニ之ヲ請求スルコトヲ要ス

유례 4

第813條 (婚姻申告의 審査) 婚姻의 申告는 婚姻이 第807條 乃至 第811條 및 前條第2項의 規定 其他 <u>法令에 違反함</u>이 없는 때에는 이를 受理하여야 한다.

第七百四十條 (婚姻届出の審査) 婚姻の届出は, その婚姻が第七百三十一條乃至第七百三十七條〔婚姻の實質的要件〕及び前條第二項の規定その他の<u>法令に違反し</u>ないことを認めた後でなければ, これを受理することができない。

일본 민법 조문의 '反する'는 번역 과정에서 '위반하다' 외에도 '반(反)하다'로 옮겨지기도 했다. 아래의 제444조와 제501조에서 '의사<u>에</u> 반하여'가 될 때에는 조사「-에」를 쓸 수 있다.

第444條 (付託없는 保證人의 求償權) ②主債務者의 <u>意思에 反하여</u> 保證人이 된 者가 辨濟 其他 自己의 出財로 主債務를 消滅하게 한 때에는 主債務者는 現存 利益의 限度에서 賠償하여야 한다.

第四百六十二條 (委託なき保証人の求償權) ②主タル債務者ノ<u>意思ニ反シテ</u>保証ヲ爲シタル者ハ主タル債務者カ現ニ利益ヲ受クル限度ニ於テノミ求償權ヲ有ス但主タル債務者カ求償ノ日以前ニ相殺ノ原因ヲ有セシコトヲ主張スルトキハ保証人ハ債權者ニ對シ其相殺ニ因リテ消滅スヘカリシ債務ノ履行ヲ請求スルコトヲ得

유례 1

第501條 (債務者變更으로 因한 更改) 債務者의 變更으로 因한 更改는 債權者와 新債務者間의 契約으로 이를 할 수 있다. 그러나 舊債務者의 <u>意思에 反하여</u> 이를 하지 못한다.

第五百十四條 (債務者の交替による更改) 債務者ノ交替ニ因ル更改ハ債權者ト新債務者トノ契約ヲ以テ之ヲ爲スコトヲ得但舊債務者ノ<u>意思ニ反シテ之ヲ爲</u>スコトヲ得ス

다. 「-에 가공(加工)한」→「-을 가공한」(-에 공작을 더한)

아래에 예시한 일본 민법 제259조를 직역하면 '동산에 공작(工作)을 더하는 사람이 있을 때에는'이 되는데, 이것이 우리 민법에서 '동산에 가공한 때에는'으로 번역됨으로 '가공하다'의 대상어 조사가 잘못 선택되는 결과를 낳았다. '가공하다'는 타동사로서 '동산을 가공한'으로 대격 조사 「-을」을 취해야 한다.

第259條 (加工) ①他人의 <u>動産에 加工한</u> 때에는 그 物件의 所有權은 原材料의 所有者에게 屬한다. 그러나 加工으로 因한 價額의 增加가 原材料의 價額보다 顯著히 多額인 때에는 加工者의 所有로 한다.

第二百四十六條 (加工) ①他人ノ<u>動産ニ工作ヲ加ヘタル</u>者アルトキハ其加工物ノ所有權ハ材料ノ所有者ニ屬ス但工作ニ因リテ生シタル價格カ著シク材料ノ價格ニ超ユルトキハ加工者其物ノ所有權ヲ取得ス

라. 「-에 갈음하다」→「-을 대신하다」

동사 '갈음하다'는 우리의 고유어이긴 하지만 사용 빈도가 그다지 높지 못하다. 이 경우에도 일본어 「-ニ代フル」의 조사 「-に」에 유추되어 「-에」로 옮겨진 것은 오류이다. '갈음하다' 대신 '대신하다'를 쓸 것 같으면 「-를 대신하다」가 되어야 한다.17)

第389條 (强制履行) ②前項의 債務가 法律行爲를 目的으로 한 때에는 債務者의 意思表示에 갈음할 裁判을 請求할 수 있고 債務者의 一身에 專屬하지 아니한 作爲를 目的으로 한 때에는 債務者의 費用으로 第三者에게 이를 하게 할 것을 法院에 請求할 수 있다.

第四百十四條 (强制履行) ②債務ノ性質カ强制履行ヲ許ササル場合ニ於テ其債務カ作爲ヲ目的トスルトキハ債權者ハ債務者ノ費用ヲ以テ第三者ニ之ヲ爲サシムルコトヲ裁判所ニ請求スルコトヲ得但法律行爲ヲ目的トスル債務ニ付テハ裁判ヲ以テ債務者ノ意思表示ニ代フルコトヲ得

유례 1

第466條 (代物辨濟) 債務者가 債權者의 承諾을 얻어 本來의 債務履行에 갈음하여 다른 給與를 한 때에는 辨濟와 같은 效力이 있다.

第四百八十二條 (代物弁濟) 債務者カ債權者ノ承諾ヲ以テ其負擔シタル給付ニ代ヘテ他ノ給付ヲ爲シタルトキハ其給付ハ弁濟ト同一ノ效力ヲ有ス

유례 2

第657條 (權利義務의 專屬性) ②勞務者는 使用者의 同意없이 第三者로하여금 自己에 갈음하여 勞務를 提供하게 하지 못한다.

第六百二十五條 (勞務に關する權利義務の非融通性) ②勞務者ハ使用者ノ承諾アルニ非サレハ第三者ヲシテ自己ニ代ハリテ勞務ニ服セシムルコトヲ得ス

---

17) 이러한 예는 민법 조문 중에 다수를 차지한다(제665조, 제682조, 제755조, 제756조, 제764조, 제910조, 제950조, 제967조, 제969조, 제688조, 제899조, 제1001조, 제1010조 등 참조).

이상에서 본 대로 일본 민법에 쓰인 조사 「-に」를 우리 민법에서 「-에」로 번역하여 오류를 범한 예가 있지만, 조사 「-に」를 대격 조사인 「-을」로 바르게 옮긴 조문도 없지 않다. 아래에 든 제27조에서 그러한 예가 보인다.

일본어에서 '만나다'(会う)류의 동사는 그 대상어에 조사 「-を」가 아닌 「-に」를 붙이는 특징이 있는데(예 : 先生に 会う(선생님을 만나다)), '遭遇する'(우연히 만나다)도 같은 맥락으로 「-に」격을 취하는 동사이다(예 : 困難に 遭遇する/ 事故に 遭遇する). 이를 우리 민법문으로 옮길 때 '위난을 당한'으로 의역하면서 올바른 조사 선택을 한 것이다.

第27條 (失踪의 宣告) ②戰地에 臨한 者, 沈沒한 船舶中에 있던者, 墜落한 航空機중에 있던者 其他 死亡의 原因이 될 危難을 當한 者의 生死가 戰爭 終止後, 船舶의 沈沒 또는 航空機의 墜落 其他 危難이 終了한 後 3年間 分明하지 아니한 때에도 前項과 같다.

第三十條 (失踪宣告) ②戰地ニ臨ミタル者, 沈沒シタル船舶中ニ在リタル者其他死亡ノ原因タルヘキ危險ニ遭遇シタル者ノ生死カ戰爭ノ止ミタル後, 船舶ノ沈沒シタル後又ハ其他ノ危難ノ去リタル後三年間分明ナヲヲサルトキ亦同シ

마. 「-에 유사한」 → 「-과 유사한」

일본어에서 '類似する'라는 동사는 그 앞에 비교되는 대상어를 「-に」로 지배하는 구문적 기능을 가지고 있다. 이때에도 조사 「-に」는 흔히 우리 민법에서는 「-에」로 옮겨지고 있는데, 우리말에서 '비슷하다', '유사하다' 등은 형용사로, 그 앞에 오는 비교 대상어를 공동격 조사인 「-와/-과」로 지배하는 것이 자연스럽다(예 : 성격이 형과 유사하다, 얼굴이 어머니와 비슷하다). 아래 제80조는 '그 법인의 목적과 유사한'으로 고쳐져야 할 것이다.

第80條 (殘餘財産의 歸屬) ②定款으로 歸屬權利者를 指定하지 아니하거나
이를 指定하는 方法을 定하지 아니한 때에는 理事 또는 淸算人은 主務官廳
의 許可를 얻어 그 <u>法人의 目的에 類似한</u> 目的을 爲하여 그 財産을 處分할
수 있다. 그러나 社團法人에 있어서는 總會의 決議가 있어야 한다.

第七十二條 (殘余財産の歸屬) ②定款又ハ寄附行爲ヲ以テ歸屬權利者ヲ指定
セス又ハ之ヲ指定スル方法ヲ定メサリシトキハ理事ハ主務官廳ノ許可ヲ得テ其
<u>法人ノ目的ニ類似セル</u>目的ノ爲メニ其財産ヲ處分スルコトヲ得但社團法人ニ
在リテハ總會ノ決議ヲ経ルコトヲ要ス

바. 「-에 관계없는」 → 「-과 관계없는」

일본어 동사 '関する'는 자동사로서 '관계하다'로 새겨지는데, 반드시 그
대상어는 「-に」를 취한다. 우리말에서 이를 '관계하다'로 번역하게 되면
일본어와 마찬가지로 처격 조사인 「-에」를 취하게 된다(예 : 이 일에 관계하
고 있는 사람들). 그러나 '관계 있다(관계 없다)'가 될 경우는 「-에」보다 공동
격 조사인 「-과/-와」를 취하였을 때에 적절한 문맥이 더 많다. 제105조의
예에서 '사회질서에 관계없는'은 '사회질서와 관계없는'으로 고치는 것이
더 낫다.

第105條 (任意規定) 法律行爲의 當事者가 法令中의 善良한 風俗 其他 <u>社
會秩序에 關係없는</u> 規定과 다른 意思를 表示한 때에는 그 意思에 依한다.

第九十一條 (任意規定と異なる意思表示) 法律行爲ノ当事者カ法令中ノ公ノ
<u>秩序ニ關セサル</u>規定ニ異ナリタル意思ヲ表示シタルトキハ其意思ニ從フ

사. 「-에 소급하여」 → 「-로 소급하여」

우리말에서 동사 '소급하다'는 그 기준이 되는 시점어에 조사 「-에」를
취하는 것보다 「-로」를 취하는 것이 자연스럽다. 이는 한·일 양 언어의
조사 대조에서 대응 관계가 복선적이고 교차적이기 때문이다. 아래 제167

조의 '起算日'은 "계산하기 시작한 날"로, 그 날로 소급한다는 표현이 정확한 것이다. 이 조문은 '그 기산일로 소급하여'가 될 것이다. 결국 일본어 조사 「-に」의 영향을 입은 「-에」는 「-로」로 고쳐져야 한다(제133조, 제147조, 제247조, 제457조에 적용).

아래의 예에서도 마찬가지이다. 제386조의 '발생한 때에 소급한다'는 '발생한 때로 소급한다'가 되어야 하고, 제1074조의 '유언자의 사망한 때에 소급하여'는 '유언자가 사망한 때로 소급하여' 또는 '유언자가 사망한 때까지 소급하여'로 고쳐 써도 좋을 것이다.

第167條 (消滅時效의 溯及效) 消滅時效는 <u>그 起算日에 溯及하여</u> 效力이 생긴다.

第百四十四條 (時效の溯及効) 時効ノ効力ハ<u>其起算日ニ溯ル</u>

유례 1

第386條 (選擇權의 溯及效) 選擇權의 效力은 그 債權이 <u>發生한 때에 溯及한다.</u> 그러나 第三者의 權利를 害하지 못한다.

第四百十一條 選擇の溯及効) 選擇ハ<u>債權發生ノ時ニ溯リテ</u>其効力ヲ生ス但第三者ノ權利ヲ害スルコトヲ得ス

유례 2

第1074條 (遺贈의 承認, 拋棄) ②前項의 承認이나 拋棄는 <u>遺言者의 死亡한 때에</u> 溯及하여 그 效力이 있다.

第九百八十五條 (遺言の効力發生の時期) ①遺言は, <u>遺言者の死亡の時から</u>その効力を生ずる.

아. 「-에 회복하다」 → 「-로 회복시키다」

일본어에서 '復(ふく)する'라는 동사도 그 앞에 조사 「-に」를 취하는 문법적 특성을 지닌다. 이 동사를 우리말로 옮기면 '회복하다'가 될 것인데, 우리말에서 '회복하다'는 그 대상어로 조사 「-로」를 취하는 차이를 보인다. 따라서, '원상에 회복하다'는 '원상으로 회복시키다(되돌리다)'가 되어야 옳다. 이를 다른 표현으로 바꾼다면 '원상대로 회복하다'도 가능할 것이다. 결국 이와 같은 현상은 일본어 조사의 간섭 현상이 우리말의 조사에 나타난 것이다. 특히 일본어 조사 「-に」의 번역에서 이와 같은 간섭 현상이 잦은 것은 앞에서 밝혔듯이 처격 조사 「-に」의 다의적인 복합 의미 때문이라 여겨진다(같은 예문 제316조, 제615조).[18]

第285條 (收去義務, 買受請求權) ①地上權이 消滅한 때에는 地上權者는 建物 其他 工作物이나 樹木을 收去하여 土地를 原狀에 回復하여야 한다.

第二百六十九條 (收去權·買取權) ①地上權者ハ其權利消滅ノ時土地ヲ原狀二復シテ其工作物及ヒ竹木ヲ收去スルコトヲ得但土地ノ所有者カ時價ヲ提供シテ之ヲ買取ルヘキ旨ヲ通知シタルトキハ地上權者ハ正當ノ理由ナクシテ之ヲ拒ムコトヲ得ス

자. 「-에 정하는」 → 「-에서 정하는」

일본어 조사 「-に」를 무조건 우리말 조사 「-에」로 옮겨 온 데서 비롯된 오류는 여러 곳에서 나타난다. 우리말에서 동사 '정하다', '패소하다' 등은 그 앞에 오는 처소 명사에 「-에서」를 요구한다.

아래의 민법 제829조와 제354조에서 '각 조에 정하는 바'와 '민사소송법에 정한'은 '각 조에서 정하는 바'와 '민사소송법에서 정한'이 되어야 하고, 제197조의 '소(訴)에 패소한'는 '소(訴)에서 패소한'이 되어야 한다.

---

18) 柳昌敦(2003)의 순화안에서도 고루어져 있지 않다. 제285조와 제615조에서는 '원상에 회복'으로 '-에'를 그대로 두었고, 제316조에서는 '원상으로 회복'으로 바로잡았다.

第829條 (夫婦財産의 約定과 그 變更) ①夫婦가 婚姻成立前에 그 財産에 關하여 따로 約定을 하지 아니한 때에는 그 財産關係는 本款中 다음 各條에 定하는 바에 依한다.

第七百五十五條 (夫婦の財産關係) 夫婦が, 婚姻の届出前に, その財産について別段の契約をしなかつたときは, その財産關係は, 次の款に定めるところによる。

유례 1

第354條 (同前) 質權者는 前條의 規定에 依하는 外에 民事訴訟法에 定한 執行方法에 依하여 質權을 實行할 수 있다.

第三百六十八條 (强制執行による質權の實行) 質權者ハ前條ノ規定ニ依ル外民事訴訟法ニ定ムル執行方法ニ依リテ質權ノ實行ヲ爲スコトヲ得

유례 2

第197條 (占有의 態樣) ②善意의 占有者라도 本權에 關한 訴에 敗訴한 때에는 그 訴가 提起된 때로부터 惡意의 占有者로 본다.

第百八十九條 (善意占有者と果實) ②善意ノ占有者カ本權ノ訴ニ於テ敗訴シタルトキハ其起訴ノ時ヨリ惡意ノ占有者ト看做ス

차. 「(사람)에 속한」 → 「(사람)에게 속한」

일본어 처격 조사 「-に」에는 유정물과 무정물을 구별하는 기제가 없다. 그러나 우리말에는 여격과 처격을 나타내는 조사는 유정물(특히 사람)과 무정물에 따라 「-에게」와 「-에」가 구별되어 쓰인다. 즉, '나무{에, *에게} 물을 준다.'와 '선수{*에, 에게} 물을 준다.'에서 「-에」와 「-에게」는 엄격하게 구별된다. 이와 같이 변별적 기제를 갖추지 못한 일본어 「-に」는 우리말 「-에」 고정시켜 하나로 씀으로써 조사 용법에 오류가 발생하는 것이다.

「-에」와 「-에게」의 차이를 잘 표기한 법조문을 들면 제80조이다. '지

정한 자에게 귀속한다'와 '국고에 귀속한다'에서 양자는 명확히 구별되어
쓰였다.

> 第80條 (殘餘財産의 歸屬) ①解散한 法人의 財産은 定款으로 指定한 者에
> 게 歸屬한다.
> ③前2項의 規定에 依하여 處分되지 아니한 財産은 國庫에 歸屬한다.

　　제111조에서는 '상대방에 도달한 때'가 아니라 '상대방에게 도달한 때'가
되어야 하고, 제366조에서는 '소유자에 속한'이 아니라 '소유자에게 속한'
이 되어야 한다.

> 第111條 (意思表示의 效力發生時期) ①相對方있는 意思表示는 그 通知가
> 相對方에 到達한 때로부터 그 效力이 생긴다.
>
> 第九十七條 (隔地者に對する意思表示) ①隔地者ニ對スル意思表示ハ其通知
> ノ相手方ニ到達シタル時ヨリ其效力ヲ生ス

유례 1

> 第366條 (法定地上權) 抵當物의 競賣로 因하여 土地와 그 地上建物이 다
> 른 所有者에 屬한 境遇에는 土地所有者는 建物所有者에 對하여 地上權을
> 設定한 것으로 본다. 그러나 地料는 當事者의 請求에 依하여 法院이 이를
> 定한다.
>
> 第三百八十八條 (法定地上權) 土地及ヒ其上ニ存スル建物カ同一ノ所有者ニ
> 屬スル場合ニ於テ其土地又ハ建物ノミヲ抵当ト爲シタルトキハ抵当權設定者ハ
> 競賣ノ場合ニ付キ地上權ヲ設定シタルモノト看做ス但地代ハ当事者ノ請求ニ
> 因リ裁判所之ヲ定ム

　　제410조의 예에서는 '채권자에게'가 세 차례나 나오는데, 한 곳에는 '채
권자에 생긴'으로 표기하여 통일성이 결여된 것을 보여 준다. '채권자에게
생긴'이 되어야 옳다.

第410條 (1人의 <u>債權者에 생긴</u> 事項의 效力) ①前條의 規定에 依하여 모든 債權者에게 效力이 있는 事項을 除外하고는 不可分債權者中 1人의 行爲나 1人에 關한 事項은 다른 債權者에게 效力이 없다.
②不可分債權者中의 1人과 債務者間에 更改나 免除있는 境遇에 債務全部의 履行을 받은 다른 債權者는 그 1人이 權利를 잃지 아니하였으면 그에게 分給할 利益을 債務者에게 償還하여야 한다.

第四百二十九條 (一債權につき<u>生じた</u>事項の効果) ①不可分債權者ノ一人ト其債務者トノ間ニ更改又ハ免除アリタル場合ニ於テモ他ノ債權者ハ債務ノ全部ノ履行ヲ請求スルコトヲ得但其一人ノ債權者カ其權利ヲ失ハサレハ之ニ分与スヘキ利益ヲ債務者ニ償還スルコトヲ要ス
②此他不可分債權者ノ一人ノ行爲又ハ其一人ニ付キ生シタル事項ハ他ノ債權者ニ對シテ其効力ヲ生セス

아래의 세 조문에서도 각각 제554조 '상대방<u>에게</u> 수여하는', 제840조 '배우자<u>에게</u> 부정한 행위', 제1040조 '관리인<u>에게</u> 준용한다'가 되어야 옳다.

第554條 (贈與의 意義) 贈與는 當事者一方이 無償으로 財産을 <u>相對方에</u> 授與하는 意思를 表示하고 相對方이 이를 承諾함으로써 그 效力이 생긴다.

第五百四十九條 (贈与の意義) 贈与ハ当事者ノ一方カ自己ノ財産ヲ無償ニテ<u>相手方ニ</u>与フル意思ヲ表示シ相手方カ受諾ヲ爲スニ因リテ其効力ヲ生ス

第840條 (裁判上 離婚原因) 夫婦의 一方은 다음 各號의 事由가 있는 境遇에는 法院에 離婚을 請求할 수 있다.
1. <u>配偶者에</u> 不貞한 行爲가 있었을 때

第七百七十條 (裁判上の離婚原因) ①夫婦の一方は, 左の場合に限り, 離婚の訴を提起することができる。
一 <u>配偶者に</u>不貞な行爲があつたとき。

第1040條 (共同相續財産과 그 管理人의 選任) ③第1022條, 第1032條 乃至 前條의 規定은 前項의 <u>管理人</u>에 準用한다. 그러나 第1032條의 規定에 依하여 公告할 5日의 期間은 管理人이 그 選任을 안 날로부터 起算한다.

第九百三十六條 (共同相續財産の管理人) ③第九百二十六條乃至前條の規定は, <u>管理人</u>にこれを準用する。但し, 第九百二十七條第一項に定める公告をする期間は, 管理人の選任があつた後十日以內とする。

그러나 「-에 관하여」, 「-에 대하여」에서 「-에」와 「-에게」는 「-에」 하나로 중화된다. 유정물 여부에 상관없이 모두 「-에」로 쓴다. 그러므로 아래 제26조에 쓰인 '재산관리인<u>에</u> 대하여'라는 표기는 윗말이 유정물(사람)이지만 「-에게」가 아닌 「-에」로 옳게 쓴 것이다.

第26條 (管理人의 擔保提供, 報酬) ②法院은 그 選任한 財産管理人에 對하여 不在者의 財産으로 相當한 報酬를 支給할 수 있다.

第二十九條 (管理人の擔保提供, 報酬) ②家庭裁判所ハ管理人ト不在者トノ關係其他ノ事情ニ依リ不在者ノ財産中ヨリ相当ノ報酬ヲ管理人ニ与フルコトヲ得

다음 제114조, 제121조에서도 사람을 나타내는 명사 아래이기는 하지만, 그 뒤에 '~대하여', '~대한'이 옴으로써 그 앞의 「-에게」가 「-에」로 중화되어야 한다. '본인<u>에게</u> 대하여'와 '대리인<u>에게</u> 대한'은 '본인<u>에</u> 대하여'와 '대리인<u>에</u> 대한'으로 고쳐야 한다.

第114條 (代理行爲의 效力) ①代理人이 그 權限內에서 <u>本人을 爲한</u> 것임을 表示한 意思表示는 直接本人에게 對하여 效力이 생긴다.
②前項의 規定은 <u>代理人에게 對한</u> 第三者의 意思表示에 準用한다.

第九十九條 (代理行爲の要件と効力) 代理人カ其權限內ニ於テ本人ノ爲メニスルコトヲ示シテ爲シタル意思表示ハ直接ニ本人ニ對シテ其効力ヲ生ス
2. 前項ノ規定ハ第三者カ<u>代理人ニ對</u>シテ爲シタル意思表示ニ之ヲ準用ス

第121條 (任意代理人의 復代理人選任의 責任) ①前條의 規定에 依하여 代理人이 復代理人을 選任한 때에는 <u>本人에게 對하여</u> 그 選任監督에 關한 責任이 있다.

第百五條 (復代理人選任の責任) ①代理人カ前條ノ場合ニ於テ復代理人ヲ選任シタルトキハ選任及ヒ監督ニ付キ<u>本人ニ對シテ其責ニ任ス</u>

4.2. 「-で」와 「-에서」

가. 「사이에서는」 → 「사이에는」

우리말에서 조사 「-에」와 「-에서」는 다같이 처소를 나타내는 표지이지만, 그 용법의 차이는 후행 동사에 따라 달라진다(예 : 도서관{에, *에서} 간다. 도서관{*에, 에서} 공부한다). 대체로 양국어 조사 사이의 대응은 「-에」와 「-に」, 「-에서」와 「-で」로 이뤄지지만(홍사만, 1993 : 42-43), 반드시 그런 것은 아니다. 이 조문에서도 '傍系血族の間<u>で</u>は'에서 조사 「-で」가 쓰였기 때문에 그대로 「-에서」로 옮긴 것인데, 서술어가 '혼인하다'일 경우, 그 앞에 오는 '혈족 사이'는 「-에서」가 아닌 「-에」가 와야 어법에 맞다.

第809條 (同姓婚等의 禁止) ①同姓同本인 血族 <u>사이에서는</u> 婚姻하지 못한다.
②男系血族의 配偶者, 夫의 血族 및 其他 8寸 以內의 姻戚이거나 이러한 姻戚이었던 者 <u>사이에서는</u> 婚姻하지 못한다.

第七百三十四條 (近親婚の禁止) 直系血族又は三親等內の<u>傍系血族の間では</u>, 婚姻をすることができない。但し, 養子と養方の<u>傍系血族との間では</u>, この限りでない。

4.3. 「-を以て」와 「-로(써)」

가. 「만20세로」 → 「만20세로써」

우리말의 조사 「-로」는 다양한 격의미 기능을 가지고 있다. '도구'(칼로 자른다), '재료'(나무로 만든다), '수단·방법'(빵으로 산다) 등을 기본적인 의미로 하여, '원인'(병으로 고생한다), '자격'(학생으로 할 일), '방향'(바람이 동쪽으로 분다), '기준'(하루로 열흘을 삼아) 등 문맥에 따라 다양한 의미를 나타낸다. 일본어의 「-を以て」는 일본 문법의 틀에서는 연어(連語)로 다뤄지지만, 마치 격조사처럼 쓰인다. 이는 우리말 문법 체계에서는 소위 후치사라고 할 만하다. 직역을 하면 '-을 써서'라고 풀이할 수 있으나, 대체로 조사 「-로」, 「-로써」로 대응된다. 따라서, 제4조는 격 관계를 분명히 하려면 '만 20세로써', '만 20세에' 또는 '만 20세이면'으로 바꿀 수도 있을 것이다.

第4條 (成年期) 滿20歲로 成年이 된다.

第三條 (成年) 滿二十年ヲ以テ成年トス

나. 「상속재산으로서」 → 「상속재산으로써」

일본어 「-ヲ以テ」는 "-을 써서"로, 조사처럼 쓰일 때에는 「-로써」를 쓰는 것이 타당하다. 조격 조사인 「-로」가 수단, 방편을 나타내는 「-로써」의 기능을 가지지만, 자격을 나타내는 「-로서」와 혼동될 수 있으므로 「-로써」로 명시하는 것이 좋다. 즉, '유언으로써 재단법인을 설립하는'이 된다.

第47條 (贈與, 遺贈에 關한 規定의 準用) ②遺言으로 財團法人을 設立하는 때에는 遺贈에 關한 規定을 準用한다.

第四十一條 (贈与, 遺贈の規定の準用) ②遺言ヲ以テ寄附行爲ヲ爲ストキハ 遺贈ニ關スル規定ヲ準用ス

조사 「-로서」와 「-로써」는 '자격'과 '수단·방법'의 격의미 차이를 나타
낸다(예 : 공무원으로서 지켜야 할 윤리 강령/죽음으로써 나라를 지킨다). 이는 영
어의 전치사 'as'와 'with'의 차이라고 생각해도 좋을 것이다. 아래 제1034
조에서 일본 민법 조문을 살펴볼 때 '상속재산으로서 … 변제해야 한다'는
'상속재산'을 변제하는 수단·방법이므로 '상속재산으로써 … 변제해야 한
다'로 써야 문법에 맞다. 아래 제660조에서도 '期間ヲ以テ'는 '기간으로써'
로 쓰는 것이 정확하다.

第1034條 (配當辨濟) 限定承認者는 第1032條第1項의 期間滿了後에 <u>相續
財産으로서</u> 그 期間內에 申告한 債權者와 限定承認者가 알고 있는 債權者
에 對하여 各債權額의 比率로 辨濟하여야 한다. 그러나 優先權있는 債權者
의 權利를 害하지 못한다.

第九百二十九條 (配当弁済) 第九百二十七條第一項の期間が満了した後は,
限定承認者は, <u>相續財産を以て</u>, その期間內に申し出た債權者その他知れた債
權者に, 各各その債權額の割合に応じて弁済をしなければならない。但し, 優
先權を有する債權者の權利を害することができない。

유례

第660條 (期間의 約定이 없는 雇傭의 解止通告) ③<u>期間으로 報酬를 定한
때에는</u> 相對方이 解止의 通告를 받은 當期後의 一期를 經過함으로써 解止
의 效力이 생긴다.

第六百二十七條 (解約の申入) ②<u>期間ヲ以テ報酬ヲ定メタル</u>場合ニ於テハ解
約ノ申入ハ次期以後ニ對シテ之ヲ爲スコトヲ得但其申入ハ当期ノ前半ニ於テ
之ヲ爲スコトヲ要ス

4.4. 「-より」와 「-로부터」

가. 「때로부터」 → 「때부터」

우리말 조사 「-로부터」는 향격 조사인 「-로」와 시발격 조사인 「-부터」
가 복합된 격조사로, 그 의미는 "어떤 행동의 출발점이나 비롯되는 대상"

을 나타낸다. 이에 비해 조사 「-부터」는 "어떤 일이나 상태 따위에 관련된 범위의 시작임"을 나타낸다. 또한 「-부터」는 특수조사로 쓰이기도 한다 (예 : 이 논문은 제목부터 어렵다).

「-로부터」와 「-부터」의 의미 기능 차이는 다음에서 구별된다.

ㄱ. 친구(로부터, *부터) 편지가 왔다/마차(로부터, *부터) 고속 전철에까지 발전해 왔다.
ㄴ. 여기(*로부터, 부터) 경기도 땅이다/다음 달(*로부터, 부터) 원서를 접수 한다.

이는 일본어에서 시발격 조사 「-ヨリ」(から)가 우리말의 「-로부터」와 「-부터」를 변별하지 못하여 양자를 통합적으로 사용하고 있다는 데 그 이 유를 찾을 수 있다.

민법 조문에서 「-로부터」의 쓰임은 대체로 '날'(날로부터)와 '때'(때로부터) 가 중심이 되어, '즉시', '처음', '오전 영시' 등에 붙어 시간적인 시발점을 나타내고 있는 것이 특징이다. 이러한 시간어에는 「-부터」만으로도 방향 성을 더한 「-로부터」의 의미를 내장하고 있기 때문에 「-로」가 첨가되는 것은 군더더기에 불과하다. 후행하는 서술어로는 '기산(起算)하다'(제53조, 제156조, 제160조), '행사하다'(제146조), '효력이 생기다'(제147조), '시작하다' (제157조), '진행하다'(제178조) 등으로, 이들과 어울릴 수 있는 조사는 「-부 터」로 충족된다.

第48條 (出捐財産의 歸屬時期) ①生前處分으로 財團法人을 設立하는 때에 는 出捐財産은 法人이 成立된 때로부터 法人의 財産이 된다.
②遺言으로 財團法人을 設立하는 때에는 出捐財産은 遺言의 效力이 發生한 때로부터 法人에 歸屬한 것으로 본다.

第四十二條　(寄附財産の歸屬時期) ①生前處分ヲ以テ寄附行爲ヲ爲シタルト キハ寄附財産ハ法人設立ノ許可アリタル時ヨリ法人ノ財産ヲ組成ス
②遺言ヲ以テ寄附行爲ヲ爲シタルトキハ寄附財産ハ遺言カ効力ヲ生シタル時 ヨリ法人ニ歸屬シタルモノト看做ス

유례 1

第53條 (登記期間의 起算) 前3條의 規定에 依하여 登記할 事項으로 官廳의 許可를 要하는 것은 그 許可書가 <u>到着한 날로부터</u> 登記의 期間을 起算한다.

第四十七條 (登記期間の起算) 第四十五條第一項及ヒ前條ノ規定ニ依リ登記スヘキ事項ニシテ官廳ノ許可ヲ要スルモノハ其許可書ノ<u>到達シタル時ヨリ</u>登記ノ期間ヲ起算ス

유례 2

第146條 (取消權의 消滅) 取消權은 <u>追認할 수 있는 날로부터</u> 3年內에 法律行爲를 한 날로부터 10年內에 行使하여야 한다.

第百二十六條 (取消權の消滅時効) 取消權ハ<u>追認ヲ爲スコトヲ得ル時ヨリ</u>五年間之ヲ行ハサルトキハ時効ニ因リテ消滅ス行爲ノ時ヨリ二十年ヲ経過シタルトキ亦同シ

유례 3

第147條 (條件成就의 效果) ①停止條件있는 法律行爲는 <u>條件이 成就한 때로부터</u> 그 效力이 생긴다.
②解除條件 있는 法律行爲는 <u>條件이 成就한 때로부터</u> 그 效力을 잃는다.

第百二十七條 (條件成就の效果) ①停止條件附法律行爲ハ<u>條件成就ノ時ヨリ</u>其効力ヲ生ス
②解除條件附法律行爲ハ<u>條件成就ノ時ヨリ</u>其効力ヲ失フ

유례 4

第156條 (期間의 起算點) 期間을 時, 分, 秒로 定한 때에는 <u>卽時로부터</u> 起算한다.

第百三十九條 (期間の起算点〔一〕) 期間ヲ定ムルニ時ヲ以テシタルトキハ<u>卽時ヨリ</u>之ヲ起算ス

유례 5

第157條 (期間의 起算點) 期間을 日, 週, 月 또는 年으로 定한 때에는 期間의 初日은 算入하지 아니한다. 그러나 그 期間이 <u>午前零時로부터 始作하</u><u>는 때에는</u> 그러하지 아니하다.

第百四十條 (期間の起算点〔二〕) 期間ヲ定ムルニ日, 週, 月又ハ年ヲ以テシタルトキハ期間ノ初日ハ之ヲ算入セス但其期間カ<u>午前零時ヨリ始マルトキハ</u>此限ニ在ラス

유례 6

第160條 (曆에 依한 計算) ②週, 月 또는 年의 <u>처음으로부터</u> 期間을 起算하지 아니한 때에는 最後의 週, 月 또는 年에서 그 起算日에 該當한 날의 前日로 期間이 滿了한다.

第百四十三條 (曆による計算) ②週, 月又ハ年ノ<u>始ヨリ</u>期間ヲ起算セサルトキハ其期間ハ最後ノ週, 月又ハ年ニ於テ其起算日ニ應当スル日ノ前日ヲ以テ滿了ス但月又ハ年ヲ以テ期間ヲ定メタル場合ニ於テ最後ノ月ニ應当日ナキトキハ其月ノ末日ヲ以テ滿期日トス

유례 7

第178條 (中斷後에 時效進行) ①時效가 中斷된 때에는 中斷까지에 經過한 時效期間은 이를 算入하지 아니하고 中斷事由가 <u>終了한 때로부터</u> 새로이 進行한다.
②裁判上의 請求로 因하여 中斷한 時效는 前項의 規定에 依하여 裁判이 <u>確定된 때로부터</u> 새로이 進行한다.

第百五十七條 (中斷後の時効の進行) ①中斷シタル時効ハ其中斷ノ事由ノ<u>終了シタル時ヨリ</u>更ニ其進行ヲ始ム
②裁判上ノ請求ニ因リテ中斷シタル時効ハ裁判ノ<u>確定シタル時ヨリ</u>更ニ其進行ヲ始ム

이상과 비교되는 것이 다음 제1052조에 나타난다. '고유재산<u>으로부터</u> 변제를 받다'는 '고유재산<u>부터</u> 변제를 받다'와는 문의가 서로 다르다. 이는 앞에서 살펴본 「-부터」가 시간 표시어 아래에 붙은 경우와 「-로부터」가 일반 명사어에 붙은 경우는 문장 구조가 서로 다르기 때문이다. 이러할 경우에는 반드시 「-로부터」를 써야 하는데, 이때에도 '고유재산으로부터'는 '고유재산에서'로 바꾸어 쓰는 것이 훨씬 우리말다운 표현이 될 것이다.

第1052條 (固有財産으로부터의 辨濟) ①前條의 規定에 依한 相續債權者와 遺贈 받은 者는 相續財産으로써 全額의 辨濟를 받을 수 없는 境遇에 限하여 相續人의 固有財産으로부터 辨濟를 받을 수 있다.
②前項의 境遇에 相續人의 債權者는 相續人의 固有財産으로부터 優先辨濟를 받을 權利가 있다.

第九百四十八條 (相續人の固有財産からの辨濟) 財産分離の請求をした者及び配當加入の申出をした者は, 相續財産を以て全部の辨濟を受けることができなかつた場合に限り, 相續人の固有財産についてその權利を行うことができる。この場合には, 相續人の債權者は, その者に先だつて辨濟を受けることができる。

아래 제221조에서도 같은 예를 찾아볼 수 있다. 제1052조의 '고유재산으로부터'와 제221조의 '이웃토지로부터'를 '고유재산부터'와 '이웃토지부터'로 바꾼다면 마치 이들이 문장의 목적어와 주어가 되는 애매성이 초래된다. 결국 문법적으로 「-으로부터」가 쓰일 수 있는 통사적 환경은 그 결합되는 말 자체가 주어나 목적어가 될 수 없는 경우에 한정된다. 즉, '고유재산으로부터 무엇을 …'이고, '무엇이 이웃토지로부터 …'의 문장 구조를 형성한다.

第221條 (自然流水의 承水義務와 權利) ①土地所有者는 이웃土地로부터 自然히 흘러오는 물을 막지 못한다.

第二百十四條 (自然流水の承水義務) 土地ノ所有者ハ隣地ヨリ水ノ自然ニ流レ來ルヲ妨クルコトヲ得ス

나. 「청산으로부터」 → 「청산에서」

일본어 '除斥(じょせき)'는 "제거하여 물리치는 것"을 말하는데, 법률 용어로는 "재판관 등이 직접 사건에 관계 있는 경우, 재판의 공정을 기하기 위해 그 사건의 담당을 해제하는 것"을 가리킨다. 이를 번역한 '제외'는 그 앞에 오는 명사어가 「-로부터」형이나 「-에서」형 어느 것도 취할 수 있다. 이 두 조사가 유의적 관계에 놓여 있기 때문이다. 다만 제88조의 '청산으로부터 제외되다'보다는 '청산에서 제외되다'가 더 간결하고 명확한 인상을 준다.

第88條 (債權申告의 公告) ②前項의 公告에는 債權者가 期間內에 申告하지 아니하면 <u>淸算으로부터</u> 除外될 것을 表示하여야 한다.

第七十九條 (債權申出の公告と催告) ②前項ノ公告ニハ債權者カ期間內ニ申出ヲ爲ササルトキハ其債權ハ<u>淸算ヨリ</u>除斥セラルヘキ旨ヲ附記スルコトヲ要ス但淸算人ハ知レタル債權者ヲ除斥スルコトヲ得ス

아래의 예문에서 ㄱ의 「-으로부터」는 문법적이지만, ㄴ은 비문법적이다.

　ㄱ. 열 사람<u>으로부터</u> {동의를 얻었다(받았다), 동의가 나왔다, 동의가 있었다.}
　ㄴ. 열 사람<u>으로부터</u> {*동의했다, *동의를 제시했다.}

아래의 법조문 제70조에서, '5분의 1이상<u>으로부터</u>'가 나온 것은 일본 민법의 '五分ノ一以上ヨリ'를 충실하게 번역했기 때문이다. 문맥으로 보아 '총 사원의 5분의 1 이상<u>으로부터</u> 회의의 목적 사항을 제시하여 청구한'은 어법적으로 맞지 않다. 후행하는 서술어 '제시하다'를 고려하면 '5분의 1이상(총사원의)'이 주체어가 되는 '5분의 1 이상<u>의</u> 회의의 목적 사항을 지시하여 청구한 때'가 타당하다.

第70條 (臨時總會) ②總社員의 5分의 <u>1以上으로부터</u> 會議의 目的事項을 提示하여 請求한 때에는 理事는 臨時總會를 召集하여야 한다. 이 定數는 定款으로 增減할 수 있다.

第六十一條 (臨時總會) ②總社員ノ五分ノ<u>一以上ヨリ</u>會議ノ目的タル事項ヲ示シテ請求ヲ爲シタルトキハ理事ハ臨時總會ヲ招集スルコトヲ要ス但此定數ハ定款ヲ以テ之ヲ增減スルコトヲ得

4.5. 「-を」와 「-을/-를」

가. 「-을 경과하다」 → 「-이 경과하다」

'경과하다'는 국어에서는 「-이 경과하다」와 「-을 경과하다」로 자타 양용 동사로 쓰인다. 예시한 제659조 ①항에서는 타동사로('3년을 넘거나', '3년을 경과한 후'), ②항에서는 자동사로('3개월의 경과하면') 사용되었다. 제659조 ①항의 경우에는 자동사로 쓰이는 것이 타동사로 쓰이는 것보다 자연스럽다. '3년을 경과하면'은 '3년의 경과하면'으로 바꾸어 봄직하다.

第659條 (3年以上의 經過와 解止通告權) ①雇傭의 約定期間이 <u>3年을</u> 넘거나 當事者의 一方 또는 第三者의 終身까지로 된 때에는 各當事者는 3年을 經過한 後 언제든지 契約解止의 通告를 할 수 있다.
②前項의 境遇에는 相對方이 解止의 通告를 받은 날로부터 <u>3月이 經過하면</u> 解止의 效力이 생긴다.

第六百二十六條 (五年以下の期間を定めた雇傭の解除) ①雇傭ノ期間カ<u>五年ヲ超過シ</u>又ハ当事者ノ一方若クハ第三者ノ終身間継スヘキトキハ当事者ノ一方ハ<u>五年ヲ経過シタル</u>後何時ニテモ契約ノ解除ヲ爲スコトヲ得但此期間ハ商工業見習者ノ雇傭ニ付テハ之ヲ十年トス
②前項ノ規定ニ依リテ契約ノ解除ヲ爲サント欲スルトキハ<u>三个月前ニ其予告</u>ヲ爲スコトヲ要ス

4.6. 격조사 + 「-の」

가. 「としての」(로서의)

자격을 나타내는 조격 조사 「-으로서」에 속격 조사 「-의」가 붙은 것은 (-としての) 전형적인 일본투의 표현이다. 지금까지 우리말 속에 침투된 일본투 조사 형태의 특징으로 지적되어 온 것은 격조사 아래에 속격 조사 「-の」가 붙는 것이다(「-においての」, 「-からの」, 「-との」, 「-への」). 이러한 경향은 우리말에 영향을 미쳐서, 「-로부터의」, 「-마다의」, 「-에의」, 「-에게로의」, 「-에서의」, 「-와의」, 「-으로의」, 「-으로서의」, 「-에 있어서의」, 「-대로의」, 「-만으로의」 등과 같은 표현의 범람을 낳았다.[19) 아래에서는 법조문의 제목을 격의 의미를 뺀 '구상 요건의 통지'라고 해도 충분히 의미가 드러난다.

> 第445條 (求償要件으로서의 通知) ①保證人이 主債務者에게 通知하지 아니하고 辨濟 其他 自己의 出財로 主債務를 消滅하게 한 境遇에 主債務者가 債權者에게 對抗할 수 있는 事由가 있었을 때에는 그 事由로 保證人에게 對抗할 수 있고 그 對抗事由가 相計인 때에는 相計로 消滅할 債權은 保證人에게 移轉된다.

> 第四百六十三條 (求償要件としての通知) ①第四百四十三條(連帶債務者の求償の要件としての通知)ノ規定ハ保証人ニ之ヲ準用ス

나. 「-からの」(-부터의)

격조사 아래에 속격 조사 「-の」가 첨가되는 것은 그것으로 명사구를 만들려는 통사적 장치이지만, 이러한 형태의 표현은 일본어투이므로 순화의 대상이 된다. 다음 제340조의 제목으로 나온 '재산으로부터의 변제'는 '재산으로 변제함'이라고 고치면 손색이 없다.

---

19) 이수열(1999 : 188-196) 참조.

> 第340條 (質物以外의 財産<u>으로부터의</u> 辨濟) ①質權者는 質物에 依하여 辨濟를 받지 못한 部分의 債權에 限하여 債務者의 다른 財産<u>으로부터</u> 辨濟를 받을 수 있다.

> 第三百九十四條 (抵当物件以外<u>からの</u>弁濟) ①抵当權者ハ抵当不動産ノ代價ヲ以テ弁濟ヲ受ケサル債權ノ部分ニ付テノミ他ノ財産ヲ以テ弁濟ヲ受クルコトヲ得

다. 「-への」 (-에의)

법조문의 제목에서 다른 격조사 아래에 「-의」가 붙는 것은 명사구를 만들기 위함이다.

아래 제412조는 조문의 내용으로 보아, 불가분 채무를 가분 채무로 변경하는 것이므로, 향격 조사인 「-로」가 적합하다. 처격 조사 「-에」도 방향성의 의미를 가지지만 지향성으로 보면 「-로」가 한층 명확하다. 따라서, 제목은 '가분채무로 변경'이 될 것이다.

> 第412條 (可分債權, 可分債務<u>에의</u> 變更) 不可分債權이나 不可分債務가 可分債權 또는 可分債務로 變更된 때에는 各債權者는 自己部分만의 履行을 請求할 權利가 있고 各債務者는 自己負擔部分만을 履行할 義務가 있다.

> 第四百三十一條 (可分債務<u>への</u>變更) 不可分債務カ可分債務ニ變シタルトキハ各債權者ハ自己ノ部分ニ付テノミ履行ヲ請求スルコトヲ得又各債務者ハ其負擔部分ニ付テノミ履行ノ責ニ任ス

4.7. 「-の」와 「-의」

가. 속격 조사 「-의」의 중출(重出)

속격 조사 「-의」가 중출하는 예는 법조문의 제목에서 많이 나타나는데, 이는 명사끼리 연결하여 명사구를 만들기 위한 장치로, 일본어의 영향을 직접적으로 보여 주는 것이다.

우리말 속격 조사 「-의」의 반복은 문장의 흐름에서 어색감도 있지만 중의적인 문장을 낳는 결과를 초래한다. 아래의 제15조에서 '무능력자의 상대방의 최고권'이란 무능력자에 대한 최고권인지 무능력자의 상대방에 대한 최고권인지 확실하지 않다. 일본어에서는 「-の」가 한 문장 속에서 여러 번 중출해도 어색하게 느껴지지 않는 경우가 있다. 이에 기계적으로 유추되어 우리말에 속격 조사 「-의」가 중출하는 것은 좋은 문장을 구성하는 데 저해 요소가 된다. 「-의」가 많이 쓰인 문장은 명사구 중심의 문장이 되는 특징을 지니고 있다. 이것을 쉽고 우리말다운 문장으로 다듬기 위해서는 명사구를 서술어로 풀어써야 한다. 위의 예는 '무능력자가 행한 상대방에게 부여되는 최고권'으로 풀어쓸 수 있으나, 관형사가 두 번 거듭되는 것이 어색하다. 이러한 첨삭의 범위가 어느 정도 허용되는지는 앞으로 고려의 대상이다.

第15條 (無能力者의 相對方의 催告權) ①無能力者의 相對方은 無能力者가 能力者가 된 後에 이에 對하여 1月以上의 期間을 定하여 그 取消할 수 있는 行爲의 追認與否의 確答을 催告할 수 있다. 能力者로 된 者가 그 期間內에 確答을 發하지 아니한 때에는 그 行爲를 追認한 것으로 본다.

第十九條 (無能力者の相手方の催告權) ①無能力者ノ相手方ハ其無能力者カ能力者ト爲リタル後之ニ對シテ一个月以上ノ期間內ニ其取消シ得ヘキ行爲ヲ追認スルヤ否ヤヲ確答スヘキ旨ヲ催告スルコトヲ得若シ無能力者カ期間內ニ確答ヲ發セサルトキハ其行爲ヲ追認シタルモノト看做ス

제22조 조문의 제목을 살펴보면 부재자가 재산을 관리하는 것인지, 부재자의 재산을 다른 사람이 관리하는 것인지 알 수 없다.[20] 이런 점에서 세 개의 명사('부재자', '재산', '관리')는 통사적인 서술 구조로 해체되어야 한

---

20) 속격 조사 「-의」의 중출에서는 「-의」의 임의성을 효율적으로 활용하여 어느 한쪽의 것을 생략하는 방향으로 다듬을 수 있다. 柳昌昊(2003 : 86)는 '부재자의 재산 관리'로 조정했다.

다. 결국 '부재자의 재산 관리'이거나 '부재자가 가진 재산의 관리'가 되어
야 중의성이 해소될 것이다.

> 第22條 (不在者의 財産의 管理) ①從來의 住所나 居所를 떠난 者가 財産管
> 理人을 定하지 아니한 때에는 法院은 利害關係人이나 檢事의 請求에 依하
> 여 財産管理에 關하여 必要한 處分을 命하여야 한다. 本人의 不在中 財産
> 管理人의 權限이 消滅한 때에도 같다.
>
> 第二十五條 (不在者の財産の管理) ①從來ノ住所又ハ居所ヲ去リタル者カ其
> 財産ノ管理人ヲ置カサリシトキハ家庭裁判所ハ利害關係人又ハ檢察官ノ請求
> ニ因リ其財産ノ管理ニ付キ必要ナル處分ヲ命スルコトヲ得本人ノ不在中管理
> 人ノ權限カ消滅シタルトキ亦同シ

제388조에서 '기한의 이익의 상실'이란 우리말로서는 의미도 불투명하
며 통사적 관계도 어색한 표현이다. 속격 조사 「-의」의 중복을 피하기 위
해 「-의」 하나를 삭제하거나('기한의 이익 상실', '기한 이익의 상실'), 다른 표현
으로 바꾸어 쓰는 것이 자연스럽다.

> 第388條 (期限의 利益의 喪失) 債務者는 다음 各號의 境遇에는 期限의 利
> 益을 主張하지 못한다.
>
> 第百三十七條 (期限の利益の喪失) 左ノ場合ニ於テハ債務者ハ期限ノ利益ヲ
> 主張スルコトヲ得ス

제423조에서도 두 개의 「-의」 중, 뒤에 나오는 것을 삭제하면 '효력의
상대성 원칙'이 된다.

> 第423條 (效力의 相對性의 原則) 前7條의 事項外에는 어느 連帶債務者에
> 關한 事項은 다른 連帶債務者에게 效力이 없다.
>
> 第四百四十條 (相對効の原則) 前六條ニ揭ケタル事項ヲ除ク外連帶債務者ノ
> 一人ニ付キ生シタル事項ハ他ノ債務者ニ對シテ其効力ヲ生セス

아래 제438조의 제목도 일본어 직역투로서 「-의」의 중출은 자연스럽지 못하다. 이는 '해태의'를 서술어화하여 '최고나 검색을 <u>게을리 한</u> 효과'로 바꾸면 자연스러워진다.

第438條 (催告, 檢<u>索의</u> 懈怠의 效果) 前條의 規定에 依한 保證人의 抗辯에 不拘하고 債權者의 懈怠로 因하여 債務者로부터 全部나 一部의 辨濟를 받지 못한 境遇에는 債權者가 懈怠하지 아니하였으면 辨濟받았을 限度에서 保證人은 그 義務를 免한다.

第四百五十五條 (催告, 檢<u>索の</u>懈怠<u>の</u>效果) 第四百五十二條及ヒ第四百五十三條ノ規定ニ依リ保証人ノ請求アリタルニ拘ハラス債權者カ催告又ハ執行ヲ爲スコトヲ怠リ其後主タル債務者ヨリ全部ノ弁濟ヲ得サルトキハ保証人ハ債權者カ直チニ催告又ハ執行ヲ爲セハ弁濟ヲ得ヘカリシ限度ニ於テ其義務ヲ免ル

제463조는 「-의」가 삼중으로 중출하는 예이다. 대응하는 일본 법조문에는 그렇게 쓰이지 않았는데도 명사구를 즐겨 쓰다 보니 그렇게 된 것이다. '변제로서 다른 사람의 물건을 인도하는 경우'로 쓰는 것이 바람직하다.

第463條 (辨濟로<u>서의</u> 他<u>人의</u> 物件의 引渡) 債務의 辨濟로 他人의 物件을 引渡한 債務者는 다시 有效한 辨濟를 하지 아니하면 그 物件의 返還을 請求하지 못한다.

第四百七十五條 (引渡した他<u>人の</u>物<u>の</u>取戾) 弁濟者カ他人ノ物ヲ引渡シタルトキハ更ニ有效ナル弁濟ヲ爲スニ非サレハ其物ヲ取戾スコトヲ得ス

제586조의 경우도 「-의」의 중출을 피하기 위해서는 명사끼리의 결합보다는 명사를 용언화하는 것이 유용하다. '<u>매매의</u> 목적물의 인도와 동시에'는 '매매의 목적물을 인도하는 동시에', '매매하는(팔고 사는) 목적물의 인도와 동시에' 또는 '매매하는 목적물을 인도하는 것과 동시에'로 쓰면 된다.

> 第586條 (代金支給場所) 賣買의 目的物의 引渡와 同時에 代金을 支給할 境遇에는 그 引渡場所에서 이를 支給하여야 한다.
>
> 第五百七十四條 (代金支拂場所) 賣買ノ目的物ノ引渡ト同時ニ代金ヲ拂フヘキトキハ其引渡ノ場所ニ於テ之ヲ拂フコトヲ要ス

나. 불필요한 「-의」의 사용

우리말 속에 남아 있는 일본어투 표현 중에 불필요한 조사 「-의」의 쓰임이 현저히 드러난다. 이는 일본어에서 명사와 명사를 연결할 때에는 「-の」를 사용하는 언어 특성에 유추된 것으로 인식된다.21)

일본어 조사 「-の」는 일본의 문법 체계에서는 같은 형태로 격조사, 준체(準體) 조사, 병립 조사, 종(終)조사 등으로 다양하게 쓰인다. 따라서, 일본어 「-の」가 반드시 국어의 속격 조사 「-의」에 안일하게 대응하는 것은 아니다. 예컨대, 일본어의 '院長の鈴木さん', 'でこぼこの道', '幸福のために', '六年生の時', '多くの経験' 등에서 「-の」는 국어의 「-의」에 대응하지 않는다. 이를 「-의」로 대치하여 옮겨 쓰면 모두가 문법에 어긋난 문장이 되고 만다(*원장의 스즈키 씨, *울퉁불퉁의 길, *행복의 위하여, *6학년생의 때, *많은의 경험). 이는 일본어에서 명사와 명사를 연결할 때 두 명사 사이에 속격 관계가 인식되지 않더라도 「-の」를 붙여 쓰는 것이 통례이기 때문이다(英語の先生(영어 선생), 実際の状況(실제 상황)).

아래 제27조에서 대비되는 일본 민법 조문에는 「-の」가 쓰이지 않았는데도 우리 민법에 「-의」가 들어간 것은 일본어에 영향을 받은 역유추의 현상으로 해석된다. 그런가 하면 똑같은 일본 민법 조문 중에 어떤 곳에는 「-の」가 붙은 예도 있어, 일본 민법 제정 때에도 일관성 있게 이루어지

---

21) 이수열(1999 : 175)는, 우리말 속격 조사 「-의」는 우리나라의 개화기에 일본어 조사 「-の」의 용법을 흉내 낸 지식인들의 남용으로 해석했다. 개화기에 쓰인 「-의」의 문란한 용례로 비인칭 체언에 붙여 쓴 「-의」와 다른 조사에 붙는 「-의」를 들었다.

지 못한 흔적으로 남는다. 일본 민법 30조에 나오는 '失踪宣告'는 「-の」가 붙지 않았지만, 아래의 제32조에는 '失踪の宣告'로 「-の」가 붙어 있는 것이 그 한 예이다.

　우리말에는 「-의」를 붙이는 것보다 붙이지 아니하는 것이 더 자연스러운 경우가 많다. 예컨대, '우리의 나라'보다는 '우리나라'가 더 자연스럽고, '우리의 집'보다는 '우리집'이 훨씬 자연스럽게 감지된다. 그러므로 일본어의 「-の」가 붙은 자리에 반드시 「-의」를 붙이는 기계적인 번역은 배제되어야 한다.

　第27條 (失踪의 宣告) ①不在者의 生死가 5年間 分明하지 아니한 때에는 法院은 利害關係人이나 檢事의 請求에 依하여 失踪宣告를 하여야 한다.

　第三十條 (失踪宣告) ①不在者ノ生死カ七年間分明ナラサルトキハ家庭裁判所ハ利害關係人ノ請求ニ因リ失踪ノ宣告ヲ爲スコトヲ得

　第29條 (失踪宣告의 取消) ①失踪者의 生存한 事實 또는 前條의 規定과 相異한 때에 死亡한 事實의 證明이 있으면 法院은 本人, 利害關係人 또는 檢事의 請求에 依하여 失踪宣告를 取消하여야 한다. 그러나 失踪宣告後 그 取消前에 善意로 한 行爲의 效力에 影響을 미치지 아니한다.
　②失踪宣告의 取消가 있을 때에 失踪의 宣告를 直接原因으로 하여 財産을 取得한 者가 善意인 境遇에는 그 받은 利益이 現存하는 限度에서 返還할 義務가 있고 惡意인 境遇에는 그 받은 利益에 利子를 붙여서 返還하고 損害가 있으면 이를 賠償하여야 한다.

　第三十二條 (失踪宣告의 取消) ①失踪者ノ生存スルコト又ハ前條ニ定メタル時ト異ナリタル時ニ死亡シタルコトノ証明アルトキハ家庭裁判所ハ本人又ハ利害關係人ノ請求ニ因リ失踪ノ宣告ヲ取消スコトヲ要ス但失踪ノ宣告後其取消前ニ善意ヲ以テ爲シタル行爲ハ其効力ヲ変セス
　②失踪ノ宣告ニ因リテ財産ヲ得タル者ハ其取消ニ因リテ權利ヲ失フモ現ニ利益ヲ受クル限度ニ於テノミ其財産ヲ返還スル義務ヲ負フ

　제151조에서 '법률행위의 당시'도 일본어의 영향으로, 「-의」는 필요 없

는 요소이다. 일본어에서 동격의 「の」는 국어에서는 대응 조사인 「-의」로 새겨지지 않으며, 이를 붙이게 되면 오히려 어색한 문장이 되고 만다. 따라서, 「-의」를 생략한 '법률 행위를 할 당시에' 또는 '법률 행위 당시에'가 자연스러운 표현이다. 제560조에서 '정기의 급여'에서도 「-의」는 잉여적 요소로서, '정기 급여'로 쓰거나 '정기적인 급여'라고 해야 바른 표현이다.

第151條 (不法條件, 旣成條件) ②條件이 <u>法律行爲의 當時</u> 이미 成就한 것인 境遇에는 그 條件이 停止條件이면 條件없는 法律行爲로 하고 解除條件이면 그 法律行爲는 無效로 한다.
③條件이 <u>法律行爲의 當時</u>에 이미 成就할 수 없는 것인 境遇에는 그 條件이 解除條件이면 條件없는 法律行爲로 하고 停止條件이면 그 法律行爲는 無效로 한다.

第百三十一條 (旣成條件) ①條件カ<u>法律行爲ノ当</u>時旣ニ成就セル場合ニ於テ其條件カ停止條件ナルトキハ其法律行爲ハ無條件トシ解除條件ナルトキハ無効トス

유례 1

第560條 (定期贈與와 死亡으로 因한 失效) <u>定期의 給與</u>를 目的으로 한 贈與는 贈與者 또는 受贈者의 死亡으로 因하여 그 效力을 잃는다.

第五百五十二條 (定期贈与) <u>定期ノ給付</u>ヲ目的トスル贈与ハ贈与者又ハ受贈者ノ死亡ニ因リテ其効力ヲ失フ

제613조에서는 일본 민법 조문 '반환 시기를 정하지 않은 경우에는'을 '시기의 약정이 없는 경우에는'으로 옮겼으나, '시기의 약정'은 매우 어색한 표현이다. 이는 '시기에 관한 약정'이거나 '약정'을 동사화하여 '시기를 약정하지 아니한'으로 고쳐야 한다. 이처럼 양국의 법령문에 「-의」와 「-の」의 사용이 많아진 것은 법조문 자체가 명사가 연결된 명사구 문장이라는 데 있다. 명사(구)를 연결하는 데에 조사 「-의」(の)는 넓은 분포를 보이기 때문이다.

第613條 (借用物의 返還時期) ②時期의 約定이 없는 境遇에는 借主는 契約 또는 目的物의 性質에 依한 使用, 收益이 終了한 때에 返還하여야 한다. 그러나 使用, 收益에 足한 期間이 經過한 때에는 貸主는 언제든지 契約을 解止할 수 있다.

第五百九十七條　(借用物の返還時期)　②当事者カ返還ノ時期ヲ定メサリシトキハ借主ハ契約ニ定メタル目的ニ從ヒ使用及ヒ收益ヲ終ハリタル時ニ於テ返還ヲ爲スコトヲ要ス但其以前ト雖モ使用及ヒ收益ヲ爲スニ足ルヘキ期間ヲ経過シタルトキハ貸主ハ直チニ返還ヲ請求スルコトヲ得

제746조에서 '불법의 원인'도 우리말다운 표현이 아니다. '불법적인 원인'으로 다듬어야 한다.

第746條(不法原因給與) 不法의 原因으로 因하여 財産을 給與하거나 勞務를 提供한 때에는 그 利益의 返還을 請求하지 못한다. 그러나 그 不法原因이 受益者에게만 있는 때에는 그러하지 아니하다.

第七百八條　(不法原因給付)　不法ノ原因ノ爲メ給付ヲ爲シタル者ハ其給付シタルモノノ返還ヲ請求スルコトヲ得ス但不法ノ原因カ受益者ニ付テノミ存シタルトキハ此限ニ在ラス

한편, 막연한 의미의 「-의」가 쓰인 예도 볼 수 있다. 이때 속격 조사 「-의」는 어떤 동사의 의미 기능을 내포하고 있다. 제112조에서 「-의」는 '수령하다'라는 동사의 의미를 가지고 있다. 조문에서 '意思表示의 相對方이' 된 것은 일본 법령문 '意思表示ノ相手方カ'을 그대로 옮겨 왔기 때문인데, 이를 제목에 따라 보충하면 '의사 표시를 수령한 상대방이'가 되어야 할 것이다.

第112條 (意思表示의 受領能力) 意思表示의 相對方이 이를 받은 때에 無能力者인 境遇에는 그 意思表示로써 對抗하지 못한다. 그러나 法定代理人이 그 到達을 안 後에는 그러하지 아니하다.

第九十八條　(意思表示の受領能力)　意思表示ノ相手方カ之ヲ受ケタル時ニ未成年者又ハ禁治産者ナリシトキハ其意思表示ヲ以テ之ニ對抗スルコトヲ得ス但其法定代理人カ之ヲ知リタル後ハ此限ニ在ラス

다. 「-의」→「-에게」, 「-에」, 「-에서」, 「-이/-가」

포괄적인 격의 표시에 「-의」가 막연하게 쓰인 예인데, 제202조에서 '점유자<u>의</u> 책임 있는 사유로 인하여'는 '점유자<u>에게</u> 책임 있는 사유로 인하여'가 되어야 한다. 일본 법조문을 그대로 직역하면 '점유자<u>에게</u> 책임이 돌아가야 할 사유'이다.

이는 「-의」가 연문절(連文節)의 주어 기능을 하는 경우와 관련되는데, 이 조에서는 주격인 「-이」가 아니라 여격인 「-에게」가 되는 경우이다. 이는 「-의」의 통격(通格) 기능에 연유된다. 「-의」가 표시하는 격은 부정격(不定格)으로, 때로는 주격, 여격, 대격, 처격 등이 될 수 있다.

第202條 (占有者의 回復者에 對한 責任) 占有物이 <u>占有者의 責任있는 事由로 因</u>하여 滅失 또는 毁損한 때에는 惡意의 占有者는 그 損害의 全部를 賠償하여야 하며 善意의 占有者는 利益이 現存하는 限度에서 賠償하여야 한다. 所有의 意思가 없는 占有者는 善意인 境遇에도 損害의 全部를 賠償하여야 한다.

第百九十一條 (占有者の賠償義務) 占有物カ<u>占有者ノ責ニ歸スヘキ事由ニ因リテ</u>滅失又ハ毁損シタルトキハ惡意ノ占有者ハ其回復者ニ對シ其損害ノ全部ヲ賠償スル義務ヲ負ヒ善意ノ占有者ハ其滅失又ハ毁損ニ因リテ現ニ利益ヲ受クル限度ニ於テ賠償ヲ爲ス義務ヲ負フ但所有ノ意思ナキ占有者ハ其善意ナルトキト雖モ全部ノ賠償ヲ爲スコトヲ要ス

제387조에서 '채무이행<u>의</u> 확정한 기한이 있는'은 '채무이행<u>에</u> 확정한 기한이 있는'이 되어야 하는데, 이와 같이 일본어의 「-に」를 「-의」로 옮긴 것은 과도한 명사구 사용이 가져다 준 오류라고 판단된다. 이는 일본 법조문처럼 「-에」를 쓰는 것이 마땅하다.[22]

---

22) 柳昌昊(2003)는 '채무 이행이 확정된 기한'으로 고쳐 썼다. 이는 '확정하다'가 피동 자동사인 '확정되다'가 됨으로써 '채무 이행'이 주어 노릇을 하도록 문구를 바꾼 것이다.

第387條 (履行期와 履行遲滯) ①債務履行의 確定한 期限이 있는 境遇에는 債務者는 期限이 到來한 때로부터 遲滯責任이 있다. 債務履行의 不確定한 期限이 있는 境遇에는 債務者는 期限이 到來함을 안 때로부터 遲滯責任이 있다.
②債務履行의 期限이 없는 境遇에는 債務者는 履行請求를 받은 때로부터 遲滯責任이 있다.

第四百十二條 (履行期と履行遲滯) ①債務ノ履行ニ付キ確定期限アルトキハ債務者ハ其期限ノ到來シタル時ヨリ遲滯ノ責ニ任ス
②債務ノ履行ニ付キ不確定期限アルトキハ債務者ハ其期限ノ到來シタルコトヲ知リタル時ヨリ遲滯ノ責ニ任ス
③債務ノ履行ニ付キ期限ヲ定メサリシトキハ債務者ハ履行ノ請求ヲ受ケタル時ヨリ遲滯ノ責ニ任ス

제689조에서 '상대방의 불리한 시기에'는 '상대방에게 불리한 시기에'나 '상대방이 불리한 시기에'가 되어야 한다. 막연한 「-의」를 처격이나 주격으로 명시해 주는 것이 짜임새 있는 문장이 되게 한다.

第689條 (委任의 相互解止의 自由) ②當事者一方이 不得已한 事由없이 相對方의 不利한 時期에 契約을 解止한 때에는 그 損害를 賠償하여야 한다.

第六百五十一條 (委任の相互解除の自由) ②当事者ノ一方カ相手方ノ爲メニ不利ナル時期ニ於テ委任ヲ解除シタルトキハ其損害ヲ賠償スルコトヲ要ス但已ムコトヲ得サル事由アリタルトキハ此限ニ在ラス

제1060조에서 '이 법의 정한 방식'은 '이 법에서 정한 방식'이 되어야 한다. 이는 「-의」의 포괄적인 격 관계로 문의가 모호한 것을 구체적인 격표지로 바꾸는 것을 의미한다. 특히 여기에 나타난 「-에서」는 주격처럼 쓰인 예이다. 예컨대, '국가에서 정한', '정부에서 정한', '학교에서 정한' 등 어느 단체가 행위주가 되는 것으로 설명된다.

> 第1060條 (遺言의 要式性) 遺言은 <u>本法의 定한 方式</u>에 依하지 아니하면 效力이 생하지 아니한다.
>
> 第九百六十條 (遺言の要式性) 遺言は, <u>この法律に定める方式に</u>種わなければ, これをすることができない。

제699조의 밑줄친 부분은 '임치기간<u>의</u> 약정<u>되지</u> 아니한'으로 바꾸든지, 일본 법조문처럼 '임치기간<u>을</u> 정<u>하지</u> 아니하였을 때'로 고쳐야 한다. 이는 명사와 명사를 이은 명사구에서, 「-의」를 회피하고 후행하는 명사를 동사화하는 방식에 따른 것이다. 결과적으로 '임치기간<u>의</u> 약정이 있는'은 '임치기간<u>을</u> 약정한'(또는 '임치기간<u>의</u> 약정된')으로 바뀌었다. 제698조에서도 같은 예로 다루어진다. 밑줄친 부분은 '임치기간<u>을</u> 약정한 경우에' 또는 '임치기간<u>의</u> 약정된 경우에'로 써야 한다.

> 第699條 (期間의 約定없는 任置의 解止) <u>任置期間의 約定이 없는</u> 때에는 各當事者는 언제든지 契約을 解止할 수 있다.
>
> 第六百六十三條 (寄託物の返還時期) ①<u>当事者カ寄託物返還ノ時期ヲ定メサリシトキハ</u>受寄者ハ何時ニテモ其返還爲スコトヲ得

> 第698條 (期間의 約定있는 任置의 解止) <u>任置期間의 約定이 있는</u> 때에는 受置人은 不得已한 事由없이 그 期間 滿了前에 契約을 解止하지 못한다. 그러나 任置人은 언제든지 契約을 解止할 수 있다.
>
> 第六百六十三條 (寄託物の返還時期) ②<u>返還時期ノ定アルトキハ</u>受寄者ハ已ムコトヲ得サル事由アルニ非サレハ其期限前ニ返還ヲ爲スコトヲ得ス

4.8. 격조사의 생략

가. 주격 조사 「-이/-가」

일본어 문장에서 서술어로 '있다', '없다'의 표현이 많이 등장되는 것이 현저한 특징 중의 하나이다. 또한 양국어에서 관용적, 구어적인 표현에서 주격 조사 「-이/-가」와 대격 조사 「-을/-를」의 생략은 흔히 있는 일이다 (키(가) 크다, 달(이) 밝다, 기분(이) 좋다/물(을) 주다, 밥(을) 먹다, 잠(을) 자다). 특히 일본어에서 '있다'와 '없다'가 선행하는 주어를 취하여 관형절이 되는 경우에('-이 있는', '-이 없는'), 관형절 내에 있는 주격 조사 「-가」는 수의적으로 생략된다. 이러한 언어 현상이 우리말에 직접적으로 영향을 미쳐 그와 같은 표현이 우리 법조문에 그대로 옮겨져 있다. 마치 우리말에서 '공부를 하다'가 '공부하다'로 융합되는 것과 같이 '있다'와 '없다'가 접미사와 같은 형태로 윗말에 결합되는 형태이다. 이는 '있다', '없다'가 문말 서술어로 쓰이는 경우에서는 찾아볼 수 없고, 문장 중에 삽입절의 형식으로 안길 때 사용되는 것이 일반적이다. 우리말에서도 이 같은 현상은 허용될 수 있지만(특히 문장이 아닌 표제로 쓴 구절), 엄격하게 보아 법령문이라는 정격성을 요구하는 문장에서는 주격 조사가 실현된 첨가형이 올바른 문장이라고 생각된다. 제17조에서는 '법정대리인의 동의<u>가</u> 있는 것으로'로 쓰는 것이 바람직하다.

第17條 (無能力者의 詐術) ②未成年者나 限定治産者가 詐術로써 法定代理人의 <u>同意있는</u> 것으로 믿게한 때에도 前項과 같다.

第二十條 (無能力者の詐術) 無能力者カ能力者タルコトヲ信セシムル爲メ詐術ヲ用舛*タルトキハ其行爲ヲ取消スコトヲ得ス

　　제20조에서도 주격 조사가 실현된 '국내에 주소<u>가</u> 없는 사람에 대하여는'으로 써야 한다. 일본어의 'ある'에는 두 종류가 있다. '존재', '위치', '살아 있다' 등을 나타내는 '있다'(在る)와 '가지다, 소유하다'를 나타내는 '있다'(有る)가 그것이다. 그러나 「-없는」이 부사형으로 「-없이」가 된다면 앞의 단어와 결합하여 하나의 부사구가 되므로, 그 사이에 주격 조사가 들어가는 것은 오히려 부자연스러워진다(예 : '조건 없이', '책임 없이' 등).

第20條 (居所) 國內에 <u>住所없는 者에 對하여는</u> 國內에 있는 居所를 住所로 본다.

第二十三條 (居所) 日本ニ<u>住所ヲ有セサル者</u>ハ其日本人タルト外國人タルトヲ問ハス日本ニ於ケル居所ヲ以テ其住所ト看做ス 但法例ノ定ムル所ニ從ヒ其住所ノ法律ニ依ルヘキ場合ハ此限ニ在ラス

우리 민법 전 조문에 '있다', '없다'를 포함하는 어구로서 주격 조사가 생략된 형태는 대단히 많다. 대체로 그 윗말과의 연결 관계를 살펴보면 다음과 같다.

■「있다」류

條件 있는(제91조), 정지조건 있는(제147조), 事由 있는(제120조, 제388조, 제841조, 제822조, 제842조, 제894조, 제661조, 제718조, 제941조, 제957조), 경개나 면제 있는(제410조), 대리권 있는 (제709조, 제931조), 瑕疵 있는(제140조, 제602조), 확정일자 있는(제450조), 기간의 약정 있는(제636조), 배우자 있는(제810조), 취소 있은(제819조, 제893조), 필요 있는(제67조, 제918조), 이해관계 있는(제967조), 확정일자 있는(제502조), 책임 있는(제546조), 채권 있는(제942조), 취소 있는(제819조, 제893조), 상속개시 있음(제1019조, 제1020조), 부양의무 있는(제556조), 상대 부담 있는(제559조, 제561조), 해제 원인 있음(제556조), 이자 있는(제602조), 의무 있는(제976조)

■「없다」류

決議權 없는(제74조), 代理權 없음(제134조, 제135조), 조건 없는(제151조), 부탁 없는(제444조), 양도능력 없는(제464조), 이해관계 없는(제469조), 과실 없는(제470조, 제472조), 그 권한 없음(제471조), 책임 없는(제832조), 원인 없음(제749조), 권한 없는(제619조), 이자 없는(제602조), 처분 능력 권한 없는(제619조), 기간의 약정 없는(제635조), 과실 없는(제734조), 채무 없음(제742조)

제67조에서 '필요 있는 때에는'으로 표현했지만, 일본어에서 나타나는 '있다', '없다' 표현의 과용을 막기 위해서는 '필요가 있을 때에는'보다 <u>필요할 때에는</u>'으로 쓰는 것도 유용하다.

第67條 (監事의 職務) 監事의 職務는 다음과 같다.
4. 前號의 報告를 하기 爲하여 <u>必要있는</u> 때에는 總會를 召集하는 일

第五十九條 (監事の職務) 監事ノ職務左ノ如シ
四 前号ノ報告ヲ爲ス爲メ <u>必要アルトキハ</u>總會ヲ招集スルコト

일반적으로, 일본어에서 '있다'와 '없다'의 표현은 'アル'와 'ナキ'(有セサ
ル)에 의존되어 쓰이지만, 때로는 '-附'의 형태가 그것을 유도하는 경우도
적지 않다. 이를 우리말로 직역하여 새기면 '-이 붙은'이나 '-이 달린'이 되
겠는데, 이러한 표현이 '있는'으로 전화된 것이다. 우리말 속에 아직도 '條
件<u>附</u>', '保證<u>付</u>', '景品<u>附</u>', '期限<u>附</u>' 등의 한문투가 쓰이고 있는 것은 일본어
의 영향이다. 이와 같은 예는 아래 예시한 제91조에서 나타난다.

第91條 (債權辨濟의 特例) ②前項의 境遇에는 <u>條件있는</u> 債權, 存續期間의
不確定한 債權 其他 價額의 不確定한 債權에 關하여는 法院이 選任한 鑑定
人의 評價에 依하여 辨濟하여야 한다.

第九百三十條 (期限前の債務等の弁濟) ②<u>條件附</u>の債權又は存總期間の不確
定な債權は, 家庭裁判所が選任した鑑定人の評価に從つて, これを弁濟しなけ
ればならない。

제602조는 '利息附'와 '無利息'이 '이자 있는'과 '이자 없는'으로 새겨진 예
문이다. 이때 '있는'과 '없는'은 전형적인 일본어투 표현법이다. 주격 조사
「-이/-가」를 첨가하여 '이자<u>가</u> 있는'과 '이자<u>가</u> 없는'으로 쓰든지, '이자<u>가</u>
붙는'과 '이자<u>가</u> 붙지 않는'으로 고쳐 쓸 수 있다.

第602條 (貸主의 擔保責任) ①<u>利子 있는</u> 消費貸借의 目的物에 瑕疵가 있
는 境遇에는 第580條 乃至 第582條의 規定을 準用한다.
②<u>利子없는</u> 消費貸借의 境遇에는 借主는 瑕疵있는 物件의 價額으로 返還할
수 있다. 그러나 貸主가 그 瑕疵를 알고 借主에게 告知하지 아니한 때에는
前項과 같다.

第五百九十條 （貸主の擔保責任） ①利息附ノ消費貸借ニ於テ物ニ隱レタル瑕疵アリタルトキハ貸主ハ瑕疵ナキ物ヲ以テ之ニ代フルコトヲ要ス但損害賠償ノ請求ヲ妨ケス

②無利息ノ消費貸借ニ於テハ借主ハ瑕疵アル物ノ價額ヲ返還スルコトヲ得但貸主カ其瑕疵ヲ知リテ之ヲ借主ニ告ケサリシトキハ前項ノ規定ヲ準用ス

제120조에서도 조사 「-가」를 붙여 '부득이한 사유가 있는 때가 아니면'로 쓰는 것이 우리말다운 표현이며, 그 아래의 제135조에서도 「-이」의 실현이 자연스럽다. '상대방이 대리권이 없다는 것을 알았거나 알 수 있었을 때'가 된다.

第120條 （任意代理人의 復任權） 代理權이 法律行爲에 依하여 付與된 境遇에는 代理人은 本人의 承諾이 있거나 不得已한 事由있는 때가 아니면 復代理人을 選任하지 못한다.

第百四條 （任意代理人の復任權） 委任ニ因ル代理人ハ本人ノ許諾ヲ得タルトキ又ハ已ムコトヲ得サル事由アルトキニ非サレハ復代理人ヲ選任スルコトヲ得ス

第135條 （無權代理人의 相對方에 對한 責任） ②相對方이 代理權 없음을 알았거나 알 수 있었을 때 또는 代理人으로 契約한 者가 行爲能力이 없는 때에는 前項의 規定을 適用하지 아니한다.

第百十七條 （無權代理人の責任） ②前項ノ規定ハ相手方カ代理權ナキコトヲ知リタルトキ若クハ過失ニ因リテ之ヲ知ラサリシトキ又ハ代理人トシテ契約ヲ爲シタル者カ其能力ヲ有セサリシトキハ之ヲ適用セス

제546조에서는 일본 민법 조문의 '責ニ歸スヘキ'(책임이 돌아가야 할)가 '책임 있는'으로 표현된 예이다. 이는 '채무자에게 책임이 돌아가야 할 사유로'나 '채무자가 책임져야 할 사유로'로 바로잡아야 한다.

第546條 (履行不能과 解除) 債務者의 責任있는 事由로 履行이 不能하게 된 때에는 債權者는 契約을 解除할 수 있다.

第五百四十三條 (履行不能による解除權) 履行ノ全部又ハ一部カ債務者ノ責ニ歸スヘキ事由ニ因リテ不能ト爲リタルトキハ債權者ハ契約ノ解除ヲ爲スコトヲ得

제619조의 대비되는 일본 법령문에서 '能限ヲ有セサル者'는 '能限을 가지지 못한 사람'이란 뜻인데, 이것이 우리 민법에서 '권한 없는'으로 옮겨졌다. 이렇게 쓴다면 주격 조사를 삽입한 '권한의 없는'이 되어야 한다. 제810조에서도 '배우자가 있는'으로 옮기면 더욱 명시적이고 정확한 문장이 된다.

第619條 (處分能力, 權限없는 者의 할 수 있는 短期賃貸借) 處分의 能力 또는 權限없는 者가 賃貸借를 하는 境遇에는 그 賃貸借는 다음 各號의 期間을 넘지 못한다.

第六百二條(短期賃貸借) 處分ノ能力又ハ能限ヲ有セサル者カ賃貸借ヲ爲ス場合ニ於テハ其賃貸借ハ左ノ期間ヲ超ユルコトヲ得ス

유례 1

第810條 (重婚의 禁止) 配偶者있는 者는 다시 婚姻하지 못한다.

第七百三十二條 (重婚禁止) 配偶者のある者は, 重ねて婚姻をすることができない。

앞에서도 언급하였거나와, 아래 제444조에서 '부탁의 없는'이라면 주격 조사의 첨가가 바람직하나, '부탁없이'처럼 부사구로 융합되었을 때에는 「-이」를 실현하는 것이(부탁의 없이) 오히려 자연스럽지 못하다.[23]

---

23) 柳昌昊는 '부탁을 받지 않은'으로 표현을 바꾸었다.

第444條 (<u>付託없는</u> 保證人의 求償權) ①主債務者의 <u>付託없이</u> 保證人이 된 者가 辨濟 其他 自己의 出財로 主債務를 消滅하게 한 때에는 主債務者는 그 當時에 利益을 받은 限度에서 賠償하여야 한다.

第四百六十二條 (<u>委託なき保証人の求償權</u>) ①主タル債務者ノ委託ヲ受ケスシテ保証ヲ爲シタル者カ債務ヲ弁濟シ其他自己ノ出捐ヲ以テ主タル債務者ニ其債務ヲ免レシメタルトキハ主タル債務者ハ其当時利益ヲ受ケタル限度ニ於テ賠償ヲ爲スコトヲ要ス

나. 보격 조사 「-이/-가」

우리말에서 형용사 '아니다'와 동사 '되다' 앞에 오는 명사어는 보격 조사 「-이/-가」를 취한다. 이러한 통사적 환경 속에서도 조사가 생략됨으로써 후속 서술어가 마치 접미사처럼 위의 명사에 붙는 사례가 민법 조문에 보인다. 제745조에서 대비되는 일본 법조문에는 명확히 '債務者ニ非サル 者カ'로, 보격 조사 「-に」가 쓰였는데도 우리 법조문에서 조사를 생략해 버렸다. 따라서, '채무가<u>가</u> 아닌 사람이'로 보격 조사 「-가」가 실현되어야 한다.

第745條 (他人의 債務의 辨濟) ①<u>債務者</u>아닌 <u>者가</u> 錯誤로 因하여 他人의 債務를 辨濟한 境遇에 債權者가 善意로 證書를 毀滅하거나 擔保를 抛棄하거나 時效로 因하여 그 債權을 잃은 때에는 辨濟者는 그 返還을 請求하지 못한다.

第七百七條 (他人の債務の弁濟) ①<u>債務者ニ非サル者カ</u>錯誤ニ因リテ債務ノ弁濟ヲ爲シタル場合ニ於テ債權者カ善意ニテ証書ヲ毀滅シ, 担保ヲ抛棄シ又ハ時效ニ因リテ其債權ヲ失ヒタルトキハ弁濟者ハ返還ノ請求ヲ爲スコトヲ得ス

제18조의 경우는 '근거되다'로 명사어가 동사가 된 것인데, '생활의 근거<u>가</u> 되는 곳을'로 어형을 분리하든지, 일본 법령문처럼 '생활의 근거로써'로 쓰는 것이 좋다. 이렇게 나타나는 통사적 환경은 어디까지나 '아니다', '되

다'가 관형사형을 취하는 '아닌', '되는'인 경우로 한정된다.

> 第18條 (住所) ①生活의 <u>根據되는</u> 곳을 住所로 한다.
> ②住所는 同時에 두곳以上 있을 수 있다.
>
> 第二十一條 (住所) 各人ノ生活ノ<u>本據</u>ヲ以テ其住所トス

'있다', '없다'나 '아니다', '되다'에 선행하는 주격 조사와 보격 조사의 생략 외에도 일반 명사구 속에서 주격 조사가 생략된 곳이 있어 이의 실현이 필요한 경우를 찾아볼 수 있다.

아래의 제27조에서는 한문투 문어체의 한자어 명사가 나열된 것이 눈에 띈다. 이는 구어체로 풀어 쓰면 더 쉬운 법령문이 될 것이다. '전쟁종지후'는 '전쟁<u>의</u> 끝난 뒤'로 격조사를 갖춘 문장이 되는 것이 바람직하다.24)

> 第27條 (失踪의 宣告) ②戰地에 臨한 者, 沈沒한 船舶中에 있던者 墜落한 航空機중에 있던者 其他 死亡의 原因이 될 危難을 當한 者의 生死가 <u>戰爭終止後</u>, 船舶의 沈沒, 航空機의 墜落 其他 危難이 終了한 後 3年間 分明하지 아니한 때에도 前項과 같다.
>
> 第三十條 (失踪宣告) ②戰地ニ臨ミタル者, 沈沒シタル船舶中ニ在リタル者其他死亡ノ原因タルヘキ危險ニ遭遇シタル者ノ生死カ<u>戰爭ノ止ミタル後</u>, 船舶ノ沈沒シタル後又ハ其他ノ危難ノ去リタル後三年間分明ナヲヲサルトキ亦同シ

제1005조의 밑줄 친 부분도 명사구 중심의 한자어가 조사의 연결 없이 이어진 예이다. '상속'과 '개시'가 합성하여 하나의 서술어가 되는 것보다 '상속'은 명사어로 주어가 되고, '개시된'은 동사로 분리되는 것이 짜임새 있는 문장이 된다. 따라서, '상속<u>의</u> 개시된 때부터'로 주격 조사 「-이/-가」가 개입되어야 한다. 같은 예의 '상속이 개시된 때'는 제1015조와 제1042조에도 나온다.

---

24) 柳昌焄(2003 : 133)는 '종전(終戰) 후'로 고쳐 썼다.

第1005條 (相續과 包括的 權利義務의 承繼) 財産相續人은 <u>相續開始된 때로부터</u> 被相續人의 財産에 關한 包括的 權利義務를 承繼한다. 그러나 被相續人의 一身에 專屬한 것은 그러하지 아니하다.

第八百九十六條 (相續の一般的效果) 相續人は, <u>相續開始の時から</u>, 被相續人の財産に屬した一切の權利義務を承繼する。但し, 被相續人の一身に專屬したものは, この限りでない。

다. 처격 조사 「-에」

처격 조사 「-에」가 생략되어 쓰이는 경우이다. 처격 조사 「-에」는 시간적 처소와 공간적 처소를 나타내는 말인데, 표지가 없어도 문장 의미가 파악되는 경우에는 수의적으로 생략된다. 그러나 표지가 실현되는 문장이 실현되지 않는 문장에 비해 더 명시적이고 법령문으로서 완전성을 드러낸다. 민법전에서 처소 표지 「-에」가 생략된 것은 그 윗말이 '後, 中, 當時' 등 처소나 시간을 나타내는 말인 경우이다. 이때 「-에」가 생략되는 현상은 그 윗말이 이미 처소나 시간을 표시하고 있으므로 그 처소격 의미가 드러나기 때문이다. 그러나 정확한 표현은 격조사의 실현형이다. 비실현형은 전형적인 표현 형태가 되지 못한다. 격조사 없이 문장의 성분이 명시되는 것은 대체로 대화 중심의 구어체 문장에서 많이 나타나는 현상이다. 법령문은 불필요한 군더더기가 덧붙어도 안 되지만, 너무 관용적으로 어떤 표지들이 생략되는 것도 바람직하지 못하다. 명사어에 대해서는 반드시 격을 나타내는 요소가 붙어서 문장의 성분이 분명하게 드러나는 정격적인 표현을 요구한다.

제22조의 밑줄 친 부분에서는 '본인의 부재중<u>에</u>'로 「-에」를 붙여야 한다.

第22條 (不在者의 財産의 管理) ①從來의 住所나 居所를 떠난 者가 財産管理人을 定하지 아니한 때에는 法院은 利害關係人이나 檢事의 請求에 依하여 財産管理에 關하여 必要한 處分을 命하여야 한다. 本人의 <u>不在中</u> 財産管理人의 權限이 消滅한 때에도 같다.

第二十五條　(不在者の財産の管理)　①從來ノ住所又ハ居所ヲ去リタル者カ其
財産ノ管理人ヲ置カサリシトキハ家庭裁判所ハ利害關係人又ハ檢察官ノ請求
ニ因リ其財産ノ管理ニ付キ必要ナル處分ヲ命スルコトヲ得本人ノ<u>不在中</u>管理
人ノ權限カ消滅シタルトキ亦同シ

민법 조문에는 이러한 환경에서 조사가 모두 비실현되는 것이 아니라, 조사 「-에」를 붙인 예도 있어 법조문 구성의 일관성과 통일성이 없음을 보여 준다. 아래의 제15조는 '후<u>에</u>'로 처소격 조사 「-에」가 실현된 조문이다.

第15條 (無能力者의 相對方의 催告權) ①無能力者의 相對方은 無能力者가 能力者가 된 <u>後에</u> 이에 對하여 1月以上의 期間을 定하여 그 取消할 수 있는 行爲의 追認與否의 確答을 催告할 수 있다. 能力者로 된 者가 그 期間內에 確答을 發하지 아니한 때에는 그 行爲를 追認한 것으로 본다.

第十九條 (無能力者の相手方の催告權) ①無能力者ノ相手方ハ其無能力者カ 能力者ト爲リタル後之ニ對シテ一个月以上ノ期間內ニ其取消シ得ヘキ行爲ヲ 追認スルヤ否ヤヲ確答スヘキ旨ヲ催告スルコトヲ得若シ無能力者カ期間內ニ確 答ヲ發セサルトキハ其行爲ヲ追認シタルモノト看做ス

제406조에서도 '전득 당시'에 처격 조사 「-에」가 첨가되었다. 대비되는 일본 민법 조문에는 '當時'이나 번역문에서는 '당시<u>에</u>'로 나타나 있다.

第406條 (債權者取消權) ①債務者가 債權者를 害함을 알고 財産權을 目的<u>으로</u> 한 法律行爲를 한 때에는 債權者는 그 取消 및 原狀回復을 法院에 請求할 수 있다. 그러나 그 行爲로 因하여 利益을 받은 者나 轉得한 者가 그 行爲 또는 <u>轉得當時에</u> 債權者를 害함을 알지 못한 境遇에는 그러하지 아니하다.

第四百二十四條 (詐害行爲取消權) ①債權者ハ債務者カ其債權者ヲ害スルコ トヲ知リテ爲シタル法律行爲ノ取消ヲ裁判所ニ請求スルコトヲ得但其行爲ニ因 リテ利益ヲ受ケタル者又ハ轉得者カ其行爲又ハ<u>轉得ノ當時</u>債權者ヲ害スヘキ 事實ヲ知ラサリシトキハ此限ニ在ラス

이와 같이 시간과 공간의 처소를 나타내는 말에 조사 「-에」가 생략된 곳은 여러 곳에서 찾아볼 수 있다.

'그 收穫後(에) 遲滯없이 支給하여야 한다'(제633조 : 其季節後遲滿ナク之ヲ要フコトヲ要ス), '3年을 經過한 後(에) 언제든지 契約解止의 通告를 할 수 있다.'(제659조 : 五年ヲ経過シタル後何時ニテモ契約ノ解除ヲ爲スコトヲ得), '約定한 勞務를 終了한 後(에) 遲滯없이 支給하여야 한다'.(제656조 : 勞務ニ服スルコトヲ約シ相手方カ之ニ其報酬ヲ与フル), '그 正確함을 承認한 後(에) 各自 署名 또는 記名捺印 하여야 한다'(제1068조 : 筆記の正確なことを承認した後, 各自これに署名し, 印を押すこと) 등이다.

라. 공동격 조사 「-와/-과」

두 명사가 복합어가 아닌 데도 합성한 것처럼 사용한 경우이다. 이는 공동격 조사 「-와/-과」로써 두 명사를 연결하여 명사구를 만들어야 한다. 예시한 제123조에서 '권리와 의무'가 된다. 이러한 경우는 민법 조문에서는 '권리'와 '의무'에서만 나타나는데, 일본 민법 조문에서 「-と」에 의해 명사구를 형성하지 않고 복합어처럼 연결된 것을 그대로 옮겨 왔기 때문이다. 같은 예가 그 아래 제837조를 위시하여, 제913조, 제945조, 제1005조, 제1007조, 제1031조 등에서 나타난다.

第123條 (復代理人의 權限) ①復代理人은 그 權限內에서 本人을 代理한다.
②復代理人은 本人이나 第三者에 對하여 代理人과 同一한 權利義務가 있다.

第百七條 (復代理人の權限) ①復代理人ハ其權限內ノ行爲ニ付キ本人ヲ代表ス
②復代理人ハ本人及ヒ第三者ニ對シテ代理人ト同一ノ權利義務ヲ有ス

유례

第837條 (離婚과 子의 養育責任) ③前項의 規定은 養育에 關한 事項外에는 父母의 權利義務에 變更을 가져오지 아니한다.

第七百六十六條 (子の監護者の決定)
③前二項の規定は, 監護の範圍外では, 父母の權利義務に変更を生ずることがない。

5. 마무리

우리의 법령문에 일본어식의 어휘와 문체가 잔존해 있다는 사실은 어쩌면 당연한 것인지도 모른다. 이는 우리의 법 수용이 일본을 통해 이루어졌고, 우리 법령문이 일본 법령문을 저본으로 하여 번역되었기 때문이다. 법령문 속의 어휘는 차용 번역의 성격을 띠고, 문장은 대치 직역의 기계적인 방법으로 이루어진 특징이 드러난다. 게다가 민법의 제정 당시 어려운 여건 속에서 입법을 서두르다 보니, 법조문의 국어학적 검토와 법조문으로서의 일관성과 통일성을 갖추는 데 소홀했던 것이 사실이다.

이제 광복 후 우리나라 새 정부가 수립된 지 반 세기를 맞이한 오늘, 우리 법령문은 일본식의 문체와 표현의 틀을 벗고 우리다운, 그리고 우리말다운 모습이 되도록 새롭게 다듬어야 할 때가 되었다. 이를 정비하기 위해서는 무엇보다 먼저 이 속에 남아 있는 일본어투의 용어와 표현을 정밀하게 분석하여 기술하여, 그것을 제거하고 다듬는 새로운 대안을 마련해야 할 것이다.

이 글은 그 동안 연구 보고된 여러 법률 순화 방안에 대한 총체적인 연구 검토를 기반으로 하여 대응되는 한·일 양 민법 조문을 낱낱이 대조 분석하고, 일본 민법의 영향을 받은 부분을 추출·기술한 것이다. 이를 대조언어학적 이론의 바탕과 그 분석 방법에 의거하여 설명했다. 우리 민법의 제1조에서부터 제766조에 이르는 '재산편'과 제767조에서부터 제1118조에 이르는 '친족·상속편' 전 조문을 이에 관련된 일본 민법전의 조문과 일일이 대조하여 분석한 것이다.

특히 한·일 양 언어는 구조적으로 매우 유사하다는 것 때문에 양 언어의 번역 과정에서 대위(代位)의 방법으로 대상어의 문장을 그대로 자국어로 옮겨 놓으면 되는 것으로 착각하는 국면이 있다. 일본어를 우리말로 번역하는 경우, 한자 어휘는 그대로 옮겨 쓰면 우리의 것이 되는 것으로 생각하고, 문장의 어법이나 표현도 그대로 가져 오면 우리말이 되는 것으로 오해하기 쉽다. 그러나 양국어의 동질성 속에는 이질성이 내재하고 있음을 분명히 알아야 할 것이다.

따라서, 이 글은 양 민법문을 대조되는 짝끼리 맞추어 그 어휘, 형태, 문법, 표현 등의 요목을 설정하여 비교하고, 그 결과 일본 민법이 우리 민법에 끼친 영향과 잔재를 정밀하게 기술한 것이다. 물론 그렇게 된 원인과 이를 바로잡는 방안을 마련하여 앞으로 법령 개정에 자료로 활용하도록 했다. 우리 민법에 남아 있는 일본식 표현의 잔재란 그것이 오류이거나 순화의 대상이거나, 앞으로 고치고 바로잡아야 할 과제임을 뜻한다.

대체로 다루어진 국면은 용어 면과 문체 면인데, 그 가운데는 어휘, 형태, 문법, 표현 등의 언어의 여러 가지 영역이 들어 있다.

연구 분석 결과, 우리의 민법전에 남아 있는 일본어식의 잔재는 문체적인 면에서보다 용어(어휘적)면에서 더 넓게 분포되어 있다는 사실을 알 수 있었다. 또한 차용 번역의 과정에서 일본 민법의 단어와 문장 하나 하나를 축어적(逐語的)으로 번역한 점이 두드러졌다.

그런 한편, 법 제정의 기간이 짧아 법조문의 문법 면이나 용어 면에서 치밀한 검토가 부족했고, 그에 따라 문법과 표현의 일관성과 통일성이 부족했던 점이 드러났다.

결론적으로 우리 민법에 남아 있는 일본 민법의 어휘와 문체 중 일본어 격조사의 용법이 그대로 우리말에 부회(附會) 적용된 오류어가 도처에서 발견된다는 점이 밝혀졌다. 이는 양 언어의 격조사 체계의 상이성에서 오는 것이다. 이는 향후 민법의 개정 과정에서 새롭게 정리되고 고쳐져야 할 과제로 제시된다.

參考文獻

감사원(1999), 감사 문장 바로 쓰기, 감사원.

강신항(1991), 현대국어 어휘 사용의 양상, 태학사.

______(1995), "일본 한자어", 「새국어생활」 5-2, 국립국어연구소.

고상룡(1995), 민법총칙, 법문사.

곽윤식 외(1992), 민법주해(1), 박영사.

교육부(1992), 국어 어문 규정집, 대한교과서주식회사.

국립국어연구원(1992), 국어 순화 자료집.

____________(1993), 국어 순화 자료집.

____________(1999), 표준국어대사전, 두산 동아.

____________(2002), 국민의 글쓰기 능력 향상 방안 마련을 위한 학술회의 자료집.

김광해(1989), 고유어와 한자어의 대응 현상, 「국어학 총서」 16, 탑출판사.

______(1993), 국어 어휘론 개설, 집문당.

______(1995), "조망-국어에 대한 일본어의 간섭", 「새국어생활」 56-2, 국립국어연
         구원.

김동욱(2002), "일본어학의 관점에서 본 우리 법령용어 및 문장구조의 문제점과 개
         선 방향", 한국법제연구원.

김동훈(2002), "상사법 분야의 법령용어 및 문장구조의 문제점과 개선 방향", 한국
         법제연구원.

김문오(2001a), 법조문의 문장 실태 조사, 국립국어연구원.

______(2001b), "법령문의 순화 (1)-(5)", 「새국어소식」 37-41, 국립국어연구원.

______(2002), 법령문의 국어학적 검토, 국립국어연구원.

______(2002), 법령문의 국어학적 검토-법무부 검토 의뢰 법령을 중심으로-, 국립
         국어연구원.

______, 홍사만(2003), 쉽게 고쳐 쓴 우리 민법, 국립국어연구원.

김문현(2002), "헌법분야의 법령용어 및 문장구조의 문제점과 개선 방향, 「법령용
         어 및 문장 구조의 문제점과 개선 방향」, 법령용어 정비사업 제1차
         전문가 회의, 한국법제연구원.

김성철(2002), "약관상 법령용어 및 문장구조의 문제점과 개선방향", 「법령용어 및
         문장구조의 문제점과 개선 방향」, 한국법제연구원.

남기심/고영근(2003), 표준국어문법론(개정판), 탑출판사.

남풍현(1985), "國語 속의 借用語", 「국어생활」 2, 국어연구소.

대법원 사법정책연구실(1997), 민사소송법의 한글화.

문화체육부(1996), 국어순화용어자료집.

박갑수(1984), 국어의 표현과 순화론, 지학사.

______(1990), "법률용어 문장 왜 이리 어려운가", 「언론과 비평」 12, 언론과비평
      사.

______(1997a), 民事訴訟法의 醇化 硏究, 대법원 보고용.

______(1997b), "법률 문장 순화돼야 한다, –민사소송법을 중심으로–", 「새국어생
      활」 7-4, 국립국어연구원.

박갑수/호문혁(2003), 개정 민사소송법의 법령용어 및 법률문장의 순화와 향후과
      제, 한국법제연구원.

박병호(2002), "외국법의 계수와 법령용어", 「외국법의 계수와 법령용어」 한국법제
      연구원·중앙대 법학연구소 공동주최 학술회의.

박영규(2002), "용어정비에 관한 검토의견", 「민법개정안 의견서」, 삼지원.

朴英道(2001a), 일본어식 법령용어 사례집, 한국법제연구원.

______(2001b), 법률용어사례집–유사법령용어, 한국법제연구원.

______(2002), 입법학용어해설집, 한국법제연구원.

朴英燮(1995), 國語漢字語語彙論, 박이정.

배재식 외(감수)(1992), 신법률대사전, 벌률신문사.

법제처(2002), 법령용어 순화정비편람, 법제처.

송 민(1979), "언어의 접촉과 간섭 유형에 대하여, –현대 한국어와 일본어의 경
      우–", 「성심여대 논문집」 10.

______(1989), "개화기 신문명 어휘의 성립과정", 「어문학논총」 8, 국민대 어문학
      연구소.

신각철(1995), "법령에서 쓰이고 있는 일본식 표기용어의 정비", 「새국어생활」
      5-2, 국립국어연구원.

양창수(1991), "民法案의 成立 過程에 관한 小考", 「民法研究」 1, 博英社.

柳昌昊(2003), 민법 개정안의 법률용어와 문장의 순화방안, 한국법제연구원.

이상돈(2002), "형사법 분야의 법령용어 및 문장구조의 문제점과 개선 방향", 「법
      령용어 및 문장구조의 문제점과 개선 방향」, 법령용어 정비사업 제1
      차 전문가 회의, 한국법제연구원 법령용어 정비사업단.

이수열(1999a), 우리말 바로 쓰기, 현암사.

______(1999b), 우리가 정말 알아야 할 대한민국 헌법, 현암사.

이영준(1995), 민법총칙(전정판), 박영사.

이재호(2002), "법률용어 및 문자의 이해에 작용하는 인지심리적 제약", 「법령용어 및 문장구조의 문제점과 개선 방향」, 법령용어 정비사업 제1차 전문가 회의, 한국법제연구원 법령용어 정비사업단.

이종영(2002), "행정법 분야의 법령용어 및 문장구조의 문제점과 개선 방향", 「법령용어 및 문장구조의 문제점과 개선 방향」, 법령용어 정비사업 제1차 전문가 회의, 한국법제연구원 법령용어 정비사업단.

임중호(2002), "한국에서의 외국법 계수와 법률용어의 형성과정", 「외국법의 계수와 법령용어」 한국법제연구원·중앙대 법학연구소 공동주최 학술회의.

임홍빈(편)(1993), 뉘앙스 풀이를 겸한 우리말사전, 아카데미하우스.

정 광(1995), "일본어투 문장 표현", 「새국어생활」 5-2, 국립국어연구원.

정광현(1967), 현대 가족법 연구,

정재도(1995), "생활 속에 남은 일본말", 「새국어생활」 5-2, 국립국어연구원.

정종휴(2002), "민법개정시안 채권편에 대한 기대와 우려", 「민법개정안의견서」, 삼지원.

한국교열기자회(1982), 국어 순화의 이론과 실제, 일지사.

허철구(2002), "법률의 띄어쓰기", 「새국어생활」 12-1, 국립국어연구원.

현암사(편)(2000), 소법전, 현암사.

________(2003), 考試法典, (주)현암사.

호문혁(2002), "민사소송법 분야의 법령용어 및 문장구조의 문제점과 개선 방향", 「법령용어 및 문장구조의 문제점과 개선 방향」, 한국법제연구원 법령용어 정비사업단.

홍사만(1988), 한·일어비교문법론, 경북대출판부.

______(1993), 한·일어대조어학/논고, 탑출판사.

______(2002), 한·일어대조분석, 도서출판 「역락」.

홍재성 외(1997), 현대 한국어 동사구문 사전, 두산동아.

황적인 외(2002), 민법개정안의견서, 삼지원.

大石 真(2002), "日本における外国法の継受と法律用語", 「외국법의 계수와 법령용어」 한국법제연구원·중앙대 법학연구소 공동주최 학술회의.

三省堂(1956), 模範六法全書, 三省堂.

小学館(編)(1979), 日本国語大辞典, 小学館.

＿＿＿＿＿＿(1993), 朝鮮語辞典, 小学館.

武部良明(編)(1995), 現代国語表記辞典, 三省堂.

鈴木竹雄 外(編)(1976), 六法全書, 有斐閣.

林 巨樹(監修)(1999), 現代国語解例辞典, 小学館.

저 | 자 | 소 | 개

■ 전 재 호 (全在昊)

- 고려대 석사, 경북대 문학박사 취득
- 일본 京都대학, 天理대학 연구교수
- 일본 島根현립 국제단기대학 교수
- 미국 버팔로대학 초빙교수
- 미국 휴스턴 라이스대학 게스트교수
- 경북대 인문사회대학·인문대학 학장 역임
- 현 경북대 명예교수
- 현 韓·日言語文化硏究所長

- 논저 : 『杜詩諺解의 國語學的 硏究』(국어국문학총서 1, 宣明文化社)
  『韓國語學論考』(螢雪出版社)
  『國語語彙史硏究』(문광부 선정 우수도서, 경북대 출판부)
  『국어표현문법』(박태권 공저, 이우출판사)
  『國語學槪論-音韻篇-』(공저, 螢雪出版社)
  역서 및 논문 다수

■ 홍 사 만 (洪思滿)

- 대구 출생, 경북대학교 문리대, 동 대학원 졸업
- 일본 쓰쿠바(筑波)대학 문예·언어학계 문학박사
- 일본 시마네(島根)현립 국제단기대학 교류교수
- 일본 쓰쿠바대학 연구조직 객원연구원
- 언어과학회 회장, 한글학회 대구지회장
- 대구문화상(학술1) 수상
- 현 경북대 인문대학 교수, 국어생활상담소장

- 저서 : 『國語特殊助詞論』(學文社, 1983)
  『韓·日語比較文法論』(慶北大 出版部, 1988)
  『國語意味論研究』(螢雪出版社, 1994)
  『한·일어 대조분석』(도서출판 역락, 2002)
  『국어 어휘의미의 사적변천』(학술원 선정 우수도서, 한국문화사, 2003) 등
- 논문 : '국어 정도부사의 피한정어 연구'(「語文學」 76, 2002) 등 90여 편

韓・日言語文化研究所 叢書 2

韓・日 言語文化 對照研究 ■　■　■

인　쇄　2005년　9월　23일
발　행　2005년　9월　30일

저　자　全在昊・洪思滿
펴낸이　이 대 현
편　집　권 분 옥
펴낸곳　도서출판 역락
　　　　서울 성동구 성수2가 3동 301-80 (주)지시코 별관 3층
　　　　전화・3409-2058, 3409-2060 / FAX・3409-2059
　　　　홈페이지・http://www.youkrack.com
　　　　이메일・youkrack@hanmail.net
　　　　등록・1999년 4월 19일 제2-2803호

정　가　20,000원
ISBN　89-5556-408-2-93700

■ 잘못된 책은 교환해 드립니다.